코딩은 처음이라

남규진(남박사) 지음

with 파이썬

VS Code로
시작하는
파이썬

Coding

코딩은 처음이라
with
파이썬

ISBN : 978-89-314-6799-4

독자님의 의견을 받습니다.
이 책을 구입한 독자님은 영진닷컴의 가장 중요한 비평가이자 조언가입니다. 저희 책의 장점과 문제점이 무엇인지, 어떤 책이 출판
되기를 바라는지, 책을 더욱 알차게 꾸밀 수 있는 아이디어가 있으면 팩스나 이메일, 또는 우편으로 연락주시기 바랍니다. 의견을
주실 때에는 책 제목 및 독자님의 성함과 연락처(전화번호나 이메일)를 꼭 남겨 주시기 바랍니다. 독자님의 의견에 대해 바로 답변
을 드리고, 또 독자님의 의견을 다음 책에 충분히 반영하도록 늘 노력하겠습니다.

이메일 : support@youngjin.com
주 소 : (우)08507 서울특별시 금천구 가산디지털1로 128 STX-V타워 4층 401호 (주)영진닷컴 기획1팀
파본이나 잘못된 도서는 구입하신 곳에서 교환해 드립니다.

STAFF
저자 남규진(남박사) | 총괄 김태경 | 기획 김용기 | 표지디자인 강민정 | 내지디자인 박지은 | 내지편집 김유진
영업 박준용, 임용수, 김도현 | 마케팅 이승희, 김근주, 조민영, 김도연, 김진희, 이현아 | 제작 황장협 | 인쇄 SJ P&B

▶▶ 지은이의 글

요즘은 전문가와 비전문가의 구분이 모호한 세상이라 생각합니다. 특히나 프로그래밍 분야만 봐도 전문가가 아닌 비 전문가가 자신의 영역에 필요한 프로그램을 직접 개발해서 성공한 사례도 굉장히 많습니다. 또한 규모가 큰 회사들도 요즘은 전직원을 기초적인 코딩이나 프로그래밍적인 사고가 가능한 인력으로 만들기 위해 많은 노력을 하고 있기도 합니다.

프로그래밍 언어는 무수히 많습니다. 파이썬 뿐만 아니라 C/C++, 자바, 자바스크립트, C#, Go 등등 다 기억하기 힘들만큼 많고 새로운 언어도 계속 나오고 있습니다. 그래서 처음 코딩 공부를 하고자 하는 입장에서는 뭘 공부해야 하는지 도통 감을 못잡을 수도 있습니다.

물론 모든 프로그래밍 언어는 각각의 언어마다 목적과 특장점이 있기 때문에 어떤 언어가 더 좋은 언어라고 말할 수는 없습니다. 하지만 앞에서 얘기한 기업에서 전직원을 대상으로 코딩 교육을 할 때, 그리고 대학교 컴퓨터 관련 전공 학과에서 교양처럼 배우는 언어는 대부분 모두 파이썬입니다.

파이썬의 코딩 환경은 다른 언어에 비해 복잡하지 않습니다. 또한 코드가 유연하고 직관적이기에 기초 문법만 이해하고 있다고 하면 대부분의 코드를 해석할 수 있습니다. 그러나 파이썬 기초 문법을 다 이해했다고 해도 프로그래밍은 어렵습니다. 그 이유는 코드를 해석하는 것은 우리가 알파벳을 읽을 수 있는 준비를 한 것이고 프로그램을 작성한다는 것은 그 알파벳을 사용해서 문장을 만들고 그 문장으로 의사소통을 해야 하는 것이기 때문입니다.

필자는 온라인 동영상 강의 사이트 인프런, 네이버 블로그, 네이버 익스퍼트, 네이버 지식인 프로그래밍 분야에서 바람신으로 활동하며 수많은 사람들의 질문에 답변과 상담을 하면서 사람들이 문법은 다 공부를 했음에도 실제 프로그래밍을 한 글자도 작성하지 못하는 상황들을 너무 많이 봤습니다. 그 이유는 문법은 그냥 암기만 해도 되지만 프로그램을 작성하는 것은 프로그래밍적인 사고를 해야 하는데 이 부분에 대한 훈련이나 연습이 전혀 되지 않았기 때문입니다.

그래서 이 책은 처음 파이썬을 접하는 분들을 위해 파이썬 환경 설정이나 기초적인 문법도 충분히 이야기하고 있지만, 그것을 어떻게 활용하고 적용해야 하는지에 대한 내용을 다루는 데 중점을 두고 있습니다. 그렇기 때문에 어떤 내용은 쉽게 넘어갈 수 있는 것 같으면서 또 어떤 내용은 어렵게 느껴질 수도 있습니다. 필자가 독자분들께 꼭 부탁드리고 싶은 것은 어렵든 쉽든 이 책에 나오는 모든 코드를 복사, 붙여넣기가 아닌 꼭 한 글자, 한 글자 직접 코딩을 해보시기 바랍니다. 그렇게 직접 코드를 작성해본 것과 해보지 않은 것은 정말 큰 차이가 있기 때문에 꼭 당부드리는 한 가지입니다.

2023년 03월

남규진 드림

▶▶ 이 책의 특징

이 책의 구성

이 책은 총 12장의 파트로 구성되어 있습니다만 사실 1장부터 11장까지는 모두 12장 파이썬 프로젝트의 프로그램을 이해하고 작성하기 위한 내용이라 볼 수 있습니다.

PART 1 파이썬 입문

파이썬 언어의 특징에 대해 이야기합니다. 이 장에서는 파이썬같은 인터프리터 언어가 무엇이고 컴파일 언어와 어떤 차이가 있는지 알아보며 기본적으로 파이썬 설치, 비주얼 스튜디오 코드 설치 그 외의 파이썬 작업 환경 등, 중요하지만 기초적인 부분에 대해 다룹니다.

PART 2 파이썬 실습 환경

이 책에서 진행할 파이썬 코드를 어떤 방식으로 작성하고 저장할지, 어떤 폴더에 저장할지 등을 다룹니다. 컴퓨터 환경에 익숙한 분들께는 불필요한 내용이 될 수 있겠지만 반대로 컴퓨터 환경에 익숙하지 않은 분들께는 책에 나온 내용이랑 환경이 다르거나 어떻게 해야 할지 모르면 아예 진도를 나갈 수가 없기 때문에 따로 한 파트로 다루고 있습니다.

PART 3 파이썬 입출력

파이썬 코드를 작성하고 실행하여 사용자에게 입력을 받고 화면에 출력해보는 가장 기초적인 내용에 대해 다룹니다.

PART 4 변수와 자료형

프로그래밍에서 가장 기초적이지만 어려운 변수란 무엇인지 그리고 그 변수가 갖는 성질인 자료형에 대해서 다룹니다. 파이썬에서 제공하는 정수형, 실수형, 문자형, 불형, None, 리스트, 튜플, 딕셔너리, 집합 자료형에 대해 전반적으로 다루고 있습니다.

PART 5 연산자

변수에 담긴 값을 계산하기 위해 파이썬에서 제공하는 산술 연산자, 대입 연산자, 비교 연산자, 논리 연산자, 식별 연산자, 비트 연산자에 대해서 다루며 좀 더 심도있는 공부를 원하는 독자분들을 대상으로 비트 연산을 이해하기 위한 진법과 진수, 비트 연산자의 종류와 비트 연산의 목적에 대해서도 다룹니다.

PART 6 조건문과 반복문

프로그램을 어떤 상황에서 어떤 조건으로 분기하거나 반복하게 하기 위한 if else 조건문과 특정 동작을 반복하기 위한 for, while 반복문을 어떻게 작성하고 어떻게 사용하는지에 대해 다룹니다. 이 장에서는 간단한 조건문뿐만 아니라 중첩 조건문과 조건문에서 사용되는 다양한 연산자의 활용법, 다중 for문, break, continue문에 대해서 단순한 문법적 설명이 아닌 예시를 들어 실습을 통해 이해하고자 합니다.

PART 7 함수

파이썬에서 함수란 무엇이며 함수의 종류에는 어떤 것들이 있고, 함수를 어떻게 작성해야 하는지 함수 전반에 관해 다룹니다. 함수에 값을 전달하는 매개변수와 함수가 등장함에 따라 알아야 하는 스코프의 개념, 그리고 함수를 사용하는 목적에 대해서도 다루고 있습니다.

PART 8 클래스

클래스란 무엇인지 그리고 어떻게 만들고 사용하는지에 대해 알아봅니다. 또한 클래스를 만들며 클래스에서 사용가능한 특수 메서드와 클래스의 상속에 대한 개념에 대해서도 다루며 좀 더 심도 있는공부를 원하는 독자분들을 위해 클래스를 왜 사용하며 객체지향적인 프로그래밍이 어떤 것인지에 대해서도 다룹니다.

PART 9 모듈과 라이브러리

파이썬에서 모듈이란 무엇이며 어떻게 만들고 사용하는지에 대해서 다룹니다. 또한 파이썬의 라이브러리에 대해서도 다루며 라이브러리의 종류에 대해서 간략하게 알아봅니다.

PART 10 파일 입출력

파이썬에서 파일을 생성하고 불러오는 전반적인 방법에 대해서 다룹니다. 또한 파일을 다루며 꼭 이해하고 넘어가야 할 유니코드와 인코딩에 대해서 이야기하고 있습니다.

PART 11 예외처리

프로그램을 만드는 사람은 프로그램을 만들면서 발생할 수 있는 여러 가지 오류 상황을 미리 예측하고 있어야 합니다. 이 파트에서는 이런 예측된 오류 상황에 대한 예외처리를 어떻게 해야 하는지 전반적인 내용에 대해 다루고 있습니다.

PART 12 파이썬 프로젝트

1장부터 11장까지 공부한 모든 내용을 접목하여 이제 실제 동작 가능한 프로그램을 만들어보는 파트입니다. 숫자 맞추기 게임, 영어 단어 맞추기 게임, 숫자 야구 게임, 콘솔 계산기, 타자 게임, 로또 번호 생성기, 파이썬으로 엑셀 파일 불러오고 생성하기, 파이썬으로 MS-WORD 파일 작성하기로 총 9개의 실습 프로그램을 만들어보고 있습니다. 이 장은 단순히 완성된 코드를 설명하는 방식이 아닌 실제 코드를 하나씩 살을 붙여 완성해 나가는 형태로 진행합니다.

대상 독자

이 책은 파이썬을 처음 접하는 분을 대상으로 합니다. 기본적으로 파이썬 언어의 특징부터 어떤 환경에서 개발해야 하는지, 어떤 프로그램을 사용해서 파이썬 코드를 작성하는지 A to Z까지 모두 설명하고 있습니다. 또한 파이썬 기초 문법을 공부한적이 있다 하더라도 이 책의 궁극적인 목표는 문법을 암기하는 것이 아니라 실제 동작하는 프로그램 작성을 목적으로 하기 때문에 그런 분들께도 많은 도움이 될 수 있으리라 생각됩니다.

개발 환경

파이썬은 윈도우, 맥, 리눅스 등 많은 운영체제와 환경을 지원하는 언어이며 이 책에서 메인 도구로 사용하는 비주얼 스튜디오 코드 역시 윈도우, 맥, 리눅스를 지원합니다.

이 책의 모든 코드는 가장 많이 사용되는 윈도우 운영체제에서 작성되었으며 테스트되었습니다. 물론 이 책 대부분의 코드는 파이썬이 기본적으로 제공하는 내용과 기초적인 문법 위주로만 사용하고 있기 때문에 윈도우가 아닌 다른 환경에서도 진행하는데 큰 무리는 없겠지만 터미널 환경이나 약간의 다른 부분이 있으니 윈도우가 아닌 운영체제를 사용하는 분들은 그 부분을 참고하시길 바랍니다.

도구	버전
운영체제	윈도우 10
개발 툴	비주얼 스튜디오 코드
파이썬	3.10.4

예제 소스 다운로드

이 책에서 작성된 모든 소스 코드는 깃허브 저장소(https://github.com/nkj2001/youngjin_python)나 영진닷컴 자료실(https://youngjin.com/reader/pds/pds.asp (영진닷컴 〉 고객센터 〉 부록CD 다운로드))에서 다운로드할 수 있습니다.

동영상 강의

영진닷컴 유튜브 채널 QR코드

이 책에 대한 온라인 동영상 강의는 영진닷컴 유튜브 채널(https://bit.ly/3kOigwa)을 통해 동영상 강의를 제공하고 있습니다. 책의 내용을 완벽히 따라하려면 개인 PC에 프로그램을 설치해서 진행하기를 권장합니다.

스터디 정보

필자의 네이버 블로그(https://blog.naver.com/nkj2001)에서 더 많은 파이썬 스터디 정보를 얻으실 수 있습니다.

스터디 카페

네이버 카페(개프로 - 개발자 되기 프로젝트) : https://cafe.naver.com/codingbeginner

개프로 카페에서 다양한 코딩 꿀팁과 스터디 정보를 빠르게 얻을 수 있습니다.

➤➤ 목차

PART 1

파이썬 입문

이 장의 내용

- 파이썬
- 파이썬 특징
- 설치 방법
- IDLE
- 비주얼 스튜디오 코드
- 문법 체크기

1 파이썬 입문

이번 장에서는 파이썬이란 무엇인지, 그리고 파이썬의 특징과 파이썬 코드를 작성하기 위한 툴 설치 방법에 대해서 알아보도록 하겠습니다.

1. 파이썬?

파이썬은 1991년에 발표된 인터프리터 방식의 프로그래밍 언어입니다. 간결한 문법과 높은 생산성, 그리고 유연한 문법적 특성을 갖고 있어 프로그래밍을 처음 시작하는 사람들이 가장 쉽고 빠르게 배울 수 있는 프로그래밍 언어기도 합니다. 또한 전세계 수많은 사람들이 이미 만들어 놓은 방대한 라이브러리 풀이 있기 때문에 그런 라이브러리를 잘 사용하기만 해도 좋은 결과를 얻을 수 있습니다.

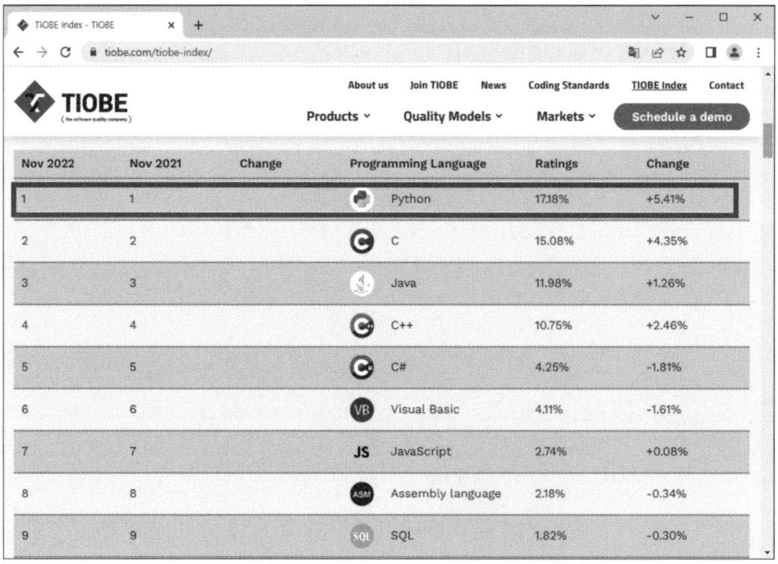

Nov 2022	Nov 2021	Change	Programming Language	Ratings	Change
1	1		Python	17.18%	+5.41%
2	2		C	15.08%	+4.35%
3	3		Java	11.98%	+1.26%
4	4		C++	10.75%	+2.46%
5	5		C#	4.25%	-1.81%
6	6		Visual Basic	4.11%	-1.61%
7	7		JavaScript	2.74%	+0.08%
8	8		Assembly language	2.18%	-0.34%
9	9		SQL	1.82%	-0.30%

〈그림 1-1〉 전 세계 프로그래밍 인기 순위 (출처 : https://www.tiobe.com/tiobe-index/)

전 세계 프로그래밍 언어의 인기 순위를 보여주는 TIOBE의 2022년 12월 순위에서 파이썬이 1위를 차지하고 있습니다. 2021년 12월에도 1위였는데 파이썬은 계속 1위의 자리를 지키고 있는 언어입니다.

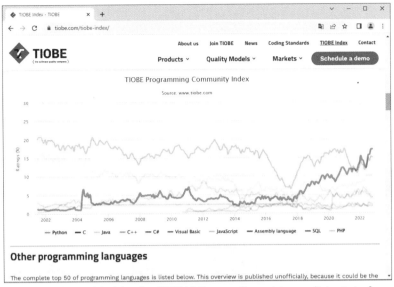

〈그림 1-2〉 파이썬의 인기 트렌드 변화량 (출처 : https://www.tiobe.com/tiobe-index/)

파이썬은 2000년대를 들어서며 꾸준히 인기를 얻고 있는 언어입니다. 그러다 구글의 텐서플로가 공개된 2015년 시점부터 사람들이 머신러닝에 대한 관심이 증폭하며 폭발적으로 사용자가 늘어나, 이전 시대를 주름잡던 C, C++, 자바 같은 프로그래밍 언어의 아성을 뛰어 넘어 현재는 인기순위 1위의 언어가 되었습니다.

물론 프로그래밍 언어는 각각 언어마다의 특징과 목적성이 있습니다. 그리고 우리가 주변에서 쉽게 사용하는 다양한 모바일, 웹 서비스들은 여러 가지 언어를 사용해서 만들어지는 게 일반적입니다. 부분적으로 파이썬도 사용하고 자바도 사용합니다. 필요에 의하면 C, C++로 개발하고 자바스크립트를 사용하기도 합니다. 그렇기 때문에 파이썬을 공부한다고 해서 다른 언어가 필요 없어지는 것은 아니라는 점도 참고하시기 바랍니다.

2. 파이썬은 인터프리터(interpreter) 언어

파이썬은 인터프리터(interpreter) 언어[1]라고 앞에서 얘기했습니다. 그럼 과연 인터프리터 언어라는 것이 무엇인지부터 이해를 해야 하는데, '인터프리터'라는 단어의 뜻을 그대로 해석하자면 우리말로는 '통역사'라는 뜻으로 해석할 수 있습니다. 프로그래밍에서 인터프리터 언어는 사용자가 입력한 코드를 한 줄, 한 줄 번역을 하면서 즉시 '실행'을 하는 방식이라고 이해하시면 됩니다. 그럼 인터프리터 언어와 반대되는 컴파일 언어와의 차이점은 무엇일까요?

---

1   대표적인 인터프리터 언어에는 파이썬, 자바스크립트, PHP, Ruby 등이 있습니다.

컴파일 언어[2]는 쉽게 생각하면 마이크로소프트사의 윈도우 운영체제에서 실행하는 확장자가 .exe인 파일이 컴파일 언어로 만든 결과물입니다. 컴파일 언어의 특징은 작성된 코드를 빌드라는 과정을 거쳐 최종 결과물이 완성되는데 이렇게 빌드 과정(컴파일 과정)을 거친 후 만들어진 실행 가능한 파일을 사용자가 "실행"시켜야만 동작합니다.

컴파일 언어는 이미 빌드 과정을 통해 실행 가능한 최적의 상태가 되어있기 때문에 인터프리터 언어보다 속도면에서 빠른 이점이 있고, 인터프리터 언어는 코드 자체를 실행하는 방식이기 때문에 코드 작성과 유지보수에 유연하며 운영체제에 종속적이지 않는 장점이 있습니다.

3. 파이썬 설치

파이썬을 시작하려면 앞에서 얘기한 인터프리터를 설치해야 합니다. 현재(22년 12월) 파이썬 버전은 3.11.0 버전이 최신 버전입니다. 이 책이 출판되는 시점에는 또 다시 버전 업이 되어있을 수도 있습니다. 파이썬 버전은 크게 보면 2.x 버전 대, 3.x 버전으로 나뉘는데 2.x 버전은 현재 공식적으로 지원이 중단된 버전입니다만 아직까지 사용 중인 곳도 있습니다. 파이썬의 2.x 버전과 3.x 버전은 문법적으로 큰 차이가 있지만 3.10.x 버전과 3.11.x 버전에서는 문법적인 차이는 거의 없습니다.

파이썬은 버전 업이 상당히 자주 일어나는 언어로서 쓰는 사람마다 주로 사용 중인 버전이 다를 수 있습니다. 이 책에서 다루는 대부분의 내용은 기본적인 문법을 기준으로 설명하기 때문에 파이썬 3.x 버전 중 어떤 버전을 사용해도 상관이 없으니 참고하시기 바라며 일단 이 책은 파이썬 3.10.4 버전을 기준으로 진행할 예정입니다. 참고로 만약 3.x 버전대가 설치된 상태라면 따로 최신버전을 설치하실 필요는 없습니다.

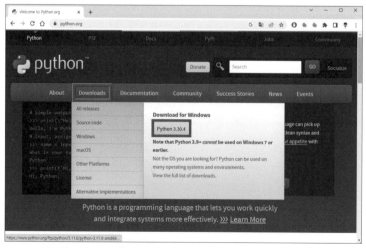

〈그림 3-1〉 https://www.python.org에서 파이썬을 다운로드 합니다.

2　대표적인 컴파일 언어는 C/C++, 비주얼 베이직, C#, Go 등이 있습니다.

파이썬을 설치하기 위해서는 먼저 컴퓨터의 인터넷 브라우저를 통해 파이썬 공식 사이트(https://www.python.org)에 접속합니다. 파이썬은 윈도우 운영체제, 맥OS, 리눅스 등을 지원합니다. 윈도우를 제외하고 리눅스나 맥OS 같은 경우에는 기본적으로 파이썬이 설치 되어있습니다. 물론 기본적으로 설치된 파이썬 버전은 OS의 버전에 따라 설치된 버전이 다릅니다. 파이썬 공식사이트의 상단 Downloads 버튼을 클릭하고 운영체제에 맞는 파이썬 설치 파일을 다운로드 합니다. 여기서는 윈도우용으로 설치를 진행하도록 하겠습니다.

〈그림 3-2〉 파이썬 설치 프로그램 다운로드 완료

파이썬 공식사이트에서 파이썬 설치 프로그램을 다운로드하면 구글 크롬 브라우저같은 경우 브라우저의 좌측 하단에 다운로드 상태가 표시됩니다. 다운로드가 완료되면 파일을 클릭하면 되는데 만약 이 표시가 되지 않는 경우 일반적으로 C:₩사용자₩사용자명₩다운로드 폴더에 저장이 되니 참고하시기 바랍니다.

파이썬 3.10.4 버전이고 윈도우 10을 사용하는 경우의 파이썬 설치 파일 명은 python-3.10.4-amd64.exe 입니다. 설치 파일 명은 다운로드한 파이썬 버전에 따라 달라질 수 있으니 참고하시기 바랍니다. 또한 파이썬 3.10.4는 윈도우 7 또는 이전 버전에서는 사용할 수 없습니다. 만약 윈도우 7을 사용하는 경우에는 파이썬 3.8.13 이하 버전을 사용해야 하며 사용하고 있는 윈도우가 32비트인지 64비트인지를 확인하고 맞는 버전을 설치해야 합니다.

〈그림 3-3〉 파이썬 설치 파일 실행

다운로드 완료된 파일을 실행하면 〈그림 3-3〉같이 파이썬 설치 프로그램이 실행됩니다. 여기서 가장 중요한 부분이 **Add Python 3.10 to PATH** 옵션을 체크해야 하는 점입니다. 이 옵션은 파이썬이 설치되는 폴더를 컴퓨터 시스템의 환경 변수에 자동으로 등록해주는 옵션인데 이 옵션을 체크하지 않으면 파이썬 인터프리터 실행 파일인 python.exe를 아무 경로에서나 실행할 수 없게 됩니다. 물론 윈도우 설정에서 환경 변수를 직접 설정할 수 있지만 아직 컴퓨터 환경에 익숙하지 않은 분들께는 다소 복잡하게 느껴질 수 있으니 처음부터 이 옵션을 체크하는 게 여러모로 편합니다. 옵션을 체크했으면 Customize installation 버튼을 클릭하여 파이썬 설치를 진행합니다.

〈그림 3-4〉 파이썬 설치 옵션 설정

버튼을 클릭하면 Optional Features 메뉴가 나옵니다. 이 메뉴에서는 기본적인 파이썬 문서, 파이썬 패키지를 설치할 수 있는 pip 프로그램, 파이썬 IDLE 프로그램, 개발 시 테스트를 지원하는 기본 라이브러리 등을 추가 설치할지를 묻는데 여기서는 모든 옵션을 체크하고 Next 버튼을 클릭합니다.

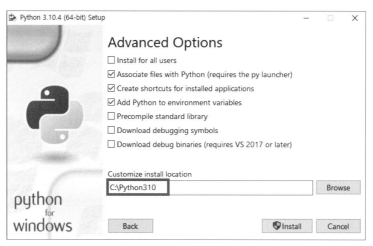

〈그림 3-5〉 파이썬 설치 경로 설정

컴퓨터 환경에 익숙하지 않은 입문자 분들께서는 파이썬을 설치해놓고 어떤 경로에 설치되었는지 몰라서 이를 찾기위해 고군분투를 하시는 분들이 종종 계십니다. 그래서 앞의 파이썬 설치 시 Advanced Options 항목에서 파이썬 설치 경로를 C:₩Python310처럼 쉬운 경로로 변경해서 설치를 하는게 좋습니다. 또한 파이썬은 경우에 따라 2.x 버전, 3.6 버전 등 버전을 혼합해서 사용하는 경우도 종종 있을 수 있기 때문에 파이썬 설치 시 폴더 명에 버전 정보를 표기해서 설치하는걸 추천 드립니다. 〈그림 3-5〉처럼 파이썬 설치 경로를 C:₩Python310으로 설정하고 Install 버튼을 클릭합니다.

〈그림 3-6〉 파이썬 설치 완료

파이썬 설치 경로에 파일 복사가 완료되면 이제 파이썬 설치는 완료되었습니다. 정확히 얘기하자면 파이썬 인터프리터 설치가 완료되었다고 볼 수 있습니다. 이제 Close 버튼을 클릭하고 파이썬이 제대로 설치되었는지를 확인해보도록 합니다.

〈그림 3-7〉 윈도우 검색에서 CMD 검색

윈도우 작업표시줄의 돋보기 모양의 검색 버튼을 클릭하고 〈그림 3-7〉에서처럼 cmd를 입력합니다. 그러면 윈도우 명령 프롬프트가 나오는데 이를 클릭하여 실행합니다. 만약 돋보기 모양의 검색 버튼이 보이지 않는 경우 단축키 ⊞+R 키를 눌러 실행 창에 cmd를 입력해도 됩니다.

〈그림 3-8〉 명령프롬프트에서 파이썬 실행

윈도우 명령 프롬프트가 실행되면 현재 경로에서 python을 입력하여 파이썬 인터프리터가 실행되는지를 확인해봐야 합니다. 만약 여기서 실행이 되지 않는 경우 파이썬 설치 시 문제가 생겼거나 〈그림 3-3〉의 Add Python 3.10 to PATH 옵션이 체크가 되지 않은 경우일 수 있으니 파이썬을 다시 설치하시기 바랍니다. 설치가 정상적으로 완료 되었으면 이제 명령 프롬프트 창을 닫아도 좋습니다.

4. 파이썬 IDLE

파이썬 IDLE는 파이썬과 파이썬의 Tkinter[3] 모듈을 사용하여 파이썬만으로 제작된 파이썬 통합 개발 환경 툴로써 파이썬 설치 시 기본적으로 제공됩니다.

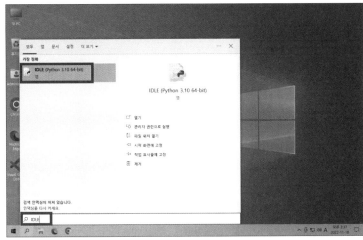

〈그림 4-1〉 파이썬 IDLE

파이썬 설치가 모두 완료되고 윈도우 검색 버튼을 클릭 후 IDLE를 검색해보면 〈그림 4-1〉에서처럼 IDLE 프로그램이 검색되는데 이를 클릭하여 실행할 수 있습니다.

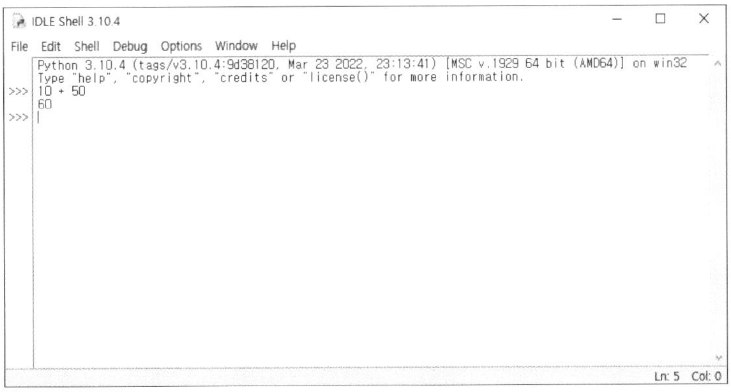

〈그림 4-2〉 파이썬 IDLE 실행

파이썬 IDLE는 〈그림 4-2〉에서처럼 파이썬 코드를 입력하면 인터프리터에 의해 코드 번역 후 즉시 실행 결과를 확인할 수 있는데 이런 상태를 보통 대화식 모드, 혹은 인터랙티브 모드, 인터랙티브 쉘 모드

---

3   Tkinter는 파이썬에서 그래픽 유저 인터페이스 프로그램을 작성할때 사용되는 라이브러리 입니다.

라고도 표현합니다. 보통 몇 줄 안되는 간단한 파이썬 코드를 테스트하기 위한 용도나 어떤 결과를 그때 그때 즉시 확인해야 하는 교육 환경에서 주로 사용되며 실제 여러 줄의 코드를 작성하는 환경에서는 IDLE를 사용할 수 없습니다.

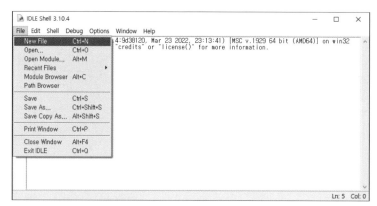

〈그림 4-3〉 IDLE에서 파이썬 파일 생성

보통 파이썬 코드가 여러 줄인 경우 파일의 확장자를 .py로 저장해서 실행을 해야 하는데 IDLE에서 한 줄 코드를 하나씩 실행하는 방식이 아닌 여러 줄을 작성해야할 때 파이썬 파일을 생성해서 실행해야 합니다. 〈그림 4-3〉에서처럼 [File] → [New File] 메뉴를 선택하거나 단축키 Ctrl + N 키를 눌러 새 창을 열고 여러 줄의 코드를 작성할 수 있습니다.

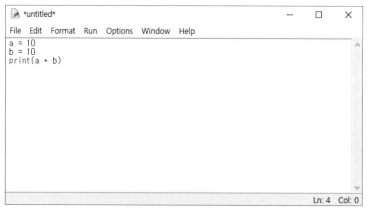

〈그림 4-4〉 파이썬 IDLE에서 파이썬 파일 생성

새 문서 창이 열리면 파이썬 코드를 작성합니다.

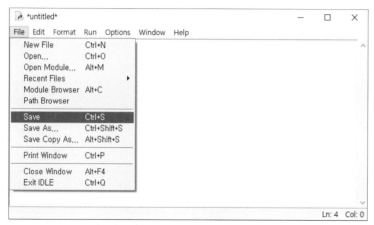

〈그림 4-5〉 파이썬 IDLE 파이썬 파일 저장 메뉴

파이썬 코드 작성이 완료되면 상단 [File] → [Save] 메뉴를 클릭하거나 단축키 Ctrl + S 키를 눌러서 적당한 이름으로 저장합니다.

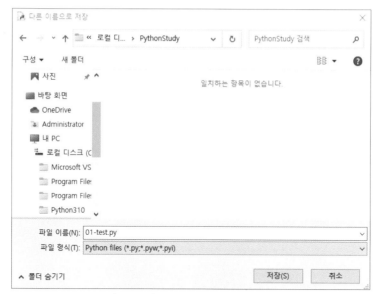

〈그림 4-6〉 파이썬 파일 저장 시 파일 명

파이썬 파일을 저장할 때 반드시 파일의 확장자는 .py로 끝나야 합니다. 그리고 앞으로 이 책에서 얘기하는 파이썬 파일은 확장자가 .py로 끝나는 파일을 말하기로 합니다.

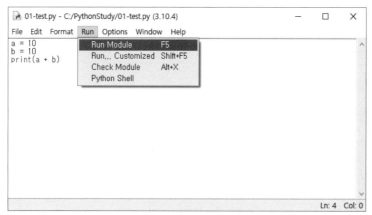
〈그림 4-7〉 파이썬 파일 실행

이렇게 파이썬 파일이 저장되었으면 파이썬 인터프리터로 이 파일을 실행해야 하는데 상단의 [Run] →
[Run Module] 메뉴를 클릭하거나 단축키 F5 키를 눌러 실행할 수 있습니다.

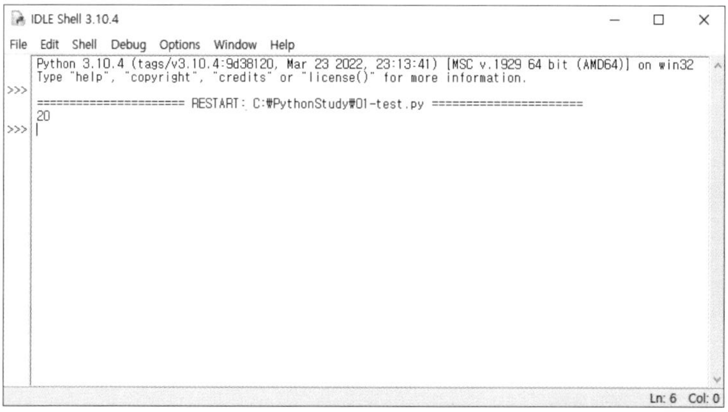

〈그림 4-8〉 파이썬 실행 결과

저장한 파이썬 파일이 IDLE를 통해 실행되고 실행 결과가 출력되는 것을 확인할 수 있습니다.

파이썬을 실행하는 방법은 이렇게 기본적인 IDLE를 사용하는 방법 외에도 문서 작성과 파이썬 코드를
동시에 할 수 있는 주피터 노트북, 구글에서 제공하는 주피터 노트북의 온라인 버전인 구글 코랩 등 정말
다양한 환경에서 파이썬 코드 작성이 가능합니다.

이런 여러 가지 환경에서 파이썬 코드를 작성할 수 있다는 점은 장점인 부분이기도 하지만 이런 다양한
환경으로 인해 오히려 파이썬을 입문하시는 분들께는 다소 혼란스러운 내용으로 다가와 더 어렵고 복잡
하게 느껴지는 요소로 작용하기도 합니다.

그래서 이 책에서는 파이썬 설치 시 기본적으로 제공된 파이썬 IDLE와 실제 실무 개발 환경에서 가장
많이 사용되는 비주얼 스튜디오 코드를 사용하여 진행을 하도록 하겠습니다.

5. 비주얼 스튜디오 코드(Visual Studio Code)

비주얼 스튜디오 코드는 마이크로소프트에서 개발하여 무료로 배포되고 있는 IDE입니다. IDE는 Interegrated Development Environment의 줄임말로 한글로 표현하자면 통합 개발 환경을 제공하는 그래픽 사용자 인터페이스 기반의 툴을 의미합니다.

사실 비주얼 스튜디오 코드는 파이썬 뿐만 아니라 C/C++, 자바, 자바스크립트, C#, F#, 비주얼베이직 등 다양한 프로그래밍 언어를 제작하는 개발 툴이기도 하며 다양한 확장 프로그램으로 여러 가지 추가 기능을 제공하고 있습니다. 비주얼 스튜디오 코드는 Windows, 맥OS, 리눅스의 운영체제에서 모두 구동이 가능합니다. 마이크로소프트에서 제공하는 비주얼 스튜디오와 비주얼 스튜디오 코드는 다른 프로그램이기 때문에 서로 혼동하시지 않길 바랍니다.

6. 비주얼 스튜디오 코드 설치

비주얼 스튜디오 코드를 설치하기 위해서 먼저 https://code.visualstudio.com에 접속합니다.

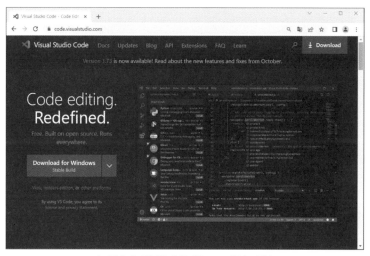

〈그림 6-1〉 비주얼 스튜디오 코드 사이트 접속

〈그림 6-1〉에서 화면 좌측 중간의 Download 버튼을 눌러 비주얼 스튜디오 코드 설치 파일을 다운로드합니다.

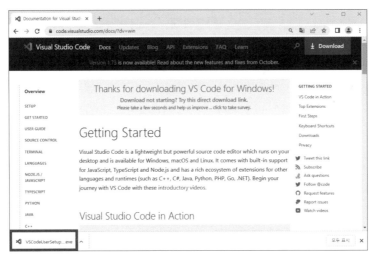

〈그림 6-2〉 비주얼 스튜디오 코드 설치 파일 다운로드

비주얼 스튜디오 코드 설치 파일 다운로드 버튼을 클릭하면 〈그림 6-2〉처럼 페이지가 이동되고 잠깐 기다리다보면 설치 파일 다운로드가 시작됩니다. 다운로드가 완료되면 좌측 하단의 다운로드 완료된 파일을 클릭하여 비주얼 스튜디오 코드 설치 프로그램을 실행합니다. (만약 일정 시간 동안 다운로드가 자동으로 진행되지 않는다면 〈그림 6-2〉의 상단의 direct download link를 클릭합니다.)

〈그림 6-3〉 비주얼 스튜디오 코드 설치

비주얼 스튜디오 코드 설치 프로그램이 실행되면 최초 사용권 동의를 해야 합니다. '동의합니다'를 체크한 후 다음 버튼을 클릭합니다.

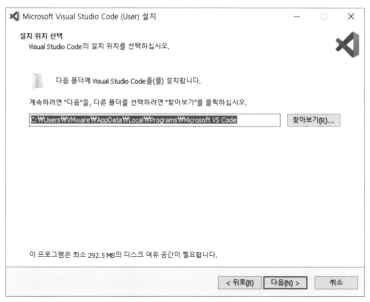

〈그림 6-4〉 비주얼 스튜디오 코드 설치 위치

비주얼 스튜디오 코드가 설치될 대상 폴더를 설정할 수 있는데 여기서는 기본으로 설정된 폴더를 대상으로 설치하도록 합니다. 비주얼 스튜디오 코드는 파이썬 설치와는 다르게 설치 경로가 중요하진 않습니다.

〈그림 6-5〉 시작 메뉴 폴더 선택

시작 메뉴 폴더는 윈도우의 시작 버튼을 눌렀을 때 나오는 메뉴 폴더의 이름을 설정하는 것이기 때문에 시작 메뉴 폴더를 만들지 않으면 차후 비주얼 스튜디오 코드를 윈도우 시작 버튼을 눌러서는 찾을 수가 없습니다. 그래서 비주얼 스튜디오 코드 시작 메뉴 폴더 선택은 기본값으로 두고 다음을 클릭합니다.

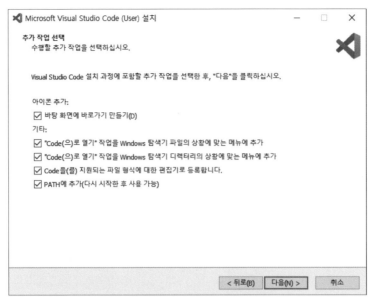

〈그림 6-6〉 비주얼 스튜디오 코드 추가 옵션

비주얼 스튜디오 코드의 추가 옵션을 설정하는데 여기서 가장 중요한 것은 **PATH에 추가** 항목이 반드시 체크되어야 한다는 점입니다. 그리고 나머지 항목들은 선택사항이긴 하지만 비주얼 스튜디오 코드를 사용하면서 모두 유용한 옵션이니 바탕화면 바로가기 만들기까지 포함해서 모두 체크를 해주는 것이 좋습니다.

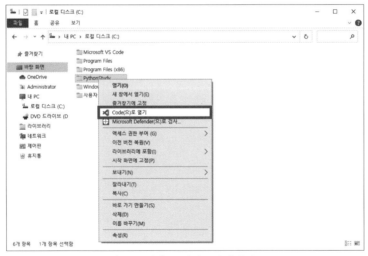

〈그림 6-7〉 "Code(으)로 열기" 옵션

기타 옵션에서 **"Code(으)로 열기" Windows 탐색기 파일의 상황에 맞는 메뉴에 추가**와 **"Code(으)로 열기" Windows 탐색기 디렉터리의 상황에 맞는 메뉴에 추가** 기능은 윈도우 탐색기에서 폴더 혹은 파일에서 마우스를 우클릭 했을 때 〈그림 6-7〉에서처럼 컨텍스트 메뉴에 Code(으)로 열기 메뉴를 자동으로 추가해주는 옵션입니다.

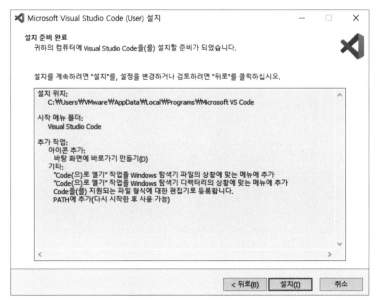

〈그림 6-8〉 비주얼 스튜디오 코드 최종 설치 설정 확인

비주얼 스튜디오 코드 설치에 대한 모든 설정이 끝났으면 이제 최종 파일 복사 단계만 남았습니다. 〈그림 6-8〉에서 설치 버튼을 클릭하면 이제 비주얼 스튜디오 코드 파일 복사가 시작됩니다.

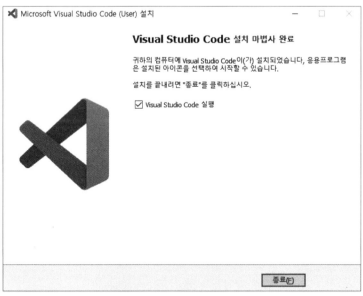

〈그림 6-9〉 비주얼 스튜디오 코드 설치 완료

비주얼 스튜디오 코드 파일 복사가 완료되면 모든 설치가 마무리됩니다. 〈그림 6-9〉에서처럼 Visual Studio Code 실행 옵션이 체크된 상태에서 종료 버튼을 누르면 이제 비주얼 스튜디오 코드가 실행됩니다.

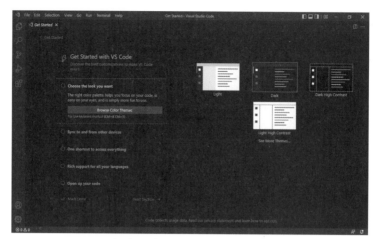
〈그림 6-10〉 비주얼 스튜디오 코드 실행

최초 비주얼 스튜디오 코드가 실행되면 〈그림 6-10〉에서처럼 가장 먼저 테마를 선택하는 화면이 나옵니다. 우측에 보면 Light, Dark, Dark High Contrast, Light High Contrast 중에 마음에 드는 테마를 선택하면 됩니다. [파일]-[기본설정]-[색 테마] 메뉴를 통해 언제든 변경할 수 있고 더 많은 테마를 직접 다운로드하여 설치할 수도 있습니다.

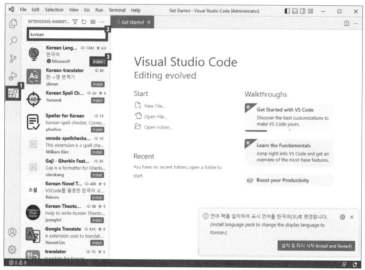
〈그림 6-11〉 비주얼 스튜디오 코드 한글 설정

비주얼 스튜디오 코드는 기본적으로 영문 버전으로 설치가 되는데 이를 한글로 변경할 수 있습니다. 영문 버전이 편하신 분들은 영문 버전으로 사용을 하셔도 되나 여기서는 한글 버전으로 변경을 해보도록 하겠습니다. 먼저 좌측의 **1** Extensions 버튼을 클릭하고 **2** korean을 검색합니다. 그러면 검색 결과가 나오는데 Korean(사용법) Language Pack for Visual Studio Code를 선택하고 **3** Install 버튼을 클릭합니다.

이렇게 직접 마켓을 검색해서 설치해도 되고 〈그림 6-11〉의 우측 하단에 보면 비주얼 스튜디오 코드가
자동으로 사용 중인 운영체제의 언어를 감지하여 적절한 언어팩 설치를 권장하니, 이를 통해서 설치를
해도 상관없습니다.

〈그림 6-12〉 비주얼 스튜디오 코드 명령 팔레트

비주얼 스튜디오 코드 상단의 [View] → [Command Palette..] 메뉴를 클릭합니다. 단축키로 Ctrl + Shift
+ P 키를 눌러도 됩니다.

〈그림 6-13〉 검색창에 language 검색

비주얼 스튜디오 코드 명령 팔레트를 클릭하면 〈그림 6-13〉에서처럼 상단에 검색어를 입력할 수 있는
창이 뜹니다.

여기서 language를 입력하면 몇가지 항목이 검색되어 나오는데 여기서 Configure Display Language 항목을 클릭합니다.

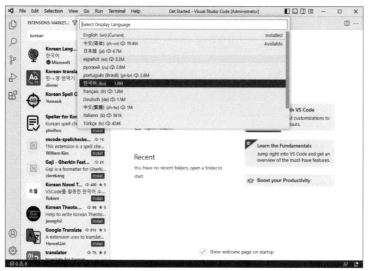
〈그림 6-14〉 언어 선택

Configure Display Language를 클릭하면 언어를 선택할 수 있는 메뉴가 나오는데 여기서 한국어인 ko, 한국어를 선택합니다.

〈그림 6-15〉 비주얼 스튜디오 코드 재시작

ko를 클릭하면 언어를 적용하기 위해서는 비주얼 스튜디오 코드를 다시 시작해야 합니다. 〈그림 6-15〉에서처럼 Restart 버튼을 클릭해서 재시작하면 이제 비주얼 스튜디오 코드가 한글 버전으로 실행됩니다.

〈그림 6-16〉 파이썬 설치

비주얼 스튜디오 코드에서 파이썬 코드를 작성하고 실행하려면 파이썬 확장 프로그램을 설치해야 합니다. 〈그림 6-16〉에서처럼 **1** 좌측의 확장 버튼을 클릭하고 **2** 검색 입력 창에 python을 검색합니다. **3** 검색 결과에서 Python을 선택한 후 설치 버튼을 클릭하여 설치합니다.

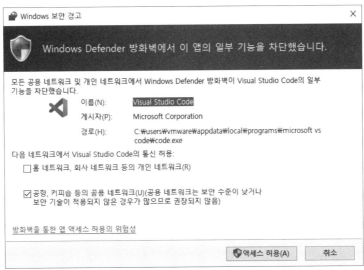

〈그림 6-17〉 방화벽 설정

만약 파이썬 설치 후 〈그림 6-17〉과 같이 비주얼 스튜디오 코드에 대한 방화벽 설정 창이 뜨면 반드시 액세스 허용 버튼을 클릭하여 방화벽에 대한 예외처리를 해야 합니다.

7. 파이썬 문법 체크기 - Pylint

Pylint는 파이썬 코드를 작성할 때 소스 코드에 오류는 없는지, 권장하는 형식과 문법으로 작성되고 있는 지 등을 실시간으로 사용자에게 알려주는 파이썬 소스 코드 품질 검사기입니다. 이런 종류의 프로그램을 린터(linter)라고 합니다. 파이썬 문법 체크기로써 가장 기본적으로 사용되는 프로그램이 Pylint입니다.

〈그림 7-1〉 Pylint 설치

비주얼 스튜디오 코드에서 Pylint를 설치하기 위해서는 〈그림 7-1〉처럼 **1** 좌측의 확장 버튼을 클릭한 후, **2** 검색창에 Pylint를 입력합니다. **3** 검색 결과에서 Pylint를 선택한 후 설치 버튼을 클릭합니다.

프로그래밍을 하다보면 여러 가지 오류를 자주 만나게 됩니다. 물론 새로운 언어를 배우는 초반에는 알고보면 별거 아닌 실수들이 대부분의 이유겠지만 초보의 입장에선 모든게 다 어렵게만 느껴집니다. 그럴 때 주변에 개발을 하는 친구나 선생님들을 통해 도움을 청해야하는 경우가 많은데 이때 본인이 프로그램을 작성하는 환경이 일반적이지 않다면 쉽게 도움을 받을 수 없습니다. 그렇기 때문에 처음 프로그래밍을 접하는 분들은 가장 기본적이며 가장 사람들이 많이 사용하는 환경으로 시작하는 것이 좋습니다. 또한 이 책의 모든 내용은 지금 설치한 비주얼 스튜디오 코드만 사용하여 진행할 예정이기 때문에 입문자 분들께서는 가급적이면 책에서 나온 환경과 동일한 환경을 구축하시어 진행하시는걸 적극 권장합니다.

PART

2

파이썬
실습 환경

이 장의 내용

- 파이썬 실습 환경
- 실습 폴더 생성

2 파이썬 실습 환경

이번 장에서는 앞으로 이 책에서 진행할 모든 파이썬 코드를 어떤 방식으로 작성할지에 대한 규칙에 대해 알아보도록 합니다.

1. 실습용 프로젝트 생성

이 책의 모든 소스 코드는 C:₩PythonStudy라는 폴더를 생성하고 해당 폴더를 기준으로 코드를 작성할 예정입니다.

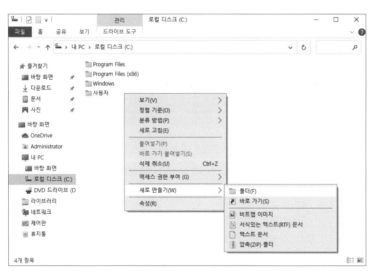

〈그림 1-1〉 폴더 생성

〈그림 1-1〉에서처럼 윈도우 탐색기에서 [마우스 우클릭] → [새로 만들기] → [폴더]를 클릭하여 PythonStudy라는 폴더를 생성합니다.

각 장은 C:₩PythonStudy₩01처럼 장마다 서브 폴더를 생성하는 것으로 처리하고 장의 챕터는 파일 명으로 01-주제.py, 02-주제.py…로 작성할 예정입니다. 이 책에 첨부된 그림 파일 역시 이와 같은 규칙을 따라 작성될 예정입니다. 그림은 각 장마다 1번부터 시작하며 해당 장과 절 그리고 세부 항목이 있는 경우 해당 1-1-1처럼 표기될 예정입니다.

가끔 컴퓨터 사용에 익숙하지 않으신 분들 중에 파이썬 파일을 생성할 때 .py.txt로 확장자를 생성하시고 파이썬 실행에 애를 먹는 분들도 계십니다. 이는 윈도우 탐색기의 기본 설정이 자주 사용하는 확장자를 표기하지 않게 되어있어서 생기는 문제기도 한데, 파이썬 파일이라는 것은 단순 텍스트 형식의 파일이긴 하지만 파일의 확장자가 .py로 끝나는 파일을 파이썬 파일이라고 말합니다.

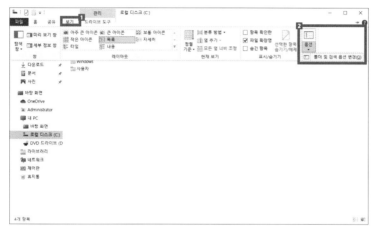

〈그림 1-2〉 윈도우 탐색기 폴더 옵션

탐색기에서 파일의 확장자를 직접 확인하기 위해서는 탐색기의 설정을 변경해야 합니다. 그러기 위해서 먼저 윈도우 탐색기 상단의 [보기] → [옵션] → [폴더 및 검색 옵션 변경]을 클릭합니다.

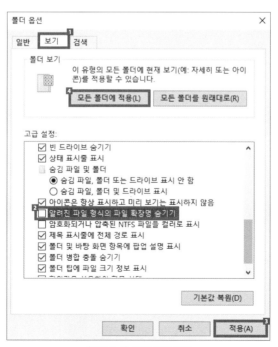

〈그림 1-3〉 폴더 옵션 설정

폴더 옵션 창이 뜨면 ❶ 상단의 [보기] 탭을 선택한 후, ❷ 고급 설정 내용에서 "알려진 파일 형식의 파일 확장명 숨기기" 항목을 체크 해제한 후, ❸ 적용 버튼을 클릭합니다. ❹ 그리고 모든 폴더에 적용을 클릭한 후 확인을 눌러 폴더 옵션 창을 닫습니다.

이렇게 탐색기 설정이 완료되면 이제부터 윈도우 탐색기에서 모든 파일의 확장자가 표기되기 때문에 파일 명.py.txt로 파일을 저장하는 실수를 방지할 수 있습니다.

2. 파이썬 실습 폴더 및 파일 생성

파이썬은 일반적으로 폴더를 하나의 프로젝트로 인식합니다. 그래서 비주얼 스튜디오 코드에서 새로운 프로젝트를 생성한다는 의미는 새로운 폴더를 생성하고 해당 폴더를 열기하는 것으로 해석할 수 있습니다.

〈그림 2-1〉 폴더 열기

먼저 비주얼 스튜디오 코드를 실행한 후에 ❶ 상단 파일 메뉴를 클릭하고 ❷ 폴더 열기 메뉴를 클릭합니다. 단축키로 Ctrl + K 키를 누른 후 다시 Ctrl + O를 눌러도 됩니다. 폴더 선택 창이 뜨면 C:₩PythonStudy 폴더를 선택합니다. 이렇게 폴더 열기를 통해 대상 폴더를 설정하면 이제 대상 폴더가 하나의 파이썬 프로젝트로 인식하게 됩니다.

〈그림 2-2〉 비주얼 스튜디오 코드 폴더 신뢰 설정

비주얼 스튜디오 코드는 보안적인 문제로 내가 직접 생성하고 신뢰한 폴더의 코드만 실행할 수 있는 장치가 마련되어있습니다. 그래서 해당 폴더를 신뢰하지 않으면 비주얼 스튜디오 코드를 통해 파이썬 코드를 실행할 수 없게 됩니다. 〈그림 2-2〉처럼 신뢰 확인 창이 뜨면 "예, 작성자를 신뢰합니다." 버튼을 클릭합니다.

〈그림 2-3〉 비주얼 스튜디오 코드 기본 모습

이제 파이썬 코드를 작성할 수 있는 모든 준비가 완료되었습니다. 비주얼 스튜디오 코드는 크게 **1** 기능 버튼 **2** 탐색기 창, **3** 코드 창으로 구분 되어있습니다. **1**의 기능 버튼은 위부터 탐색, 검색, 소스 제어, 디버깅, 확장의 순서대로 버튼이 위치하고 있고, **1**의 기능 버튼에 의해 **2**의 탐색기 창이 변경됩니다. 실제 코드는 **3**의 코드 창을 통해 입력이 가능하며 **3**의 코드 창에는 여러 개의 파일을 동시에 열어 놓을 수 있게 됩니다.

〈그림 2-4〉 폴더 생성

〈그림 2-4〉에서처럼 비주얼 스튜디오 코드의 탐색기 창을 보면 C:₩PythonStudy 폴더가 프로젝트 폴더로 설정되어있는 것을 확인할 수 있습니다. 이제 여기에 폴더 명 우측의 두 번째 📑 새 폴더 버튼을 클릭하고 3장을 의미하는 03 폴더를 생성하도록 합니다.

〈그림 2-5〉 파일 생성

그러면 〈그림 2-5〉와 같이 새로운 폴더가 생성되고 해당 폴더가 선택되는 것을 확인할 수 있습니다. 앞으로 이 책의 모든 파일 및 폴더 생성은 지금까지 설명한 것과 같이 C:₩PythonStudy 폴더의 하위에 장을 의미하는 숫자의 폴더를 생성하고 각 장의 챕터에 해당하는 "01-내용.py"와 같이 파일 명을 생성하며 진행함을 원칙으로 정하겠습니다.

컴퓨터 사용에 익숙하신 분들께서는 이런 규칙을 이해하고 알아서 다르게 작성하셔도 상관없지만 그렇지 않다면 가급적 규칙을 따라서 파일을 작성하는게 앞으로 배우는 내용에 있어서 혼란을 방지할 수 있으니 참고하시기 바랍니다.

memo

PART 3

파이썬
입출력

이 장의 내용

- ·파이썬 파일 생성
- ·파이썬 파일 실행하기
- ·사용자의 입력처리
- ·화면에 데이터 출력

3 파이썬 입출력

이번 장에서는 파이썬 파일을 생성해보고 직접 코드를 작성하여 사용자에게 키보드로 입력을 받고 내용을 모니터에 출력하는 방법에 대해 알아보도록 합니다.

1. 파이썬 파일 생성

파이썬 파일은 파일 명의 확장자가 .py로 끝나는 일반 텍스트 형식의 파일입니다. 그렇기 때문에 사실 파이썬 코드는 텍스트 에디터인 윈도우 메모장에서 작성하여도 아무 상관이 없습니다만 파이썬 코드를 작성하기엔 메모장보다 좋은 프로그램들이 많이 있습니다. 그래서 굳이 메모장을 사용해서 불편하게 파이썬 코드를 작성할 필요는 없습니다.

현재 파이썬 코드를 작성하고 실행할 수 있는 툴은 여러 가지가 있지만 실무 개발자들이 가장 많이 사용하는 툴은 비주얼 스튜디오 코드입니다. 그렇기 때문에 우리는 처음부터 비주얼 스튜디오 코드를 사용하면서 최대한 빨리 툴에 익숙해지는 게 좋습니다. 프로그래밍을 공부할 때 문법을 아는 것도 중요하지만 툴과 환경에 익숙해지는 것도 그만큼 중요한 요소이기도 합니다.

〈그림 1-1〉 파이썬 파일 생성

3. 파이썬 코드 실행

이제 이렇게 작성된 01-print.py의 결과를 보기위해서는 파이썬 코드를 실행해봐야 합니다. 여기서 혼동하지 않아야 할 것은 비주얼 스튜디오 코드와 파이썬을 동일시하면 안된다는 점입니다. 비주얼 스튜디오 코드는 파이썬 코드를 작성하고 실행하는데 도움을 주는 툴일 뿐이지 비주얼 스튜디오 코드가 파이썬 그 자체는 아니라는 점입니다.

〈그림 3-1〉 파이썬 실행

원칙적으로는 비주얼 스튜디오 코드나, 메모장에서 파이썬 코드를 작성했더라도 일반적으로 파이썬 파일을 실행하기 위해서는 〈그림 3-1〉에서처럼 명령 프롬프트 혹은 터미널에서 파이썬 파일을 실행하기 위한 명령어를 입력하여 실행할 수 있습니다.

〈그림 3-1〉을 보면 python은 우리가 설치한 python.exe를 의미하며 뒤에 01-print.py는 우리가 작성한 파이썬 파일을 의미합니다. 물론 대상이 되는 01-print.py 파일은 현재 프롬프트 경로 폴더 안에 존재해야만 됩니다. 〈그림 3-1〉을 보면 프롬프트 상태는 C:\PythonStudy\03〉으로 설정되어있고 이 경로에 01-print.py 파일이 존재하니 위의 명령은 문제없이 실행됩니다. 만약 대상이 되는 파이썬 파일이 다른 경로에 있다면 전체 경로를 모두 입력해줘야 합니다.

그런데 항상 이렇게 명령 프롬프트를 통해 타이핑을 모두 입력해서 실행하기에는 다소 불편한 감이 있습니다. 그래서 비주얼 스튜디오 코드에서는 명령 프롬프트를 직접 실행하지 않고 비주얼 스튜디오 코드를 통해 터미널 환경을 제공하고 있습니다.

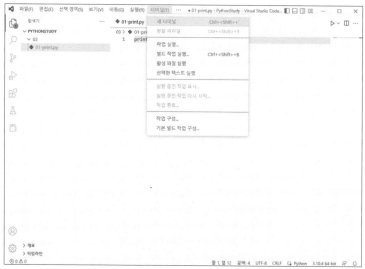

〈그림 3-2〉 비주얼 스튜디오 코드에서 터미널 실행

비주얼 스튜디오 코드에서도 명령 프롬프트 혹은 터미널을 〈그림 3-2〉와 같이 실행할 수 있습니다. 비주얼 스튜디오 코드 상단 메뉴에서 [터미널] → [새 터미널]을 클릭하거나 단축키 `Ctrl` + `Shift` + `` ` ``키를 입력해도 됩니다. `` ` ``키는 키보드상 숫자 1키 왼쪽에 있는 키입니다.

〈그림 3-3〉 PowerShell 모드

만약 비주얼 스튜디오 코드에서 새 터미널을 열었는데 〈그림 3-3〉처럼 프롬프트 경로 앞에 PS가 붙어 있다면 이 터미널은 기본 터미널이 아닌 파워쉘(PowerShell) 모드로 열린 상태이기 때문에 설정을 변경해 줘야 합니다.

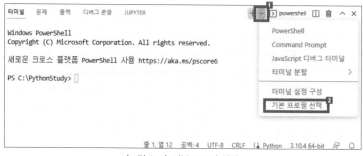

〈그림 3-4〉 기본 프로필 선택

터미널이 열린 상태에서 **1** 우측 드롭다운 메뉴를 클릭하면 〈그림 3-4〉에서처럼 메뉴가 팝업됩니다. 여기서 **2** 기본 프로필 항목을 선택합니다.

〈그림 3-5〉기본 프로필 Command Prompt 설정

그러면 비주얼 스튜디오 코드 중앙 상단에 〈그림 3-5〉처럼 기본 터미널 프로필을 선택할 수 있는 창이 팝업되는데 여기서 Command Prompt 항목을 선택하면 됩니다. 그리고 비주얼 스튜디오 코드를 종료했다가 다시 실행한 후 다시 상단 메뉴의 [터미널] → [새 터미널]을 클릭합니다.

〈그림 3-6〉비주얼 스튜디오 코드 터미널

그러면 〈그림 3-6〉에서처럼 C:\PythonStudy〉와 같이 프롬프트 상태가 됩니다. 여기서 01-print.py 파일은 03 폴더에 존재하기 때문에 03 폴더로 이동한 후 python 명령을 통해 파이썬 파일을 실행할 수 있게 됩니다.

```
C:\PythonStudy>cd 03
C:\PythonStudy\03>python 01-print.py
```

앞에서처럼 cd 명령어를 이용하여 폴더를 03으로 이동하고 C:₩PythonStudy₩03 폴더인 상태에서 python 01-print.py 명령어를 입력하면 파이썬 파일을 실행할 수 있습니다.

```
C:₩PythonStudy>python 03₩01-print.py
```

물론 cd 명령어를 사용하지 않고 .py 파일의 경로를 직접 전달해서 실행해도 상관은 없습니다. 이렇게 하든 저렇게 하든 .py 파일이 어디에 위치해 있는지를 정확하게 python.exe에 전달만 해주면 된다는 사실입니다.

〈그림 3-7〉 파이썬 실행

지금까지 작성한 01-print.py를 실행하면 〈그림 3-7〉에서처럼 결과가 출력되는 것을 확인할 수 있습니다. 이렇게 파이썬 코드를 실행하는 방법은 가장 기본적이고 기초적인 방법입니다. 그렇기 때문에 반드시 알고 있어야 하는 방법이며 비주얼 스튜디오 코드에서는 좀 더 쉽게 파이썬 코드를 실행할 수 있는 방법도 있습니다.

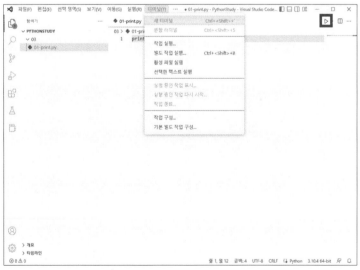

〈그림 3-8〉 비주얼 스튜디오 코드에서 파이썬 실행

〈그림 3-8〉에서처럼 비주얼 스튜디오 코드의 코드 창 우측에 보면 ▷ 플레이 버튼처럼 생긴 Run Python 버튼이 있는데 이 버튼을 클릭하면 현재 비주얼 스튜디오 코드에 열려있는 파이썬 파일이 실행됩니다. Run Python 버튼은 터미널 창을 열어놓지 않아도 알아서 터미널 창을 열고 대상 파이썬 파일을 실행해주므로 파이썬 코드를 실행하기에 상당히 편한 방법입니다.

앞으로 이 책에서 파이썬 코드를 실행한다고 하면 명령 프롬프트에서 직접 파이썬 파일을 실행해도 되고 Run Python 버튼을 클릭하여 실행해도 됩니다. 이후에 따로 파이썬 파일을 실행하는 방법에 대해서는 이야기하지 않으니 앞의 방법 중 본인이 더 편한 방법으로 실행하시면 됩니다.

4. 파이썬 입력

프로그램은 때에 따라 사용자에게 어떤 값을 입력 받아서 동작해야 하는 경우가 종종 있습니다. 파이썬에서 사용자에게 어떤 내용을 입력 받기 위해서는 input( )이라는 함수를 사용해야 합니다.

비주얼 스튜디오 코드 탐색기의 새 파일 버튼을 클릭하여 03 폴더에 02-input.py 파일을 새롭게 생성하도록 합니다. 그리고 다음의 코드를 작성해보도록 하겠습니다.

```
01  user _ input = input( )
02  print(user _ input)
```

01 input( ) 함수는 사용자에게 어떤 값을 받기 위해서 사용되는 함수인데 프로그램은 input( ) 함수를 실행하면 사용자의 입력이 종료되기 전까지 대기 상태가 됩니다. 사용자의 입력이 종료되는 시점은 사용자가 [ENTER] 키를 입력하는 시점까지입니다. 이렇게 입력된 값은 **user_input**이라는 이름의 변수에 저장됩니다.

02 이렇게 입력된 값을 위에서 배운 input( ) 함수를 통해 다시 화면에 출력합니다.

코드를 작성했으면 파일을 저장하고 파이썬 코드를 실행해보도록 합니다.

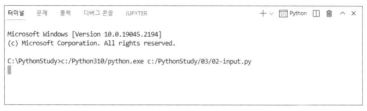

〈그림 4-1〉 파이썬 실행

파이썬 파일을 실행해보면 지금 파이썬은 input( ) 함수에 의해 사용자의 입력을 대기 중인 상태이기 때문에 〈그림 4-1〉에서처럼 실행 후 아무런 반응이 없는 것처럼 보입니다. 여기서 키보드를 통해 아무런 문자나 입력을 하고 [ENTER] 키를 입력합니다.

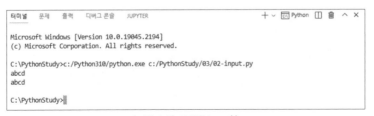

〈그림 4-2〉 파이썬 input( )

그러면 〈그림 4-2〉와 같이 input( ) 함수는 정상적으로 수행되어 대기 상태를 빠져나오게 되고 print( ) 함수에 의해 입력한 값이 다시 화면에 출력 됩니다.

코드를 실행해보면 느끼셨겠지만 프로그램이 멈춘 것 같이 커서만 깜박이고 있는 상태에서 사용자는 당황할 수 있습니다. 물론 만든 사람 입장에서는 input( ) 함수에 의해 프로그램이 정상적으로 실행 중이라는 것을 알고 있지만 프로그램은 항상 만드는 사람이 기준이 아니라 쓰는 사람을 기준으로 해야 한다는 점을 꼭 잊지 않아야 합니다. 그래서 사용자에게 친절하게 안내를 해주는 문구를 추가해서 다시 작성을 해보도록 합니다.

```
03    user _ input2 = input("아무거나 입력하세요: ")
04    print("사용자가 입력한 내용은", user _ input2, "입니다.)
```

03 input( )("출력할 내용") 함수에 "출력할 내용"을 작성하면 입력 대기 상태가 되기 전에 화면에 내용을 먼저 출력하게 됩니다. 그렇게 사용자에게 현재 상태를 전달해줌으로서 조금 더 사용자 친화적인 프로그램을 작성할 수 있게 됩니다.

04 print( ) 함수를 사용하여 화면에 출력하게 되는 경우에도 프로그램의 목적과 결과에 따라 조금 더 친절하게 안내를 해줄 수 있습니다. 프로그램을 만드는 사람은 항상 쓰는 사람 입장에서 생각해야 합니다. 불편하거나 불친절한 프로그램은 손이 가지 않습니다. 그렇기 때문에 이런 사소한 것까지 신경쓰는 습관을 들이는게 좋습니다.

코드를 작성하고 저장한 후 다시 비주얼 스튜디오 코드에서 파이썬 파일을 실행해봅니다.

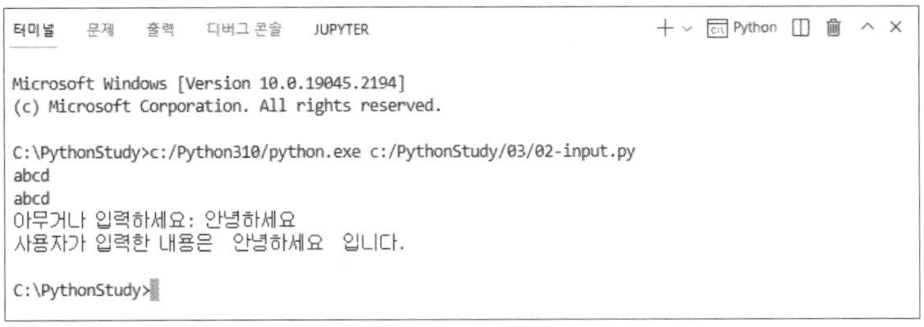

〈그림 4-3〉 실행 결과

코드를 실행해보면 〈그림 4-3〉과 같이 **"아무거나 입력하세요: "** 라는 메시지가 출력됨으로써 사용자는 무언가 입력해야 한다는 사실을 인지할 수 있게 되고 사용자가 입력한 값이 무엇인지에 대해서도 print( ) 함수에서 쉽게 알 수 있는 형태로 출력됩니다.

파이썬으로 작성하는 프로그램은 이렇게 코드를 작성하고 실행해서 결과를 얻는 작업의 과정입니다. 이렇게 처음으로 파이썬 파일을 생성했고 그것을 실행하는 첫 발을 뗐습니다. 그럼 이제부터 본격적으로 가장 먼저 모든 프로그래밍의 기본이 되는 변수가 무엇인지를 알아보도록 하겠습니다.

연습 문제

지금 배운 내용을 활용하여 비주얼 스튜디오 코드에서 간단한 프로그램을 하나 만들어보도록 합니다. 프로그램은 다음의 조건을 따릅니다.

- 화면에 "이름을 입력하세요: " 메세지를 출력하고 사용자에게 이름을 입력 받습니다.
- 이름이 입력되면 "나이를 입력하세요: " 메세지를 출력하고 나이를 입력 받습니다.
- 입력 받은 데이터를 "당신의 이름은 XXX 이며, 나이는 XX 입니다" 처럼 출력합니다

위의 조건에 만족하는 프로그램을 작성합니다. 파일 명은 자유롭게 작성할 수 있으며, 정답은 영진닷컴 파일 자료실[1]이나 깃헙사이트[2]의 05-1.py 파일에 작성되어 있습니다.

```
터미널   JUPYTER   문제   출력   디버그 콘솔                          + ∨  ⊡ Python  ▯▯ 🗑  ∧ ×
Microsoft Windows [Version 10.0.22000.1219]
(c) Microsoft Corporation. All rights reserved.

C:\PythonStudy>C:/Python310/python.exe c:/PythonStudy/03/q1.py
이름을 입력하세요: 홍길동
나이를 입력하세요: 50
당신의 이름은 홍길동 이며, 나이는 50 입니다.
```

〈그림 5-1〉 연습 문제 실행 결과 모습

---

1   https://youngjin.com/reader/pds/pds.asp (영진닷컴 〉 고객센터 〉 부록CD 다운로드)

2   https://github.com/nkj2001/youngjin_python

PART 4

변수와 자료형

이 장의 내용

- 변수
- type( ) 함수
- 정수형
- 실수형
- 문자형
- 불형
- None
- 리스트형
- 튜플형
- 딕셔너리형
- 집합형
- 형변환

4 변수와 자료형

이번 장에서는 프로그래밍을 할 때 가장 기본적인 변수란 무엇이며, 변수의 형태를 결정하는 자료형이 무엇인지에 대해 알아보도록 합니다.

1. 변수

변수는 쉽게 설명하면 변하는 수, 변화하는 값을 의미하는데 프로그램이 동작하면서 어떤 값을 저장하기 위한 목적으로 사용됩니다. 모든 프로그램은 변수의 집합으로 이루어져 있다고 해도 과언이 아닐 정도로 변수는 프로그래밍에 있어서 가장 기본적으로 이해해야 할 내용입니다. 그런데 태어나서 처음 프로그래밍을 접하는 초심자 입장에서는 알 것 같기도 하고 모를 것 같기도 하는 개념입니다.

```
x = 3
```

만약 위의 예제가 있다면 어떻게 해석해야 할까요? 우리가 일반적으로 아는 수학식에서는 위의 예제처럼 $x = 3$은 x는 3과 같다고 해석할 수 있지만 파이썬에서는 x에 3을 저장하라는 의미로 해석됩니다.

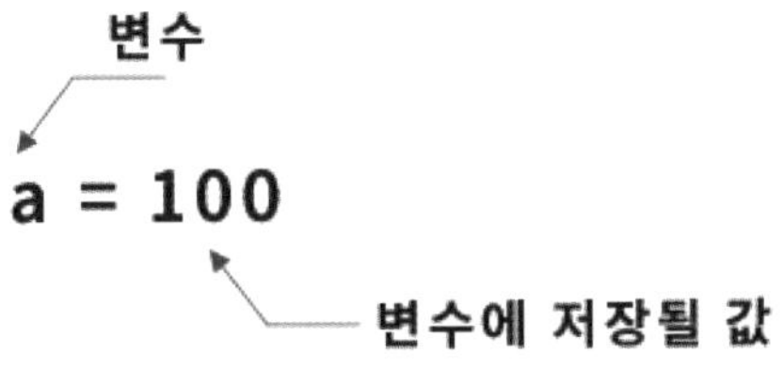

〈그림 1-1〉 변수

파이썬에서 변수는 〈그림 1-1〉에서처럼 등호(=)를 중심으로 왼쪽의 a가 변수 명이 되고 오른쪽의 100은 값이 되어 a라는 이름으로 100이라는 값을 컴퓨터 메모리 공간에 저장하라는 의미로 사용됩니다. 이런 등호(=)를 파이썬에서는 대입 연산자[1]라고 합니다. 이 대입 연산자는 어떤 값을 컴퓨터 메모리에 저장하기 위해서 사용되는데 컴퓨터 메모리 어디에 저장했는지를 쉽게 기억하기 위해서 변수라는 개념을 사용하게 됩니다.

1　연산자에 대해서는 다음 장에서 자세하게 다룰 예정입니다.

예를 들어 우리가 계산기를 직접 프로그래밍해서 만든다고 가정하겠습니다. 계산기 프로그램은 사용자에게 "어떤 값"을 입력받아 "어떤 계산"을 해서 "결과"를 알려줘야 합니다. 그럼 이렇게 사용자가 "어떤" 값을 입력할지 모르는 이 값을 처리하기 위해서 우리는 변수를 사용해, 사용자가 입력한 값을 컴퓨터 메모리상에 보관해 놓아야 합니다. 그리고 최종적으로 이렇게 사용자가 입력한 모든 값을 사용자가 원하는 대로 계산하여 최종 결과를 알려줘야 하는데 이때도 변수를 사용해서 계산된 결과를 저장할 수 있어야지만 이 값을 사용자에게 알려줄 수 있습니다. 변수는 이렇게 프로그램 내부에서 변화하는 어떤 값을 저장하고 계산하기 위해서 사용됩니다.

2 변수 명 생성 규칙

파이썬에서 변수의 이름, 변수 명은 다음과 같은 규칙으로 생성할 수 있습니다.

- 영문 문자와 숫자를 사용할 수 있습니다.
- A와 a는 서로 다르듯 대소문자를 구분해야 합니다.
- 파이썬 변수 명으로 한글을 사용할 수 있지만 권장하진 않습니다.[2]

비주얼 스튜디오 코드 탐색기에서 프로젝트 폴더 하위에 04 폴더를 새로 만들고 01-variable.py 파일을 생성하여 다음의 코드를 작성합니다.

```
01  a = 10
02  b = 10.1
03  c = True
04  abcd = "소문자로 이루어진 변수 명"
05  _abcd = "언더스코어로 시작하는 변수 명"
06  abcd123 = "소문자와 숫자로 이루어진 변수 명"
07  abCD123 = "영문 소문자와 숫자가 포함된 변수 명, abcd123과 다릅니다."
08  print(a)
09  print(b)
10  print(c)
11  print(abcd)
12  print(_abcd)
```

---

2 한글은 유니코드 문자인데 유니코드 문자를 표현하려면 파이썬 파일이 유니코드 형식으로 저장되어야 합니다. 비주얼 스튜디오 코드에서는 유니코드를 지원하지만 만약 다른 환경에서 코드를 실행해야 하는 경우 오류가 발생할 수 있습니다. 또한 파이썬에서 사용되는 라이브러리 중에는 유니코드를 지원하지 않는 라이브러리도 있습니다.

```
13    print(abcd123)
14    print(abCD123)
```

〈코드 2-1〉

01 변수 명을 a로 선언하고 정수 10을 저장합니다.

02 변수 명을 b로 선언하고 실수 10.1을 저장합니다.

03 변수 명을 c로 선언하고 불 형 True 값을 저장합니다.

04 변수 명을 abcd로 선언하고 문자열을 저장합니다.

05 변수 명을 _abcd로 선언하고 문자열을 저장합니다.

06 변수 명을 abcd123로 선언하고 문자열을 저장합니다.

07 변수 명을 abCD123로 선언하고 문자열을 저장합니다.

08~14 각 변수의 내용을 화면에 출력합니다.

앞의 코드처럼 변수 명은 다양한 형태로 정의할 수 있습니다. 파일을 저장하고 01-variable.py 파일을 실행해 결과를 확인합니다.

〈그림 2-1〉 01-variable.py 를 실행한 결과

코드를 실행해보면 print( ) 함수로 각 변수에 저장된 값들을 화면에 출력해볼 수 있습니다. 물론 모든 이름으로 변수 명을 사용할 수 있는 것은 아니고 변수 명으로 사용할 수 없는 다음과 같은 몇 가지 제약 사항도 있습니다.

　– 변수 명은 숫자부터 시작할 수 없습니다.

　– 변수 명에는 _ (언더스코어)를 제외한 특수문자를 사용할 수 없습니다.

　– 변수 명에는 띄어쓰기를 할 수 없습니다.

　– 파이썬에서 미리 예약된 내장 키워드들을 사용할 수 없습니다.

```
1ab = "숫자로 시작하기 때문에 오류"
ab!@# = "특수문자를 사용했으므로 오류"
a b = "변수 명에 띄어쓰기, 공백이 포함되었으므로 오류"
if = "if는 파이썬 조건문에 사용되는 내장 키워드이므로 오류"
```

위의 예제 코드에서 사용한 변수 명은 변수 명으로 사용불가한 내용입니다.

3. 자료형 종류

자료형이란 변수에 저장된 자료의 형태를 말하는데 변수는 변수가 포함하고 있는 값에 따라 변수의 자료형이 결정됩니다. 사실 파이썬은 모든 자료형을 클래스 객체 형태로 제공하고 있지만 우리는 아직 클래스를 배우지 않았기 때문에 클래스에 대한 이야기는 8장에서 자세하게 다시 얘기하기로 하고 지금은 파이썬에서 어떤 형태로 자료형을 제공하는지, 얼마나 다양한 자료형이 있는지에 대해서만 알아보도록 하겠습니다.

파이썬에서는 가장 기본적인 정수, 실수, 문자열, 바이트, 불 외에 리스트, 튜플, 딕셔너리, 집합 등의 자료형을 제공합니다.

자료형	클래스 명	설명
정수	int	음수, 양수를 포함하는 숫자 형태의 자료형
실수	float	소수점을 포함하는 실수 형태의 자료형
문자열	str	문자 형태로 이루어진 자료형
바이트	bytes	파일 데이터와 같은 Raw 데이터를 표현하기 위한 자료형
불	bool	True나 False로 이루어진 자료형
리스트	list	여러 개의 요소를 포함하며 값을 수정할 수 있는 자료형
튜플	tuple	여러 개의 요소를 포함하며 값을 수정할 수 없는 자료형
딕셔너리	dict	키와 값, 한 쌍으로 이뤄진 자료형
집합	set	중복을 허용하지 않은 여러 개의 요소로 이루어진 자료형
None	None	값이 없다는 것을 의미하는 자료형

〈표 3-1〉 자료형 종류

4. type( ) 함수

자료형을 이야기하기 이전에 먼저 어떤 변수에 어떤 형태의 값이 담겨 있는지 확인을 해볼 수 있어야 하는데 파이썬에서 이렇게 자료의 형태를 알아보기 위해서 제공되는 함수[3]가 바로 type( )이라는 함수입니다. 04 - variable.py 파일을 새롭게 생성하고 방금 작성한 01 - variable.py 파일의 내용을 그대로 복사하고 다음과 같이 print( ) 함수의 내용을 수정합니다.

```
… 생략 …
08    print(a, type(a))
09    print(b, type(b))
10    print(c, type(c))
11    print(abcd, type(abcd))
12    print(_ abcd, type(_ abcd))
13    print(abcd123, type(abcd123))
14    print(abCD123, type(abCD123))
```

〈코드 4-1〉

08~14 변수 명과 변수 명의 자료형을 type( ) 함수를 사용하여 출력합니다.

04 - variable.py 파일에서 print( ) 함수를 사용해, 변수의 내용을 출력하는 코드에 **type(변수 명)**을 사용하여 각 변수가 어떤 자료형인지 확인하기 위해 코드를 수정합니다.

〈그림 4-1〉 04-variable.py를 수정하여 실행한 결과

수정된 04 - variable.py를 실행해보면 〈그림 4-1〉과 같이 변수의 내용이 출력되고 그 옆에 변수의 자료형이 같이 출력되는 것을 확인해볼 수 있습니다.

---

3   함수는 특정 목적의 기능을 수행하기 위해 미리 구현해 놓은 코드의 집합을 말합니다. 추후 여러 가지 형태의 함수에 대해서 자세하게 다룰 예정입니다.

5. 정수형 – int

정수는 음수와 양수를 모두 포함하는 숫자의 값을 의미합니다. 파이썬에서 정수는 int라는 형태의 클래스로 제공되며 a = 10은 a에 10을 저장한다는 의미이고 이때 변수 a의 자료형은 int 형태라는 이야기입니다. 그러니까 우리는 int가 정수형 자료형이라는 것을 기억해야 합니다. 비주얼 스튜디오 코드에서 05 – int. py 파일을 새롭게 생성하고 다음의 코드를 작성해봅니다.

```
01   a = 10
02   b = int(10)
03   c = 900000000000000000000
04   d = -1000
05   print(a, type(a))
06   print(b, type(b))
07   print(c, type(c))
08   print(d, type(d))
```

〈코드 5-1〉

01 a 변수에 양수 10을 저장합니다.

02 변수 b에 int 형 정수 10을 저장합니다.

03 변수 c에 9해의 값을 저장합니다.

04 변수 d에 음수 1000을 저장합니다.

05~08 각 변수에 저장된 값과 자료형을 출력합니다.

위의 코드를 보면 a에는 10을 저장하고 b에는 int(10)을 저장했습니다. a에 10을 그냥 바로 저장한 것과 b에 int(10)을 저장한 것은 서로 같은 내용의 코드입니다. 그리고 변수 c에는 9해의 수를 저장하고 있는데, 일반적인 프로그래밍 언어에서는 정수형 변수에 저장할 수 있는 수의 범위가 제한되어있는데 반해 파이썬에서는 임의정밀도[4]라는 개념으로 수를 관리하기 때문에 컴퓨터 메모리가 허락하는 한도 내에서 거의 제한없이 수를 저장할 수 있습니다.

---

4   임의정밀도는 정수의 값을 숫자의 배열로 간주하여 처리하는 방식으로 시스템 메모리가 허용하는 범위 안에서 무제한 자릿수의 수를 제공하는 방식을 의미합니다

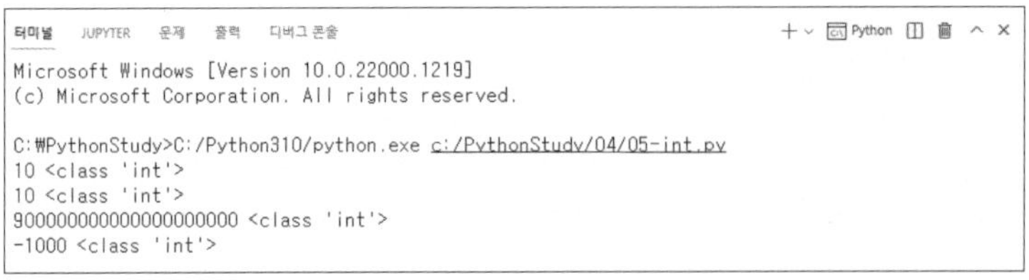

〈그림 5-1〉 05-int.py 파일 실행 결과

05-int.py 파일에 코드를 작성하고 저장 후 실행해보면 〈그림 5-1〉과 같이 변수에 저장된 정수형 값이 출력되는 것을 확인할 수 있습니다.

6. 실수형 - float

실수는 소수점을 포함하는 수의 값을 의미하며 파이썬에서 실수는 float이라는 형태의 클래스로 사용됩니다. 컴퓨터에서의 실수는 내부적으로 부동소수점 방식[5]으로 처리되는데 유한개의 비트[6]로 실제 정확한 값을 표현할 수 없기 때문에 근삿값으로 표현됩니다. 그래서 컴퓨터에서 실수 형태의 값을 사용할 때 주의해야하는 경우가 종종 있는데, 예를 들어 $\frac{1}{3}$을 소수로 표현한다면 0.3333…으로 3이 무한 반복되는 값이지만 컴퓨터에서는 이 무한의 값을 표현할 수 없기 때문에[7] 적당한 값으로 타협해서 표현된다는 이야기입니다. 비주얼 스튜디오 코드에서 06-float.py 파일을 새롭게 생성하고 다음의 코드를 작성해보도록 하겠습니다.

```
01   a = 0.1
02   b = float(10)
03   c = 0.3333333333333333
04   d = 0.33333333333333331
05   print(a, type(a))
06   print(b, type(b))
07   print(c, type(c))
08   print(d, type(d))
```

〈코드 6-1〉

---

5 부동소수점 방식은 컴퓨터가 소수점을 표현하는 방식으로 소수점을 기준으로 왼쪽의 지수부와 오른쪽의 가수부를 따로 저장하여 처리하는 방식입니다. 예를 들어 1.234 라는 실수가 있다면 1 이 지수가 되고 234가 가수가 됩니다.

6 비트(bit)는 컴퓨터에서 데이터를 표현하는 최소 단위로 0 혹은 1 중 하나의 값을 표현합니다. 8개의 비트가 모이면 1바이트가 됩니다.

7 무한한 값을 표현하려면 컴퓨터도 무한한 크기의 메모리가 필요합니다.

01 변수 a 에 0.1 실수를 저장합니다.

02 변수 b 에 float형으로 정수 10을 저장하면 실제 b에는 10.0이 저장됩니다.

03 변수 c 에 0.3333333333333333을 저장합니다.

04 변수 d 에 0.33333333333333331을 저장합니다. 실제 변수 d에는 0.3333333333333333만 저장이 됩니다.

05~08 각 변수의 값과 자료형을 콘솔 화면에 출력합니다.

```
터미널    JUPYTER    문제    출력    디버그 콘솔                           + ∨  🖵 Python 🔲 🗑  ∧ ✕
Microsoft Windows [Version 10.0.22000.1219]
(c) Microsoft Corporation. All rights reserved.

C:\PythonStudy>C:/Python310/python.exe c:/PythonStudy/04/06-float.py
0.1 <class 'float'>
10.0 <class 'float'>
0.3333333333333333 <class 'float'>
0.3333333333333333 <class 'float'>
```

〈그림 6-1〉 06-float.py 파일 실행 결과

〈코드 6-1〉의 내용을 06-float.py 파일에 저장한 후 실행해보면 〈그림 6-1〉과 같이 각 변수의 값들이 화면에 출력되는 것을 확인할 수 있습니다. 여기서 눈여겨 봐야할 부분이 있다면 변수 c에는 0.33…3으로 소수점 이하 16자리의 값이 저장되었고 변수 d에는 0.33…31로 소수점 17자리의 값이 저장되었으나 변수 c에 저장한 값과 변수 d에 저장한 값이 똑같이 출력되었다는 점입니다. 물론 일반적으로 실수의 정밀도가 소수점 16자리 이상의 프로그램을 만드는 경우는 흔하지 않습니다. 하지만 그렇다 하더라도 이런 실수의 특성을 모르고 프로그램을 작성하면 의도하지 않은 계산적 오류를 발생할 수도 있으니 주의해야 할 부분임엔 틀림이 없습니다.

7. 문자형 - str

파이썬에서 가장 기본적으로 자주 사용되는 자료형이 있다면 바로 문자형 자료형이라고 보시면 됩니다. 파이썬에서 문자형 자료형은 str이라는 클래스 객체로 제공됩니다. 문자형 자료형은 우리가 흔하게 아는 말 그대로 1개이상의 문자, 즉 글자를 이야기합니다. 파이썬에서 문자형 자료형은 우리가 이전 3장 파이썬 입출력에서 사용했던 것처럼 홑따옴표 혹은 쌍따옴표를 사용하여 정의할 수 있습니다.

실습을 위해 비주얼 스튜디오 코드에 07-str.py 파일을 생성하고 다음의 코드를 작성합니다.

```
01    a = "문자열 입니다."
02    b = '파이썬은 재미있어요'
03    c = str(1234)
04    d = "1234"
```

```
05    e = str(10.3)

06    print(a, type(a))

07    print(b, type(b))

08    print(c, type(c))

09    print(d, type(d))

10    print(e, type(e))
```

<코드 7-1>

01 변수 a에 "문자열 입니다."라는 문자열 값을 저장합니다. 여기서는 쌍따옴표를 사용해서 정의했습니다.

02 변수 b에 '파이썬은 재미있어요'라는 문자열 값을 홑따옴표를 사용해서 정의했습니다.

03 변수 c에 1234라는 정수를 str 형태로 저장하게 되면 c에 저장된 1234는 숫자가 아니라 문자형 값이 됩니다.

04 변수 d에 "1234"라는 문자형 값을 저장하는데 여기서 1234를 쌍따옴표로 정의했기 때문에 1234는 숫자가 아니라 문자 형태가 됩니다.

05 10.3이라는 실수를 str 형태로 변수 e에 저장합니다. 변수 e에는 "10.3"과 같은 문자 형태의 값이 저장됩니다.

06~10 각 변수 a, b, c, d, e에 저장된 문자열 값과 자료형을 화면에 출력합니다.

〈코드 7-1〉의 내용을 07-str.py에 저장하고 실행해서 결과를 확인해보도록 합니다.

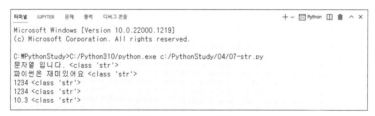

〈그림 7-1〉 07-str.py 실행 결과

07-str.py 파이썬 파일을 실행해보면 〈그림 7-1〉과 같이 각 변수에 저장된 값들이 한 줄에 출력됩니다.

파이썬에서 문자형 변수를 저장할 때 홑따옴표, 쌍따옴표를 구분하는데 특별한 이유는 없습니다. 쌍따옴표를 사용하던 홑따옴표를 사용하던 코딩하는 사람 마음대로 사용할 수 있습니다. 물론 쌍따옴표로 시작했으면 반드시 쌍따옴표로 끝나야 하며 홑따옴표로 시작했으면 홑따옴표로 끝나야 하는 규칙만 지키면 됩니다.

```
a = "문자열 변수 내용 입니다.'
```

예를 들어 위의 코드에서처럼 문자열의 시작은 쌍따옴표로 시작하고 끝을 홑따옴표로 정의할 수는 없다는 이야기입니다.

다음의 코드를 07-str.py에 이어서 작성하도록 합니다.

```
12  a = '문자열 안에 "쌍따옴표" 가 포함 됩니다.'
13  b = "문자열 안에 '홑따옴표가' 가 포함 됩니다."
14  print(a)
15  print(b)
```

〈코드 7-2〉

12 문자열 안에 쌍따옴표가 들어가는 경우 문자열 정의를 홑따옴표로 정의합니다.

13 반대로 문자열 안에 홑따옴표가 들어가는 경우 문자열 정의를 쌍따옴표로 정의합니다.

14~15 변수 a, b의 값을 화면에 출력합니다.

만약 위의 코드에서처럼 문자열 내용에 쌍따옴표 혹은 홑따옴표가 포함되는 경우 파이썬에서는 아주 간단하게 표현할 수 있습니다. 사실 굉장히 단순해 보이는 내용이긴하지만 파이썬을 제외한 대부분의 프로그래밍 언어에서 문자열은, 쌍따옴표만으로 정의하는 것이 일반적입니다. 그렇기 때문에 문자열 안에 쌍따옴표가 포함되어야 하는 경우 이스케이프 문자[8]를 사용해서만 표현할 수 있습니다.

이스케이프 문자	문자의 의미
₩n	줄 바꿈
₩t	탭
₩'	홑따옴표
₩"	쌍따옴표
₩₩	역 슬래시

〈표 7-1〉 이스케이프 문자(Escape string)

---

8 이스케이프 문자는 ₩ 뒤에 붙은 문자는 다른 의미로 사용됨을 알리는 문자를 의미합니다.

물론 파이썬에서도 이스케이프 문자를 지원합니다. 다음의 코드를 07-str.py에 이어서 작성합니다. 파일의 줄 번호를 확인하시면 07-str.py 파일의 어느 줄에 작성할지 알 수 있습니다.

```python
17   a = "\'홑따옴표\n"
18   b = "\"쌍따옴표\n"
19   c = "\\역\t슬래쉬"
20   print(a, b, c)
```

〈코드 7-3〉

17 a 변수에 홑따옴표를 \' 이스케이프 문자로 정의하고 이스케이프 문자 \n를 사용하여 문장의 끝에서 줄 바꿈 합니다.

18 b 변수에는 쌍따옴표를 이스케이프 문자 \"로 정의하고 문장 끝에 이스케이프 문자 \n를 사용하여 줄 바꿈을 합니다.

19 c 변수에는 이스케이프 문자 \\로 역 슬래시 문자를 추가하고 '역' 글자와 '슬래시' 글자 사이에 \t 를 사용하여 탭으로 공백을 벌립니다.

20 변수 내용을 출력합니다.

07-str.py 파일에 〈코드 7-1〉, 〈코드 7-2〉, 〈코드 7-3〉을 모두 작성하고 저장한 후 실행해봅니다.

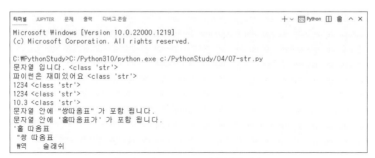

〈그림 7-2〉 07-str.py 파일 실행 결과

07-str.py 파일을 실행해보면 〈그림 7-2〉처럼 이스케이프 문자로 쌍따옴표, 홑따옴표, 탭, 줄 바꿈 값들이 모두 적용되어 출력되는 것을 확인할 수 있습니다.

7-1. 문자열 인덱싱

문자열 자료형은 정수형이나 실수형과 다르게 하나의 변수에 한 개 이상의 문자를 저장하는 경우가 많습니다. 이런 경우 저장된 문자열 안에서 특정 위치의 문자 1개를 구해오는 것을 문자열 인덱싱이라고 합니다.

> 문자형 변수[위치]

파이썬 문법적인 표현으로는 위의 코드처럼 작성합니다. 예를 들어 **"파이썬문자열"**이라는 문자열 값이 저장된 변수가 있다고 가정했을 때 문자의 위치 정보는 다음과 같이 표현됩니다.

문자열	파	이	썬	문	자	열
양수 인덱스	0	1	2	3	4	5
음수 인덱스	−6	−5	−4	−3	−2	−1

〈표 7-1-1〉

파이썬은 독특하게 위의 〈표 7-1-1〉에서처럼 문자의 인덱스 정보를 양의 정수와 음의 정수로 표현할 수 있습니다. 인덱스 위치 정보는 양의 정수일때는 좌에서 우측 방향으로 0[9]부터 시작하며 최대 문자열의 길이까지 지정할 수 있고 반대로 문자열의 끝에서부터 접근할 때는 −1부터 시작하여 지정할 수 있습니다. 다만 문자열 인덱스는 인덱스가 문자열의 범위를 벗어나면 오류가 발생하게 됩니다. 예를 들어 위의 〈표 7-1-1〉에서 문자열 인덱스의 최댓값은 5인데 만약 6으로 접근을 하게 된다면 오류가 발생한다는 이야기입니다.

비주얼 스튜디오 코드에서 07-1-str-index.py 파일을 생성하고 다음의 코드를 작성합니다.

```
01   a = "파이썬문자열"
02   print("0번째 글자:", a[0])
03   print("5번째 글자:", a[5])
04   print("마지막 글자:", a[-1])
05   print("뒤에서 6번째 글자:", a[-6])
```

〈코드 7-1-1〉

01 변수 a에 "파이썬문자열"이라는 문자열 값을 저장합니다.

02 문자열 인덱싱을 사용하여 문자형 변수인 a에서 0번째 글자를 출력합니다.

03 a 변수의 다섯 번째 글자를 출력합니다.

---

9 대부분의 프로그래밍에서 어떤 위치의 시작 값은 항상 0부터 시작합니다.

04 a 변수에 저장된 문자열의 맨 마지막 글자를 출력합니다.

05 a 변수에 저장된 문자열의 뒤에서 여섯 번째 글자를 출력합니다.

코드를 저장하고 실행하여 결과를 확인해보도록 하겠습니다.

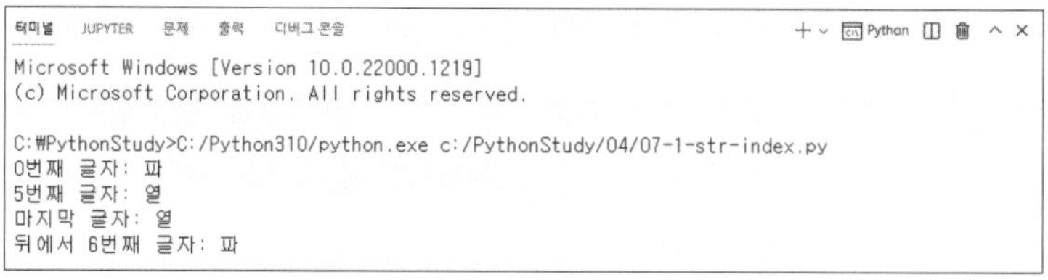

〈그림 7-1-1〉 07-1-str-index.py 실행 결과

코드를 실행해보면 〈그림 7-1-1〉과 같이 문자열 인덱싱을 사용하여 변수 a에 저장된 글자에서 글자를 하나씩 출력하는 것을 볼 수 있습니다.

7-2 문자열 슬라이싱

문자열 인덱싱이 글자를 한 개 구해오는 것이었다면 문자열 슬라이싱은 한 개 이상의 글자를 구해오는 것을 말합니다.

```
문자형 변수[시작 위치 : 끝 위치]
```

파이썬에서 문자열 슬라이싱은 문법적으로 위의 코드처럼 작성할 수 있습니다. 그런데 한 가지 재미있는 점은 문자열 슬라이싱에서는 인덱스 값을 생략할 수가 있다는 점입니다. 시작 위치에 대한 인덱스 값을 생략하면 0을 의미하게 되고 끝 위치에 대한 인덱스 값을 생략하면 문자열의 맨 마지막 위치를 의미하게 됩니다. 07-2-str-slice.py 파일을 새롭게 생성하고 다음 코드를 작성해보도록 하겠습니다.

```
01    a = "파이썬 문자열 슬라이싱"
02    print("0부터 1사이의 문자:", a[0:1])
03    print("2부터 5사이의 문자:", a[2:5])
04    print("-6부터 -2사이의 문자:", a[-6:-2])
05    print("시작부터 끝사이의 문자:", a[:])
06    print("시작부터 5사이의 문자:", a[:5])
```

〈코드 7-2-1〉

01 변수 a에 "파이썬 문자열 슬라이싱"이라는 문자열을 저장합니다.

02 변수 a에 저장된 문자열에서 0부터 1사이의 문자를 슬라이싱하여 출력합니다.

03 변수 a에 저장된 문자열에서 2부터 5사이의 문자를 슬라이싱하여 출력합니다.

04 변수 a에 저장된 문자열에서 −6부터 −2사이의 문자를 슬라이싱하여 출력합니다.

05 변수 a에 저장된 문자열에서 시작부터 끝까지 문자열을 출력합니다. 시작 위치와 끝 위치를 생략하면 시작은 0부터, 끝 위치는 문자열의 맨 마지막 위치가 자동으로 설정됩니다.

06 변수 a에 저장된 문자열에서 시작부터 다섯 번째 사이의 문자열을 출력합니다. 시작 위치를 생략했기 때문에 0으로 설정한 것과 동일한 결과를 얻게 됩니다.

코드를 실행해보도록 합니다.

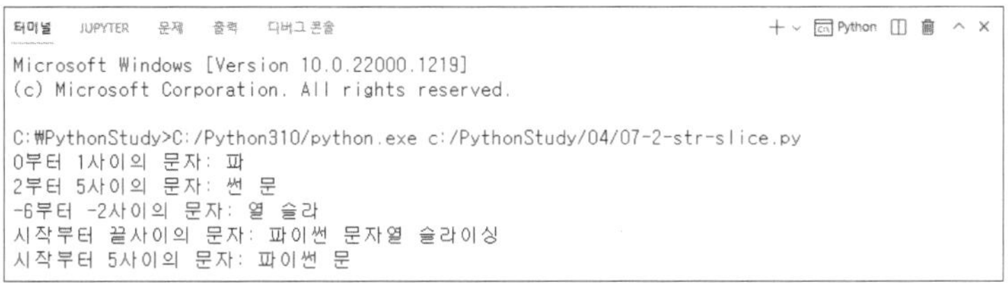

〈그림 7-2-1〉 07-2-str-slice.py 실행 결과

07-2-str-slice.py 실행 결과를 확인해보면 〈그림 7-2-1〉에서처럼 저장된 문자열 위치에 맞는 내용이 슬라이싱 되어 출력되는 것을 확인할 수 있습니다. 이런 슬라이싱과 인덱싱은 실제 프로그램을 작성하다 보면 굉장히 자주 사용되는 문법이므로 반드시 기억해야할 중요한 요소 중에 하나입니다.

7-3. 문자열 포맷팅

문자열 포맷팅이란 문자열 사이에 다른 변수에 저장된 값을 삽입하는 방법을 말합니다. 일단 간단한 예제를 보면서 사용법을 알아보도록 하겠습니다.

```
a = 1234
print(a)
```

예를 들어 우리가 정수 형태인 int 형을 화면에 출력할 때는 위의 코드와 같이 작성할 수 있습니다. 만약에 이 정수 값을 포함하는 문자열 **"a의 값은 1234 입니다."**를 출력을 하고자 한다면 다음과 같이 작성할 수 있을 것입니다.

```
a = 1234
print("a의 값은", a, "입니다.")
```

위의 코드처럼 print( ) 문을 사용하여 문자열과 정수형 변수의 값을 콤마로 구분하여 출력할 수 있습니다. 그런데 이렇게 print( ) 문을 사용하여 화면에 출력하게 아니라 b라는 변수에 이런 내용을 저장해야 한다면 어떻게 해야 할까요?

```
a = 1234
b = "a의 값은", a, "입니다."
```

쉽게 이런 상상을 해볼 수는 있겠지만 위의 코드는 오류가 발생하는 코드입니다. 이렇게 문자형 변수가 아닌 다른 형태의 자료형을 문자열로 작성할 때 우리는 문자열 포맷팅을 사용해서 저장할 수 있습니다.

파이썬에서 문자열 포맷팅은 정말 다양한 방법을 제공합니다. 사실 너무 여러 가지 방법이 있어서 처음 파이썬을 접하는 분들께 오히려 혼란스럽고 어렵게 느껴지는 요소일 수도 있으나 어떤 방법이든 자신이 편한 방법을 사용하면 되는 내용이기 때문에 부담을 갖을 필요는 없습니다.

파이썬에서 가장 기본적인 문자열 포맷팅 방식은 C언어 같은 언어에서 주로 사용하는 포맷 코드를 사용한 포맷팅 방식이 있습니다.

코드	내용
%c	문자. 기본적으로 C/C++언어에서는 문자와 문자열을 구분합니다. 문자는 말그대로 문자 1개를 의미하고 이 문자가 모여서 문자열이 되는데 파이썬에서는 이런 구분이 없지만 다른 프로그래밍 언어에서는 문자와 문자열은 구분되는 경우가 많습니다.
%s	문자열을 의미합니다.
%d	정수를 출력합니다. 정수는 양의 정수, 음의 정수를 모두 포함합니다.
%f	실수를 출력합니다.
%o	8진수를 출력합니다.
%x	16진수를 출력합니다.
%%	% 문자를 출력합니다. C언어 포맷팅 형식에서 %(퍼센트사인) 문자는 %c, %s처럼 미리 예약된 문자이므로 만약 %를 화면에 출력하고 싶다면 %%처럼 두 번 사용해야 합니다.

〈표 7-3-1〉

〈표 7-3-1〉은 파이썬에서 C언어 스타일로 문자열을 포맷팅 할 때 사용되는 포맷 코드로 실제 C언어에서 사용하는 형식과 동일한 포맷 코드를 사용합니다.

〈그림 7-3-1〉 문자열 포맷팅 형식

파이썬에서 문자열 포맷 코드는 〈그림 7-3-1〉처럼 사용할 수 있습니다. 전체 문자열 안에 변수의 값을 저장하기 위해서 앞의 코드처럼 %d와 같이 포맷 코드를 사용하고 문자열이 끝난 후 % 뒤에 포맷 코드에 해당하는 변수 명을 작성해주면 됩니다.

그러면 앞의 포맷 코드를 실제 파이썬에서 어떻게 작성하는지 테스트해보기 위해 07-3-str-format.py 파일을 새롭게 생성하고 다음 코드를 작성해보도록 하겠습니다.

```
01    age = 30
02    weight = 13.5
03    number = 125
04    name = "홍길동"

06    a = "제 성은 %c 입니다." % name[0]
07    b = "제 이름은 %s 입니다." % name
08    c = "제 나이는 %d 살 입니다." % age
09    d = "몸무게는 %f kg 입니다." % weight
10    e = "십진수 %d 는 8진수로 %o 입니다." % (number, number)
11    f = "십진수 %d 는 16진수로는 %x 입니다." % (number, number)

13    print(a)
14    print(b)
15    print(c)
16    print(d)
17    print(e)
18    print(f)
```

〈코드 7-3-1〉

01 변수 age에 정수 30을 저장합니다.

02 변수 weight에 실수 13.5을 저장합니다.

03 number 변수에 정수 125를 저장합니다.

04 name 변수에 문자열 "홍길동"을 저장합니다.

06 문자를 출력하는 포맷 코드 %c를 사용하여 name에 저장된 문자 1개를 인덱싱한 후 결과를 문자열로 a 변수에 저장합니다. 포맷 코드 %c 문자열이 아닌 문자를 대상으로 하기 때문에 반드시 문자 1개를 대상으로 해야 합니다.

07 문자열을 출력하는 포맷 코드 %s를 사용하여 name 변수의 값을 포맷팅하여 a 변수에 문자열로 저장합니다.

08 정수를 출력하는 문자열 포맷 코드 %d를 사용하여 정수형 변수 age의 값을 문자열로 변환하여 변수 c에 저장합니다.

09 실수를 출력하는 포맷 코드 %f를 사용하여 실수형 변수 weight에 저장된 내용을 문자열로 변환하여 변수 d에 저장합니다.

10 정수를 출력하는 포맷 코드 %d와 8진수를 출력하는 포맷 코드 %o를 사용하여 정수형 변수 number에 저장된 값을 정수와 8진수 형태로 문자열 변환하여 변수 e에 저장합니다. 이때 포맷 코드의 대상이 되는 변수가 두 개이므로 소괄호를 사용하여 변수 두 개를 콤마로 구분합니다.

코드를 작성했으면 7-3-str-format.py를 실행하여 결과를 확인해보도록 하겠습니다.

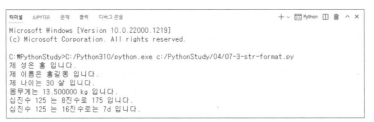

〈그림 7-3-2〉 7-3-str-format.py 실행 결과

파이썬에서 이렇게 문자열 형식을 지정하기 위해서 포맷 코드를 사용하는 방법 말고도 format( ) 함수를 사용하는 방법도 있습니다.

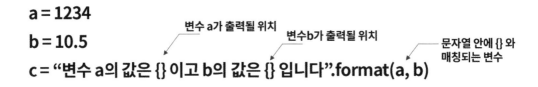

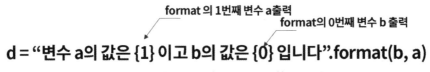

〈그림 7-3-3〉 문자열 format( ) 함수 사용

format 함수는 〈그림 7-3-3〉처럼 사용할 수 있습니다. 쌍따옴표 사이의 문자열에 지정할 변수 위치에 중괄호를 사용하고 해당 중괄호에 출력될 변수를 format(변수)처럼 사용할 수 있습니다. 만약 출력할 내용의 변수가 여러 개라면 중괄호를 여러 개 사용하면 되고 중괄호의 순서에 맞게 format( ) 함수에도 변수를 순서대로 작성하는 방법과 format 함수에 작성한 변수의 순서에 맞는 인덱스 번호를 사용해서 작성하는 방법이 있습니다.

```
"     안녕      "
```

파이썬 format 기능에는 한 가지 재미있는 기능이 있습니다. 만약 위의 예제처럼 열 칸의 공간을 확보하고 그 가운데 "안녕"이라는 글자를 출력해야 한다면 어떻게 해야 할까요?

```
f = "    {}     ".format("안녕")
```

만약 이런 경우, 단순하게 생각해보면 네 칸의 공백을 앞에 작성하고 "안녕"이란 두 글자를 쓰고 뒤에 다시 네 칸의 공백을 작성하면 됩니다. 그런데 파이썬 format 기능에는 위의 코드처럼 출력하기 위해 콜론을 사용하여 변수의 내용을 정렬하고 공간을 확보하는 문법을 사용할 수 있습니다.

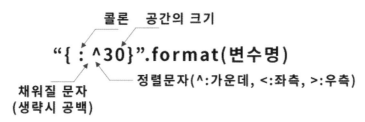

〈그림 7-3-4〉 파이썬 문자열 포맷팅

〈그림 7-3-4〉를 확인해 보면 중괄호 안에 콜론을 작성하고 그 뒤에 빈 공간에 채워질 문자, 문자열 정렬 문자, 공간의 크기를 작성하면 그에 맞는 형식으로 문자열이 설정됩니다. 여기서 빈 공간에 채워질 문자를 생략하면 공백으로 채워지게 됩니다.

콜론 뒤에 콤마를 작성하면 숫자 표기 시 세 자리마다 콤마를 찍을 수도 있습니다. 그러면 07-3-str -format2.py 파일을 새롭게 생성하고 다음의 코드를 작성해서 어떻게 작성하고 출력되는지 직접 확인해 보도록 하겠습니다.

```
01   name = "홍길동"
02   age = 30
03   num = 10000
04   a = "제 이름은 {} 이며 나이는 {} 입니다.".format(name, age)
05   b = "제 이름은 {1} 이며 나이는 {0} 입니다.".format(age, name)
06   c = "{:=<30}".format(name)
07   d = "{:>30}".format(name)
08   e = "{:*>30}".format(name)
09   f = "{:^30}".format(name)
10   g = "{:,}".format(num)
```

```
11    print(a)
12    print(b)
13    print(c)
14    print(d)
15    print(e)
16    print(f)
17    print(g)
```

<코드 7-3-2>

01 변수 name에 "홍길동"이라는 문자열을 저장합니다.

02 변수 age에 정수 30을 저장합니다.

03 변수 num에 정수 10000을 저장합니다.

04 format( )을 사용하여 변수 name과 변수 age에 저장된 값을 문자열로 변환하여 변수 a에 저장합니다. 이때 중괄호의 순서는 format( )에 사용된 변수의 순서와 일치해야 합니다.

05 이번에는 format( )을 사용하여 변수 age와 변수 name에 저장된 값을 문자열로 변환하여 변수 b에 저장합니다. 이때는 {1}은 format( )에 사용된 변수의 첫 번째와 매칭되며, {0}은 format( )에 사용된 변수의 0번째 순서와 매칭됩니다.

06 format( )을 사용하여 변수 name에 저장된 값을 30칸의 공간, 우측에 정렬하고 나머지는 공백으로 채워 문자열로 변환 후 변수 c에 저장합니다.

07 변수 name에 저장된 값을 30칸의 공간, 좌측에 정렬하고 나머지는 공백으로 채워 변수 d에 저장합니다.

08 변수 name에 저장된 값을 30칸의 공간 좌측에 정렬하고 나머지는 별표(*) 문자로 채워 변수 e에 저장합니다.

09 변수 name에 저장된 값을 30칸의 공간 중앙에 정렬하고 나머지는 공백으로 채워 변수 f에 저장합니다.

10 num에 저장된 숫자 세자리에 콤마(,)를 찍고 문자열로 변환하여 변수 g에 저장합니다.

11~17 각 변수에 저장된 모든 내용을 화면에 출력합니다.

코드를 저장하고 07-3-str-format2.py를 실행해보도록 하겠습니다.

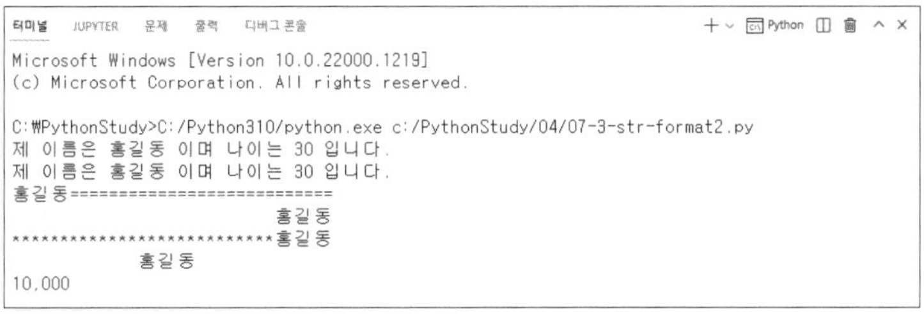

〈그림 7-3-5〉 10-str-format2.py 실행 결과

실행 결과를 보면 format( ) 함수를 사용해서 문자열로 변환한 변수들의 내용이 〈그림 7-3-5〉와 같이 화면에 출력됩니다.

그런데 요즘은 앞에서 설명한 문자열 포맷팅 방식보다는 파이썬 3.6부터 제공하기 시작한 f-string이라고 하는 방식을 더 많이 사용하는 추세입니다. f-string 문자열 포맷팅 방식은 format( ) 함수에서 제공하는 모든 기능을 지원하지만 format( ) 함수를 사용해서 문자열을 구성하는 방법보다 좀 더 간편하고 사용하기 쉽습니다.

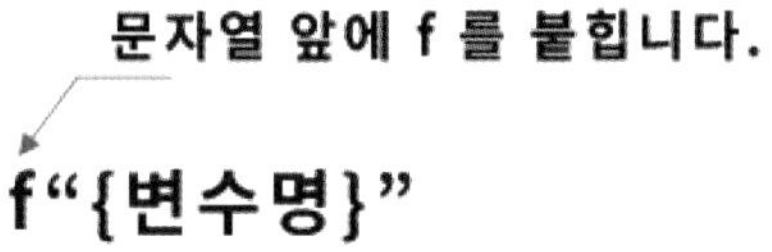

문자열 앞에 f 를 붙입니다.

f"{변수명}"

〈그림 7-3-6〉 f-string 방식

f-string 방식은 〈그림 7-3-6〉과 같이 문자열 선언 시, 쌍따옴표 혹은 홑따옴표 앞에 f를 붙여 주기만 하면 됩니다. 그리고 중괄호 안에 변수 명을 직접 사용하여 작성할 수 있고 format( ) 함수에서 사용하던 여러 가지 문자열 포맷 형식도 지원합니다. 그럼 위에서 작성한 07-3-str-format2.py의 내용을 새로운 파일 07-3-str-fstring.py 파일에 f-string 형식을 사용하여 작성해보도록 하겠습니다.

```python
01   name = "홍길동"
02   age = 30
03   num = 10000
04   a = f"제 이름은 {name} 이며 나이는 {age} 입니다."
05   b = f"{name:=<30}"
06   c = f"{name:>30}"
07   d = f"{name:*>30}"
08   e = f"{name:^30}"
09   f = f"{num:,}"
10   print(a)
11   print(b)
```

```
12   print(c)
13   print(d)
14   print(e)
15   print(f)
```

〈코드 7-3-3〉

01~03 각 변수에 값을 설정합니다. 이 내용은 07-3-str-format2.py의 내용과 동일합니다.

04~09 문자열 포맷팅 방식을 format( ) 함수 대신 f -string 형식으로 작성합니다. 각 문자열 앞에 f를 붙여 주기만 하면 f -string으로 인식하며 중괄호 안에 직접 변수 명을 작성하여 문자열에 변수 값을 삽입할 수 있습니다.

10~15 각 변수의 값을 화면에 출력합니다.

07-3-str-fstring.py 파일에 코드를 작성 후 저장하고 실행해 보도록 하겠습니다.

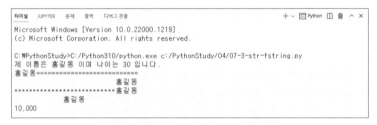

〈그림 7-3-7〉 07-3-str-fstring.py 실행 결과

실행 결과를 확인해보면 format( ) 함수를 사용한 결과와 동일하다는 것을 알 수 있습니다.

파이썬은 다른 프로그래밍 언어에 비해 굉장히 유연한 부분이 있기 때문에 문자열 포맷팅 하나만으로도 이렇게 다양한 방법으로 작성이 가능합니다. 물론 한 가지 방법만 알아도 프로그램을 만드는데 아무런 문제가 없겠지만 프로그래밍 공부를 하면서 이것 저것 검색해보며 타인이 만든 코드를 보게 될 때, 다른 사람의 코드를 이해하려면 이런 다양한 방법에 대해 미리 숙지하고 있어야 코드를 이해할 수 있습니다. 문자열 포맷팅은 프로그래밍을 하면서 가장 많이 나오고 가장 중요한 부분이기 때문에 반드시 꼭 숙지하고 넘어가야 할 부분입니다.

7-4. 문자열 연산

파이썬에서 문자열은 더하기(+)와 곱하기(*) 연산을 지원합니다. 더하기는 말 그대로 문자열을 서로 합칠 때 사용되고 곱하기는 문자열을 반복할 때 사용할 수 있습니다. 비주얼 스튜디오 코드에서 07-4-str-op.py 파일을 새롭게 생성하고 다음의 코드를 작성해봅니다.

```
01    a = "*" * 50
02    b = "안녕하세요 "
03    c = "남박사"
04    d = b + c + " 입니다."
05    print(a)
06    print(d)
```

〈코드 7-4-1〉

01 별표 문자를 50번 곱해 50개의 별표 문자를 변수 a에 저장합니다.

02~03 문자열을 변수 b, c에 각각 저장합니다.

04 변수 b와 c, " 입니다." 라는 문자열을 더해 변수 d에 저장합니다.

05~06 변수 a, d를 화면에 출력합니다.

코드를 저장하고 07-4-str-op.py를 실행해 결과를 확인해 봅니다.

〈그림 7-4-1〉 07-4-str-op.py 실행 결과

실행 결과를 확인해보면 〈그림 7-4-1〉과 같이 별표(*) 문자를 50번 곱했기 때문에 50개의 별이 출력되었고, 변수 d에는 변수 b와 c, 그리고 " 입니다." 문자열이 합쳐져서 하나의 문자열 값이 출력됨을 확인할 수 있습니다.

8. 불형 - bool

불 자료형은 참과 거짓을 정의할 때 사용하는 자료형입니다. 파이썬에서 불 자료형 변수는 bool이라는 클래스 객체를 통해 제공하며 True와 False로 표현합니다.

실습을 위해 비주얼 스튜디오 코드 04 폴더 하위에 08-bool.py 파일을 새롭게 생성한 후 다음의 코드를 작성해봅니다.

```
01  a = True
02  b = False
03  print(a, type(a))
04  print(b, type(b))
```

〈코드 8-1〉

01 변수 a에 True 값을 저장합니다.

02 변수 b에 False 값을 저장합니다.

03~04 변수 a, b의 값과 자료형을 화면에 출력합니다.

코드를 저장하고 08-bool.py를 실행합니다.

```
Microsoft Windows [Version 10.0.22000.1219]
(c) Microsoft Corporation. All rights reserved.

C:₩PythonStudy>C:/Python310/python.exe c:/PythonStudy/04/08-bool.py
True <class 'bool'>
False <class 'bool'>
```

〈그림 8-1〉 08-bool.py 파일 실행 결과

08-bool.py를 실행해보면 〈그림 8-1〉과 같이 True, False 값이 출력되고 각 변수의 자료형이 bool형임을 확인할 수 있습니다.

사실 불 자료형은 위의 〈코드 8-1〉에서처럼 어떤 값을 저장하기 위해 사용되기 보다는 어떤 연산의 결과를 확인하거나 데이터의 상태, 조건에 대한 확인 등과 같이 어떤 행위에 대한 결과를 확인하는데 주로 사용되는 경우가 많습니다.

그리고 bool 자료형은 꼭 True, False를 사용하는 게 아니라 어떤 값의 상태에 따라서도 True와 False로 결정이 되기도 합니다. 08-bool.py 파일에 다음의 코드를 추가해서 작성해보도록 하겠습니다.

```
06    a = bool(1)
07    b = bool(0)
08    c = bool("문자열")
09    d = bool("")
10    print(a, b, c, d)
```

〈코드 8-2〉

06 정수 1 값을 bool 형태로 a라는 변수에 저장합니다.

07 정수 0 값을 bool 형태로 b라는 변수에 저장합니다.

08 "문자열" 값을 bool 형태로 c 변수에 저장합니다.

09 "" 빈 문자열 값을 bool 형태로 d 변수에 저장합니다.

10 각 변수의 값을 화면에 출력합니다.

위의 코드를 실행해보면 어떤 결과가 출력될까요? 코드를 저장하고 실행해봅니다.

〈그림 8-2〉 코드 추가 후 08-bool.py 실행 결과

08-bool.py 를 실행하고 〈그림 8-2〉에서 맨 마지막 줄의 결과를 보면 True, False, True, False의 결과가 출력된 것을 확인할 수 있습니다. 그 말은 bool 형으로 저장했을 때, 정수 1은 True, 정수 0은 False, "문자열"은 True, "" 아무것도 없는 빈 문자열은 False 와 같다는 사실을 알 수 있습니다. 이렇듯 True, False의 불 자료형은 단순히 True, False의 개념보다는 어떤 변수에 0이 저장 되어있는지, 문자열 변수가 빈 문자열로 되어있는지 등 여러 가지 상황이나, 상태 등을 확인할 때 주로 사용됩니다.

9. None형

파이썬에는 None이라는 값이 있고 이 값이 저장된 변수의 자료형은 None Type이 됩니다. 다른 프로그래밍 언어에서도 파이썬의 None같은 개념을 사용하기도 하는데[10] 파이썬에서 이 None이라는 값이 사실

---

10   파이썬에서 None은 C언어 및 다른 프로그래밍 언어에서 null과 같은 의미로 사용됩니다.

프로그래밍을 처음 접하는 입장에서 조금은 어렵게 느껴지는 내용일 수 있습니다. None은 변수에 값이 존재하지 않음을 의미하는데 보통 문자형 변수에 `a = ""`과 같이 빈 문자열을 저장하는 것과 혼동하기 쉽습니다.

문자형 변수에 ""나"처럼 빈 문자열을 저장하는 것은 사람이 생각하기에 아무런 글자가 없으니까 값이 없다고 생각할 수 있지만 사실 "" 같은 빈 문자열도 하나의 값입니다. 그렇기 때문에 None과는 전혀 다른 성질입니다.

비주얼 스튜디오 코드에 09-none.py 파일을 생성하고 다음과 같이 코드를 작성해봅니다.

```
01   a = None
02   b = ""
03   c = 0
04   print(a, type(a))
05   print(b, type(b))
06   print(c, type(c))
```

〈코드 9-1〉

01 변수 a에 None을 저장합니다. a 변수는 NoneType의 자료형이 됩니다.

02 변수 b에 빈 문자열을 저장합니다. 빈 문자열은 아무것도 없는 게 아니라 그냥 빈 문자열을 의미합니다.

03 변수 c에 0을 저장합니다. 0이라는 숫자도 값이 존재하는 정수형 형태입니다.

〈코드 9-1〉의 내용을 09-none.py에 작성했으면 파일을 저장한 후 실행합니다.

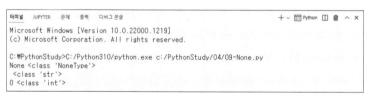

〈그림 9-1〉 09-none.py 실행 결과

09-none.py 파일을 실행한 결과를 확인해보면 〈그림 9-1〉에서처럼 변수 a는 None 타입이고 빈 문자열은 str, 숫자 0은 int 형으로 변수의 자료형을 확인할 수 있습니다.

10. 리스트형 - list

리스트 자료형은 한 개의 변수에 복수 개의 값을 저장할 때 사용됩니다. 예를 들어 어떤 한 사람의 이름을 저장하기 위해서는 문자열 변수 한 개에 저장할 수 있겠지만 만약 여러 사람들의 이름을 한 개의 변수에 저장하기 위해서는 리스트를 사용해서 표현할 수 있습니다. 참고로 이 책에서는 "리스트형", "list형" 모두 같은 의미로 사용된다는 것을 참고하시길 바랍니다.

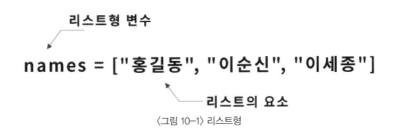

〈그림 10-1〉 리스트형

〈그림 10-1〉과 같이 파이썬에서 리스트는 대괄호로 정의할 수 있으며 대괄호 안에는 여러 개의 요소를 콤마(,)로 구분하여 포함할 수 있습니다. 물론 〈그림 10-1〉과 같이 리스트의 요소가 꼭 같은 자료형이어야만 하는 것은 아닙니다. 파이썬 리스트 자료형의 특징은 리스트에 저장되는 요소의 자료형이 모두 달라도 문제없이 처리됩니다.

비주얼 스튜디오 코드에서 04 폴더 하위에 10-list.py 파일을 생성하고 다음의 코드를 작성해보도록 하겠습니다.

```
01   a = []
02   b = list( )
03   c = ["홍길동", "이순신", "이세종"]
04   d = [1, 2, 3]
05   e = [1, "홍길동", 2, "이순신"]
06   print(a)
07   print(b)
08   print(c)
09   print(d)
10   print(e)
```

〈코드 10-1〉

01 변수 a는 아무 요소도 없이 그냥 대괄호만 작성되어있는데 이런 형태를 빈 리스트라고 합니다. 이렇게 빈 리스트인 변수 a의 자료형은 당연히 리스트형입니다.

02 변수 b 역시 아무것도 없는 빈 리스트를 저장하는데 **01**행과 다르게 list 클래스를 사용해서 변수를 생성하였습니다. **01**행처럼 대괄호를 사용하거나 list( ) 클래스 형태로 사용해도 파이썬은 알아서 변수의 형태를 리스트로 만들어준다는 사실을 알 수 있습니다.

03 세 개의 문자열 요소를 포함하는 리스트를 생성하여 변수 c에 저장합니다.

04 세 개의 정수 요소를 포함하는 리스트를 생성하여 변수 d에 저장합니다.

05 변수 e는 숫자와 문자열이 혼합된 리스트입니다.

06~10 각 변수의 값을 화면에 출력합니다.

코드를 저장하고 10-list.py를 실행하여 결과를 확인해 봅니다.

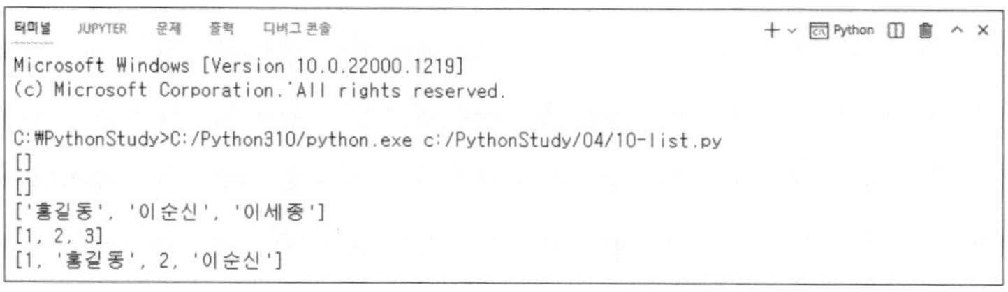

〈그림 10-2〉 10-list.py 실행 결과

〈그림 10-2〉를 보면 변수 a와 변수 b는 리스트의 요소가 없기 때문에 빈 리스트로 출력되는 것을 확인할 수 있습니다. 그리고 나머지 리스트형 변수는 리스트에 포함된 요소들이 각각 출력되는 것을 확인할 수 있습니다.

파이썬의 리스트는 굉장히 유연함을 갖고 있습니다. 앞의 〈코드 10-1〉에서 예시를 든 문자형이나 정수형 외에 대부분의 자료형 혹은 데이터 구조를 요소로 지정할 수 있습니다. 심지어 리스트 안에 리스트를 포함할 수도 있고 리스트 안에 리스트 안에 리스트를 포함하는 등 다중 리스트를 구현할 수도 있습니다. 그리고 리스트를 문자열로 생성하면 문자열의 글자를 알아서 한 글자씩 잘라서 리스트의 요소로 자동 분해를 해주기도 합니다. 무슨 말인지 10-list.py에 다음 코드를 추가해보면서 알아보겠습니다.

```
  ... 생략 ...
12    f = list("안녕하세요")
13    g = [1, 2, 3, [4, 5, 6]]
14    h = [1, 2, [3, 4, [5, 6, 7, 8, [9, 10]]]]
15    print(f)
16    print(g)
17    print(h)
```

〈코드 10-2〉

12 "안녕하세요"라는 문자열로 list를 생성하여 변수 f에 저장합니다. 이렇게 문자열로 리스트를 생성하면 변수 f에는 문자열이 각 한 글자씩 자동으로 잘라져서 리스트의 요소로 저장됩니다.

13 변수 g에 2중 리스트를 생성하여 저장합니다.

14 변수 h에는 리스트 안에 리스트 안에 리스트 안에 리스트를 생성하여 저장합니다.

15~17 각 변수의 값을 화면에 출력합니다.

〈코드 10-2〉의 **13** , **14**행을 보면 리스트 안에 리스트가 있는 2중 리스트와 리스트 안에 리스트 안에 리스트 안에... 이런 다중 리스트를 왜 쓰는지 당장은 이해가 가지 않겠지만 실제 프로그래밍을 하다 보면 이렇게 다중 리스트를 구현하는 경우도 종종 있습니다. 여기서는 리스트의 특징을 이야기하고자 든 예시이니 일단은 그러려니 하고 넘어가도록 하겠습니다. 코드를 저장하고 실행하여 결과를 확인해보도록 하겠습니다.

〈그림 10-3〉 코드가 추가된 10-list.py 실행 결과

이전 결과에 추가된 내용을 확인해보면 먼저 "안녕하세요"로 생성한 리스트의 요소가 "안", "녕", "하", "세", "요"로 자동으로 한 글자씩 분리되어 저장된 것을 확인할 수 있고 리스트안에 리스트처럼 다중 리스트로 저장된 값도 출력되는 것을 확인할 수 있습니다.

10-1. 리스트 인덱싱과 슬라이싱

파이썬의 리스트는 요소들이 맨 앞의 0부터 순서대로 저장되며 각각의 리스트 안에서 위치에 대한 인덱스 값을 통해 접근할 수 있습니다. 이는 문자열 자료형과 비슷한 맥락의 특징이기도 합니다. 이렇게 리스트의 특정 요소 한 개를 구하는 것을 인덱싱이라 하고 여러 개의 요소를 구하기 위해서는 리스트 슬라이싱을 할 수 있습니다. 리스트의 인덱싱과 슬라이싱 방법은 문자열 인덱싱과 슬라이싱과 동일한 방법으로 구현할 수 있습니다. 비주얼 스튜디오 코드에서 파일 메뉴를 통해 10-1-list.py 파일을 새롭게 생성하여 다음의 코드를 작성해보도록 하겠습니다.

```
01    names = ["홍길동", "이순신", "이세종"]
02    a = names[0]
03    b = names[-1]
04    c = names[1:]
05    d = names[:-1]
06    e = names[0:2]
07    f = names[0:1]
08    print(a, type(a))
09    print(b, type(b))
10    print(c, type(c))
11    print(d, type(d))
12    print(e, type(e))
13    print(f, type(f))
```

〈코드 10-1-1〉

01 names라는 변수에 세 개의 문자열 데이터를 리스트 형태로 저장합니다. 이렇게 되면 변수 names의 자료형은 자동으로 리스트 형태로 저장됩니다.

02 리스트형 변수 names의 0번째 요소를 인덱싱 하여 변수 a에 저장합니다. 이때 변수 a의 자료형은 리스트 요소의 자료형으로 저장되기 때문에 문자열 형태가 됩니다.

03 변수 names의 맨 마지막 요소 한 개의 값을 인덱싱하여 변수 b에 저장합니다. 변수 b의 자료형 역시 문자열 형태가 됩니다.

04 변수 names의 요소 중 인덱스가 첫 번째부터 마지막까지의 요소를 슬라이싱하여 변수 c에 저장합니다. 이때 변수 c는 리스트형 변수로 저장됩니다.

05 변수 names의 요소 중 슬라이싱 시작 위치가 생략되었으므로 0부터 시작하여 끝까지 모든 요소를 변수 d에 저장합니다. 역시 변수 d의 자료형은 리스트 형태가 됩니다.

06 names 변수의 0번째 요소부터 두 번째 요소까지 슬라이싱하여 변수 e에 저장합니다. 역시나 e의 자료형은 리스트가 됩니다.

07 변수 f에 리스트형 names에서 0부터 1까지의 요소를 슬라이싱해서 저장합니다. 그러면 변수 f에는 한 개의 요소가 저장되게 되지만 그래도 리스트 슬라이싱은 결과가 리스트로 반환되기 때문에 변수 f의 자료형은 리스트가 됩니다.

08~13 각 변수에 저장된 값과 자료형을 화면에 출력합니다.

〈코드 10-1-1〉의 내용을 보면 리스트와 문자열의 인덱싱과 슬라이싱이 별반 다를 바 없다는 사실을 알 수 있습니다. 하지만 여기서 주의할 점은 리스트를 인덱싱한 결과의 자료형은 리스트 요소에 따라 결정된다는 사실이고 리스트 슬라이싱의 결과는 슬라이싱된 결과가 몇 개냐에 상관없이 항상 리스트로 반환된다는 사실에 주의해야 합니다.

일단 코드를 작성하고 저장한 후 결과를 확인해보기 위해 파이썬 파일 10-1-list.py를 실행해보도록 합니다.

```
터미널    JUPYTER    문제    출력    디버그 콘솔                                    + ∨  ⊟ Python  □  🗑  ∧  ×
Microsoft Windows [Version 10.0.22000.1219]
(c) Microsoft Corporation. All rights reserved.

C:\PythonStudy>C:/Python310/python.exe c:/PythonStudy/04/10-1-list.py
홍길동 <class 'str'>
이세종 <class 'str'>
['이순신', '이세종'] <class 'list'>
['홍길동', '이순신'] <class 'list'>
['홍길동', '이순신'] <class 'list'>
['홍길동'] <class 'list'>
```

〈그림 10-1-1〉 10-1-list.py 실행 결과

10-1-list.py를 실행한 결과 〈그림 10-1-1〉을 보면 위에서 설명한 것과 같이 리스트를 슬라이싱하고 인덱싱한 결과의 값과 해당 변수의 자료형을 확인할 수 있습니다.

또한 리스트는 인덱스 요소의 값을 쉽게 수정할 수 있는 특징이 있습니다. 조금 더 쉽게 말씀드리자면, 〈코드 10-1-1〉의 **02**행을 보면 a = names[0]을 하면 a에 names의 0번째 인덱스의 값을 저장하는데 반대로 names[0] = "값"을 작성하면 names[0]의 값이 변경된다는 사실입니다. 10-1-list.py에 다음 코드를 추가하여 확인을 해보겠습니다.

```
...생략...
15    print(f"변경전: {names}")
16    names[0] = "고길동"
17    names[1] = "김순신"
18    names[2] = "박세종"
19    print(f"변경후: {names}")
```

〈코드 10-1-2〉

15 문자열에서 배운 f-string 포맷팅 형식으로 리스트형 names 변수의 내용을 출력합니다.

16~18 리스트형 변수 names의 각각의 인덱스에 해당하는 값을 새로운 값으로 변경합니다.

19 f-string 포맷팅 형식으로 names 변수의 값을 화면에 출력합니다.

코드를 추가하고 실행해봅니다.

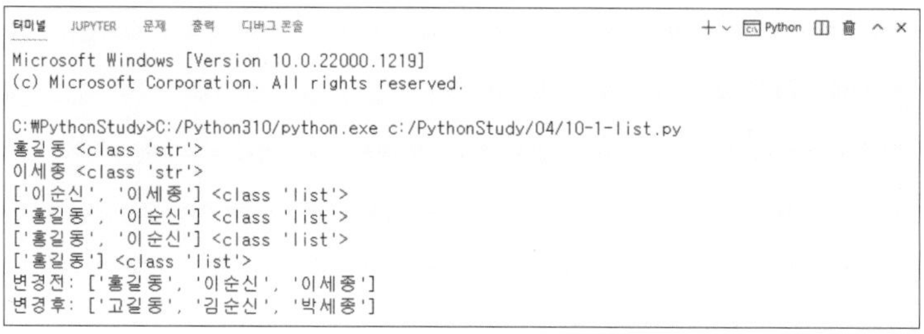

〈그림 10-1-2〉 코드가 추가된 10-1-list.py 실행 결과

〈그림 10-1-2〉의 결과 화면을 보면 변경 전 names의 데이터와 인덱스로 접근하여 리스트 요소에 각각 새로운 값으로 변경한 후 names의 값을 비교할 수 있습니다.

10-2. 리스트 요소 추가, 삽입, 삭제

〈코드 10-1-1〉의 **01**행을 보면 names라는 변수에 리스트의 요소가 모두 결정된 상태로 선언을 하여 사용하였습니다만 실제 프로그램을 작성하다 보면 이런 리스트에 새로운 요소를 추가하고, 삭제하거나 특정 위치에 요소를 삽입해야 하는 경우가 있습니다.

이런 경우 리스트의 요소 추가는 리스트가 제공하는 메서드[11]를 사용해서 처리할 수 있는데 요소를 추가할 때는 append( ) 메서드를, 삭제는 del문을 사용하거나 remove( ) 메서드를 사용하기도 하며, 특정 위치에 요소를 삽입할 때는 insert( ) 메서드를 사용해서 처리할 수 있습니다.

그럼 리스트가 제공하는 이런 메서드를 어떻게 사용하는지 한번 코드를 작성해보면서 알아보도록 하겠습니다. 비주얼 스튜디오 코드에서 10-2-list.py 파일을 새롭게 생성하여 다음 코드를 작성합니다.

```
01  names = []
02  names.append("홍길동")
03  names.append("이순신")
04  print(names)
05  names.insert(0, "이세종")
06  print(names)
```

〈코드 10-2-1〉

01 요소가 없는 빈 리스트로 names라는 변수를 할당합니다.

02 names에 "홍길동"이라는 문자열 요소를 추가합니다.

11 여기서 메서드는 list 클래스 안에 미리 구현 되어있는 함수를 가리키는 용어입니다. 이렇게 어떤 클래스 안에 미리 구현되어 있는 함수를 메서드라고 표현하는데 함수와 메서드에 대해서는 뒷장에서 자세히 다룰 예정입니다.

03 names에 "이순신"이라는 문자열 요소를 추가합니다.

04 현재 변수 names의 값을 화면에 출력합니다. 이때 출력된 결과를 확인해보면 append( ) 메서드는 리스트의 맨 마지막에 요소를 추가한다는 사실을 알 수 있습니다.

05 리스트형 name 변수의 0번째 위치에 "이세종"이라는 문자열 요소를 삽입합니다.

06 names의 요소를 확인해보면 insert( ) 메서드에 의해 "이세종"이라는 요소가 맨 앞 0번째 위치에 삽입된 것을 확인할 수 있습니다.

리스트의 append( ) 메서드와 insert( ) 메서드는 둘 다 리스트에 요소를 추가하는데 사용되지만 append( )는 단순히 리스트의 맨 마지막 위치에 요소를 추가할 때 사용되며 insert( ) 메서드는 리스트의 특정 위치에 요소를 삽입할 때 사용된다는 점을 기억해야 합니다.

이번에는 리스트에서 요소를 삭제하는 방법에 대해 알아봅시다. 리스트에서 요소를 삭제하는 데는 remove( ) 메서드나 del문을 사용할 수 있고 pop( )이라는 메서드를 사용할 수 있습니다. 각각의 메서드는 조금씩 다른 특징을 갖고 있는데 10-2-list.py에 다음 코드를 추가해서 어떤 차이가 있는지 확인해보도록 하겠습니다.

```
08    names.remove("이순신")
09    print(names)
10    del names[0]
11    print(names)
12    a = names.pop(0)
13    print(a)
14    print(names)
```

〈코드 10-2-2〉

08 리스트형 변수 names에서 "이순신"이라는 요소를 삭제합니다. 이때 만약 names에 "이순신"이라는 요소가 없다면 코드는 오류를 발생하게 됩니다. remove( ) 메서드는 반드시 리스트의 요소가 확실하게 존재하는 경우에 동작합니다.

09 현재 names 변수의 값을 화면에 출력합니다. 정상적으로 "이순신" 요소가 삭제된 것을 확인할 수 있습니다.

10 리스트의 remove( ) 메서드는 요소에 해당하는 값을 알 때만 사용할 수 있지만 만약 리스트의 인덱스를 활용하여 요소를 삭제할 때는 del문[12]을 사용해서 삭제가 가능합니다.

11 현재 names 변수의 값을 화면에 출력합니다.

---

12   del문은 리스트에 국한되게 사용되는 명령어는 아닙니다. 파이썬에서 무언가를 삭제할 때 범용적으로 사용되는 문법입니다.

12 리스트의 pop( ) 메서드는 리스트에서 주어진 인덱스에 해당하는 요소를 삭제하고 그 요소를 돌려주게 됩니다. 그래서 여기에서 0번째 인덱스의 요소를 삭제하고 0번째 요소는 a 변수에 저장됩니다.

13 pop( ) 메서드에 의해 삭제 후 반환된 요소 값을 출력합니다.

14 현재 리스트형 변수 names의 값을 화면에 출력합니다.

〈코드 10-2-2〉를 보면 리스트에서 어떻게 특정 요소를 삭제하는지에 대해 여러 가지 방법을 코드로 작성해 보았습니다. 여기서 del문 사용 시 주의할 점은, del names[0]처럼 인덱스 요소를 지정하지 않고 만약 del names를 하게 되면 names 변수 자체를 삭제하게 되어 해당 줄 다음부터 변수 names는 코드상 존재하지 않는 변수가 됩니다. 이 점에 유의하셔야 합니다. 코드를 10-2-list.py에 추가하고 저장했으면 이를 실행하여 결과를 확인해보겠습니다.

```
터미널   JUPYTER   문제   출력   디버그 콘솔                              + ∨  □ Python  ⊡  🗑  ∧  ✕
Microsoft Windows [Version 10.0.22000.1219]
(c) Microsoft Corporation. All rights reserved.

C:\PythonStudy>C:/Python310/python.exe c:/PythonStudy/04/10-2-list.py
['홍길동', '이순신']
['이세종', '홍길동', '이순신']
['이세종', '홍길동']
['홍길동']
홍길동
[]
```

〈그림 10-2-1〉 삭제 코드가 추가된 10-2-list.py 실행 결과

10-2-list.py를 실행해보면 〈그림 10-2-1〉과 같은 결과를 볼 수 있습니다. 앞 결과의 세 번째줄부터 〈코드 10-2-2〉가 적용된 내용인데 최초 "이순신" 요소가 삭제된 결과가 출력되고 그 다음줄에는 del names[0]에 의해 0번째 항목이 삭제되어 "홍길동"만 남은 결과를 확인할 수 있습니다. 그리고 names.pop (0)에 의해 names 리스트의 0번째 요소가 삭제되며 a 변수에 0번째 요소 값인 "홍길동"이 저장됩니다. 그리고 최종적으로 리스트형 변수 names에는 요소가 아무것도 남아있지 않는 빈 리스트가 되었다는 것도 확인할 수 있습니다.

10-3. 리스트 연산과 확장

리스트는 문자열과 마찬가지로 더하기 연산자와 곱하기 연산자를 사용할 수 있습니다. 더하기 연산자는 두 개의 서로 다른 리스트를 병합할 때 사용되고 곱하기 연산자는 리스트의 요소를 반복하여 하나의 리스트로 만들 때 사용되기도 합니다. 일단 이렇게 설명하면 쉽게 이해하기 어려운데 코드를 보면서 다시 이야기하도록 하겠습니다. 비주얼 스튜디오 코드에서 10-3-list.py 파일을 새롭게 생성하고 다음의 코드를 작성합니다.

```
01    a = ["고양이", "멍멍이"]
02    b = ["야옹이", "원숭이"]
03    c = a + b
04    d = [1] * 5
05    e = [[1]] * 5
06    f = [1, 2, 3] * 3
07    g = ["홍길동", [1]] * 3
08    print(c)
09    print(d)
10    print(e)
11    print(f)
12    print(g)
```

〈코드 10-3-1〉

01 변수 a에 두 개의 문자열 요소를 저장하여 리스트를 생성합니다.

02 변수 b에 두 개의 문자열 요소를 저장하여 리스트를 생성합니다.

03 리스트 변수 a와 b를 서로 더해 변수 c에 저장합니다. 이렇게 리스트를 더하기 연산자로 연산하면 c에는 리스트 a의 요소와 리스트 b의 요소가 c 변수에 한 개의 리스트로 저장됩니다. 이렇게 서로 다른 리스트를 병합할 때 더하기 연산자를 사용할 수 있습니다.

04 d 변수에 리스트형 데이터 [1]을 다섯 번 곱해 저장합니다. 이렇게 리스트를 곱하기 하면 변수 d에는 [1, 1, 1, 1, 1]처럼 요소의 값인 1이 다섯 개 들어간 한 개의 리스트가 생성됩니다.

05 이번에는 변수 e에 [[1]]처럼 리스트 안에 리스트, 그러니까 2중 리스트를 다섯 번 곱하면 변수 e에는 [[1], [1], [1], [1], [1]]처럼 한개의 리스트 안에 리스트 [1]값이 다섯 번 저장됩니다.

06 리스트 값 [1, 2, 3]을 세 번 곱하여 변수 f에 저장하면 변수 f에는 [1, 2, 3, 1, 2, 3, 1, 2, 3] 이렇게 세 번 요소의 값이 반복되어 한 개의 리스트 값이 저장됩니다.

07 한 개의 리스트 안에 문자열 데이터와 리스트형 정수 데이터가 혼합되어 있다 하더라도 변수 g에는 ["홍길동", [1], "홍길동", [1], "홍길동", [1]과 같이 리스트 내용이 세 번 반복되어 저장됩니다.

물론 리스트는 〈코드 10-3-1〉보다 더 다양한 방법으로 사용될 수 있습니다만 프로그래밍에 익숙하지 않은 상태에서 많은 예제를 본다고 해서 그게 꼭 공부가 되는 건 아니기 때문에 지금은 다양한 방법을 알아보는 것보다 실제 코딩을 반복적으로 해보면서 습득하는 것이 가장 좋은 공부 방법이라고 생각합니다.

〈코드 10-3-1〉을 10-3-list.py에 작성하고 저장한 뒤 비주얼 스튜디오 코드를 통해 실행을 해보도록 하겠습니다.

〈그림 10-3-1〉 10-3-list.py 실행 결과

코드를 실행해 보면 〈그림 10-3-1〉과 같은 결과를 직접 확인해 볼 수 있습니다. 〈코드 10-3-1〉에서의 예제는 리스트의 동작 방식을 이해하기 위한 코드입니다만 파이썬은 생각보다 직관적인 문법이 많아 사실 더하기, 곱하기는 어느정도 유추할 수 있는 기능이기도 합니다.

그런데 이렇게 서로 다른 리스트를 병합할 때 더하기 연산자 대신 리스트의 extend( ) 메서드를 사용해서도 가능합니다. 엄밀히 따지면 extend( ) 메서드는 단어 그대로 리스트를 확장한다는 의미로 사용되는데 A라는 리스트에 B라는 리스트를 더해 A를 확장시킨다는 개념으로 보는게 좀 더 정확하긴 합니다. 10-3-list.py 파일에 다음 내용을 추가해보도록 하겠습니다.

```
... 생략 ...
14    A = [1, 2, 3]
15    B = [1, 2, 3]
16    C = [4, 5, 6]
17    A.append(C)
18    B.extend(C)
19    print(f"append 결과: {A}")
20    print(f"extend 결과: {B}")
```

〈코드 10-3-2〉

14~15 변수 A, B에 각각 1, 2, 3을 요소로 갖는 리스트를 저장합니다.

16 변수 C에 4, 5, 6을 요소로 갖는 리스트를 저장합니다.

17 리스트 A에 append( ) 메소드를 사용하여 리스트 C를 추가합니다.

18 리스트 B에 extend( ) 메소드를 사용하여 리스트 C를 확장합니다.

19~20 각각 리스트 A와 리스트 B의 값을 화면에 출력합니다.

위의 〈코드 10-3-2〉를 보면 변수 A와 B는 처음에 똑같이 1, 2, 3의 요소를 갖는 리스트로 초기화[13]를 했습니다. 이 상태에서 A에는 append( ) 메서드를 사용하여 리스트 C를 추가했고 B에는 extend( ) 메서

---

13   초기화는 변수를 정의할 때 최초 어떤 값을 갖게끔 하는 것을 초기화 한다고 합니다.

드를 사용하여 리스트 C의 값으로 확장을 했습니다. 일단 코드를 저장한 후 10-3-list.py를 실행하여 결과를 확인해보도록 하겠습니다.

```
터미널   JUPYTER   문제   출력   디버그 콘솔                                    + ∨ ☐ Python ▯ 🗑 ∧ ×
Microsoft Windows [Version 10.0.22000.1219]
(c) Microsoft Corporation. All rights reserved.

C:\PythonStudy>C:/Python310/python.exe c:/PythonStudy/04/10-3-list.py
['고양이', '멍멍이', '야옹이', '원숭이']
[1, 1, 1, 1, 1]
[[1], [1], [1], [1], [1]]
[1, 2, 3, 1, 2, 3, 1, 2, 3]
['홍길동', [1], '홍길동', [1], '홍길동', [1]]
append 결과: [1, 2, 3, [4, 5, 6]]
extend 결과: [1, 2, 3, 4, 5, 6]
```

〈그림 10-3-2〉 코드가 추가된 10-3-list.py 실행 결과

〈그림 10-3-2〉의 밑에서 2줄을 보면 append( ) 메서드와 extend( ) 메서드의 결과가 어떤 차이를 보이는지 눈으로 직접 확인할 수 있습니다. 물론 "추가"와 "확장"의 개념이 다르다는 것은 당연한 얘기지만 실제 코딩을 하다 보면 위의 경우를 혼동하는 분들이 생각보다 많습니다. 그래서 이런 경우를 직접 눈으로 확인하고 append( )와 extend( )를 사용할 때 이 점을 주의해야 합니다.

10-4. 리스트 정렬

이렇게 리스트에 저장된 요소를 때에 따라서는 순서대로 혹은 반대로 정렬을 해야 할 필요가 있습니다. 리스트는 이렇게 정렬을 위해 자체적으로 sort( )라는 메서드가 이미 구현되어 있기 때문에 간단하게 리스트 정렬을 수행할 수 있습니다. 10-4-list.py를 새롭게 생성하고 다음 코드를 작성해보겠습니다.

```
01   number = [1, 5, 4, 9, 3, 2, 6]
02   number.sort( )
03   print(number)
04   number.sort(reverse=True)
05   print(number)
```

〈코드 10-4-1〉

01 변수 number에 1, 5, 4, 9, 3, 2, 6을 요소로 갖는 리스트를 생성합니다.

02 리스트형 변수 number를 sort( ) 메서드를 사용하여 정렬합니다. 기본적으로 sort( ) 메서드는 오름차순으로 정렬하게 되어 number의 값은 [1, 2, 3, 4, 5, 6, 9]로 정렬됩니다.

03 정렬된 리스트형 변수 number의 값을 화면에 출력합니다.

04 이번엔 number의 값을 매개변수[14] reverse를 True로 설정하여 반대로 정렬합니다. 그러면 number의

---

14   매개변수는 함수에 어떤 값을 전달할 때 사용되는 변수입니다. 매개변수에 대해서는 추후 함수를 다룰 때 자세히 다룰 예정입니다.

값은 역방향인 내림차순으로 정렬됩니다. 사실 **03**행에서는 매개변수 값을 정의하지 않았지만 sort( ) 메서드의 매개변수인 reverse 디폴트 값이 False로 설정되었기 때문에 값을 따로 전달하지 않으면 reverse는 False로 동작합니다.

05 역방향으로 정렬된 number의 값을 화면에 출력합니다.

코드를 작성했으면 10-4-list.py를 실행해 결과를 확인해보도록 하겠습니다.

```
터미널   JUPYTER   문제   출력   디버그 콘솔                                          + ∨  □ Python  □  🗑  ∧  ✕
Microsoft Windows [Version 10.0.22000.1219]
(c) Microsoft Corporation. All rights reserved.

C:\PythonStudy>C:/Python310/python.exe c:/PythonStudy/04/10-4-list.py
[1, 2, 3, 4, 5, 6, 9]
[9, 6, 5, 4, 3, 2, 1]
```

〈그림 10-4-1〉 10-4-list.py 실행 결과

〈코드 10-4-1〉의 코드를 실행한 결과를 살펴보면서 한 가지 기억해야 할 중요한 점은 리스트의 sort( ) 메서드는 원본 리스트의 내용을 변경한다는 사실입니다. 그게 무슨 상관이냐고 생각하는 분들이 계실지 모르지만 다양한 프로그램을 작성하다 보면 원본 리스트는 수정하지 않고 정렬된 결과만 필요한 경우도 있습니다. 그럴 때는 파이썬 내장 함수[15]인 sorted( ) 함수를 사용해서 처리할 수 있습니다. 그럼 〈코드 10-4-1〉가 작성된 10-4-list.py에 코드를 추가해보도록 하겠습니다.

```
  ... 생략 ...
07  number2 = sorted(number)
08  number3 = sorted(number, reverse=True)
09  print(f"number: {number}")
10  print(f"number2: {number2}")
11  print(f"number3: {number3}")
```

〈코드 10-4-2〉

07 sorted( ) 함수를 사용하여 리스트 number의 요소를 정렬한 결과를 변수 number2에 저장합니다. 이때 number는 〈코드 10-4-1〉의 **04**행에 의해 역순으로 정렬이 된 상태입니다. 이렇게 sorted( ) 함수를 사용하는 경우에는 리스트 number의 요소에는 아무런 변화가 없게 됩니다.

08 리스트형 변수 number의 요소를 역방향으로 정렬하여 number3 변수에 저장합니다.

09~11 number, number2, number3의 값을 화면에 출력합니다.

---

15 내장 함수는 파이썬이 자체적으로 제공되는 함수를 말합니다. 메서드처럼 클래스에 귀속되는 형태가 아니기 때문에 그냥 함수라고 말하지만 사실 메서드나 함수나 차이는 없습니다.

〈코드 10-4-2〉의 내용을 10-4-list.py에 추가했으면 이제 파일을 저장하고 실행해 결과를 확인해보도록 하겠습니다.

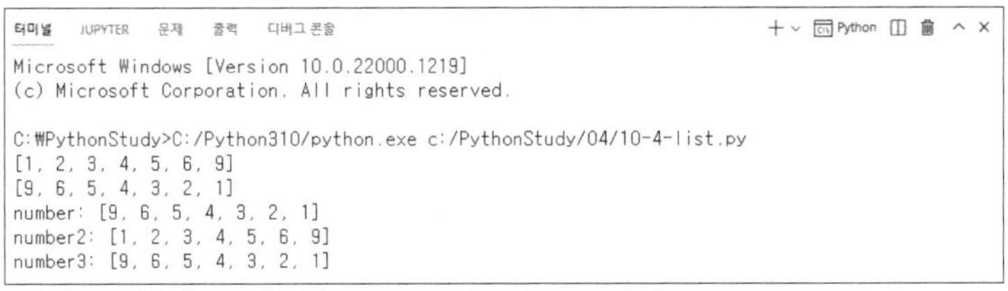

```
터미널  JUPYTER  문제  출력  디버그 콘솔                                    + ∨  Python  ⊞  🗑  ∧  ×
Microsoft Windows [Version 10.0.22000.1219]
(c) Microsoft Corporation. All rights reserved.

C:\PythonStudy>C:/Python310/python.exe c:/PythonStudy/04/10-4-list.py
[1, 2, 3, 4, 5, 6, 9]
[9, 6, 5, 4, 3, 2, 1]
number: [9, 6, 5, 4, 3, 2, 1]
number2: [1, 2, 3, 4, 5, 6, 9]
number3: [9, 6, 5, 4, 3, 2, 1]
```

〈그림 10-4-2〉 코드를 추가한 10-4-list.py 실행 결과

실행 결과 〈그림 10-4-2〉를 살펴보면 number의 값은 그대로 있고 number2와 number3이 새롭게 리스트로 생성된 결과를 확인할 수 있습니다. 물론 파이썬을 처음 접하고 프로그래밍을 처음 시작하는 분들 입장에선 위에서 설명한 리스트의 sort( ) 메서드를 사용하여 원본 리스트를 변경하느냐 아니면 파이썬 내장함수 sorted( ) 함수를 사용하여 사본을 만들어 정렬된 결과를 구하는 방법이 대체 어디에 어떻게 쓰이는지 감이 오지 않으실 겁니다. 그리고 이런 내용을 몰라도 프로그램을 작성하는데 아무런 문제가 없기도 합니다.

무엇보다 지금 당장은 그냥 이런 차이가 있구나 정도로 이해하고 넘어가셔도 좋습니다. 어차피 이런 내용들은 암기한다고 해결되는 문제가 아니라 실제 프로그램을 작성해보면서 직접 경험하고 느끼고 사용해봐야 진정 어떤 차이가 있고 왜 사용하는지를 알 수 있기 때문입니다.

리스트에는 앞에서 설명한 내용 말고도 더 많은 기능들이 있습니다만 처음부터 너무 많은 내용을 포괄적으로 다루는 건 오히려 혼란만 가중하고 쉽게 지치게만 만드니 적당한 선에서 마무리를 짓도록 하겠습니다.

11. 튜플형 – tuple

파이썬에는 튜플이라는 데이터 형태가 있습니다. 튜플은 리스트와 비슷한 용도로 여러 개의 데이터를 하나로 묶어서 표현할 때 사용됩니다.

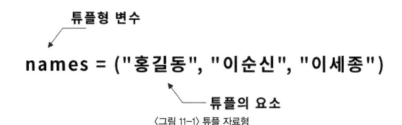

〈그림 11-1〉 튜플 자료형

〈그림 11-1〉과 같이 튜플의 요소들은 콤마(,)로 구분되며 튜플의 요소 전체를 소괄호( )로 감싸서 표현하거나 혹은 생략하여 표현할 수도 있습니다.

일단 튜플을 파이썬에서 문법적으로 어떻게 표현하고 사용하는지부터 확인해보도록 하겠습니다. 11-tuple.py 파일을 생성하고 다음 코드를 작성해보도록 하겠습니다.

```
01  a = (1, 2, 3)
02  b = tuple((4, 5, 6))
03  c = tuple([7, 8, 9])
04  d = (1, )
05  e = (1)
06  f = "홍길동", "이순신", "강감찬"
07  name1, name2, name3 = f

09  print(f"a: {a}, {type(a)}")
10  print(f"b: {b}, {type(b)}")
11  print(f"c: {c}, {type(c)}")
12  print(f"d: {d}, {type(d)}")
13  print(f"e: {e}, {type(e)}")
14  print(f"e: {f}, {type(f)}")
15  print(f"name1: {name1}, name2: {name2}, name3: {name3}")
```

〈코드 11-1〉

01 변수 a에 요소 1, 2, 3을 소괄호로 묶어 저장합니다. 그러면 변수 a의 자료형은 튜플 형태가 됩니다.

02 요소가 튜플 형태인 (4, 5, 6)을 tuple 클래스 객체를 생성하여 변수 b에 저장합니다. 변수 b의 자료형 역시 튜플 형태가 됩니다.

03 이번에는 요소가 리스트 형태인 [7, 8, 9]를 tuple 클래스 객체를 생성하여 변수 c에 저장합니다. 역시 변수 c의 자료형은 튜플 형태가 됩니다.

04~05 변수 d에 튜플 요소가 한 개일 때 이를 처리하기 위한 예제 코드입니다. **04**행에서처럼 튜플의 요소가 한 개뿐 이더라도 반드시 요소 안에 콤마를 사용해야 합니다. **05**행에서처럼 콤마를 사용하지 않으면 소괄호는 튜플을 의미하는 것이 아니라 그냥 수학에서 (1+5) * 3처럼 단순한 연산자 우선의 의미를 갖기 때문에 튜플로 인식하지 않습니다. 결론적으로 **04**행에서 변수 d는 튜플형태로 저장되고 **05**행에서 변수 e는 그냥 정수 형태의 값이 저장됩니다.

06~07 튜플은 패킹(packing)과 언패킹(unpacking)이라는 독특한 성질이 있습니다. 패킹은 요소를 묶는다는 의미이고, 언패킹은 요소를 풀어낸다는 의미입니다. 먼저 **06**행을 보면 문자열 값 세 개를 콤마로만 구분하여 변수 f에 저장하는데 이때 각 요소는 한 개의 자료형으로 묶여 튜플형 변수 f에 패킹되어 저장됩니다. 반대의 경우는 **07**행을 보면 이렇게 세 개의 문자열 값이 저장된 튜플 변수 f의 값을 풀어서 변수 name1, name2, name3에 언패킹하여 저장할 수 있습니다. 물론 튜플 변수에 패킹된 값을 언패킹할 때는 요소의 개수를 미리 알고 있어야 합니다.

09~15 각 변수에 저장된 모든 값과 자료형을 화면에 출력합니다.

11-tuple.py에 코드를 모두 작성하고 저장하였으면 이제 실행하여 직접 결과를 확인해보도록 합니다.

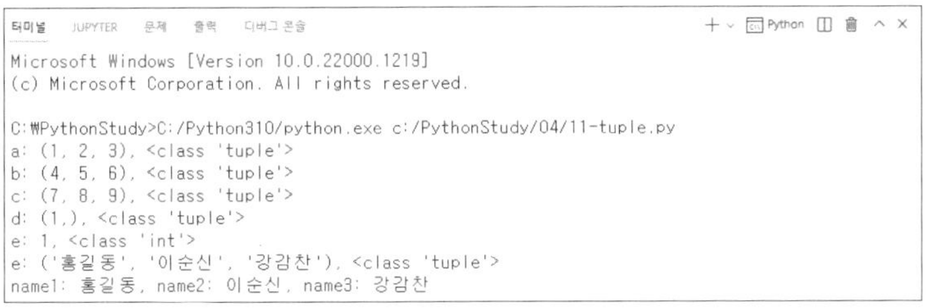


```
Microsoft Windows [Version 10.0.22000.1219]
(c) Microsoft Corporation. All rights reserved.

C:₩PythonStudy>C:/Python310/python.exe c:/PythonStudy/04/11-tuple.py
a: (1, 2, 3), <class 'tuple'>
b: (4, 5, 6), <class 'tuple'>
c: (7, 8, 9), <class 'tuple'>
d: (1,), <class 'tuple'>
e: 1, <class 'int'>
e: ('홍길동', '이순신', '강감찬'), <class 'tuple'>
name1: 홍길동, name2: 이순신, name3: 강감찬
```

〈그림 11-2〉 11-tuple.py 실행 결과

이렇게만 보면 튜플 자료형은 패킹, 언패킹을 빼고는 리스트 자료형과 크게 다를 바가 없어 보입니다. 하지만 사실 〈챕터10 리스트형-list〉에서 다루지 않았지만 리스트 자료형 역시 언패킹이 가능합니다. 또한 튜플 안에 또 튜플이 있는 경우, 그러니까 2중 튜플로 구성 되어있는 경우라도 파이썬은 유연하게 언패킹을 할 수 있습니다. 그리고 패킹과 언패킹을 동시에 수행하여 두 개의 변수의 값을 바로 교환하여 저장할 수도 있습니다. 말이 어렵고 복잡하게 느낄 수 있겠지만 일단 11-tuple2.py 파일을 새로 생성하여 다음 코드를 작성해보면서 설명을 하겠습니다.

```
01   my_list = [1, 2, 3]
02   l1, l2, l3 = my_list
03   print(f"리스트 언패킹: {l1}, {l2}, {l3}")

05   my_tuple = (1, 2, 3, (4, 5, 6))
06   t1 , t2, t3, t4 = my_tuple
07   print(f"튜플 언패킹: {t1}, {t2}, {t3}, {t4}")
08   t1, t2, t3, (t4, t5, t6) = my_tuple
09   print(f"튜플 언패킹: {t1}, {t2}, {t3}, {t4}, {t5}, {t6}")

11   a, b = 100, 200
12   print(f"변수 a: {a}, 변수 b: {b}")
13   a, b = b, a
14   print(f"변수 a: {a}, 변수 b: {b}")
```

〈코드 11-2〉

01 대괄호로 묶인 1, 2, 3의 요소를 갖는 리스트형 변수 my_list를 선언합니다.

02 리스트형 변수 my_list의 요소를 각각 l1, l2, l3 변수에 언패킹 합니다. 리스트의 요소가 세 개였기 때문에 아무 문제없이 언패킹되어 각 변수에 저장됩니다.

03 언패킹된 리스트의 요소 값을 화면에 출력합니다.

05 소괄호로 묶인 1, 2, 3과 그 안에 또 소괄호로 묶인 4, 5, 6 요소를 포함하는 2중 튜플 형태를 my_tuple 변수에 저장합니다.

06 튜플형 변수 my_tuple의 요소를 각각 변수에 언패킹하여 저장합니다. 여기서 my_tuple 변수에는 1, 2, 3, (4, 5, 6) 총 네 개의 요소가 저장된 튜플 변수라는 사실에 주의해야 합니다. 마지막 요소 (4, 5, 6)은 요소 한 개이며 이 값은 변수 t4에 저장됩니다.

07 언패킹된 변수의 값을 화면에 출력합니다.

08 이번에는 튜플 형태의 my_tuple변수에 저장된 마지막 요소 (4, 5, 6) 역시 바로 언패킹을 해서 변수에 저장합니다. my_tuple의 0번째부터 두 번째까지 1, 2, 3은 바로 언패킹되어 t1, t2, t3에 저장할 수 있지만 세 번째 요소는 (4, 5, 6)이 한개의 요소로 저장되어있기 때문에 이를 다시 언패킹하여 저장하기 위해서는 (t4, t5, t6)처럼 언패킹되는 변수 쪽에서 소괄호를 사용해야 세 번째 요소 한 개를 다시 언패킹하여 저장할 수 있습니다.

09 각 변수 값을 화면에 출력합니다.

11 변수 a와 변수 b에 각각 100과 200의 값을 저장합니다. 이렇게 코드 한 줄에 두 개의 변수에 값을 동시에 할당하는 방법 역시 패킹과 언패킹이 이뤄지기에 가능한 문법입니다.

12 각 변수 값을 화면에 출력합니다.

13 11행에서 변수 두 개의 값을 할당할 때와 마찬가지로 변수 a에는 b의 값을 변수 b에는 a의 값을 저장하여, 결론적으로 변수 a, b의 값을 코드 한 줄로 스왑(swap)할 수 있습니다. 보통 다른 프로그래밍 언어에서 이렇게 변수 2개의 값을 스왑하기 위해서는 임시 변수 한 개를 더 생성해서 사용하는게 일반적인데 파이썬에서는 패킹, 언패킹으로 인해 한 줄로 간편하게 변수의 값을 서로 교환할 수 있습니다.

14 각 변수 값을 화면에 출력합니다.

이제, 코드를 저장하고 실행해봅니다.

```
터미널    JUPYTER    문제    출력    디버그 콘솔                                    + ∨  ⊟ Python  ⫾ 🗑 ∧ ×
Microsoft Windows [Version 10.0.22000.1219]
(c) Microsoft Corporation. All rights reserved.

C:\PythonStudy>C:/Python310/python.exe c:/PythonStudy/04/11-tuple2.py
리스트 언패킹: 1, 2, 3
튜플 언패킹: 1, 2, 3, (4, 5, 6)
튜플 언패킹: 1, 2, 3, 4, 5, 6
변수 a: 100, 변수 b: 200
변수 a: 200, 변수 b: 100
```

〈그림 11-3〉 11-tuple2.py 실행 결과

〈그림 11-3〉을 보면 튜플의 패킹과 언패킹, 그리고 서로 다른 변수를 스왑한 결과를 볼 수 있습니다.

11-1. 튜플의 인덱싱과 슬라이싱

튜플 역시 튜플로 저장된 요소를 인덱싱하여 단수의 값을 구하거나 슬라이싱을 하여 복수의 값을 구할 수 있습니다. 인덱싱과 슬라이싱은 문자열, 리스트와 같은 문법으로 사용할 수 있습니다. 11-1-tuple.py를 생성하고 다음 코드를 작성합니다.

```
01   my_tuple = 1, 2, 3, 4, 5
02   print(f"튜플: {my_tuple}, 자료형: {type(my_tuple)}, 개수:{len(my_tu-
ple)}")
03   a = my_tuple[0]
04   b = my_tuple[-1]
05   c = my_tuple[-2]
06   print(f"인덱싱[0]: {a}, 자료형: {type(a)}")
07   print(f"인덱싱[-1]: {b}, 자료형: {type(b)}")
08   print(f"인덱싱[-2]: {c}, 자료형: {type(c)}")
09   e = my_tuple[0:2]
10   f = my_tuple[-2:]
11   print(f"슬라이싱[0:2], {e}, 자료형: {type(e)}")
12   print(f"슬라이싱[0:2], {f}, 자료형: {type(f)}")
```

〈코드 11-1-1〉

01 my_tuple 변수에 각 요소를 튜플 형태로 패킹하여 저장합니다.

02 my_tuple에 저장된 각각의 요소와 자료형, 그리고 len( ) 함수를 사용하여 요소의 개수를 화면에 출력합니다.

03 my_tuple에 저장된 요소에서 0번째 요소를 인덱싱하여 변수 a에 저장합니다.

04 my_tuple에 저장된 요소에서 요소의 맨 마지막 위치를 인덱싱하여 변수 b에 저장합니다.

05 my_tuple에 저장된 요소에서 요소의 맨 뒤에서 두 번째 위치를 인덱싱하여 변수 c에 저장합니다.

06~08 각 변수에 저장된 값과 자료형을 화면에 출력합니다.

09 my_tuple에 저장된 요소에서 0번째부터 두 번째 요소의 값을 슬라이싱하여 변수 e에 저장합니다.

10 my_tuple에 저장된 요소에서 마지막 두 번째부터 맨 끝까지의 요소를 슬라이싱하여 변수 f에 저장합니다.

11~12 슬라이싱하여 저장한 변수 e와 변수 f의 값과 자료형을 화면에 출력합니다.

11-1-tuple.py에 코드를 저장하고 비주얼 스튜디오 코드에서 실행하여 결과를 확인해보도록 합니다.

```
터미널   JUPYTER   문제   출력   디버그 콘솔                                          + ∨  ⊡ Python □ 🗑 ∧ ×
Microsoft Windows [Version 10.0.22000.1219]
(c) Microsoft Corporation. All rights reserved.

C:\PythonStudy>C:/Python310/python.exe c:/PythonStudy/04/11-1-tuple.py
튜플: (1, 2, 3, 4, 5), 자료형: <class 'tuple'>, 개수:5
인덱싱[0]: 1, 자료형: <class 'int'>
인덱싱[-1]: 5, 자료형: <class 'int'>
인덱싱[-2]: 4, 자료형: <class 'int'>
슬라이싱[0:2], (1, 2), 자료형: <class 'tuple'>
슬라이싱[0:2], (4, 5), 자료형: <class 'tuple'>
```

〈그림 11-1-1〉 11-1-tuple.py 실행 결과

코드를 실행해보면 〈그림 11-1-1〉과 같은 결과를 확인할 수 있습니다. 사실 튜플은 리스트 자료형과 크게 다른 점이 없어 보이기도 합니다. 리스트는 대괄호로 표현하고 튜플은 소괄호로 표현하는 거 말고 무슨 차이가 있길래 이렇게 비슷한 자료형을 만들어 놓았을까하는 생각이 드시는 분들도 계실 겁니다.

그런데 튜플과 리스트의 가장 중요한 차이라면 리스트는 특정 요소의 값을 변경할 수 있는데 반해 튜플은 한번 설정된 값은 변경할 수 없다는 것이 다릅니다.

```
터미널   JUPYTER   문제   출력   디버그 콘솔                                      + ∨ 🖵 python 🔲 🗑 ∧ ×

Microsoft Windows [Version 10.0.22000.1219]
(c) Microsoft Corporation. All rights reserved.

C:\PythonStudy>python
Python 3.10.7 (tags/v3.10.7:6cc6b13, Sep  5 2022, 14:08:36) [MSC v.1933 64 bit (AMD64)] on
win32
Type "help", "copyright", "credits" or "license" for more information.
>>> a = [1, 2, 3]
>>> b = (1, 2, 3)
>>> a[1] = 200
>>> a
[1, 200, 3]
>>> b[1] = 200
Traceback (most recent call last):
  File "<stdin>", line 1, in <module>
TypeError: 'tuple' object does not support item assignment
>>> █
```

〈그림 11-1-2〉 튜플에 저장된 요소의 값 수정 시 오류 화면

〈그림 11-1-2〉는 이렇게 튜플 요소의 값을 변경하면 어떻게 오류가 발생하는지를 보여 드리기 위한 샘플 화면입니다. 리스트는 **리스트[인덱스] = 값**을 수행하면 문제없이 인덱스에 해당하는 요소의 값을 변경할 수 있는데 튜플은 리스트처럼 값을 수정할 수 없습니다. 이는 튜플 자료형을 사용할 때 간과해서는 안되는 중요한 특징입니다.

12. 딕셔너리 – dict

파이썬은 딕셔너리형이라는 자료형을 dict라는 클래스를 통해 제공합니다. 앞서 배운 리스트나 튜플 자료형은 일반적으로 단일 데이터를 처리하기 위해 사용하는데 반해 딕셔너리 자료형은 키와 값, 한 쌍으로 이루어진 자료 구조입니다.

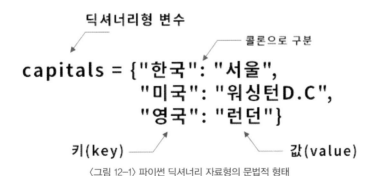

〈그림 12-1〉 파이썬 딕셔너리 자료형의 문법적 형태

〈그림 12-1〉을 보면 딕셔너리 자료형은 기본적으로 중괄호 {}를 사용하여 표현하며 중괄호 속의 데이터는 키와 값을 콜론(:) 문자로 구분하여 저장하게 됩니다. 한 개의 딕셔너리형 변수 내에는 여러 개의 키와 값이 존재할 수 있으며 각각의 항목은 콤마(,) 문자를 기준으로 구분합니다. 다만 한 개의 딕셔너리형 변수에 동일한 키의 이름을 중복하여 사용할 수는 없습니다.

일단 비주얼 스튜디오 코드에서 12-dict.py 파일 명의 새로운 파일을 생성하고 다음 코드를 작성해보며 딕셔너리에 대해 알아보도록 하겠습니다.

```
01    a, b = {}, dict( )
02    c = {"한국": "서울"}
03    c["영국"] = "런던"
04    d = {"nums": [1, 2, 3, 4, 5]}
05    e = {123: "일이삼"}
06    f = {(1, 2, 3): [4, 5, 6]}
07    g = {"한국": {"수도": "서울", "인구": 5178, "GDP": 1.631}}

09    print(f"a: {a}")
10    print(f"b: {b}")
11    print(f"c: {c}")
12    print(f"d: {d}")
13    print(f"e: {e}")
14    print(f"f: {f}")
15    print(f"g: {g}")
```

〈코드 12-1〉

01 〈챕터11 튜플형 – tuple〉에서 배운 패킹, 언패킹을 활용하여 변수 a와 b에 아무 요소가 없는 빈 중괄호와 dict( ) 클래스 객체를 사용하여 빈 딕셔너리형 변수를 생성합니다. 변수 a, b 모두 그냥 빈 딕셔너리형 변수가 됩니다.

02 변수 c에 문자열 "한국"을 키(key)로 문자열 "서울"을 값(value)으로 하는 딕셔너리형 값을 저장합니다. 변수 c의 자료형은 딕셔너리형이 됩니다.

03 딕셔너리형 변수 c에서 "영국"에 해당하는 키를 생성하고 값을 "런던"으로 설정합니다. 이때 만약 변수 c에 "영국"이라는 키가 존재한다면 값이 수정되고 키가 존재하지 않는다면 새로운 키가 등록됩니다.

04 "nums"라는 문자열을 키(key)로 하고 값(value)은 [1, 2, 3, 4, 5]의 요소를 갖는 리스트 형태로 딕셔너리형 변수 d를 생성합니다.

05 이번에는 정수 123이 키(key)가 되고 값(value)은 "일이삼"이라는 문자열의 딕셔너리형 변수 e를 생성합니다. 키는 문자열뿐만 아니라 정수 형태가 될 수도 있습니다.

06 이번에는 튜플 형태인 (1, 2, 3)이 키(key)가 되고 값은 [4, 5, 6]을 요소로 갖는 리스트형으로 딕셔너리형 변수 f를 생성합니다.

07 "한국"이라는 문자열을 키(key)로 하고 값(value)에는 딕셔너리 형을 데이터를 저장합니다. 이렇게 딕

셔너리 안에 딕셔너리를 값으로 두고 그 안에 또 딕셔너리를 저장할 수 있기도 합니다.

09~15 각 변수의 값을 화면에 출력합니다.

앞의 〈코드 12-1〉에서처럼 파이썬 딕셔너리는 상당히 유연하게 서로 다른 형태의 데이터를 저장할 수 있는 장점이 있지만 이런 유연함이 오히려 파이썬을 처음 접하는 분들께는 괜히 더 복잡해 보이고 어렵게 느껴지게 하는 요소가 될 수 있습니다. 하지만 파이썬의 딕셔너리는 실제 웹프로그래밍에 많이 사용되는 JSON[16] 자료형이나 No-SQL[17]과 같은 데이터베이스에서 사용하는 자료의 형태와 똑같이 생겼기 때문에 굉장히 유용하게 사용되는 자료형 중 한 가지입니다. 12-dict.py 파일에 〈코드 12-1〉을 모두 작성했다면 저장 후 실행하여 결과를 확인해보도록 하겠습니다.

〈그림 12-2〉 12-dict.py 실행 결과

〈그림 12-2〉의 결과 화면을 보면 〈코드 12-1〉의 **02**행에서는 최초 "한국"의 키에 해당하는 값만 설정해서 변수를 생성했지만 **03**행에 의해 새로운 "영국"이라는 키가 추가되었고 "런던"이라는 값이 설정된 것을 확인할 수 있습니다.

12-1. 딕셔너리 업데이트/조회

딕셔너리형 자료형 변수에 새로운 요소를 삽입하는 방법은 〈코드 12-1〉의 **03**행에서처럼 **변수["키"] = 값**과 같이 간단하게 새로운 요소를 추가할 수 있었습니다. 만약 〈코드 12-1〉의 **03**행에서 해당 키가 존재했다면 값이 수정됩니다. 이렇게 특정 키에 해당하는 값을 직접 수정하는 방법도 있지만 아예 여러 개의 키가 저장 되어있는 새로운 딕셔너리 변수 자체를 이전의 딕셔너리에 업데이트를 하는 방법도 있습니다. 그러면 이번에는 새로운 12-1-dict.py 파일을 생성하고 다음 코드를 작성해보면서 딕셔너리에 새로운 요소를 업데이트하고 특정 키에 해당하는 값을 구해오는 방법에 대해서 알아보도록 하겠습니다.

---

16   JSON은 JavaScript Object Notation의 줄임 말로 자바스크립트에서 사용되는 구조화된 데이터 표현 형식입니다. JSON 역시 [키:값]의 한쌍으로 데이터를 표현합니다. 파이썬을 통한 크롤링 프로그램이나 혹은 웹을 기반으로 하는 프로그래밍 시 유용하게 사용될 수 있습니다.

17   몽고 DB와 같은 SQL 문법을 사용하지 않는 의미인 No-SQL 데이터베이스에서는 데이터의 저장 형식을 JSON과 같은 형태로 사용하기도 합니다. 이런 경우 파이썬에서 이를 프로그래밍할 때 딕셔너리 형태로 변환하여 손쉽게 사용할 수 있습니다.

```
01   a = {"한국": "서울", "영국": "론돈"}
02   b = {"미국": "워싱턴D.C", "독일": "베를린", "영국": "런던"}
03   print(f"a: {a}")
04   print(f"b: {b}")

06   kor = a["한국"]
07   ger = b["독일"]
08   eng = a.get("영국")
09   usa = a.get("미국")
10   print(f"한국: {kor}, 독일: {ger}, 영국: {eng}, 미국: {usa}")

12   a.update(b)
13   usa = a.get("미국")
14   print(f"a: {a}")
15   print(f"미국: {usa}")
```

〈코드 12-1-1〉

01 변수 a에 키(key)와 값(value)으로 구성된 데이터를 저장합니다. 변수 a의 자료형은 딕셔너리형입니다.

02 변수 b에도 키(key)와 값(value)으로 구성된 데이터를 저장합니다.

03~04 변수 a, b에 저장된 값을 화면에 출력 합니다.

06 딕셔너리형 변수 a에서 키(key)가 "한국"에 해당하는 값을 구해 변수 kor에 저장합니다. 여기서 중요한 내용은 이때 만약 a에 "한국"에 해당하는 키가 존재하지 않는다면 파이썬 코드는 오류를 발생하게 됩니다.

07 딕셔너리형 변수 b에서 키(key)가 "독일"에 해당하는 값을 구해 변수 ger에 저장합니다.

08~09 딕셔너리형 변수 a에서 dict 클래스에 미리 구현 되어있는 get( ) 메서드를 사용하여 키가 "영국"에 해당하는 값과 "미국"에 해당하는 값을 구해 각각 변수 eng와 usa에 저장합니다. 여기서 기억해야할 점은 06, 07행에서처럼 **변수["키"]**로 접근하게 되는 경우에 만약 해당 키가 존재하지 않는다면 오류가 발생하지만 get( ) 메서드를 사용해서 접근할 때는 해당 키가 없어도 오류가 발생하지 않습니다. 만약 특별한 설정을 하지 않고 존재하지 않는 키(key)에 접근을 하면 get( ) 메서드는 None을 반환하게 됩니다.

10 각 변수에 저장된 값을 화면에 출력합니다.

12 update( ) 메서드를 사용하여 변수 a에 변수 b의 내용을 모두 업데이트 합니다. 이렇게 되면 변수 b의 모든 내용이 a에 적용됩니다. 01, 02행을 보면 a에도 "영국"이란 키가 있고 b에도 "영국"이라는 키가 있는데 이렇게 update( )를 수행하게 되면 b에 존재하는 "영국"의 값이 최종적으로 적용됩니다. 이 부분도 기억해야 할 중요한 사항입니다.

13 변수 a에서 get( ) 메서드를 사용해 키(key)가 “미국”인 값을 구해 변수 usa에 저장합니다.

14~15 각 변수의 값을 화면에 출력합니다.

〈코드 12-1-1〉에서는 기본적으로 딕셔너리형 변수에서 어떻게 값을 가져오고 업데이트할 수 있는지에 대해 알아보고 있습니다. 물론 다 중요하지만 그래도 꼭 기억해야 할 것은 존재하지 않는 키를 **변수["키"]**로 접근하면 오류가 발생하고 **변수.get("키")**로 접근하면 오류가 발생하지 않는다는 사실입니다. 그렇다면 항상 **변수.get("키")**로 접근하면 되지 왜 굳이 **변수["키"]**를 알아야 되느냐라고 생각하실 수 있습니다. 하지만 만약 대용량의 자료를 처리할 때 프로그램이 동작하는 속도적인 부분을 감안해야 한다고 하면 **변수["키"]**를 사용하여 처리하는 것이 훨씬 더 빠르다는 장점이 있습니다. 물론 이런 내용은 정말 프로그래밍과 파이썬에 익숙해지고 나서 고민해도 충분한 사항이기 때문에 여기서 깊게 다루지 않고 그냥 그런 차이가 있구나하고 넘어가도 좋습니다.

어쨌든 코드를 12-1-dict.py에 모두 작성하였으면 저장 후 실행해보도록 하겠습니다.

```
터미널  JUPYTER  문제  출력  디버그 콘솔                    + ⌄  Python
Microsoft Windows [Version 10.0.22000.1219]
(c) Microsoft Corporation. All rights reserved.

C:₩PythonStudy>C:/Python310/python.exe c:/PythonStudy/04/12-1-dict.py
a: {'한국': '서울', '영국': '론돈'}
b: {'미국': '워싱턴D.C', '독일': '베를린', '영국': '런던'}
한국: 서울, 독일: 베를린, 영국: 론돈, 미국: None
a: {'한국': '서울', '영국': '런던', '미국': '워싱턴D.C', '독일': '베를린'}
미국: 워싱턴D.C
```

〈그림 12-1-1〉 12-1-dict.py 실행 결과

〈그림 12-1-1〉의 결과 화면의 세 번째 라인을 보면 〈코드 12-1-1〉의 **03**행 변수 eng 값은 a 변수에서 “영국” 키(key)에 해당하는 값(value)을 구해 저장한 내용이기 때문에 “론돈”이란 값이 출력 되었고 **09**행의 usa 변수는 a 변수의 존재하지 않는 “미국”에 해당되는 키를 구해 저장했기 때문에 None이 출력된 것을 확인할 수 있습니다. 그리고 **12**행에 의해 변수 a의 값이 b의 값으로 업데이트가 된 후에는 a에도 “미국”이라는 키(key)가 존재하고 “영국”에 해당하는 값도 모두 수정됩니다.

12-2. 딕셔너리 요소 삭제

이렇게 등록된 딕셔너리에서 특정 키에 해당하는 값을 삭제하기 위해서는 〈챕터 10-2 리스트 요소 추가, 삽입, 삭제〉에서 배운 것과 마찬가지로 파이썬의 del문을 사용해서 삭제하거나 pop( ) 메서드를 사용해서 요소를 제거할 수 있습니다. 만약 딕셔너리 변수의 전체 요소를 모두 삭제하려면 clear( ) 메서드를 사용하여 처리할 수도 있습니다. 12-2-dict.py 파일을 생성하고 다음 코드를 작성해보도록 하겠습니다.

```
01    a = {"한국": "서울", "영국": "론돈",
02         "미국": "워싱턴D.C", "독일": "베를린",
03         "영국": "런던", "북한": "평양"}
04 print(f"a: {a}, 개수: {len(a)}"

06 del a["미국"]
07 print(f"a: {a}, 개수: {len(a)}")

09 p = a.pop("북한")
10 print(f"a: {a}, 개수: {len(a)}")
11 print(f"팝업됨: {p}")

13 a.clear( )
14 print(f"a: {a}, 개수: {len(a)}, 자료형: {type(a)}")
```

〈코드 12-2-1〉

01~03 여러 국가와 도시 명을 키와 값으로 하여 변수 a에 저장합니다. 딕셔너리의 요소가 많아지게 되는 경우 이렇게 줄 내림을 하여 가독성이 좋게 코딩을 하는게 좋습니다.

04 변수 a에 저장된 키(key)와 값(value) 그리고 len( ) 함수를 사용하여 변수 a 요소의 전체 개수를 출력합니다.

06 딕셔너리형 변수 a에서 키(key)가 "미국"인 요소를 삭제합니다. 만약 "미국"이라는 키(key)가 변수 a에 존재하지 않는다면 파이썬 코드는 오류[18]를 발생합니다.

07 06행에 의해 "미국"이 삭제된 후, 변수 a의 내용과 요소의 개수를 화면에 출력합니다.

09 딕셔너리에서도 pop( ) 메서드를 지원합니다. 그래서 변수 a에서 "북한"에 해당하는 키를 삭제하고 pop( ) 메서드는 해당 키의 값을 반환해줍니다. 반환된 값을 변수 p에 저장하고 있지만 꼭 이렇게 변수에 저장하지 않아도 상관은 없습니다.

10~11 pop( ) 메서드에 의해 "북한"이라는 키의 요소가 제거된 a의 내용과 요소의 개수, 그리고 p에 저장된 반환된 값을 화면에 출력합니다.

13 a에 저장된 모든 키와 값을 삭제합니다. 이렇게 a 변수 안의 모든 요소가 삭제된다 하더라도 변수 자체가 삭제된 것이 아니기 때문에 a 변수는 존재하고 자료형은 딕셔너리형을 유지한다는 점을 기억해야 합니다.

14 모든 요소가 삭제된 변수 a의 내용과 요소의 개수, 자료형을 화면에 출력합니다.

---

18   그래서 보통 딕셔너리에서 특정 키를 삭제할 때는 조건문과 in 연산자를 사용하여 삭제 전에 해당 키가 존재하는지를 먼저 체크하고 존재한다면 삭제를 시도하고 코딩하는 게 일반적입니다. 조건문과 연산자에 대해서는 6장에서 다룰 예정입니다.

12-2-dict.py에 〈코드 12-2-1〉의 내용을 모두 작성했으면 저장 후 실행하여 결과를 확인해 봅니다.

〈그림 12-2-1〉 12-2-dict.py 실행 결과

12-2-dict.py를 실행해보면 〈그림 12-2-1〉과 같은 결과를 볼 수 있습니다. 이렇게 딕셔너리의 요소를 삭제할 수 있는 몇 가지 방법에 대해서 알아보았습니다.

12-3. 딕셔너리 메서드

딕셔너리에는 update( ), pop( ) 외에도 여러 가지 메서드를 지원합니다. 물론 아직까지 메서드가 정확히 무엇을 말하는 건지 모르실 수 있습니다. 그런 개념적인 이해에 대해서는 차후 클래스와 함수를 다루면서 한번 더 다루겠지만 파이썬에서 제공되는 모든 자료형은 클래스 기반으로 작성 되어있기 때문에 딕셔너리뿐 아니라 모든 자료형에 이런 특정 기능을 미리 구현해 놓은 내장된 메서드가 있다고 보시면 됩니다.

그 중 딕셔너리를 사용하면서 자주 사용되는 keys( ), values( ), items( ) 메서드에 대해 조금은 알고 넘어가도록 하겠습니다. 비주얼 스튜디오 코드에서 12-3-dict.py 파일을 생성하고 다음 코드를 작성해보도록 합니다.

```
01    caps = {"한국": "서울", "영국": "론돈",
02            "미국": "워싱턴D.C", "독일": "베를린"}
03    keys = caps.keys( )
04    values = caps.values( )
05    items = caps.items( )

07    print(keys, type(keys))
08    print(values, type(values))
09    print(items, type(items))
```

〈코드 12-3-1〉

01~02 변수 caps에 키와 값으로 구성된 데이터를 저장합니다.

03 keys( ) 메서드를 사용하여 딕셔너리형 변수 caps에 저장된 모든 키(key)를 구해 변수 keys에 저장합니다.

04 values( ) 메서드를 사용해서 딕셔너리형 변수 caps에 저장된 모든 값(value)을 구해 변수 values에 저장합니다.

05 items( ) 메서드를 사용하여 딕셔너리형 변수 caps에 저장된 모든 키(key)와 값(value)을 구해 변수 items에 저장합니다.

07~09 각 변수에 저장된 값과 변수의 자료형을 화면에 출력합니다.

일단 위의 코드를 11-3-dict.py에 작성했으면 코드를 실행하고 결과를 확인해보도록 하겠습니다.

```
터미널    JUPYTER    문제    출력    디버그 콘솔                           + ∨ 🖾 Python □ 🗎 ∧ ×
Microsoft Windows [Version 10.0.22000.1219]
(c) Microsoft Corporation. All rights reserved.

C:\PythonStudy>C:/Python310/python.exe c:/PythonStudy/04/12-3-dict.py
dict_keys(['한국', '영국', '미국', '독일']) <class 'dict_keys'>
dict_values(['서울', '론돈', '워싱턴D.C', '베를린']) <class 'dict_values'>
dict_items([('한국', '서울'), ('영국', '론돈'), ('미국', '워싱턴D.C'), ('독일', '베를린')])
 <class 'dict_items'>
```

〈그림 12-3-1〉 12-3-dict.py 실행 결과

코드를 실행해보면 〈그림 12-3-1〉과 같은 결과를 확인할 수 있는데 keys( ) 메서드를 수행하면 "한국", "영국", "미국", "독일"처럼 딕셔너리에 저장된 모든 키(key)를 반환해준다는 사실을 확인할 수 있고, values( ) 메서드는 값(value)을, items( ) 메서드는 키(key)와 값(value)을 구해준다는 사실을 확인할 수 있습니다. 그런데 이렇게 구해서 저장된 자료형을 보면 dict_keys, dict_values, dict_items로 우리가 아직 본 적이 없는 형태의 자료형이라는 것을 알 수 있습니다. 그래서 이렇게 구한 값을 좀 더 편하게 사용하기 위해서는 이전에 배운 list 형태로 변환해야 하는데 이를 형변환, 혹은 캐스팅(casting)[19] 한다고 합니다.

〈코드 12-3-1〉에 다음의 내용을 추가해서 작성하도록 합니다.

19　형변환에 대해서는 이번 장 마지막 챕터에서 다시 다룰 예정입니다

```
 ... 생략 ...

11   keys = list(caps.keys( ))

12   values = list(caps.values( ))

13   items = list(caps.items( ))

15   print(keys, type(keys))

16   print(values, type(values))

17   print(items, type(items))
```

〈코드 12-3-2〉

11 keys( ) 메서드는 dict_keys의 자료형을 반환해 주었는데 만약 이처럼 keys( ) 메서드의 바깥쪽을 list( ) 로 감싸게 되면 dict_keys 자료형이 리스트로 형변환이 되고 변수 keys에는 리스트 형태로 값이 저장됩니 다.

12 11행과 마찬가지로 values( )의 결과를 list( )로 감싸 형변환하여 변수 values에 저장합니다.

13 11행과 마찬가지로 items( )의 결과를 list( )로 감싸 형변환하여 변수 items에 저장합니다.

15~17 각 변수의 결과와 자료형을 화면에 출력합니다.

12-3-dict.py에 〈코드 12-3-2〉의 내용을 추가해서 저장한 후 실행하여 결과를 확인해 봅니다.

```
터미널   JUPYTER   문제   출력   디버그 콘솔                          + ∨ ⊡ Python ⬚ 🗑 ∧ ✕

Microsoft Windows [Version 10.0.22000.1219]
(c) Microsoft Corporation. All rights reserved.

C:\PythonStudy>C:/Python310/python.exe c:/PythonStudy/04/12-3-dict.py
dict_keys(['한국', '영국', '미국', '독일']) <class 'dict_keys'>
dict_values(['서울', '론돈', '워싱턴D.C', '베를린']) <class 'dict_values'>
dict_items([('한국', '서울'), ('영국', '론돈'), ('미국', '워싱턴D.C'), ('독일', '베를린')])
 <class 'dict_items'>
['한국', '영국', '미국', '독일'] <class 'list'>
['서울', '론돈', '워싱턴D.C', '베를린'] <class 'list'>
[('한국', '서울'), ('영국', '론돈'), ('미국', '워싱턴D.C'), ('독일', '베를린')] <class 'lis
t'>
```

〈그림 12-3-2〉 코드가 추가된 12-3-dict.py 실행 결과

〈그림 12-3-2〉를 보면 각 keys, values, items 변수의 값은 리스트 형태로 요소들이 단순한 문자열 값으 로 표현되었다는 사실을 확인할 수 있습니다. 결론적으로 dict_keys, dict_values, dict_items 자료형이 모 두 리스트 형태로 형변환 되었습니다.

사실 딕셔너리의 keys( ), values( ), items( ) 메서드는 실제 프로그램을 작성할 때 이렇게 단독으로 사용 되기 보다는 반복문과 함께 사용되는 경우가 더 많습니다. 그렇기 때문에 여기서는 간단하게 이런 메서 드가 있구나 정도만 알고, 추후 반복문을 배우면서 다시 한번 여러 가지 활용 방법에 대해 다루도록 하겠 습니다.

13. 집합 – set

파이썬에는 집합이라는 특이한 형태의 자료형이 있습니다. 파이썬의 집합은 말 그대로 우리가 알고 있는 집합의 성질을 그대로 갖고 있는데, 일단 파이썬에서 어떻게 문법적으로 표현되는지부터 확인해보도록 하겠습니다.

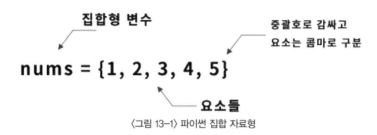

〈그림 13-1〉 파이썬 집합 자료형

파이썬 집합은 〈그림 13-1〉에서처럼 중괄호를 사용해서 전체를 감싸고 집합의 각 요소는 콤마(,)를 사용해서 구분합니다. 생긴 형태를 보면 그다지 특별한 모습이 보이지 않지만 이 집합은 중복을 허용하지 않는다는 중요한 성질이 있습니다.

비주얼 스튜디오 코드에서 새로운 13-set.py 파일을 생성하고 다음 코드를 작성하며 집합에 대해서 한번 알아보도록 하겠습니다.

```
01   a = set( )
02   b = {}
03   c = {1, 2, 3}
04   d = {1, 1, 1, 2, 2, 2, 2, 3, 3, 3}
05   e = set(["한국", "한국", "영국", "미국"])
06   f = set((1, 3, 3, 5, 5))

08   print(f"a: {a}, {type(a)}")
09   print(f"b: {b}, {type(b)}")
10   print(f"c: {c}, {type(c)}")
11   print(f"d: {d}, {type(d)}")
12   print(f"e: {e}, {type(e)}")
13   print(f"f: {f}, {type(f)}")
```

〈코드 13-1〉

01 클래스 set( )을 통해 변수 a에 빈 집합을 생성합니다.

02 집합의 요소를 중괄호{ }로 요소없이 사용하면 변수 b는 집합이 아니라 빈 딕셔너리 형태로 선언된다는 점을 반드시 주의해야 합니다.

03 {1, 2, 3}을 집합의 요소로 갖는 변수 c를 생성합니다.

04 변수 d에 집합 요소 {1, 1, 1, 2, 2, 2, 2, 3, 3, 3}을 저장합니다. 집합은 중복을 허용하지 않기 때문에 이렇게 저장한다면 중복된 요소는 모두 제거되고 실제 변수 d에는 1, 2, 3만 저장됩니다.

05 문자열 요소로 구성된 리스트형의 값을 넘겨주면 set( ) 객체로 형변환이 이뤄지고 집합의 특성으로 리스트의 중복된 요소는 모두 제거된 결과가 최종적으로 변수 e에 저장됩니다. 여기서 중요한 사항은 이렇게 리스트가 집합으로 변환되고 중복이 제거되면서 원래 리스트의 순서가 변경될 수 있다는 점입니다.

06 중복된 요소가 있는 튜플 요소를 set( ) 객체로 변환하면 변수 f에는 중복된 요소가 제거되어 남은 요소가 집합 형태로 변수 f에 저장됩니다.

08~13 각 변수에 저장된 값과 자료형을 출력합니다.

〈코드 13-1〉을 13-set.py에 모두 작성했다면 이제 저장 후 실행하여 결과를 확인해보도록 하겠습니다.

〈그림 13-2〉 13-set.py 실행 결과

코드를 실행한 후 결과를 보면 〈그림 13-2〉와 같이 출력되는데 〈코드 13-1〉의 **02**행에서 변수 b에 { }를 선언하면 빈 딕셔너리 형태로 선언된다는 사실과 집합의 특성은 **04**행의 변수 d처럼 중복된 데이터는 모두 제거된다는 사실을 기억해야 합니다. 그리고 **05**행의 결과를 보면 원래 리스트에는 "한국", "영국", "미국"의 순서로 저장되었던 값이 집합으로 변경되며 "미국", "영국", "한국"과 같이 순서가 바뀌었던 점도 중요한 사실입니다.

보통 집합은 리스트나 튜플과 같은 자료형에 중복된 요소를 쉽게 제거해야 할 때도 자주 사용됩니다. 13-set.py에 다음 코드를 추가해보도록 하겠습니다.

```
...생략...
15    g = [1, 2, 3, 3, 5, 5]
16    g = list(set(g))
17    h = (1, 1, 1, 3, 3, 3)
18    h = tuple(set(h))
19    print(f"g: {g}, {type(g)}")
20    print(f"h: {h}, {type(h)}")
```

〈코드 13-2〉

15 변수 g에 중복된 요소가 있는 리스트 데이터를 저장합니다.

16 중복된 요소가 저장된 리스트형 변수 g를 set( )으로 형변환한 후 다시 list( )로 형변환하여 변수 g에 저장합니다.

17 변수 h에 중복된 요소가 있는 튜플 데이터를 저장합니다.

18 마찬가지로 튜플형 변수 h를 set( )으로 형변환한 후 다시 tuple( )로 형변환하여 변수 h에 저장합니다.

19~20 각 변수의 내용과 자료형을 출력합니다.

추가된 코드를 저장하고 다시 한번 실행하여 결과를 확인해보도록 하겠습니다.

```
터미널   JUPYTER   문제   출력   디버그 콘솔                              + ∨ 🖾 Python 🔲 🗑 ∧ ×
Microsoft Windows [Version 10.0.22000.1219]
(c) Microsoft Corporation. All rights reserved.

C:\PythonStudy>C:/Python310/python.exe c:/PythonStudy/04/13-set.py
a: set(), <class 'set'>
b: {}, <class 'dict'>
c: {1, 2, 3}, <class 'set'>
d: {1, 2, 3}, <class 'set'>
e: {'미국', '한국', '영국'}, <class 'set'>
f: {1, 3, 5}, <class 'set'>
g: [1, 2, 3, 5], <class 'list'>
f: (1, 3), <class 'tuple'>
```

〈그림 13-3〉 코드가 추가된 13-set.py 실행 결과

코드 실행 결과 〈그림 13-3〉의 변수 g와 변수 f의 값을 확인해보면 중복된 요소들이 모두 제거되었고 원래 자료형으로 형변환되었다는 사실을 알 수 있습니다. 그 말은 결론적으로 리스트와 튜플에 있던 중복된 요소를 집합의 성질을 이용해서 제거했다고 볼 수 있습니다.

13-1. 집합의 연산을 통한 합집합, 차집합, 교집합

집합의 성질은 요소가 중복을 허용하지 않는다는 점도 있지만 서로 다른 집합을 연산하여 합집합, 교집합, 차집합을 쉽게 구할 수 있는 성질도 있습니다. 13-1-set.py를 새롭게 생성하고 다음의 코드를 작성해보도록 하겠습니다.

```
01   a = {1, 2, 3, 4, 5}
02   b = {1, 4, 5, 8, 9}

04   c = a | b
05   d = a - b
06   e = a & b

08   print(f"집합 a: {a}")
09   print(f"집합 b: {b}")
10   print(f"합집합: {c}")
11   print(f"차집합: {d}")
12   print(f"교집합: {e}")
```

〈코드 13-1-1〉

01 변수 a에 1, 2, 3, 4, 5의 요소를 갖는 집합을 생성합니다.

02 변수 b에 1, 4, 5, 8, 9의 요소를 갖는 집합을 생성합니다.

04 a와 b의 합집합을 구해 변수 c에 저장합니다. 합집합은 OR 연산자인 |(버티컬바[20]) 연산자를 사용해서 연산할 수 있습니다. 합집합은 단어 그대로 두 개의 집합을 서로 더해 집합을 만드는데 집합 a와 집합 b를 더하면 {1, 2, 3, 4, 5, 1, 4, 5, 8, 9}가 되지만 여기서 중복된 요소는 모두 제거될테니 최종적으로 {1, 2, 3, 4, 5, 8, 9}가 남고 이 값이 변수 c에 저장됩니다.

05 a 와 b의 차집합을 구해 변수 d에 저장합니다. 차집합은 (−)빼기 연산자를 사용해서 구할 수 있습니다. 차집합은 집합 a에서 집합 b의 요소를 빼는 것이므로 a의 요소인 {1, 2, 3, 4, 5}에서 집합 b의 요소 중 a에 존재하는 {1, 4, 5} 요소를 빼게 되므로 최종적으로 변수 d에는 {2, 3}만 저장됩니다.

06 a와 b의 교집합을 구해 변수 e에 저장합니다. 교집합은 AND 연산자 & (앰퍼샌드[21])를 사용해서 구할 수 있습니다. 교집합은 집합 a와 집합 b에서 공통된 요소를 말하는데 여기서는 두 집합의 공통된 요소는 {1, 4, 5}이므로 변수 e에는 {1, 4, 5}가 저장됩니다.

08~12 각 변수에 저장된 값을 화면에 출력합니다.

---

20   OR 연산에 사용되는 | 기호는 쉬프트 키를 누른 채 역슬래시 키를 누르면 작성되는 문자입니다.

21   AND 연산에 사용되는 & 기호는 쉬프트 키를 누른 채 숫자 7을 누르면 작성되는 문자입니다.

〈코드 13-1-1〉내용을 13-1-set.py에 모두 작성했으면 이제 파일을 저장한 후 실행하여 결과를 확인해 보도록 하겠습니다.

터미널 JUPYTER 문제 출력 디버그 콘솔   + ∨ ▣ Python ▯ 🗑 ∧ ✕
```
Microsoft Windows [Version 10.0.22000.1219]
(c) Microsoft Corporation. All rights reserved.

C:\PythonStudy>C:/Python310/python.exe c:/PythonStudy/04/13-1-set.py
집합 a: {1, 2, 3, 4, 5}
집합 b: {1, 4, 5, 8, 9}
합집합: {1, 2, 3, 4, 5, 8, 9}
차집합: {2, 3}
교집합: {1, 4, 5}
```

〈그림 13-1-1〉 13-1-set.py 실행 결과

13-1-set.py 파일을 실행한 결과 〈그림 13-1-1〉을 보면 집합의 연산을 통해 쉽게 합집합, 차집합, 교집합을 구한 결과를 확인할 수 있습니다. 다만 이렇게 집합의 연산 시에 사용한 연산자에 대해서는 다음 장에서 좀 더 자세하게 다루도록 하겠습니다.

13-2. 집합 메서드

파이썬의 집합은 set( )이라는 클래스를 통해 제공되는데 집합에도 몇 가지 유용하게 사용될 메서드가 있습니다. 일단 add( ) 메서드는 집합에 요소를 추가할 때 사용되는 메서드입니다. remove( ) 메서드는 반대로 기존 요소를 삭제할 때 사용하는 메서드이며, update( ) 메서드는 기존 요소에 여러 개의 새로운 요소를 일괄적으로 업데이트할 때 사용되는 메서드입니다. 일단 비주얼 스튜디오 코드에서 13-2-set.py 를 생성하고 다음 코드를 작성해봅니다.

```
01    a = {1, 2, 3}
02    print(f"집합 a: {a}")

04    a.add(3)
05    a.add(4)
06    print(f"add 후: {a}")

08    a.remove(4)
09    print(f"remove 후: {a}")

11    a.update((1, 2, 3, 4, 5))
12    a.update([1, 2, 3, 4, 5])
13    a.update({1, 2, 3, 4, 5})
14    print(f"update 후: {a}")
```

〈코드 13-2-1〉

01 {1, 2, 3} 요소를 갖는 집합 a를 생성합니다.

02 변수 a의 값을 화면에 출력합니다.

04~06 add( ) 메서드를 사용하여 집합 변수 a에 3과 4를 추가하고 변수 a의 내용을 화면에 출력해보면 기존에 3이 이미 존재했기 때문에 3은 추가되면서 중복 삭제가 되고 4만 추가된 결과를 확인할 수 있습니다.

08~09 remove( ) 메서드를 사용하여 집합 변수 a에 저장된 요소 중에 4에 해당하는 요소를 삭제하고 결과를 화면에 출력합니다.

11~14 update( ) 메서드를 사용하여 튜플 요소, 리스트 요소, 집합 요소들을 업데이트한 후 변수 a의 값을 화면에 출력합니다. 물론 중복 요소가 모두 제거되었기 때문에 최종 출력되는 내용은 동일하지만 여기서 중요한 점은 집합의 update( ) 메서드가 이렇게 다양한 자료형을 모두 처리할 수 있다는 사실입니다.

13 - 2 - set.py 코드를 작성한 후 실행하여 결과를 확인해보도록 합니다.

〈그림 13-2-1〉 13-2-set.py 실행 결과

13 - 2 - set.py 파일 실행 후 결과를 확인해보면 〈그림 13-2-1〉과 add( ), remove( ), update( ) 메서드의 동작 결과를 확인해 볼 수 있습니다.

이런 파이썬 집합의 특수성은 잘 활용하면 코딩이 편해지는 장점이 있는건 사실입니다. 하지만 처음 파이썬을 공부하는 입장에서 이런 장점을 이해하기에는 경험적으로 부족합니다. 리스트를 언제 사용하는지, 딕셔너리 등 많은 자료형들을 언제, 어디서, 어떻게 사용할지도 모르는데, 이런 집합의 성질과 장점을 이해하고 활용할 수 있다는 것은 사실상 쉬운 일은 아닙니다.

14. 형변환 - casting

앞의 〈12-3. 딕셔너리 메서드〉를 공부하면서 형변환에 대해서 처음 이야기를 했습니다. 형변환은 단어 그대로 자료의 형태를 강제로 다른 자료형으로 변환하는 것인데, 캐스팅(casting) 혹은 타입 캐스팅(type casting)이라고 표현하기도 합니다.

예를 들어 우리가 3장에서 배운 input( ) 함수를 사용하여 사용자에게 어떤 과목에 대한 점수를 입력 받았다고 가정해보도록 하겠습니다. 그럼 다음과 같이 코드를 작성할 수 있을 것입니다.

```
01   k = input("국어 점수를 입력하세요: ")
02   e = input("영어 점수를 입력하세요: ")
03   m = input("수학 점수를 입력하세요: ")
04   total = k + e + m
05   print(f"3과목 총점은 {total} 입니다.")
```

〈코드 14-1〉

01 사용자에게 국어 점수를 입력 받아 변수 k에 저장합니다.

02 영어 점수를 입력 받아 변수 e에 저장합니다.

03 수학 점수를 입력 받아 변수 m에 저장합니다.

04 각각의 변수 k, e, m에 저장된 과목 점수를 모두 더해 변수 total에 저장합니다.

05 변수 total에 저장된 값을 화면에 출력합니다.

〈코드 14-1〉을 봤을 때, 바로 문제점이 보이시는 분들은 프로그래밍 능력이 타고 나신 분이라 생각합니다. 보통 처음 코딩을 하면서 많이 실수하는 부분 중에 하나인데 앞의 코드는 아주 심각한 문제가 있습니다.

일단 14 - casting.py 파일을 생성하고 앞의 코드를 저장한 후 실행하여 각각의 점수를 입력한 후 최종 실행 결과를 보고 무슨 문제가 있는지 눈으로 확인해봅시다.

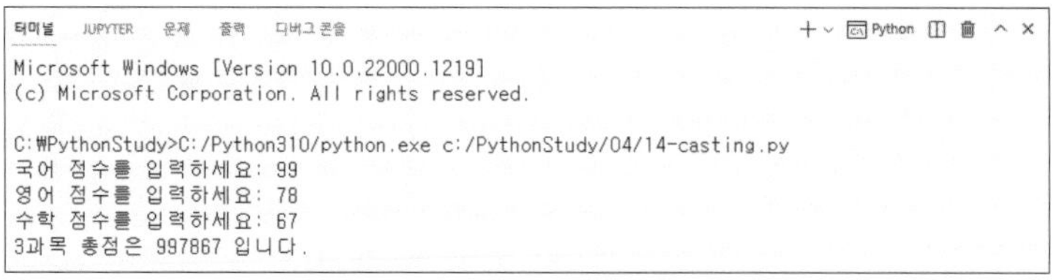

〈그림 14-1〉 14-casting.py 실행 결과

14 - casting.py를 실행하면 먼저 세 과목의 점수를 각각 입력합니다. 그러면 〈코드 14-1〉의 **04**행에서 입력된 값을 모두 더해 total 변수에 저장하고 **05**행에서 total 변수의 값을 출력하게 되는데, 위의 〈그림

14-1〉과 같이 최종 결과가 997867로 나오게 됩니다. 프로그램의 의도한 바는 99 + 78 + 67처럼 정수 형태의 값을 더한 결과를 의도했지만 input( ) 함수는 무조건 사용자에게 입력 받은 값을 문자열로 반환해주기 때문에 실제 동작은 "99" + "78" + "67"처럼 문자열 값을 더했기 때문에 문자열이 한 줄로 작성된 결과를 보게 된 것입니다.

그럼 정상적인 계산을 하기 위해선 input( ) 함수에 의해 사용자가 입력한 문자열 값이 정수 형태로 형변환이 되어야 우리가 원하는 결과를 얻을 수 있습니다. 앞의 〈코드 14-1〉을 다음과 같이 수정하도록 합니다.

```
... 생략 ...
04   total = int(k) + int(e) + int(m)
05   print (f "3과목 총점은 {total } 입니다.")
```

〈코드 14-2〉

04 사용자에게 입력받은 각각의 과목 점수가 저장된 변수 k, e, m을 각각 int( ) 형태로 형변환하여 계산하고 결과를 total 변수에 저장합니다.

05 total 변수의 값을 화면에 출력합니다.

〈코드 14-2〉에서처럼 각 변수를 정수 형태로 형변환하여 계산하면 total 변수에는 우리가 의도한 계산 결과가 저장됩니다. 코드를 저장하고 다시 실행하여 확인해보도록 하겠습니다.

〈그림 14-2〉 수정된 14-casting.py 실행 결과

수정된 코드를 실행하고 다시 과목 점수를 입력한 후 결과를 확인해보면 〈그림 14-2〉처럼 이번에는 제대로 계산을 하여 결과가 출력되는 것을 확인할 수 있습니다.

그런데 여기서 주의할 사항이 있는데 예를 들어 〈코드 14-2〉에서처럼 모든 문자열 값을 정수 형태로 바꿀 수 있는 것은 아니란 점입니다. 예를 들어 "1", "1234"는 int 형태로 형변환이 가능하지만 "a", "abcd" 같은 실제 문자는 int형으로 변환될 수 없습니다. 쉽게 생각하면 문자열 데이터를 다른 숫자 형태로 형변환 할 때, 문자열의 생긴 모습이 변환될 대상의 자료형과 같은 모습이어야 한다는 사실입니다. 무슨 말인지 확인해보기 위해서 14 - casting2.py 파일을 새롭게 생성하고 다음의 형변환 예제에 대한 코드를 작성해보도록 하겠습니다.

```
01   a = int("1")
02   b = int("1200")
03   c = float("0.5")
04   d = str(190000)
05   e = str(0.123)
06   f = bool("0")
07   g = bool(0)

09   print(f"a: {a}, {type(a)}")
10   print(f"b: {b}, {type(b)}")
11   print(f"c: {c}, {type(c)}")
12   print(f"d: {d}, {type(d)}")
13   print(f"e: {e}, {type(e)}")
14   print(f"f: {f}, {type(f)}")
15   print(f"g: {g}, {type(g)}")
```

〈코드 14-3〉

01 변수 a에 문자열 "1"을 int형으로 형변환하여 저장합니다.

02 변수 b에 문자열 "1200"을 int형으로 형변환하여 저장합니다.

03 변수 c에 문자열 "0.5"를 float형으로 형변환하여 저장합니다. "0.5"는 생김새를 보아 소수점을 포함한 형태의 실수 형태이기 때문에 float으로 형변환이 가능하지만 int형으로는 변환될 수 없습니다.

04 정수 190000을 str 형태로 변환하여 변수 d에 저장합니다.

05 실수 0.123을 str 형태로 변환하여 변수 e에 저장합니다.

06~07 문자열 "0"과 정수 0을 bool형으로 변환하여 변수 f와 g에 저장합니다. 여기서 문자열 "0"을 bool형으로 변환하면 True를 반환하지만 정수 0을 bool로 형변환하면 False를 반환합니다. 파이썬에서 0과 None은 "없음"을 의미하기 때문에 False를 의미하고 이를 제외한 모든 형태의 값은 유의미한 값으로 "있음"이 인정되기 때문에 True를 반환합니다.

09~15 각 변수의 값과 자료형을 화면에 출력합니다.

〈코드 14-3〉은 단일 자료형에 대한 형변환 샘플 코드입니다. 코드를 14 - casting2.py에 작성했으면 저장 후 실행합니다.

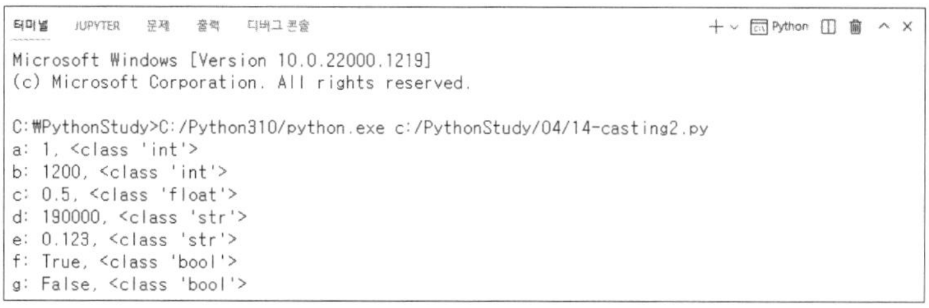
```
터미널  JUPYTER  문제  출력  디버그 콘솔
Microsoft Windows [Version 10.0.22000.1219]
(c) Microsoft Corporation. All rights reserved.

C:₩PythonStudy>C:/Python310/python.exe c:/PythonStudy/04/14-casting2.py
a: 1, <class 'int'>
b: 1200, <class 'int'>
c: 0.5, <class 'float'>
d: 190000, <class 'str'>
e: 0.123, <class 'str'>
f: True, <class 'bool'>
g: False, <class 'bool'>
```

〈그림 14-3〉 14-casting2.py 실행 결과

14-casting2.py는 특별한 오류 없이 잘 수행될 테고 〈그림 14-3〉과 같은 결과 화면이 출력됩니다. 물론 이렇게 단일 자료형이 아닌 복수 개의 자료형인 리스트, 튜플, 딕셔너리, 집합에서도 형변환이 가능합니다. 14-casting3.py를 새롭게 생성하고 다음 코드를 작성해보도록 하겠습니다.

```
01  a = list((1, 2, 3))
02  b = list({1, 2, 3})
03  c = list({1: 100, 2: 200, 3: 300})
04  d = tuple([1, 2, 3])
05  e = tuple({1, 2, 3})
06  f = tuple({1: 100, 2: 200, 3: 300})
07  g = set([1, 2, 3])
08  h = set((1, 2, 3))
09  i = set({1: 100, 2: 200, 3: 300})

11  print(f"a: {a}, {type(a)}")
12  print(f"b: {b}, {type(b)}")
13  print(f"c: {c}, {type(c)}")
14  print(f"d: {d}, {type(d)}")
15  print(f"e: {e}, {type(e)}")
16  print(f"f: {f}, {type(f)}")
17  print(f"g: {g}, {type(g)}")
18  print(f"h: {h}, {type(h)}")
19  print(f"i: {i}, {type(i)}")
```

〈코드 14-4〉

01 튜플 (1, 2, 3)을 list형으로 형변환하여 변수 a에 저장합니다.

02 집합 {1, 2, 3}을 list형으로 형변환하여 변수 b에 저장합니다.

03 딕셔너리 {1: 100, 2: 200, 3:300}을 list형으로 형변환하여 변수 c에 저장합니다. 여기서 주의할 점

은 **{키:값}**으로 구성된 딕셔너리를 list로 형변환하게 되면 값은 사라지고 키에 해당하는 요소만 남게 된다는 점을 주의해야 합니다.

04 리스트 [1, 2, 3]을 tuple형으로 형변환하여 변수 d에 저장합니다.

05 집합 {1, 2, 3}을 tuple형으로 형변환하여 변수 e에 저장합니다.

06 딕셔너리 {1: 100, 2: 200, 3:300}을 tuple로 형변환하여 변수 f에 저장합니다. **03**행과 마찬가지로 변수 f에는 딕셔너리의 키만 남게 된다는 점에 주의해야 합니다.

07 리스트 [1, 2, 3]을 set형으로 형변환하여 변수 g에 저장합니다.

08 튜플 (1, 2, 3)을 set형으로 형변환하여 변수 h에 저장합니다.

09 딕셔너리 {1: 100, 2: 200, 3:300}을 set형으로 형변환하여 변수 i에 저장합니다. **03**행과 마찬가지로 변수 i에는 키만 존재하게 됨을 주의해야 합니다.

11~19 각 변수의 값과 자료형을 화면에 출력합니다.

단일 자료형과 마찬가지로 복수 개의 자료를 저장하는 자료형 역시 서로 형변환을 할 수 있습니다. 〈코드 14-4〉를 14 - casting3.py에 작성한 후 실행해보도록 합니다.

〈그림 14-4〉 14-casting3.py 실행 결과

〈그림 14-4〉와 같이 결과를 확인해보면 〈코드 14-4〉에서 작성한 다양한 자료형이 형변환되는데 아무 문제가 없다는 것을 확인할 수 있습니다.

형변환은 파이썬에서 제공되는 자료형의 클래스가 최초 생성될 때 어떤 형태의 자료형을 매개로 하여 객체[22]를 생성할지가 미리 작성되어있기 때문에 가능한 것이지 이런 형변환이 저절로 일어나는 일은 아니란 사실을 기억해야 합니다. 그렇기 때문에 자료형이 지원하지 않는 범위의 형변환을 시도하면 프로그램은 오류를 발생하게 됩니다.

---

22   객체는 추후 클래스를 공부하며 자세하게 다룰 예정입니다.

예를 들어 단일 자료형에서 문자형은 리스트나 튜플, 집합 형태로 형변환이 가능[23]하지만 정수형은 리스트나 튜플, 집합 형태로 형변환이 불가능[24] 합니다. 또한 딕셔너리를 리스트로 변환할 수는 있지만 리스트를 딕셔너리로 변환하지는 못합니다.[25] 이런 내용은 사실 자료의 생김새를 직관적으로 생각해보면 어느 정도 감을 잡을 수 있는 내용입니다.

이렇게 4장 변수와 자료형에서는 변수를 어떻게 사용하고 파이썬에서 어떤 다양한 자료형이 있는지에 대해서 알아보았습니다. 변수나 자료형은 파이썬뿐만 아니라 모든 프로그래밍에서 가장 기본적이고 기초적인 영역의 이야기이고 각각의 언어마다 약간은 다른 성질의 자료형이 있을 수 있겠지만 기본적인 맥락은 모두 같습니다.

변수와 자료형은 결국에는 어떤 형태의 데이터를 어디에 기억할지를 결정하는 하나의 약속된 규칙일 뿐입니다. 물론 길고 더 깊게 이야기를 할 수도 있는 내용들이지만 처음 파이썬을 공부하고 코딩을 시작하는 분들은 되도록 가벼운 마음으로 모든 것을 접근하는 게 좋다고 생각합니다. 여기서 모든 자료형을 일부러 암기할 필요도 없고 따로 공부할 필요도 없다고 생각합니다.

그러면 이제 이런 변수에 저장된 여러 가지 데이터를 서로 계산할 수 있는 연산자에 대해서 알아보도록 하겠습니다.

---

23   a = list("abcd")처럼 문자열은 리스트, 튜플, 집합 형태로 형변환이 가능합니다.

24   a = list(12345)처럼 정수형은 리스트, 튜플, 집합 형태로 형변환이 불가능합니다.

25   a = list(dist"name": "홍길동"))는 가능하지만 b = dict(list("국어", "영어", "수학"))는 불가능합니다.

연습 문제

프로그래밍을 공부할 때, 내가 얼만큼 많이 지식을 알고 있느냐가 아니라 내가 알고 있는 내용을 어떻게 잘 활용할 줄 아느냐가 중요합니다. 그렇기 때문에 여기서 제시하는 연습 문제는 단지 그런 응용력을 키우기 위한 문제일 뿐, 정답이 있는 문제는 아닙니다. 필자가 제시하는 정답은 "그렇게도 작성할 수 있다"의 예시를 보여드리는 것뿐이지 그것이 꼭 정답은 아닙니다.

그럼 지금까지 배운 내용을 활용하여 다음의 조건을 만족하는 프로그램을 한번 작성해보도록 하겠습니다.

> – 사용자에게 상품명, 가격, 개수를 입력받습니다.
> – 입력받은 상품명을 key로, (가격, 개수)를 value로 하는 딕셔너리를 생성합니다.
> – 딕셔너리를 화면에 출력합니다.

```
터미널    JUPYTER    문제    출력    디버그 콘솔                                    + ∨  ▣ Python  ⊞  🗑  ∧ ✕
Microsoft Windows [Version 10.0.22000.1219]
(c) Microsoft Corporation. All rights reserved.

C:\PythonStudy>C:/Python310/python.exe c:/PythonStudy/04/15-1.py
상품명을 입력하세요: 연필
가격을 입력하세요: 900
갯수를 입력하세요: 150
{'연필': ('900', '150')}
```

〈그림 15-1〉 연습 문제 실행 예시 모습

PART 5

연산자

이 장의 내용

5 연산자

이번 장에서는 파이썬에서 변수에 담긴 값을 어떻게 계산할 수 있는지에 대해 알아보며 이렇게 계산할 때 사용되는 여러 가지 종류의 연산자에 대해 알아봅니다.

1. 연산자란?

이전 장에서 우리는 변수와 자료형에 대해서 알아보았습니다. 변수는 어떤 값을 저장하기 위해서 사용한다고 했는데, 그렇다면 이제는 서로 다른 변수에 저장된 값을 계산하여 어떤 결과를 얻기 위해서 우리는 연산자에 대해 알 필요가 있습니다. 연산자는 간단하게 설명하면, 어떤 계산을 하기 위해 미리 정해 놓은 기호를 말합니다.

〈그림 1-1〉 파이썬에서 연산자 사용

기본적으로 파이썬에서 연산자는 〈그림 1-1〉에서처럼 변수 A에 저장된 값과 변수 B값을 더해 변수 C에 대입하는 것처럼 변수에 저장된 어떤 값을 목적에 맞게 계산을 하기 위해서 사용됩니다. 우리는 이미 이전 장에서 몇 가지의 연산자를 사용해본 경험이 있습니다. 문자열이나 리스트를 더하기 위하여 플러스 기호의 산술 연산자를 사용해봤고, 집합 자료형으로 교집합, 합집합을 구하기 위하여 비트 연산자를 사용해보기도 했습니다. 이렇게 파이썬에는 다음과 같이 목적에 따른 여러 종류의 연산자가 있습니다.

영문명	한글명	기능
Arithmetic Operators	산술 연산자	더하기, 빼기, 곱하기, 나누기와 같은 계산을 위한 연산자입니다.
Assignment Operators	대입, 할당 연산자	변수에 값을 저장, 할당할 때 사용됩니다.
Comparison Operators	비교 연산자	좌변과 우변의 값을 비교할 때 사용하며, 비교 연산의 결과는 True, False 둘 중 하나입니다.

Logical Operators	논리 연산자	A와 B, A 혹은 B, A가 아니면 B와 같이 논리적인 비교를 위해 사용되는 연산자입니다. 일반적으로 단독으로 사용되기 보다는 if ~ else 문과 같은 조건문과 함께 사용됩니다.
Identity Operators	아이디, 식별, 항등 연산자	서로 다른 두 객체가 동일한 객체인지를 확인할 때 사용됩니다.
Bitwise Operators	비트 연산자	비트 단위의 연산을 할 때 사용됩니다.

〈표 1-1〉 파이썬 연산자 종류

〈표 1-1〉을 보면 파이썬에서 사용되는 여러 종류의 연산자를 확인할 수 있습니다. 파이썬을 처음 공부하시는 입장에서는 모든 것이 낯설기 때문에 이런 용어가 주는 부담감이 큰 것도 사실입니다. 게다가 한글의 특성상 영어를 기준으로 만들어진 이런 연산자 명을 해석할 때, 부르는 사람마다 이름이 약간씩 달라짐으로 인해 더 복잡하고 혼란스럽게 만드는 요소도 분명히 있습니다. 그래서 연산자의 한글 명을 그냥 외우기보다는 원래 영문 명이 무엇이고 어떤 기능을 하는지, 그래서 어떤 의미의 한글 단어를 사용하고 있는지를 이해하시는 게 좋습니다.

2. 산술 연산자 – Arithmetic Operators

산술 연산자는 우리가 흔히 알고 있는 더하기(+), 빼기(−), 곱하기(*), 나누기(/)와 같이 사칙연산에 사용하는 기호를 말합니다. 그런데 파이썬에서 산술 연산자에는 이런 사칙연산에 사용되는 연산자 외에도 몇 가지 종류가 더 있습니다. 다음 표를 보고 파이썬에서 제공하는 산술 연산자의 종류에 대해 알아보도록 합니다.

연산자	기능
+	덧셈
−	뺄셈
*	곱셈
/	나눗셈
**	거듭제곱
//	나눈 결과의 몫만 구합니다.
%	나눈 결과의 나머지만 구합니다.

〈표 2-1〉 파이썬 산술 연산자

〈표 2-1〉에서처럼 파이썬 산술 연산자에는 거듭제곱 연산자와 나눈 결과의 나머지의 몫만 구하는 연산자, 나눈 결과의 나머지만 구하는 연산자가 더 있습니다. 그럼 파이썬에서 이런 산술 연산자를 어떻게 사

용하는지 코드를 작성해보면서 알아보도록 하겠습니다.

먼저 새로운 장을 시작했으니 비주얼 스튜디오 코드의 탐색기에서 05 이름으로 새로운 폴더를 생성하고
생성한 폴더 하위에 02 – arithmetic.py 파일을 생성하여 다음의 코드를 작성해보겠습니다.

```
01   a = 10
02   b = 3

04   c = a + b
05   d = a - b
06   e = a * b
07   f = a / b
08   g = a ** b
09   h = a // b
10   i = a % b

12   print(f"{a} + {b} = {c} type={type(c)}")
13   print(f"{a} - {b} = {d} type={type(d)}")
14   print(f"{a} * {b} = {e} type={type(e)}")
15   print(f"{a} / {b} = {f} type={type(f)}")
16   print(f"{a} ** {b} = {g} type={type(g)}")
17   print(f"{a} // {b} = {h} type={type(h)}")
18   print(f"{a} % {b} = {i} type={type(i)}")
```

〈코드 2–1〉

01~02 변수 a와 b에 각각 10과 3의 int 형 정수 값을 저장합니다.

04 a와 b를 더하기 연산자를 사용해 더한 값을 변수 c에 저장합니다. 변수 a에 10이 저장되었고 변수 b
에 3이 저장되었으니 변수 c에는 13이 저장됩니다.

05 a에서 b를 뺀 값을 변수 d에 저장합니다. d에는 10 – 3 인 7이 저장됩니다.

06 a에 b를 곱한 결과를 변수 e에 저장합니다. e에는 10 × 3의 결과인 30이 저장됩니다.

07 a를 b로 나눈 결과를 f에 저장합니다. f에는 10 / 3의 결과인 3.333333이 저장됩니다.

08 a에 b를 거듭제곱한 결과를 변수 g에 저장합니다. 10의 거듭제곱 3은 10을 3번 곱한 결과이니 g에는
10 × 10 × 10의 결과 1000이 저장됩니다.

09 a를 b로 나눈 몫을 변수 h에 저장합니다. 10 나누기 3의 몫은 3이니 h 에는 3이 저장됩니다.

10 a를 b로 나눈 결과의 나머지를 변수 i에 저장합니다. 10을 3으로 나눈 나머지는 1이니 i에는 1이 저장
됩니다.

12~18 04~10행까지의 연산식에 대한 형태와 변수의 값을 화면에 출력하고 연산 결과가 저장된 최종 변수가 어떤 자료형을 띄는지도 확인합니다.

〈코드 2-1〉은 파이썬에서 다양한 산술 연산자를 사용하는 샘플 코드입니다. 02 – arithmetic.py에 코드를 작성했으면 파일을 저장한 후 비주얼 스튜디오 코드에서 이를 실행하고 결과를 확인해보도록 합니다.

```
터미널  JUPYTER  문제  출력  디버그 콘솔                    + ∨  Python  ⊓ 🗑 ∧ ×
Microsoft Windows [Version 10.0.22000.1219]
(c) Microsoft Corporation. All rights reserved.

C:\PythonStudy>C:/Python310/python.exe c:/PythonStudy/05/02-arithmetic.py
10 + 3 = 13 type=<class 'int'>
10 - 3 = 7 type=<class 'int'>
10 * 3 = 30 type=<class 'int'>
10 / 3 = 3.3333333333333335 type=<class 'float'>
10 ** 3 = 1000 type=<class 'int'>
10 // 3 = 3 type=<class 'int'>
10 % 3 = 1 type=<class 'int'>
```

〈그림 2-1〉 02-arithmetic.py 실행 결과

파일 실행 결과를 보면 〈그림 2-1〉과 같이 화면에 계산식과 계산식의 결과가 그대로 출력됩니다. 여기서 주의깊게 봐야 할 부분은 결과가 담긴 변수의 자료형입니다. 정수와 정수를 더해 변수에 저장한 경우의 자료형은 정수일테니까 type( ) 함수에 의해 자료형이 int 형으로 출력되는 것을 확인할 수 있습니다. 그런데 a / b처럼 정수와 정수를 나눈 결과는 정수 형태가 아닌 실수 형태로 자료형이 변경될 수 있다는 사실을 기억해야 합니다.

이렇게 산술 연산자는 우리가 일반적으로 알고 있는 사칙연산을 하기 위해 사용되는 연산자입니다. 물론 이전 장의 예제 코드에서 알아본 것처럼 더하기나 곱하기는 수가 아닌 문자열, 리스트, 튜플 등과 같이 특수한 목적으로도 사용됨을 기억하시기 바랍니다.

3. 대입, 할당 연산자 – Assignment Operators

대입 연산자 혹은 할당 연산자로 불리는 Assignment Operators는 변수에 어떤 값을 할당할 때 사용하는 등호(=) 같은 연산자를 말합니다. 그런데 이 등호 연산자는 한 가지 재미있는 성질이 있는데, 바로 앞에서 다룬 산술 연산자나 뒤에서 다룰 비트 연산자 등과 함께 혼합해서 사용할 수 있다는 사실입니다.

연산자	원래 식	대입 연산자 사용
=	x = 10	x = 10
+=	x = x + 5	x += 5
-=	x = x − 5	x −= 5
*=	x = x *3	x *= 3
/=	x = x / 3	x /= 3
**=	x = x ** 3	x **= 3
//=	x = x // 3	x //= 3
%=	x = x % 5	x %= 5

〈표 3–1〉 파이썬 대입 연산자

등호를 제외한 나머지 대입 연산자는 보통 한 개의 변수의 값을 계산하여 다시 그 변수에 결괏값을 누적할 때 주로 사용됩니다. 예를 들어 x 변수의 값에 3을 곱해서 다시 x 변수에 저장하는 상황이라면 x = x * 3처럼 표현할 수 있는데 이를 누적 대입 연산자를 사용하여 x *= 3처럼 표현할 수 있습니다. 두 가지 방법 중 어떤 방법을 사용하든 상관은 없습니다.

비주얼 스튜디오 코드 탐색기의 05 폴더에 03 – assignment.py 파일을 생성하고 다음 코드를 작성해보면서 파이썬 대입 연산자를 어떻게 사용하는지 알아보도록 하겠습니다.

```
01   a = 10
02   print(f"a = {a} {type(a)}")
03   a += 5
04   print(f"a = {a} {type(a)}")
05   a -= 5
06   print(f"a = {a} {type(a)}")
07   a *= 5
08   print(f"a = {a} {type(a)}")
09   a /= 5
10   print(f"a = {a} {type(a)}")
```

```
11    a **= 3
12    print(f"a = {a} {type(a)}")
13    a //= 5
14    print(f"a = {a} {type(a)}")
15    a %= 3
16    print(f"a = {a} {type(a)}")
```

〈코드 3-1〉

01~02 변수 a에 정수 10을 저장하고 변수에 저장된 값과 자료형을 출력합니다.

03~04 변수 a값에 5를 더한 값을 누적하고 변수 값과 자료형을 출력합니다.

05~06 변수 a값에서 5를 뺀 값을 누적 계산하여 변수 값과 자료형을 출력합니다.

07~08 변수 a값에 5를 곱한 값을 누적하고 변수 값과 자료형을 출력합니다.

09~10 변수 a값을 5로 나눈 값을 누적 계산하고 변수 값과 자료형을 출력합니다.

11~12 변수 a값에 3으로 거듭제곱한 값을 누적 계산하고 결과와 자료형을 출력합니다.

13~14 변수 a값을 5로 나눈 몫을 누적 계산하고 결과와 자료형을 출력합니다.

15~16 변수 a값을 3으로 나눈 나머지를 누적 계산하고 결과와 자료형을 출력합니다.

〈코드 3-1〉은 다양한 종류의 대입 연산자를 사용하여 변수에 값을 누적시키는 샘플 코드입니다. 이런 누적 표현식은 실제 코드 작성 시 자주 사용되는 형식이므로 어느정도 숙지를 하고 있어야 합니다. 〈코드 3-1〉의 내용을 03-assignment.py에 모두 작성했으면 파일을 실행한 후 결과를 확인해 봅니다.

〈그림 3-1〉 03-assignment.py 실행 결과

〈그림 3-1〉과 같이 파일 실행 결과를 보면 한 가지 중요한 사실이 있습니다. 〈코드 3-1〉에서 **01**행에서부터 **08**행까지의 변수 a는 자료형이 int로 유지되고 있는데, **09**행부터 변수 a의 자료형은 float 형태로 변경되었다는 사실입니다. **09**행의 코드를 보면 a /= 5인데, 결론적으로 나누기한 결과가 실수가 되기 때문에 a 변수는 float형으로 형변환이 이뤄지게 됩니다. 〈코드 3-1〉에서는 대입 연산자를 사용하여 계속 같은 변수 a를 사용하고 있기 때문에 이렇게 float형으로 자료형이 변경된 변수 a는 다시 일부러 int 형으

로 바꾸지 않는 한 저절로 int 형으로 돌아가지 않게 됩니다. 사실 이렇게 누적 연산자를 사용하다 보면 의도치 않게 형변환이 이뤄질 수 있고 그로 인해 프로그램이 동작되는 경우도 종종 있습니다. 그래서 누적 연산자를 사용하는 경우 계산 결과 후 자료형의 변화에 대해 주의를 해야 할 필요가 있습니다.

4. 비교 연산자 - Comparison Operators

비교 연산자, Comparison Operators는 변수에 저장된 두 개의 값을 서로 비교하는데 사용하는 연산자입니다. 여기서 "비교"라는 것은 서로 같은지, 다른지, 큰지, 작은지, 같거나 큰지, 같거나 작은지 등을 이야기합니다. 만약 비교 연산자를 사용해서 얻게 되는 결과는, 두 개의 값이 같다 혹은 다르다는 것처럼 언제나 불(bool) 형태로 True 아니면 False가 반환됩니다.

연산자	의미
==	같다
!=	다르다
〉	크다
〈	작다
〉=	크거나 같다
〈=	작거나 같다

〈표 4-1〉 파이썬 비교 연산자

〈표 4-1〉을 보면 파이썬에서 사용할 수 있는 다양한 비교 연산자를 확인할 수 있습니다. 비주얼 스튜디오 코드에 새로운 04 - comparison.py 파일을 생성하고 다음의 코드를 작성해보며 비교 연산자를 어떻게 코드로 표현하는지 한번 알아보도록 하겠습니다.

```
01   x = 10
02   y = 5
03   a = x == y
04   b = x != y
05   c = x > y
06   d = x < y
07   e = x >= y
08   f = x <= y
```

```
10    print(f"{x} == {y} 는 {a} 입니다. {type(a)}")
11    print(f"{x} != {y} 는 {b} 입니다. {type(b)}")
12    print(f"{x} > {y} 는 {c} 입니다. {type(c)}")
13    print(f"{x} < {y} 는 {d} 입니다. {type(d)}")
14    print(f"{x} >= {y} 는 {e} 입니다. {type(e)}")
15    print(f"{x} <= {y} 는 {f} 입니다. {type(f)}")
```

<코드 4-1>

01 x 변수에 정수 10을 할당합니다.

02 y 변수에 정수 5를 할당합니다.

03 변수 x와 변수 y에 저장된 값이 같은지를 비교하여 결과를 변수 a에 저장합니다.

04 변수 x와 변수 y의 값이 다른지를 비교하여 결과를 변수 b에 저장합니다.

05 변수 x에 저장된 값이 변수 y보다 큰지를 비교하여 결과를 변수 c에 저장합니다.

06 변수 x에 저장된 값이 변수 y보다 작은지를 비교하여 결과를 변수 d에 저장합니다.

07 변수 x에 저장된 값이 변수 y보다 크거나 같은지를 비교하여 결과를 변수 e에 저장합니다.

08 변수 x에 저장된 값이 변수 y보다 작거나 같은지를 비교하여 결과를 변수 f에 저장합니다.

09~14 각 변수에 저장된 값과 비교한 후의 결괏값, 결과가 저장된 변수의 자료형을 화면에 출력합니다.

〈코드 4-1〉은 파이썬의 비교 연산자를 사용하여 작성한 샘플 코드입니다. 이 예제에서 비교 연산의 결과를 변수에 저장을 하고 있지만 실제 프로그램을 작성할 때는 이처럼 사용되기 보다는 if ~ else문과 같은 조건문에 의해 사용되는 경우가 더 많습니다. 하지만 아직 우리는 조건문을 배우지 않았기 때문에 여기서는 비교 연산자의 결과가 어떻게 출력되는지에 대해서만 간단히 알아보고 넘어가도록 하겠습니다.

〈코드 4-1〉을 04 - comparison.py 파일에 저장하고 실행하여 결과를 확인해 봅니다.

〈그림 4-1〉 04-comparison.py 파일의 실행 결과

파일을 실행하여 결과를 확인해 보면 〈그림 4-1〉에서처럼 비교 연산자의 결과는 항상 불(bool)형의 결과가 반환된다는 사실을 알 수 있습니다.

5. 논리 연산자 - Logical Operators

논리 연산자, Logical Operators는 주어진 조건이 참(True)인지 거짓(False)인지를 판단하기 위해 사용되는 연산자입니다. 논리 연산자 역시 비교 연산자와 마찬가지로 보통은 단독적으로 사용되기 보다는 if ~ else와 같은 조건문에서 사용됩니다. 역시나 우리는 아직 조건문을 배우지 않았으므로 간단하게 어떤 논리 연산자가 있는지 확인하고 넘어가도록 하겠습니다.

연산자	사용 예	의미
and	A and B	A와 B가 모두 True 면 True
or	A or B	A와 B 둘 중 하나가 True 면 True
not	not A	A값을 반전시킵니다. A가 True면 False, False면 True를 반환합니다.

〈표 5-1〉 파이썬 논리 연산자

논리 연산자는 다른 연산자와 다르게 〈표 5-1〉과 같이 우리가 알고 있는 영어 단어인 and, or, not을 그대로 사용합니다. 영어 단어의 뜻을 그대로 이해해 보면 and는 '그리고', or은 '혹은', not은 '부정의 의미'로 사용되는데 이를 그대로 코드에 적용해보면 조금 이해하기가 쉬울 수 있습니다. 05 - logical.py 파일을 생성하고 다음의 코드를 작성해보도록 하겠습니다.

```
01  a = True
02  b = False
03  c = a and b
04  d = a or b
05  e = not a
06  print(f"{c} = {a} and {b}, {type(c)}")
07  print(f"{d} = {a} or {b}, {type(d)}")
08  print(f"{e} = not {a}, {type(e)}")
```

〈코드 5-1〉

01~02 변수 a에 True를 저장하고, 변수 b에는 False를 저장합니다.

03 변수 a와 변수 b를 and 연산하여 결과를 변수 c에 저장합니다. and 연산은 변수 a와 변수 b가 모두 True인 경우에 True를 반환하고 그렇지 않다면 False를 반환합니다.

04 변수 a와 변수 b를 or 연산하여 결과를 변수 c에 저장합니다. or 연산은 변수 a와 변수 b가 둘 중 하나가 True라면 True를 반환하고 그렇지 않다면 False를 반환합니다.

05 변수 a의 값을 not 연산하여 변수 e에 저장합니다. not 연산자는 변수의 값을 반전시키는 역할을 하는데 변수 a가 True라면 False를 반환하고 False라면 True를 반환합니다.

06~08 각 변수의 값과 변수의 자료형을 화면에 출력합니다.

〈코드 5-1〉은 논리 연산자가 어떻게 동작하는지를 알기 위한 아주 단순한 코드의 예시입니다. 코드의 내용을 05 – logical.py 파일에 저장하고 실행한 후 결과를 확인해보도록 하겠습니다.

〈그림 5-1〉 05-logical.py 실행 결과

결론적으로 〈그림 5-1〉의 실행 결과를 보면 and, or, not 연산은 항상 True 혹은 False처럼 bool 형태의 결과를 반환한다는 사실을 알 수 있습니다.

실제 코드를 작성할 때는 보통 〈코드 5-1〉의 **01, 02**행에서처럼 True나 False 대신에 어떤 변수의 값을 확인할 때 사용하며 훨씬 더 복잡한 논리 구조를 갖는 경우가 많습니다. 앞의 〈코드 5-1〉을 좀 더 현실적인 코드로 작성해보기 위해 05 – logical2.py 파일을 새롭게 생성하고 다음 코드를 작성해보도록 하겠습니다.

```
01   a = 10
02   b = 30
03   c = a == 10 and b == 30
04   d = a == 10 or b == 50
05   e = not a == 20
06   f = not a == 10 and b == 30
07   g = not not a == 10 and b == 30
08   print(f"{c} = {a == 10} and {b == 30}, {type(c)}")
09   print(f"{d} = {a == 10} or {b == 50}, {type(d)}")
10   print(f"{e} = not {a == 20}, {type(e)}")
11   print(f"{f} = not {a == 10} and {b == 30}, {type(f)}")
12   print(f"{g} = not not {a == 10} and {b == 30}, {type(g)}")
```

〈코드 5-2〉

01 변수 a에 정수 10을 저장합니다.

02 변수 b에 정수 30을 저장합니다.

03 변수 a가 10인지에 대한 비교 연산의 결과와 변수 b가 30인지에 대한 비교 연산의 결과, 두 결과가

모두 True이면 변수 c에 True가 저장되고 그렇지 않은 경우에는 False가 저장됩니다. 여기서는 a와 b가 각각 10과 30이라 두 조건 모두 True여서 변수 c에는 True가 저장됩니다.

04 변수 a가 10인지에 대한 비교 연산의 결과와 변수 b가 50인지에 대한 비교 연산의 결과, 두 결과 중 하나만 True일 때 변수 d에는 True가 저장됩니다. 여기서는 변수 a값이 10이기 때문에 한 조건이 True이므로 결론적으로 변수 d에는 True가 저장됩니다.

05 변수 a가 20인 비교 연산의 결과를 반전시켜 변수 e에 저장합니다. 여기서 변수 a의 값은 10이기 때문에 a가 20인 비교 연산의 결과는 False가 되고 이를 반전시키면 True가 되기 때문에 최종적으로 변수 e에는 True가 저장됩니다.

06 여기서 a에는 10이 저장되어 있고 b에는 30이 저장되어 있기 때문에 a==10 and b==30은 True and True가 됩니다. 하지만 앞의 not에 의해 not True and True에서 앞의 True가 반전되어 False and True가 되고 최종적으로 변수 f에는 False가 저장됩니다.

07 여기서도 **06**행과 마찬가지로 변수 a와 b에는 각각 10과 30이 저장되어있기 때문에 True and True 상태입니다. 하지만 앞에 not이 2개 있기 때문에 not not True and True가 되게 되는데 그래서 이는 not False and True로 바뀌고 다시 True and True로 바뀌게 되어 최종적으로 변수 g에는 True가 저장됩니다.

08~12 각 변수에 저장된 결괏값과 식을 문자열로 정리해 화면에 출력합니다.

〈코드 5-2〉는 〈코드 5-1〉보다는 조금 더 복잡해진 논리식을 표현한 예제 코드입니다. 실제 프로그램 작성 시 〈코드 5-1〉보다는 〈코드 5-2〉와 같은 형태로 and, or, not 연산자와 비교 연산자를 함께 사용하여 두 가지 이상의 연산 결과를 확인하는데 사용되는 경우가 많습니다.

〈코드 5-2〉를 05-logical2.py 에 저장하고 실행 후 결과를 확인해보도록 하겠습니다.

〈그림 5-2〉 05-logical2.py 실행 결과

05-logical2.py를 실행하면 〈그림 5-2〉과 같은 결과를 확인할 수 있습니다. 실제 프로그램을 작성할 때 이런 연산자들은 서로 혼합되어 사용되는 경우가 많습니다. 그런 경우는 차후 실제 프로그램을 작성해보면서 익히기로 하고 여기서는 아주 기본적인 사용법 정도만 알아보고 넘어가도록 하겠습니다.

6. 아이디, 식별, 항등 연산자 – Identity Operators

보통 아이디 연산자, 식별 연산자, 항등 연산자 등 다양한 이름으로 불리는 Identity Operators는 어떤 서로 다른 변수가 같은 객체인지를 확인할 때 사용되는 연산자입니다.

연산자	사용 예	의미
is	A is B	A와 B가 같은 객체인지 확인합니다.
is not	A is not B	A가 B와 다른 객체인지 확인합니다.

〈표 6-1〉 파이썬 Identity Operators

〈표 6-1〉을 보면 파이썬의 Identity Operators는 종류도 적고 내용도 간단해 보이긴 합니다만 사실 이를 이해하기 위해서는 조금 복잡하고 어려운 이야기를 해야 합니다.

위의 〈표 6-1〉에서 is 연산자의 의미를 보면 A와 B가 같은 객체인지를 확인한다고 했는데 다른 말로 설명하자면 A와 B가 같은 메모리를 사용하는지를 확인한다고도 볼 수 있습니다. 일반적으로 파이썬에서는 모든 것들이 객체화되어있습니다. 여기서 이 객체라는 말을 이해하려면 우리는 아직 배우지 않았지만 먼저 클래스에 대해 알아야 합니다.

```
a = 10
```

〈코드 6-1〉

우리가 일반적으로 위의 〈코드 6-1〉에서처럼 변수 a에 10을 저장하면 변수 a의 자료형은 정수형 int가 된다고 설명했습니다. 그런데 사실 파이썬은 정수 10이라는 값을 저장하기 위해 int라는 클래스의 객체를 생성해서 저장하게 됩니다. 이렇게 어떤 클래스를 바탕으로 생성된 변수를 객체라고 표현합니다. 앞으로 8장에서 클래스를 배우며 객체의 의미에 대해 더 자세히 다루겠지만 여기서는 간단하게 이 정도만 짚고 넘어가도록 하겠습니다.

어쨌든 이렇게 파이썬에서 변수로 생성되는 모든 객체에는 파이썬이 내부적으로 관리하기 위해 id라는 정수 형태의 값을 부여하게 됩니다. 이 id는 id( )라는 함수를 사용해서 확인할 수 있습니다. 그러면 06-identity.py 파일을 새롭게 생성하고 다음의 코드를 작성해보며 객체의 id를 어떻게 확인하는지 한번 알아보도록 하겠습니다.

```
01   a = 10
02   b = 10
03   c = [1, 2, 3, 4, 5]
04   d = [1, 2, 3, 4, 5]
```

```
06   print(f"{a}, {id(a)}")
07   print(f"{b}, {id(b)}")
08   print(f"{c}, {id(c)}")
09   print(f"{d}, {id(d)}")
```

<코드 6-2>

01 변수 a에 정수 10을 저장합니다. 변수 a는 int형 객체가 됩니다.

02 변수 b에 정수 10을 저장합니다. 변수 b는 int형 객체가 됩니다.

03 변수 c에 [1, 2, 3, 4, 5]를 저장합니다. 변수 c는 list형 객체가 됩니다.

04 변수 d에 [1, 2, 3, 4, 5]를 저장합니다. 변수 d는 list형 객체가 됩니다.

06~09 각 변수에 저장된 값과 id( ) 함수를 사용하여 객체에 부여된 id 값을 화면에 출력합니다.

〈코드 6-2〉의 내용을 보면 변수 a, b에는 각각 동일한 정수 10을 저장했고 변수 c, d에는 각각 리스트 형 태로 동일한 [1, 2, 3, 4, 5] 값을 저장하고 있다는 사실을 주의 깊게 보시기 바랍니다. 코드를 작성한 후 06 – identity.py를 실행하여 결과를 확인해보도록 합니다.

〈그림 6-1〉 06–identity.py 실행 결과

실행 결과를 보면 〈그림 6-1〉과 같이 각 변수에 저장된 값과 객체의 id 값이 출력되는 것을 확인할 수 있습니다. 여기서 변수 a, b에는 각각 동일한 10이라는 정수가 저장되었고 id 값도 동일한 값으로 출력되는 것을 확인할 수 있지만 변수 c, d에도 각각 동일한 [1, 2, 3, 4, 5]의 값이 저장되었음에도 불구하고 id 값이 서로 다르다는 사실을 알 수 있습니다.

그 말은 int형의 객체는 내부적으로 저장된 값이 동일하다면 서로 다른 변수에 저장했다 하더라도 내부 적으로는 모두 같은 객체로 볼 수 있으며, list형의 객체는 저장된 요소가 서로 같더라도 생성되는 객체는 서로 다른 객체라고 볼 수 있습니다. 한번에 이해하기 힘든 이 설명을 이해하기 위해 06 – identity.py 파일에 다음의 내용을 추가하여 어떤 차이가 있는지를 직접 코드로 확인해보도록 하겠습니다.

```
... 생략 ...
11   e = a == b
12   f = a is b
13   g = c == d
14   h = c is d
16   print(f"{e} = {a} == {b}")
17   print(f"{f} = {a} is {b}")
18   print(f"{g} = {c} == {d}")
19   print(f"{h} = {c} is {d}")
```

<코드 6-3>

11 비교 연산자를 사용하여 변수 a와 b를 비교하여 결과를 변수 e에 저장합니다.

12 객체 a와 b가 같은 객체인지 is 연산자를 사용한 결과를 변수 h에 저장합니다.

13 list형 변수 c의 값과 d의 값이 같은지, 비교 연산자를 사용한 결과를 변수 g에 저장합니다.

14 객체 c와 객체 b가 같은 객체인지 is 연산자를 사용한 결과를 변수 h에 저장합니다.

16~19 각 변수의 값을 화면에 출력합니다.

〈코드 6-3〉은 방금 앞에서 설명한 a와 b가 같은 객체인지, c와 d가 같은 객체인지를 확인해보는 예제 코드입니다. 〈코드 6-3〉의 내용을 06 – identity.py 파일에 추가하여 저장한 후 실행해보도록 하겠습니다.

```
터미널   JUPYTER   문제   출력   디버그 콘솔                              + ∨  Python  ⬚  ⬆  ∧  ✕
Microsoft Windows [Version 10.0.22000.1219]
(c) Microsoft Corporation. All rights reserved.

C:\PythonStudy>C:/Python310/python.exe c:/PythonStudy/05/06-identity.py
10, 2907320943120
10, 2907320943120
[1, 2, 3, 4, 5], 2907322045376
[1, 2, 3, 4, 5], 2907322318912
True = 10 == 10
True = 10 is 10
True = [1, 2, 3, 4, 5] == [1, 2, 3, 4, 5]
False = [1, 2, 3, 4, 5] is [1, 2, 3, 4, 5]
```

〈그림 6-2〉 코드가 추가된 06-identity.py 실행 결과

파일 실행 후 결과를 확인해보면 〈그림 6-2〉와 같이 비교 연산자는 변수에 저장된 값을 비교하는데 사용하지만 is와 같은 아이디 연산자는 변수의 값이 아닌 객체 자체가 동일한 객체인지를 판별하는데 사용한다는 점을 알 수 있습니다. 그래서 〈코드 6-3〉에서처럼 리스트형 변수 c와 d에는 동일한 요소가 저장되어있기 때문에 비교 연산자 ==는 True의 결과를 반환했지만 is 연산자는 동일한 객체가 아니라고 판별했기 때문에 False를 반환하게 됩니다.

물론 여기서는 정수형 객체와 리스트형 객체를 비교하면서 예를 들고 있지만 문자열, 튜플, 딕셔너리, 혹

은 직접 생성한 클래스 등 모든 객체에 대해 적용될 수 있는 내용입니다. 단, 위에서 설명한 몇 줄의 내용만으로 아이디 연산자나 여기에 등장하는 객체같은 개념을 모두 이해할 수 있는 부분은 아니라고 생각됩니다. 이런 내용들을 진짜 이해하기 위해서는 이런 저런 프로그램을 많이 작성해보면서 많은 연습과 실습을 통해서만 이해할 수 있는 내용이므로 일단은 이런 것도 있구나 하고 넘어가도록 하겠습니다.

7. 비트 연산자 - Bitwise Operators

우리는 4장의 13챕터 집합 - set에서 교집합과 합집합을 구하면서 비트 연산자를 잠깐 사용해 본적이 있습니다. 비트 연산자(Bitwise Operators)는 단어 그대로 비트 단위의 연산을 위해 사용되는 연산자입니다. 그럼 먼저 비트가 무엇인지 알아야 하는데, 비트는 쉽게 말하면 디지털 장치에서 사용되는 정보 단위 중 가장 최소 단위를 말합니다. 우리가 흔히 컴퓨터는 0과 1로 모든 것을 표현한다라고 얘기할 때, 이 0과 1이 저장되는 단위를 비트라고 이야기 합니다.

비트 연산자를 이해하려면 비트가 무엇인지 알아야 하고 비트가 무엇인지를 알려면 2진수에 대해서도 알아야 합니다. 그럼 2진수를 알려면 수의 표현법에 대해서도 알아야 하고 이걸 다 알고 나서야 비트 연산자를 설명할 수 있습니다. 그리고 가장 중요한 것은 비트 연산을 왜? 사용하는지 알아야 합니다. 이 모든 내용을 아무리 줄이고 줄인다 한들 간단하고 간략하게 설명할 방법은 없기에 일단은 하나씩 다 서술해볼 생각입니다. 그래서 이번 챕터는 가볍게 읽고 넘어 가시고 나중에 다시 이 부분이 궁금하실 때 더 깊게 공부하시길 바라는 마음으로 설명을 이어가도록 하겠습니다.

요즘 컴퓨터 하드디스크나 스마트폰의 용량은 기본적으로 기가(Gigabyte) 이상의 용량을 제공하기에 기가라는 단위는 들어본 적이 있으실 거로 생각합니다. 다음 〈표 7-1〉을 참고하여 이런 디지털 정보 단위를 어떻게 구성하고 사용하는지부터 한번 알아보도록 하겠습니다.

단위	이전 단위	바이트 표기
1 bit	0 혹은 1	1/8
1 Byte	8 bit	1
1 Kilobyte	1024 bytes	1,024
1 Megabyte	1024 Kilobytes	1,048,576
1 Gigabyte	1024 Megabytes	1,073,741,824
1 Terabyte	1024 Gigabytes	1,099,511,627,776
1 Petabyte	1024 Terabytes	1,125,899,906,842,624

〈표 7-1〉 정보 단위

〈표 7-1〉에서처럼 정보를 저장하는 최소 단위인 비트는 8개 모이면 1바이트가 되고, 바이트는 1024바이트가 모이면 1킬로 바이트, 킬로바이트는 1024킬로바이트가 모이면 1메가바이트 순으로 크기의 단위가 점점 커지게 됩니다. 보통 아스키코드[1]라 불리는 방식에서 숫자, 영문 한 글자를 표현하는데 1바이트를 사용하니 〈표 7-1〉의 1기가바이트라면 약 10억 글자를 저장할 수 있는 용량이 되는 셈입니다.

7-1. 진법과 진수

우리는 0부터 9까지의 숫자를 조합하여 수를 표현하는 10진법을 사용합니다. 이렇게 수를 세는 방법을 진법이라고 이야기하고 이렇게 진법을 사용해서 표현한 수를 진수라고 이야기합니다. 그러니 우리는 10진법을 사용하여 10진수로 수를 표현한다고 볼 수 있습니다.

파이썬에서는 어떤 하나의 수를 2진수, 8진수, 10진수, 16진수로 다양하게 표현할 수 있습니다. 하지만 컴퓨터는 실제 0과 1밖에 모르는 장치이기 때문에 내부적으로 모든 연산을 2진수로 처리하고 이 2진수를 처리하기 위해서 비트 연산을 합니다. 예를 들어 우리가 a 변수에 10을 저장했다면 컴퓨터는 이를 2진수 1010으로 변경하여 처리한다는 이야기입니다.

그렇기 때문에 우리가 비트 연산자를 이해하기 위해서는 먼저 10진수를 어떻게 2진수로 변환하는지부터 알고 넘어가도록 하겠습니다.

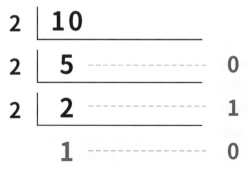

〈그림 7-1-1〉 10진수 10을 2진수로 변환하는 방법

10진수에서 한 자릿수 중에 가장 큰 수는 9가 되지만 2진수에서 가장 큰 수는 1이 됩니다. 그래서 만약 정수 10을 2진수로 변환한다면, 먼저 〈그림 7-1-1〉에서처럼 10을 2로 나눕니다. 그러면 몫은 5가 되고 나머지는 0이 됩니다. 여기서 몫인 5가 2보다 크기 때문에 다시 5를 2로 나누면 몫은 2가 되고 나머지는 1이 됩니다. 이렇게 몫이 2로 나누어지지 않을 때까지, 그러니까 0과 1로만 수를 표현할 수 있을 때까지 나누기를 반복하면 최종적으로 몫은 1이되고 나머지를 보면 0, 1, 0이 됩니다. 그럼 최종적으로 정수 10의 2진수는 1010이 됩니다.

---

1 아스키코드(ASCII)는 미국 ANSI에서 정한 7비트 부호체계로 영문자, 숫자, 1바이트 특수문자를 포함하는 문자 인코딩 방식입니다. 한글과 같은 문자는 유니코드 방식으로 표현됩니다.

간혹 처음 파이썬을 공부하면서 혼동하는 부분이 2진수, 8진수, 16진수의 자료형이 따로 있을 것이라고 생각 하시는 분들이 계시는데 다시 말하지만 2진수, 8진수, 10진수, 16진수는 수의 표현법이지 그 자체가 새로운 자료형이 있는 건 아니란 사실입니다.

일단 설명이 어려우니 좀 더 쉬운 이해를 위해 앞의 내용을 파이썬 코드로 작성해보도록 하겠습니다. 먼저 07-1-bit.py 파일을 생성하고 다음 코드를 작성해봅니다.

```
01    a = 10
02    b = bin(a)
03    c = oct(a)
04    d = hex(a)

06    print(f"10진수 {a}, {type(a)}")
07    print(f"2진수 bin( ) 결과:{b}, {type(b)}")
08    print(f"8진수 oct( ) 결과 {c}, {type(c)}")
09    print(f"16진수 hex( ) 결과 {d}, {type(d)}")
```

〈코드 7-1-1〉

01 변수 a에 정수 10을 저장합니다.

02 a에 저장된 정수 10을 bin( ) 함수를 사용하여 2진수로 변환한 값을 변수 b에 저장합니다.

03 a에 저장된 정수 10을 oct( ) 함수를 사용하여 8진수로 변환한 값을 변수 c에 저장합니다.

04 a에 저장된 정수 10을 hex( ) 함수를 사용하여 16진수로 변환한 값을 변수 d에 저장합니다.

06~09 각 변수에 저장된 값과 자료형을 화면에 출력합니다.

〈코드 7-1-1〉은 정수 10의 값을 파이썬 내장함수 bin( ), oct( ), hex( )를 사용하여 각각 2진수, 8진수, 16진수로 변환하여 그 결과를 화면에 출력하는 간단한 코드 입니다. 이렇게 내장함수를 사용하여 앞의 〈그림 6-1-1〉에서처럼 나누기를 하지 않고 간단하게 원하는 진수로 수를 표현할 수 있습니다. 코드를 작성했으면 이제 파일을 실행하여 결과를 확인해보도록 하겠습니다.

```
터미널   JUPYTER  문제  출력  디버그 콘솔                          + ∨ ⊡ Python ▥ 🗑 ∧ ✕
Microsoft Windows [Version 10.0.22000.1219]
(c) Microsoft Corporation. All rights reserved.

C:\PythonStudy>C:/Python310/python.exe c:/PythonStudy/05/07-1-bit.py
10진수 10, <class 'int'>
2진수 bin() 결과:0b1010, <class 'str'>
8진수 oct() 결과 0o12, <class 'str'>
16진수 hex() 결과 0xa, <class 'str'>
```

〈그림 7-1-2〉 07-1-bit.py 실행 결과

파일을 실행해보면 〈그림 7-1-2〉처럼 정수 10을 각각 2진수, 8진수, 16진수 형태로 출력할 수 있습니다. 여기서 각각의 결과 앞에는 해당 값이 어떤 진수인지를 의미하는 접두어가 붙는데, 2진수의 결과에는 2진수를 의미하는 0b가 붙고 8진수는 0o, 16진수는 0x가 붙습니다.

여기서 한 가지 기억해야 할 사실은 〈코드 7-1-1〉에서 bin( ), oct( ), hex( ) 함수를 사용하여 정수 10을 각각 2진수, 8진수, 16진수로 변환한 결과의 자료형이 〈그림 7-1-2〉에서처럼 모두 문자열 형태라는 사실입니다. 이 말은 위에서 얘기했듯이 정수 10을 다양한 진수로 표현을 했을 뿐 그 값은 결국 모두 정수 10임에는 변함이 없다는 이야기입니다. 그렇기 때문에 함수를 사용하지 않고 f-string 형식으로 변수 a의 값을 직접 출력할 수도 있습니다. 07-1-bit.py 파일에 이어서 다음 코드를 추가해보도록 하겠습니다.

```
 ... 생략 ...
10   print("=" * 50)
11   print(f"10진수 표현 {a}")
12   print(f"문자열 표현(접두어):{a:#b}, (접두어X):{a:b}")
13   print(f"문자열 표현(접두어):{a:#o}, (접두어X):{a:o}")
14   print(f"문자열 표현(접두어):{a:#x}, (접두어X):{a:x}")
```

〈코드 7-1-2〉

10 이전의 결과와 구분하기 위한 구분선을 화면에 출력합니다.

11 변수 a의 값을 화면에 출력합니다.

12 f-string에서 a:b를 사용하면 콜론(:) 앞의 a값을 콜론(:) 뒤의 b(in)형태, 즉 2진수 형태로 출력하라는 의미가 됩니다. 여기서 최종 문자열에 2진수를 의미하는 0b를 붙이려면 #을 붙이고, #을 생략하면 0b도 생략됩니다.

13 12행과 마찬가지로 f-string에서 8진수는 o를 사용해서 o(ct) 형태로 표현할 수 있습니다.

14 x는 (he)x를 의미하여 16진수 형태로 출력합니다.

이렇게 진수는 값 자체를 의미하는 것이 아닌 수의 표현 방법이기 때문에 주로 어떤 정수 값을 다른 진수 값으로의 비교를 위한 수단으로 사용되므로 〈코드 7-1-2〉에서처럼 간단하게 f-string 형식으로 변환을 하거나 출력을 하게 되는 경우가 더 많습니다.

07-1-bit.py에 〈코드 7-1-2〉를 추가했으면 파일을 실행하여 결과를 확인해보도록 하겠습니다.

```
터미널  JUPYTER  문제  출력  디버그 콘솔
Microsoft Windows [Version 10.0.22000.1219]
(c) Microsoft Corporation. All rights reserved.

C:₩PythonStudy>C:/Python310/python.exe c:/PythonStudy/05/07-1-bit.py
10진수 10, <class 'int'>
2진수 bin() 결과:0b1010, <class 'str'>
8진수 oct() 결과 0o12, <class 'str'>
16진수 hex() 결과 0xa, <class 'str'>
==================================================
10진수 표현 10
문자열 표현(접두어):0b1010, (접두어X):1010
문자열 표현(접두어):0o12, (접두어X):12
문자열 표현(접두어):0xa, (접두어X):a
```

〈그림 7-1-3〉 코드가 추가된 07-1-bit.py 실행 결과

파일을 실행해보면 위의 〈그림 7-1-3〉처럼 함수를 사용했을 때와 마찬가지로 f-string을 사용하여 변수 a의 값을 각각의 진수 형태로 확인해볼 수 있습니다.

7-2. 비트 연산자의 종류

자, 그럼 수를 표현하는 진수에 대해서 알아보았고 10진수나 2진수는 결국 수의 표현 방법이라는 사실을 이해했다면 이제 파이썬의 비트 연산자에 대해서 본격적으로 한번 알아보도록 하겠습니다. 먼저 파이썬에는 다음과 같은 종류의 비트 연산자가 있습니다.

<table>
<tr><th>연산자</th><th>이름</th><th>문법</th><th>설명</th></tr>
<tr><td>&</td><td>AND</td><td>a & b</td><td>a와 b가 모두 1이면 1</td></tr>
<tr><td>|</td><td>OR</td><td>a | b</td><td>a, b 둘 중 1이면 1</td></tr>
<tr><td>^</td><td>XOR</td><td>a ^ b</td><td>a와 b가 다르면 1</td></tr>
<tr><td>~</td><td>NOT</td><td>~a</td><td>a값이 0이면 1로, 1이면 0으로 반전</td></tr>
<tr><td>〈〈</td><td>LEFT SHIFT</td><td>a 〈〈 1</td><td>a를 1만큼 왼쪽으로 비트 이동</td></tr>
<tr><td>〉〉</td><td>RIGHT SHIFT</td><td>a 〉〉 1</td><td>a를 1만큼 오른쪽으로 비트 이동</td></tr>
</table>

〈표 7-2-1〉 파이썬 비트 연산자

〈표 7-2-1〉은 파이썬에서 제공하는 여러 종류의 비트 연산자입니다. 위의 표에 기술하지는 않았지만 위의 비트 연산자 역시 대입 연산자 중 등호(Equal Sign) '='과 함께 혼합하여 사용이 가능합니다. 예를 들어 AND 연산자인 &를 등호화 함께 &=처럼 사용이 가능하다는 이야기입니다.

먼저 &(Ampersand-앰퍼샌드) 기호의 AND 연산자는 각 비트의 값이 모두 1이면 1을 반환해주는 역할을 합니다. |(Vertical Bar-버티컬 바) 기호의 OR 연산자는 2개의 비트 중 한 개의 비트가 1이면 1을 반환합니다. ^(caret) 기호의 XOR 연산자는 두 개 비트의 값이 서로 다르면 1을 반환하고 같으면 0을 반환해줍니다. 사실 AND, OR 비트 연산자는 우리가 5챕터 논리 연산자 – Logical Operators에서 배운 내용과 같습니다. 다만 연산의 대상이 비트라는 차이점만 있습니다.

그럼 예를 들어 우리가 0101이라는 2진수 값에 0001이라는 2진수 값을 AND, OR, XOR 연산한다고 가정을 하고 어떻게 결과가 처리되는지를 한번 살펴보도록 하겠습니다.

	AND					OR					XOR		
	0	1	0	1		0	1	0	1		0	1	0	1
	0	0	0	1		0	0	0	1		0	0	0	1
결과 =	0	0	0	1		0	1	0	1		0	1	0	0

〈표 7-2-2〉 AND, OR, XOR 비트 연산

〈표 7-2-2〉는 주어진 2진수 0101 값에 0001을 각각 AND, OR, XOR 비트 연산을 한 예시입니다. 맨 밑에 줄의 0001, 0101, 0100이 각각 비트 연산의 결괏값이 됩니다. AND 연산은 위 아래의 값이 모두 1인 경우에만 1이 반환되기에 최종 결과는 0001이 되게 되고 OR 연산은 둘 중 하나만 1이면 1이 반환되기에 결과는 0101이 되며, XOR은 두 값이 서로 다른 경우에만 1이 반환되기에 결과는 0100이 됩니다.

위의 내용을 파이썬 코드로 구현해서 결과를 확인해보도록 하겠습니다. 07-2-1-bit.py 파일을 새롭게 생성하고 다음의 코드를 작성해보도록 합니다.

```
01   a = 0b0101
02   b = 0b0001
03   c = a & b
04   d = a | b
05   e = a ^ b
06   print(f"a={a}, b={b}, {type(a)}, {type(b)}")
07   print(f"{a:04b} & {b:04b} = {c:04b}")
08   print(f"{a:04b} | {b:04b} = {d:04b}")
09   print(f"{a:04b} ^ {b:04b} = {e:04b}")
```

〈코드 7-2-1〉

01 변수 a에 2진수 0101을 저장합니다. 여기서 기억해야 할 점은 이렇게 2진수 0101을 저장했다 해서 변수 a의 자료형이 2진수 형태로 저장되는 게 아니라는 사실입니다. 결론적으로 2진수 0101은 10진수로 표현하면 정수 5가 되기 때문에 변수 a의 자료형은 int 즉, 정수형이 됩니다.

02 변수 b에 2진수 0001을 저장합니다. **01**행과 마찬가지로 2진수 0001은 정수 1을 2진수로 표현한 표현 방법이기 때문에 변수 b에는 정수 1이 저장되고 자료형은 정수형인 int가 됩니다.

03 변수 a와 b를 비트 AND 연산하고 결과를 변수 c에 저장합니다.

04 변수 a와 b를 비트 OR 연산하고 결과를 변수 d에 저장합니다.

05 변수 a와 b를 비트 XOR 연산하고 결과를 변수 e에 저장합니다.

06 변수 a, 변수 b를 현재 상태 값과 자료형을 출력합니다. **01 , 02**행에서 2진수의 형태로 값을 저장했지만 여기서 출력되는 내용은 10진수 형태의 5와 1이 출력되고 자료형은 변수 a, b 둘 다 정수형 int로 출력됩니다.

07 f-string 문법을 사용하여 변수 a, 변수 b, 변수 c의 내용을 출력합니다. 여기서 a:04b처럼 변수 a를 2진수 b형태로 출력하는데 이때 04에서 뒤의 4는 자릿수를 의미하고 앞의 0은 자릿수에 값이 없는 경우 0으로 채우라는 의미입니다. 만약 a:4b처럼 0을 생략하고 자릿수만 설정하게 되면 빈자리는 공백으로 채워지게 됩니다.

08~09 변수 a, 변수 b, 변수 d의 값을 **07**행과 같은 형식으로 출력합니다.

〈코드 7-2-1〉의 내용은 위에서 설명한 AND, OR, XOR의 비트 연산 내용을 똑같이 파이썬 코드로 구현한 샘플 코드입니다. 〈코드 7-2-1〉의 내용을 07-2-1-bit.py에 작성했으면 실행하여 결과를 확인해 보도록 합니다.

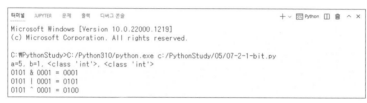

〈그림 7-2-1〉 07-2-1-bit.py 실행 결과

파일을 실행해보면 〈그림 7-2-1〉과 같이 위의 〈표 7-2-2〉의 연산 결과와 같은 결과가 출력되는 것을 확인할 수 있습니다.

〈표 7-2-2〉에서 ~(Tilde) 기호의 NOT 연산자는 비트를 반전시키는 역할을 하는 연산자이고 〈〈 (Double Left Angle Bracket)의 왼쪽 시프트 연산자는 비트를 왼쪽으로 한 칸 이동시키고 반대인 〉〉 (Double Right Angle Bracket)의 오른쪽 시프트 연산자는 비트를 오른쪽으로 한 칸 이동시키는 역할을 합니다. 예를 들어 10진수 5의 2진수인 0101을 갖고 시프트 연산을 해본다고 가정을 해보도록 하겠습니다.

10진수 5		0	1	0	1	
<<1	0	1	0	1		
>>1			0	1	0	1
		유효 비트 영역				

〈표 7-2-3〉 10진수 5를 SHIFT 연산

〈표 7-2-3〉을 보면 맨 윗줄 0101이 10진수 5의 값이 있다고 가정했을 때, 먼저 두 번째 줄의 경우 〈〈 1 연산으로 왼쪽 1비트를 이동시키면 전체 비트가 한 칸씩 좌측으로 이동되게 되고 빈자리는 0으로 채워져 가운데 유효 4비트는 1010이 됩니다. 이 값은 10진수로 10이 됩니다. 세 번째 줄의 〉〉1처럼 반대로 오른쪽으로 1비트씩을 이동시키면 마지막 자리의 1은 사라지게 되고 빈 자리를 0으로 채워 가운데 네 자리의 유효 비트를 보면 0010이 됩니다. 이 값은 10진수로 2가 됩니다.

결론적으로 보면 10진수 5를 왼쪽으로 1시프트하게 되면 10이 되고 오른쪽으로 1시프트 하게 되면 2가 된다는 이야기인데 왼쪽 1시프트는 5를 2배한 값이 되고, 오른쪽 1시프트는 5를 2로 나눈 몫이 된다는 결론을 얻을 수 있습니다.

그럼 뭔가 알 듯, 모를 듯 복잡해 보이는 앞의 내용을 파이썬 코드로 구현해보도록 하겠습니다. 07-2-2-bit.py 파일을 새롭게 생성하고 다음의 코드를 작성해보겠습니다.

```
01   a = 5
02   c = a << 1
03   d = a >> 1
04   e = (a << 1) == (a * 2)
05   f = (a >> 1) == (a // 2)
06   print(f"{a} << 1 == {c}")
07   print(f"{a} >> 1 == {d}")
08   print(f"(a << 1) == (a * 2) = {e}")
09   print(f"(a >> 1) == (a // 2) = {f}")
```

〈코드 7-2-2〉

01 변수 a에 정수 5를 저장합니다.

02 변수 a를 왼쪽으로 한 칸 시프트 연산하여 결과를 변수 c에 저장합니다.

03 변수 a를 오른쪽으로 한 칸 시프트 연산하여 결과를 변수 d에 저장합니다.

04 변수 a를 왼쪽으로 한 칸 시프트 연산한 값과 변수 a에 2를 곱한 값을 비교한 결과를 변수 e에 저장합니다.

05 변수 a를 오른쪽으로 한 칸 시프트 연산한 값과 변수 a를 2로 나눈 몫을 비교한 결과를 변수 f에 저장합니다.

06~09 각 변수의 값을 화면에 출력합니다.

〈코드 7-2-2〉의 내용은 위의 〈표 7-2-3〉의 내용을 파이썬 코드로 구현한 샘플 코드입니다. 코드를 보면 왼쪽으로 한 칸, 오른쪽으로 한 칸 시프트한 결과가 변수의 값에 2를 곱하거나 나눈 몫과 같은지를 확인해 볼 수 있습니다. 코드를 저장하고 07-2-2-bit.py를 실행해 결과를 직접 확인해보도록 하겠습니다.

```
터미널   JUPYTER   문제   출력   디버그 콘솔                                          + ∨  ⊡ Python  ▯  🗑  ∧  ✕
Microsoft Windows [Version 10.0.22000.1219]
(c) Microsoft Corporation. All rights reserved.

C:₩PythonStudy>C:/Python310/python.exe c:/PythonStudy/05/07-2-2-bit.py
5 << 1 == 10
5 >> 1 == 2
(a << 1) == (a * 2) = True
(a >> 1) == (a // 2) = True
```

〈그림 7-2-2〉 07-2-2-bit.py 실행 결과

파일을 실행해보면 〈그림 7-2-2〉에서처럼 결론적으로 왼쪽 1시프트의 결과는 곱하기 2와 같고 오른쪽 1시프트의 결과는 나누기 2의 몫과 같다는 사실을 알 수 있습니다.

7-3. 비트 연산의 목적

이렇게 비트 연산자의 사용법을 알기 위해 우리는 수를 표현하는 진수에 대해서도 알아보았고 10진수를 2진수로 생각하며 간단한 비트 연산에 대해서도 알아보았습니다. 그런데 중요한 것은 이렇게 사용법을 아는 것과 실제 왜 비트 연산을 해야 하는지를 이해하는 것은 조금 다른 내용이라는 사실입니다.

먼저 비트 연산의 사용 목적이나 예제를 이해하기 위해서는 파이썬을 벗어나서 C언어에서부터 이야기를 시작해야 합니다. 그렇기 때문에 여기서는 간단하게 아~ 그렇구나 정도로만 훑고 넘어가시길 바랍니다.

비트 연산의 목적은 이렇게 우리가 이미 알고 있는 곱하기나 나누기를 더 복잡한 방법으로 계산하기 위해 사용하는 것은 아닙니다. 물론 컴퓨터의 CPU는 모든 연산을 비트로 처리하겠지만 프로그래밍에서 비트 연산은 여러 가지의 목적과 이유 중, 일반적으로는 대용량의 연산을 고속처리할 때 사용하거나 작은 메모리 공간에 여러 가지의 정보를 담기 위해 주로 사용되기도 합니다.

파이썬에서는 모든 자료형이 클래스 객체로 제공되기 때문에 사실 변수를 사용하면서 각각의 자료형이 어느 정도의 메모리를 사용하는지까지는 관심을 갖지는 않습니다. 하지만 어떤 환경에서 메모리가 고정된 상황이거나 혹은 고속 전송을 위한 네트워크 프로그래밍 같은 곳에서 이런 메모리 크기를 고려해야 하는 경우가 있습니다.

예를 들어 C언어서 가장 작은 크기의 자료형은 1바이트를 사용하는 bool형과 char형이 있는데, 만약 이 자료형을 이용하여 True 혹은 False로 표현할 수 있는 어떤 설정 값 8개를 메모리에 저장해야 한다고 가정해보면, 1바이트씩 8개니까 8바이트를 사용해야 합니다. 8바이트는 비트로 표현하면 64비트가 됩니다.

다시 생각 해보면 True 혹은 False라는 값은 0과 1로 대체될 수 있습니다. 그러면 쉽게 8비트(1바이트) 안에 8개의 정보를 저장할 수 있음에도 불구하고 1바이트의 자료형 8개를 사용함으로써 총 64비트를 쓰게 되어 결론적으로는 56비트가 낭비되는 현상이 생깁니다. 물론 우리가 현재 사용하는 스마트폰이나 컴퓨터에서는 56비트정도 낭비해도 아무런 문제가 없겠지만 만약 자원이 한정적인 환경이나 혹은 네트워크 전송같은 상황에서는 이런 낭비는 생각보다 큰 손실을 가져오기도 합니다. 쉽게 생각하면 같은 내용의

파일을 같은 인터넷 속도로 다운로드한다고 가정했을 때, 10메가 파일을 받는 것보다 1메가 파일을 받을 때 훨씬 더 빨리 다운로드할 수 있습니다.

결론적으로 True 혹은 False라는 정보를 0과 1로 생각했을 때, 우리는 8개의 정보를 비트 연산을 통해 1 바이트(8비트)의 각 비트에 8개의 상태 값을 저장할 수 있습니다.

뭔가 복잡하고 어렵게 느껴지는 지금 이 가정을 직접 파이썬 코드로 한번 구현을 해보도록 하겠습니다. 당장 다음 코드를 이해하면 좋겠지만 이해하지 못한다 하더라도 상관없으니 다음 코드를 07-3-1-bit.py 파일을 생성하여 작성해보도록 하겠습니다.

```
01    v = "01011101"
02    s = int(v, 2)
03    print(f"최초 저장된 값 {v} 를 정수 형태 {s}로 저장")
04    print(f"0번째 비트 연산 결과 {s & (1 << 0) > 0}")
05    print(f"1번째 비트 연산 결과 {s & (1 << 1) > 0}")
06    print(f"2번째 비트 연산 결과 {s & (1 << 2) > 0}")
07    print(f"3번째 비트 연산 결과 {s & (1 << 3) > 0}")
08    print(f"4번째 비트 연산 결과 {s & (1 << 4) > 0}")
09    print(f"5번째 비트 연산 결과 {s & (1 << 5) > 0}")
10    print(f"6번째 비트 연산 결과 {s & (1 << 6) > 0}")
11    print(f"7번째 비트 연산 결과 {s & (1 << 7) > 0}")
```

〈코드 7-3-1〉

01 어떤 설정 값 8개의 값이 0, 1, 0, 1, 1, 1, 0, 1이라고 가정하고 그 값을 문자열 형태로 변수 v에 저장합니다.

02 변수 v에 저장된 2진수 형태의 문자열 값을 int 형태로 형변환하여 변수 s에 저장합니다. 이때 문자열 변수 v를 int로 형변환 시 저장된 문자열 값의 내용이 2진수임을 알려주기 위해 int(v, 2)에서처럼 숫자 2를 함께 넘겨줘야 합니다.

03 2진수 형태의 값이 저장된 문자열 변수 v와 이를 정수형으로 변환한 변수 s의 값을 화면에 출력합니다.

04~11 정수 1을 2진수로 표현하면 0001인데, 이 값을 각 자릿수만큼을 시프트(이동) 연산하고 그 결과를 변수 s와 비트와 &(AND) 연산합니다. 이 말은 0001을 0001, 0010, 0100, 1000처럼 1의 위치를 옮겨가며 변수 s와 &(AND) 연산하여 두 값이 1인 경우, 즉 변수 s에 저장된 1의 위치를 찾는다고 보면 됩니다. 그 결과가 0보다 크면 True를 반환할 것이고, 그렇지 않다면 False를 반환하게 됩니다.

〈코드 7-3-1〉의 내용은 결국 8개의 상태 값, 즉 True, False 형태의 8가지 값을 int형 변수에 비트 단위로 모두 저장하고 확인하는 샘플 코드입니다. 〈코드 7-3-1〉의 **04~11**행의 비트 연산을 조금 더 쉽게 이해하기 위해 표로 구성을 해보면 다음과 같습니다.

변수 s 값	0	1	0	1	1	1	0	1
(1 ≪ 0)								1
(1 ≪ 1)							1	
(1 ≪ 2)						1		
(1 ≪ 3)					1			
(1 ≪ 4)				1				
(1 ≪ 5)			1					
(1 ≪ 6)		1						
(1 ≪ 7)	1							
결과	False	True	False	True	True	True	False	True

〈표 7-3-1〉 변수 s의 각 비트를 정수 1과 시프트 연산 후 AND 연산한 결과

AND 연산은 A와 B가 모두 1일때 1을 반환하므로 이 성질을 이용하여 〈표 7-3-1〉에서처럼 1을 시프트 연산해서 1의 위치를 이동시킬 수 있습니다. 그러면 이렇게 변수 s값의 각 자리에 해당하는 비트와 1을 AND 연산을 하여 변수 s의 각 비트에 해당하는 값이 1인지 아닌지를 판단하게 된다는 이야기입니다.

물론 파이썬에서 int형은 메모리를 고정적으로 사용하는 형태의 자료형은 아니지만 앞에서 설명한 비트 연산 사용의 예로 여러 정보를 최소한의 메모리 공간을 사용해서 저장하는 예제 코드로는 충분하다고 볼 수 있습니다. 〈코드 7-3-1〉을 07-3-1-bit.py에 모두 작성했으면 실행해서 결과를 확인해보도록 하겠습니다.

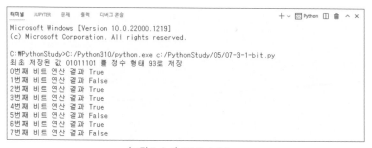

〈그림 7-3-1〉 07-3-1-bit.py

07-3-1-bit.py 파일을 실행해보면 〈그림 7-3-1〉과 같이 결과가 출력되는 것을 볼 수 있습니다. 어쨌든 결론적으로 어떤 상태에 대한 값을 2진수 형태로 01011101처럼 저장했다고 가정했을 때 비트 연산을 통해 각 비트에 해당하는 값을 확인하여 최종적으로 True인지 False인지를 확인할 수 있게 됩니다.

앞의 내용과 같은 비트 연산은 우리가 현재 매일 같이 사용중인 인터넷 TCP/IP 프로토콜에서도 사용하고, 게임같이 실시간으로 서버와 많은 정보를 주고받는 네트워크 프로그램에서도 정보를 비트단위로 저장하여 전송하기도 하며, 음악 파일인 MP3 파일에서 메타데이터를 저장하는데도 이런 비트 연산을 사용해 정보를 저장하고 있습니다.

어쨌든 이런 비트 연산자는 사실 파이썬뿐만 아니라 대부분의 프로그래밍 언어에서 지원되고 있습니다. 그러나 실제 프로그램을 작성하면서 비트 연산하는 경우가 그리 흔하지도 않고, 이 정도 수준의 프로그램을 작성하기 위해선 많은 연습과 과정이 필요하니 지금 당장은 그냥 이런 것도 있구나 하는 정도로 읽고 가볍게 넘기실 수 있으면 좋겠습니다.

이렇게 지금까지 파이썬의 연산자에 대해서 알아보았습니다. 사실 프로그래밍을 처음 접하는 사람 입장에서는 이 모든 것이 낯설고 어렵게만 느껴질 수도 있습니다.

사람의 언어도 마찬가지겠지만 프로그래밍 언어는 배움 자체가 목적이 되면 안됩니다. 물론 이론적으로 공부하고 아는 것도 중요하지만 그보다 더 중요한 것은 내가 얼마나 잘 활용할 수 있을지 생각을 해야합니다. 사람의 언어나 컴퓨터의 언어나 어느정도 잘 활용할 수준이 되려면 연습만이 정답이라고 생각합니다.

그러면 이제 이런 연산자를 활용하여 어떤 조건을 기준으로 동작을 다르게 하는 조건문과 반복문에 대해서 공부를 시작해보도록 하겠습니다.

연습 문제

지금까지 배운 내용들을 종합하여 이번 연습 문제에서는 화폐 분리 프로그램을 한번 작성해보도록 하겠습니다. 프로그램의 조건은 다음과 같습니다.

- 사용자에게 만원 이상의 금액을 입력받습니다.
- 입력받은 금액을 만원권, 오천원권, 천원권, 오백원, 백원, 십원 단위로 분리하여 입력된 금액에 해당하는 화폐를 분리한 결과를 출력합니다.
- 화폐의 단위 정보와 최종 결과는 리스트를 사용하여 출력합니다.

```
터미널   JUPYTER   문제   출력   디버그 콘솔                                    + ∨  ⊞ Python  ▯  🗑  ∧ ×
Microsoft Windows [Version 10.0.22000.1219]
(c) Microsoft Corporation. All rights reserved.

C:₩PythonStudy>C:/Python310/python.exe c:/PythonStudy/05/08-1.py
금액을 만원 이상 입력하세요: 59870
만원권: 5
오천원권: 1
천원권: 4
오백원: 1
백원: 3
십원: 7
```

〈그림 8-1〉 연습 문제 예상 결과 모습

조건문과 반복문

이 장의 내용

6 조건문과 반복문

이번 장에서는 프로그램 작성 시 어떤 조건에 부합하면 코드를 실행하는 조건문과 특정 코드를 반복시켜 동작하는 반복문에 대해서 알아보도록 합니다.

1. if else 조건문

조건문은 프로그래밍에서 가장 자주 사용되는 문법으로 주어진 조건이 True인지, False인지를 판단하여 True일 때와 False일 때 각각 다른 명령을 수행하게 만드는 문법입니다. 여기서 True 상태를 참, False 상태를 거짓이라고 표현하기도 합니다.

사실 프로그래밍의 관점에서 생각하기 전에 우리는 현실에서 "만약에 로또 1등이 당첨된다면~", "만약에 이번 시험에서 1등을 한다면~", "만약에 우리 가게가 대박이 난다면~" 이런 "만약에 ~라면"과 같은 어떤 여러 가지 조건에 대한 가정을 해보기도 합니다.

파이썬에서 이런 식의 어떤 조건에 대한 가정을 하고 그 가정에 맞는 어떤 동작을 수행하기 위해서 if else 문을 사용하는데 다음과 같은 문법으로 표현할 수 있습니다.

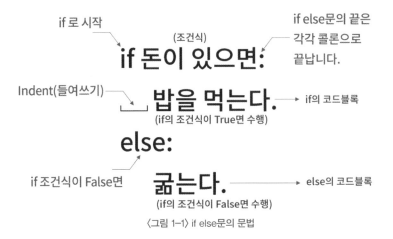

〈그림 1-1〉 if else문의 문법

〈그림 1-1〉을 보면 파이썬에서 if else문을 어떻게 사용해야 하는지 문법에 대한 이해를 돕기위해 그림으로 표현한 내용입니다. if 뒤에는 조건식을 작성하고 if문의 끝은 :(콜론)으로 끝나야 합니다. 그리고 if의 조건식이 True가 되는 경우 수행될 코드들은 반드시 if를 기준으로 들여쓰기해야 하고 코드는 최소 한 줄 이상 작성되어야 합니다. 그리고 이렇게 if 조건식의 결과에 따라 수행되고 안 되고 결정되는 동일한 성질의 코드 집합 단위를 코드블록이라고 표현합니다.

만약 if문의 조건식이 False인 경우에 수행될 내용이 있다면 else문을 추가로 작성하여 코드를 작성하면 됩니다. else문 역시 else 뒤에 :(콜론) 문자가 작성되어야 하며 else에서 수행될 코드 역시 else 밑에 들여쓰기를 하고 작성해야 합니다. 만약 조건식이 False인 경우 수행될 내용이 없다면 else문은 생략해도 됩니다.

실제 코드를 작성할 때는 〈그림 1-1〉에서처럼 한글로 조건식을 작성하지는 않기 때문에 파이썬 코드로 어떻게 if else문을 작성하는지 코드로 한번 알아보도록 하겠습니다. 새로운 장이 시작했으니 비주얼 스튜디오 코드에 06 폴더를 만들고 하위에 01-if.py 파일을 생성하여 다음 코드를 작성해보겠습니다.

```
01    money = 1000
02    if money:
03        print("밥을 먹는다")
04    else:
05        print("굶는다")
```

〈코드 1-1〉

01 돈을 의미하는 변수 money에 정수 1000을 저장합니다.

02 if문의 조건식으로 money 변수 값이 유효한지를 확인합니다. 여기서 money 변수가 0이면 조건식은 False가 될 테고, 0이 아닌 경우라면 True가 됩니다.

03 02행의 조건식이 True라면 수행될 코드입니다. 여기서는 단순히 화면에 "밥을 먹는다"라는 문자열을 출력하고 있습니다. 03행의 코드는 02행의 if문에 귀속되는 내용이므로 반드시 if문을 기준으로 들여쓰기가 되어야 합니다.

04~05 02행의 if 조건식 money가 False라면 else문에 의해 **05**행의 "굶는다"라는 문자열이 화면에 출력됩니다. 여기서는 **01**행에서 money 변수 값이 1000으로 설정되었기 때문에 수행되지는 않습니다만 변수 money의 값을 0으로 변경해서 else문이 수행되는지도 확인해볼 수 있습니다.

〈코드 1-1〉은 사실 단순히 if문을 작성하는 예제를 알아보기 위한 샘플 코드입니다. 여기서 중요한 사실은 if else문은 어떤 한 가지 조건에 대해 두 가지 상황이 생기며 True 혹은 False에 대한 처리를 할 수 있고 한 가지 코드블록이 실행되게 되면 다른 나머지 코드블록은 실행되지 않는다는 사실입니다. 〈코드 1-1〉을 01-if.py에 저장 후 실행하여 결과를 확인해보도록 하겠습니다.

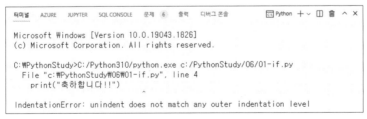

```
터미널   AZURE   JUPYTER   SQL CONSOLE   문제   출력   디버그 콘솔        Python  + ∨  ▯  🗑  ∧  ×

Microsoft Windows [Version 10.0.19043.1826]
(c) Microsoft Corporation. All rights reserved.

C:\PythonStudy>C:/Python310/python.exe c:/PythonStudy/06/01-if.py
밥을 먹는다
```

〈그림 1-2〉 01-if.py 실행 결과

파일을 실행한 후 결과를 보면 〈코드 1-1〉에서 최초 money 변수에 1000이라는 정수를 저장했으므로 〈그림 1-2〉에서처럼 if의 조건식 money는 True가 됩니다. 그러므로 "밥을 먹는다"라는 문자열이 화면에 출력된 것을 확인할 수 있습니다.

1-1. 들여쓰기(Indent)

파이썬에서는 이렇게 어떤 조건에 맞는 코드블록을 구성할 때는 반드시 들여쓰기 해야 합니다. 이 들여쓰기를 인덴트(Indent)라고 하며 파이썬 문법에서 아주 중요한 내용입니다.

파이썬에서 인덴트(들여쓰기)는 공백으로 2칸, 4칸 혹은 탭 키를 사용하여 작성할 수 있습니다. 그런데 여기서 중요한 사실은 들여쓰기를 공백 4칸으로 했다면 같은 코드블록에서 들여쓰기는 모두 공백 4칸을 지켜줘야 한다는 이야기입니다. 이 말은 들여쓰기를 공백 4칸과 공백 2칸 혹은 탭과 혼합하여 코드블록을 형성해서는 안된다는 사실입니다.

```
01    money = 1000
02    if money:
03        print("밥을 먹는다")
04      print("축하합니다!!")
```

〈코드 1-1-1〉

〈코드 1-1-1〉을 보면 **03**행과 **04**행은 if rank == 1:의 조건이 True인 경우 수행되는 하나의 코드 영역이 됩니다. 이런 하나의 코드블록에서 들여쓰기는 동일한 규칙을 지켜줘야 합니다.

```
터미널   AZURE   JUPYTER   SQL CONSOLE   문제  6   출력   디버그 콘솔        Python  + ∨  ▯  🗑  ∧  ×

Microsoft Windows [Version 10.0.19043.1826]
(c) Microsoft Corporation. All rights reserved.

C:\PythonStudy>C:/Python310/python.exe c:/PythonStudy/06/01-if.py
  File "c:\PythonStudy\06\01-if.py", line 4
    print("축하합니다!!")
                        ^
IndentationError: unindent does not match any outer indentation level
```

〈그림 1-1-1〉 Indent 오류 발생

그렇기 때문에 위의 〈코드 1-1-1〉에서처럼 **03**행과 **04**행의 들여쓰기 칸수가 맞지 않으면 〈그림 1-1-1〉과 같이 코드는 IndentationError를 발생시키게 됩니다. 그러기 때문에 파이썬에서 들여쓰기는 선택사항이 아닌 강제적인 문법이기 때문에 반드시 지켜줘야 합니다.

1-2. 비주얼 스튜디오 코드 들여쓰기 설정

보통은 코드 작성 시 들여쓰기를 하기 위해서는 키보드의 탭 키를 누르는 것이 일반적입니다. 코드나 문서 작성 시 탭 키를 누르면 모니터 화면에는 탭 키를 누른 위치에 공간이 생기게 되고 들여쓰기가 되지만 실제 메모리상에 그 공간에는 4장의 챕터 7 문자형 – str에서 배운 이스케이프 문자 중에 \t 문자가 입력된 것과 같습니다.

그런데 이 탭 문자(\t)는 시스템 환경에 따라 그리고 사용하는 에디터 프로그램에 따라서 다르게 표현될 수 있는 문자이기[1] 때문에 내가 작성한 코드가 어떤 환경에서도 내가 작성한 그대로 보여지길 원한다면 되도록 들여쓰기할 때 탭 문자보다는 공백(' ') 문자를 사용하는 것을 추천합니다. 공백은 어떤 환경에서도 그냥 공백이기 때문입니다.

비주얼 스튜디오 코드에서는 탭 키를 눌렀을 때 들여쓰기를 탭 문자를 사용할지 아니면 공백을 사용할지 쉽게 설정할 수 있습니다.

줄 6, 열 1 Tab 크기: 4 UTF-8 CRLF Python 3.10.4 64-bit Prettier

〈그림 1-2-1〉 비주얼 스튜디오 코드 들여쓰기(Indent) 설정 상태

비주얼 스튜디오 코드를 설치하고 따로 설정을 건드리지 않았다면 기본적으로 〈그림 1-2-1〉과 같이 비주얼 스튜디오 하단의 상태표시줄을 보면 Tab 크기: 4로 설정 되어있음을 확인할 수 있습니다. 이를 변경하기 위해서는 일단 Tab 크기: 4로 표기되는 위치를 클릭합니다.

---

1   에디터 편집기 프로그램, 시스템 설정에 따라 \t 문자는 공백 2칸으로, 공백 4칸으로 혹은 다른 크기로 표현될 수도 있습니다. 여기서 \t 문자는 화면상 공백으로 표기만 된다는 내용이지 실제 저장된 상태가 공백 값은 아닙니다.

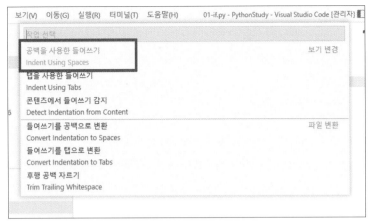

〈그림 1-2-2〉 비주얼 스튜디오 코드 들여쓰기(Indent) 설정

그러면 위의 〈그림 1-2-2〉와 같이 들여쓰기를 설정하는 메뉴가 비주얼 스튜디오 코드 중앙 상단 위치에 팝업되는데 여기서 공백을 사용한 들여쓰기를 클릭합니다.

〈그림 1-2-3〉 비주얼 스튜디오 코드 들여쓰기(Indent) 공백 설정

그러면 〈그림 1-2-3〉에서처럼 키보드의 탭 키를 눌렀을 때 공백을 몇 칸 띄울지를 설정할 수 있는데 특별한 이유가 없다면 기본값인 4로 설정하는 것이 좋습니다. 그러면 이제 비주얼 스튜디오 코드에서 코드 작성 시 탭 키를 누르면 탭 문자(Wt)대신 공백을 4칸으로 들여쓰기가 가능해집니다.

1-3. if elif else 문

만약 위의 예시 상황과 다르게 여러 가지의 조건이 주어진다면 어떻게 표현해야 할까요? 위의 예제에서는 단순하게 돈이 있는지 없는지에 대한 판단만 했으나 이번에는 돈이 8천원 이상이면 짜장면을 먹고 돈이 2만원 이상이면 탕수육을 먹는다고 가정해 보겠습니다. 이 경우를 논리적으로 이해해 보면 "돈이 2만원 이상"인 경우와, "돈이 8천원 이상"인 경우, 이렇게 "돈"에 대한 2가지의 조건을 갖게 됩니다.

이렇게 동일한 조건의 주체에 여러 가지의 조건을 구분해야 하는 경우에는 if elif else문을 사용할 수 있습니다. elif문은 if와 else를 합쳐 놓은 것과 같은 의미로 사용되며 elif는 개수에 제한없이 사용할 수 있습니다. 물론 if와 else문은 한 조건문에서 각각 한번씩만 사용가능 합니다.

그러면 파이썬 코드로 if elif else문을 어떻게 사용하는지 한번 알아보도록 하는데 이번에는 변수 money의 값을 코드에서 정하는 방식이 아니라 사용자와 상호 작용할 수 있는 형태로 이전 3장 파이썬 입출력에서 배운 input( ) 함수를 사용하여 사용자에게 입력을 받아서 처리하게 만들어보겠습니다.

01-3-ifelif.py 파일을 생성하고 다음 코드를 작성하면서 어떻게 코드로 표현하는지 알아보도록 하겠습니다.

```
01    money = int(input("돈이 얼마 있나요? "))
02    if money >= 20000:
03        print("탕수육을 먹는다")
04    elif money >= 8000:
05        print("짜장면을 먹는다")
06    else:
07        print("굶는다.")
```

〈코드 1-3-1〉

01 사용자에게 "돈이 얼마 있나요?"라는 문자열을 출력하고 응답을 입력 받아 money 변수에 저장합니다. 여기서 money 변수는 코드 상에서 정수 형태로 비교되어야 할 대상이기 때문에 int( )로 형변환을 해야 한다는 점을 주의하시기 바랍니다.

02~03 if문의 조건식 변수 money가 20000보다 크거나 같은 경우 동작하는 코드블록입니다. 여기서는 20000이 넘으면 "탕수육을 먹는다"가 화면에 출력됩니다.

04~05 변수 money의 값이 8000이상인 경우 수행될 코드블록입니다. 이렇게 여러 가지의 조건이 있는 경우에 if elif문을 사용할 수 있습니다. elif문은 단독으로 사용할 수 없고 반드시 if문을 먼저 사용해야 합니다.

06~07 if와 elif의 조건이 모두 False인 경우 else의 코드블록이 수행됩니다.

〈코드 1-3-1〉은 if elif문을 어떻게 사용하는지에 대한 간단한 샘플 코드입니다. 여기서 주의해야 할 부분은 if문과 elif문의 조건식의 순서입니다. 프로그램의 가정 자체가 "돈이 20,000원이상인 경우"와 "돈이 8,000원 이상"인 경우를 판단하는데 논리적으로 이해해보면 2만원 이상은 8천원 이상의 조건에도 충족하기 더 큰 수를 먼저 확인해야 우리가 원하는대로 코드가 동작하게 됩니다. 이게 무슨 말이냐 하면 만약 위의 〈코드 1-3-1〉을 다음과 같이 작성했다고 가정해보도록 하겠습니다. 다음의 코드는 파일로 작성하지 않고 그냥 설명으로만 넘어가는 코드입니다.

```
01    money = int(input("돈이 얼마 있나요? "))
02    if money >= 8000:
03        print("짜장면을 먹는다")
04    elif money < 20000:
05        print("탕수육을 먹는다")
06    else:
07        print("굶는다.")
```

〈코드 1-3-2〉

〈코드 1-3-2〉를 보면 money >= 8000을 money >= 20000보다 먼저 비교를 하고 있습니다. 만약 money의 값이 25000인 경우 첫 번째 if문의 money >= 8000 조건이 True가 되기 때문에 화면에 "짜장면을 먹는다"가 출력되고 elif문은 수행되지 않게 됩니다. 그렇기 때문에 이렇게 if elif문을 사용할 때 조건식에 의한 결과가 논리적으로 맞는지를 확인하여 코드를 작성해야 할 필요도 있으니 주의해야 합니다.

어쨌든 〈코드 1-3-1〉의 내용을 01-3-ifelif.py 파일에 코드를 저장한 후 실행하여 결과를 확인해보도록 하겠습니다.

〈그림 1-3-1〉 01-3-ifelif.py 파일 실행 결과

파일을 실행하면 최초 input( ) 함수에 의해 "돈이 얼마 있나요?"가 화면에 출력되고 사용자는 여기서 금액을 입력해야 합니다. 그러면 〈그림 1-3-1〉에서처럼 입력한 금액에 따라 조건문에 의해 조건식이 True가 되는 코드블록이 실행됩니다.

여기서 간혹 처음 프로그래밍을 배우시는 분들이 혼동하시는 부분이 굳이 〈코드 1-3-1〉과 같이 if elif를 사용하지 않고 if문을 2개 쓰면 안 되는 건가?라는 생각을 하시는 분들도 계십니다. 만약 앞의 〈코드 1-3-1〉을 if elif else를 사용하지 않고 if문만 사용해서 작성한다면 아마 다음과 같을 것입니다. 다음 코드는 따로 작성할 필요 없이 설명만 하고 넘어가도록 하겠습니다.

```
01    money = int(input("돈이 얼마 있나요? "))
02    if money >= 20000:
03        print("탕수육을 먹는다")
04    if money >= 8000:
05        print("짜장면을 먹는다")
06    if money < 8000:
07        print("굶는다.")
```

〈코드 1-3-3〉

〈코드 1-3-3〉은 앞에서 작성한 〈코드 1-3-1〉과 다르게 if elif else문을 사용하지 않고 같은 내용을 if문만을 사용해서 작성한 샘플 코드입니다. 만약 이렇게 작성된 코드는 어떻게 실행이 될까요? 이 코드는 직접 작성할 필요는 없고 그냥 잘못된 동작을 확인하기 위한 코드이므로 필자가 대신하여 어떤 오류가 생기는지 확인하고 넘어가도록 하겠습니다. 위의 〈코드 1-3-3〉을 테스트해보면 다음과 같은 결과를 확인할 수 있습니다.

〈그림 1-3-2〉 if문만을 사용해서 작성한 경우 의도하지 않게 동작

잘못된 예시의 〈코드 1-3-3〉을 실행하여 금액을 입력하면 〈코드 1-3-3〉의 if문으로 사용한 **02**행과 **04**행, 2가지의 조건을 모두 만족하게 되므로 〈그림 1-3-2〉에서처럼 "탕수육을 먹는다"와 "짜장면을 먹는다"가 모두 출력됩니다. 물론 프로그램 자체가 잘못된 것은 아닙니다만 프로그램을 작성한 사람이 의도한 결과가 맞는지에 대한 문제입니다.

결론적으로 프로그램을 작성하기 전에 어떤 조건문에 대해 논리적으로 생각을 해보면 어떻게 조건식을 구성해야 하는지를 알 수 있습니다.

이런 내용이 사실 굉장히 단순하고 뻔한 내용처럼 보일 수도 있지만 실제 실무 개발자들도 간혹 실수하는 부분입니다. 프로그램을 만든다는 것은 다른 관점으로 생각해 보면 논리적인 내용을 하나의 이야기처럼 만드는 과정입니다. 그렇기 때문에 코드를 코드의 관점으로만 보면서 너무 어렵게만 생각할 게 아니라 하나의 논리적인 이야기를 만든다는 관점으로 접근해 보시는 것도 좋을 듯합니다.

1-4. 중첩 조건문

자, 이번에는 앞의 예시를 좀 더 디테일하게 변형하여 "만약 돈이 2만원 이상 있는데 배가 고프면 탕수육을 먹고 그렇지 않으면 아이스크림을 먹고, 만약 돈이 8천원 이상 있는데 배가 고프면 짜장면을 먹고 그렇지 않으면 아이스 아메리카노를 먹는다"처럼 하나의 조건식이 만족했는데 그 안에서 다른 조건을 처리해야 하는 경우가 있을 수 있습니다. 이런 경우에는 if 안의 코드블록에서 다시 if문을 작성하는 중첩 조건문을 작성해야 합니다.

일단 01-4-if.py 파일을 생성하고 다음의 코드를 작성해보면서 위의 상황을 어떻게 코드로 표현할 수 있는지 알아보도록 하겠습니다.

```python
01  money = int(input("돈이 얼마 있나요? "))
02  hungry = int(input("[0.배 안고픔, 1.배고픔] : "))
03  if money >= 20000:
04      if hungry:
05          print("탕수육을 먹는다")
06      else:
07          print("아이스크림을 먹는다")
08  elif money >= 8000:
09      if hungry:
10          print("짜장면을 먹는다")
11      else:
12          print("아이스 아메리카노를 먹는다")
13  else:
14      print("굶는다")
```

〈코드 1-4-1〉

01 사용자에게 입력 받은 금액을 int형으로 형변환하여 변수 money에 저장합니다.

02 사용자에게 배고픔 정보를 0과 1로 입력 받아 int형으로 형변환하여 변수 hungry에 저장합니다. 여기서 이런 입력을 어떻게 받을지에 대해서도 한번 고민해봐야 합니다. 만약 **02**행에서처럼 0과 1이 아닌에, 아니요 혹은 yes, no처럼 다양한 방법으로 입력을 받게 할 수도 있지만 이런 경우 이렇게 입력된 문자열 값을 어떻게 처리할지에 대해서도 고민해봐야 합니다. 물론 프로그램에는 정답이 없기 때문에 다양한 방법을 연습해 보는 것도 좋은 공부 방법이 될 수 있습니다.

03 변수 money의 값이 20000이 넘는 경우에 대한 조건문입니다.

04~05 **03**행의 조건에 만족하면 수행되는 코드블록 안에서 다시 if 조건문을 사용하여 사용자의 배고픔 상태를 확인합니다. 변수 hungry에는 사용자에게 0과 1로 입력 받은 값을 int형으로 형변환되어 저장되

었으니 1이면 True가 되어 조건식을 만족하게 되고 수행되는 코드블록이 됩니다. 이렇게 if문 안에 if문을 사용하게 되는 경우 들여쓰기를 어떻게 하는지 눈 여겨 보셔야 합니다.

06~07 04행의 조건식이 False인 경우, 그러니까 돈이 2만원 이상이 있는데 배가 고프지 않은 경우 수행되는 else절과 코드블록입니다.

08 money 변수 값이 8000 이상인 경우 수행되는 elif절입니다. 물론 **03**행의 if문의 조건절이 우선적으로 판단되기 때문에 만약 **03**행의 if문의 조건이 만족하지 않았다는 이야기는 money 변수의 값은 20000 미만일수 밖에 없기 때문에 실제 **08**행에서는 8000 이상, 20000 미만의 값일 때 조건이 성립됩니다.

09~10 08행의 조건식을 만족하고 hungry 변수 값이 1인 경우 수행됩니다.

11~12 money 변수 값이 8000 이상이며 09행의 조건식이 False인 경우, 그러니까 hungry변수 값이 0인 경우 수행되는 코드입니다.

13~14 03행과 08행의 조건식을 모두 만족하지 못했을 때 수행되는 코드입니다.

〈코드 1-4-1〉는 조건문 안에 또 다른 조건문을 포함하는 예제를 보기위한 샘플 코드입니다. 일단 코드를 작성하고 파일을 실행해 결과를 확인해보도록 하겠습니다.

〈그림 1-4-1〉 01-4-if.py 파일 실행 결과

파일을 실행하고 〈그림 1-4-1〉에서처럼 17000이라는 금액을 입력하고, 현재 배고픔의 상태 값으로 0을 입력했습니다. 그러면 〈코드 1-4-1〉의 **03**행 조건에는 부합하지 않기 때문에 if조건문은 건너뛰게 되고 그다음 조건인 **08**행을 확인하는데 **08**행의 조건은 부합하기 때문에 **08**행의 elif 코드블록의 내용을 수행됩니다. 그런데 여기서 배고픔 상태 정보 값으로 0을 입력했기 때문에 **09**행의 if조건문은 수행되지 않고 **11**행의 else문에 의해 **12**행의 코드블록이 수행됩니다.

자, 그러면 이제 지금까지 배운 자료형들을 적절히 이용하여 다음과 같이 주어진 예시에 따라 조금 더 복잡한 조건을 코드로 구현해보도록 하겠습니다.

- 사용자가 먹을 수 있는 메뉴표를 먼저 딕셔너리로 음식과 디저트, 두 종류의 변수로 선언을 합니다.
- 사용자에게 가진 돈과 배고픔 정보를 입력 받습니다.
- 배고픔 정보에 따라 배가 고픈 경우 음식 메뉴를 출력하고 배가 고프지 않은 경우에는 디저트 메뉴를 출력하고 사용자에게 메뉴 이름을 입력 받습니다. 입력 받은 메뉴이름이 딕셔너리 변수에 존재하는지 확인해야 합니다. 존재하지 않는 경우 적절한 안내 문구를 출력합니다.

- 입력 받은 메뉴의 금액이 가진 돈보다 비싸면 안내 문구를 출력합니다.
- 입력 받은 메뉴의 금액이 가진 돈보다 싸면 음식을 먹었다는 문구와 음식값을 지불한 후의 잔금을 출력합니다.

위의 예시를 보면 내용이 복잡해 보이지만 사실 논리적으로 생각하면서 천천히 코드를 작성해보면 충분히 작성할 정도의 내용입니다. 그러면 위의 예시 내용을 어떻게 파이썬 코드로 구현할 수 있는지 01-4-menu.py 파일을 생성하고 다음 코드를 작성해보도록 하겠습니다.

```
01  foods = {"탕수육": 18000, "짜장면": 7000, "볶음밥": 8000}
02  desert = {"아이스크림": 12000, "아이스 아메리카노": 6000}

04  money = int(input("돈이 얼마있나요? "))
05  hungry = int(input("[0.배 안고픔, 1.배고픔] "))

07  if hungry:
08      print(foods)
09      sel = input("메뉴 이름를 입력하세요 : ")
10      if sel in foods:
11          price = foods.get(sel)
12          if money < price:
13              print("가진 돈보다 비싼 메뉴입니다.")
14          else:
15              print(f"{sel} 을 맛있게 먹습니다.")
16              print(f"{money - price} 잔돈이 남았습니다.")
17      else:
18          print("존재하지 않는 메뉴명입니다.")
19  else:
20      print(desert)
21      sel = input("메뉴 이름를 입력하세요 : ")
22      if sel in desert:
23          price = desert.get(sel)
24          if money < price:
25              print("가진 돈보다 비싼 메뉴입니다.")
26          else:
27              print(f"{sel} 을 맛있게 먹습니다.")
```

```
28                print(f"{money - price} 잔돈이 남았습니다.")
29        else:
30            print("존재하지 않는 메뉴명입니다.")
```

〈코드 1-4-2〉

01 음식의 이름과 가격을 키(key)와 값(value)으로 하는 딕셔너리형 데이터를 foods 변수에 저장합니다.

02 디저트의 이름과 가격을 키와 값으로 딕셔너리형 변수 desert에 저장합니다.

04~05 사용자에게 가진 돈의 금액과 배고픔 정보를 입력 받습니다. int형으로 형변환 하는 것에 주의하시기 바랍니다.

07 if문의 조건은 사용자가 입력한 배고픔 정보입니다.

08 07행의 배고픔 정보가 배고픔 상태일 때, 음식 메뉴를 화면에 출력합니다.

09 출력된 음식 메뉴에서 사용자에게 직접 음식의 이름을 입력 받습니다. 이때 입력 값은 문자열 자료형입니다.

10 사용자가 입력한 음식의 이름이 딕셔너리형 음식메뉴 변수에 존재하는 이름인지 먼저 확인합니다. 여기서 사용한 in은 어떤 요소가 변수의 요소에 포함되어 있는지를 확인할 때 사용됩니다.

11 사용자가 입력한 음식의 이름이 딕셔너리형 변수에 존재하는 키(key)라면 get( ) 함수를 통해 음식 명(key)으로 음식의 가격(value)를 구할 수 있습니다. get( ) 함수 대신 **foods[sel]**과 같이 작성할 수도 있습니다. 음식의 가격은 변수 price에 저장합니다.

12~13 사용자가 선택한 음식의 가격이 보유한 금액보다 비싸면 구매할 수 없기 때문에 적절한 문구를 화면에 출력합니다.

14~16 사용자가 선택한 음식의 가격보다 보유한 금액이 많으면 음식을 먹고 보유한 금액에서 음식값을 뺀 나머지 금액을 화면에 출력합니다.

17~18 10행에서 사용자가 입력한 음식 이름이 딕셔너리형 변수의 키로 존재하지 않는 경우 적절한 오류 메세지를 출력합니다.

19 사용자가 입력한 배고픔 상태가 배고프지 않을 때를 처리하는 else절 입니다.

20~30 디저트의 정보는 foods 변수가 아닌 desert 변수를 참고하고 있다는 사실만 다르고 위의 **08**행부터 **18**행까지의 설명과 동일한 내용입니다.

〈코드 1-4-2〉는 위에서 예시로든 내용을 충족시키는 내용으로 작성된 샘플 코드입니다. 위의 예시만 봤을 때는 어떻게 코드를 작성할지 막연했지만, 막상 코드를 보니 이해가 가시는 분들도 계실테고, 코드를 봤는데도 어렵게 느껴지시는 분들도 계실거라고 생각됩니다. 어쨌든 코드 한 줄 한 줄 의미를 이해해보면 그냥 어떤 이야기를 논리적인 순서에 맞게 코드로 표현한 내용들일 뿐이니 자주 보고 연습을 하면 어느새 익숙해지는 시간이 찾아올 것입니다.

〈코드 1-4-2〉를 보면 if문 안에 if문이 있고 그 안에 또 if문이 존재합니다. 이렇게 프로그램은 논리적인 이야기에 따라 조건문을 작성할 수 있습니다. 〈코드 1-4-2〉의 내용을 저장하고 파일을 실행하여 결과를 확인해 보겠습니다.

```
터미널   AZURE   JUPYTER   SQL CONSOLE   문제   출력   디버그 콘솔        Python

Microsoft Windows [Version 10.0.19043.1826]
(c) Microsoft Corporation. All rights reserved.

C:₩PythonStudy>C:/Python310/python.exe c:/PythonStudy/06/01-4-menu.py
돈이 얼마 있나요? 25000
[0.배 안고픔, 1.배고픔] 0
{'아이스크림': 12000, '아이스 아메리카노': 6000}
메뉴 이름를 입력하세요 : 아이스크림
아이스크림 을 맛있게 먹습니다.
13000 잔돈이 남았습니다.
```

〈그림 1-4-2〉 01-4-menu.py 파일 실행 결과

파일을 실행하고 최초 금액과 배고픔 상태 정보 값을 입력합니다. 〈그림 1-4-2〉에서처럼 최초 금액으로 25000을 입력했고, 배가 안 고픈 상태 정보 값으로 0을 입력했습니다. 그러면 〈코드 1-4-2〉의 **07**행의 if문은 False가 되기 때문에 **17**행의 else문에 해당하는 코드블록이 수행되어 **20**행의 desert 변수의 내용이 화면에 출력됩니다. 그리고 사용자에게 메뉴 이름을 입력받아 **22**행에서 메뉴가 desert 변수에 존재하는지를 확인하고 존재한다면 **23**행에서 해당 메뉴의 가격을 구해옵니다. **24**행에서는 해당 메뉴의 가격이 사용자가 입력한 금액보다 비싼지 싼지를 판단하는데 〈그림 1-4-2〉에서 금액은 25000, 메뉴는 아이스크림을 입력했으므로 **24**행의 if 조건문의 25000 < 12000 조건식은 False가 되게 되므로 **26**행의 else에 해당하는 코드블록이 수행되어 아이스크림을 맛있게 먹었다는 메세지와 최종적으로 13000의 잔돈이 남았다는 안내 문구가 출력됩니다.

1-5. if One-Liner 문법

앞으로 코딩을 하다 보면 if문을 사용하여 어떤 변수의 값을 결정할 때가 생각보다 많이 있습니다. 아주 단순한 예를 들어보자면 만약 사용자에게 성별을 입력 받아 남자인 경우에는 gender라는 변수에 0을, 여자인 경우라면 1을 저장하는 코드를 구현한다면 어떻게 해야 할까요? 일단 다음의 코드를 보면서 이야기를 해보도록 하겠습니다. 단순한 코드이기 때문에 따로 작성해볼 필요는 없고 눈으로 읽어보시기 바랍니다.

```
a = input("성별을 입력하세요. [남자, 여자]: ")
if a == "남자":
    gender = 0
else:
    gender = 1
```

〈코드 1-5-1〉

01 사용자에게 "남자" 혹은 "여자"를 입력 받아 변수 a에 저장합니다.

02~05 사용자에 의해 입력된 변수 a의 값이 "남자"라면 변수 gender 값을 0으로 설정하고 "여자"라면 1로 설정합니다.

〈코드 1-5-1〉의 내용을 보면 if 조건문을 사용하여 사용자에 의해 입력된 변수 a값에 따라서 gender 변수의 값을 결정하는 아주 단순한 코드입니다. 그런데 이런 단순한 코드를 작성하는데 입력문을 제외하고 무려 4줄을 사용하고 있습니다.

개발자들은 어떤 알고리즘[2]적인 관점으로 코드를 효율적으로 축약시키는 걸 좋아합니다. 또한 보통 개발자 입장에서 1차적인 코드 작성이 끝나고 코드를 다이어트시키는 과정을 거치기도 하는데 코드 다이어트는 이미 작성한 코드를 좀 더 효율적이고 함축적이게 재작성하는 과정을 말하기도 합니다.

그런 의미로 파이썬에서는 〈코드 1-5-1〉과 같은 불필요한 4줄의 코드를 한 줄로 작성하는 One-Liner 문법을 제공합니다. One-Liner 문법은 말 그대로 if문을 한 줄로 작성하는 코드 스타일을 말합니다. 앞의 〈코드 1-5-1〉에서 사용한 if else문을 한 줄로 표현하면 다음과 같이 작성할 수 있습니다.

```
01    a = input("성별을 입력하세요. [남자, 여자]: ")
02    gender = 0 if a == "남자" else 1
```

〈코드 1-5-2〉

01 사용자에게 "남자" 혹은 "여자"를 입력 받아 변수 a에 저장합니다.

02 〈코드 1-5-1〉의 **02~05**행의 if else문을 One-Liner 스타일로 한 줄로 작성한 내용입니다.

〈코드 1-5-2〉를 보면 〈코드 1-5-1〉에서 작성한 총 5줄짜리의 코드가 One-Liner 스타일로 작성하여 2줄로 줄여졌습니다만 파이썬을 처음 시작하는 입장에서는 원래 작성했던 〈코드 1-5-1〉이 훨씬 더 이해하기 쉬웠는데 〈코드 1-5-2〉를 보면 코드의 양은 줄었지만 더 이해하기 어렵고 복잡하게만 느껴질 수도 있습니다.

물론 〈코드 1-5-2〉가 〈코드 1-5-1〉보다 "좋은 코드다"라고 말하는 것은 아닙니다. 〈코드 1-5-1〉처럼 그냥 4줄을 사용해서 작성하든 〈코드 1-5-2〉처럼 2줄로 줄여서 작성하든 프로그램은 만드는 사람 마음입니다만 이런 One-Liner 코드 스타일은 파이썬이 지향하는 코드 작성 방법이고 실제 많은 개발자들이 사용하는 스타일이기 때문에 어떻게 쓰는지 알고 있어야 다른 사람이 작성한 코드를 보더라도 이해할 수 있습니다.

그럼 One-Liner 스타일로 if else문을 어떻게 작성하는지 한번 알아보도록 하겠습니다.

---

2   수학 혹은 컴퓨터과학 분야 등에서 어떤 문제를 해결하기위한 과정. 절차를 말하는 용어입니다.

else인 경우 gender 값

if 조건식이 True인 경우의 gender 값

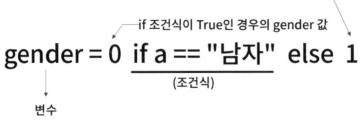

gender = 0 if a == "남자" else 1

(조건식)

변수

〈그림 1-5-1〉 파이썬 if else 조건문 One-Liner 작성 방법

파이썬 if else 조건문을 One-Liner 방식으로 한 줄로 작성할 때는 〈그림 1-5-1〉과 같은 규칙을 따라야 합니다. 최종적으로 결정될 변수가 맨 좌측에 작성되고 바로 =(등호)를 사용하여 if문의 조건식이 True인 경우 저장될 값을 작성합니다. 그리고 이어서 if문과 조건식을 작성하는데 이때 주의할 사항은 :(콜론) 문 자를 사용하지 않는다는 것입니다. 그리고 바로 else가 나오고 else인 경우 변수에 저장될 값을 바로 작성 하면 되는데 이때도 else절에는 :(콜론) 문자를 사용하지 않습니다.

이 파이썬 One-Liner 문법은 위의 〈코드 1-5-1〉과 같이 if else문뿐 아니라 if elif else문을 한 줄로 줄이 는데도 사용할 수 있습니다. 이때는 파이썬의 dict(딕셔너리) 자료형의 특징을 이용해서 구현할 수 있습 니다. 만약 다음과 같은 코드가 있다고 가정해 보겠습니다.

```
01    a = input("성별을 입력하세요. [남자, 여자]: ")
02    if a == "남자":
03        gender = 0
04    elif a == "여자":
05        gender = 1
06    else:
07        gender = -1
```

〈코드 1-5-3〉

〈코드 1-5-1〉의 코드에서는 사용자가 "남자" 혹은 "여자", 둘 중 한 가지 값을 정확히 입력했다는 가정 으로 코드를 작성했습니다만 실제 사용자가 무조건 정확한 입력을 한다는 보장은 없습니다. 만약 〈코드 1-5-1〉에서 사용자가 아무 의미없는 "aa"라는 문자열을 입력한다고 해도 프로그램은 else문에 의해서 gender 값을 1로 설정하게 됩니다.

프로그램을 만드는 사람 입장에서는 사용자가 발생시킬 수 있는 모든 오류 상황에 대한 대처를 코드로써 미리 구현해 놓아야 합니다. 그렇기 때문에 〈코드 1-5-2〉에서처럼 입력된 값이 저장된 변수 a의 값이 "남자", "여자"일 때를 명확히 판단해야 하며 그렇지 않은 경우는 else절에서 처리할 수 있게 작성하는 게 더 구조적으로는 좋은 프로그램이 됩니다. 그럼 위의 〈코드 1-5-3〉과 같은 if elif else절을 One-Liner로 표현한다면 다음과 같이 작성할 수 있습니다.

```python
a = input("성별을 입력하세요. [남자, 여자]: ")
gender = {a == "남자": 0, a == "여자": 1}.get(True, -1)
```

〈코드 1-5-4〉

〈코드 1-5-4〉를 보면 정말 코드는 간결한 것 같은데 무슨 말인지를 한번에 이해하기에는 더 어려워졌습니다. 다음 이미지를 보면서 조금 더 쉽게 이해해보도록 하겠습니다.

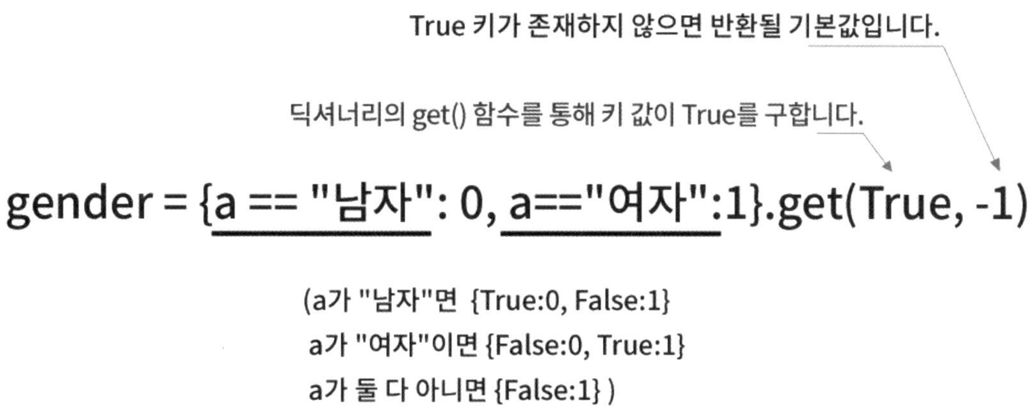

True 키가 존재하지 않으면 반환될 기본값입니다.

딕셔너리의 get() 함수를 통해 키 값이 True를 구합니다.

gender = {a == "남자": 0, a=="여자":1}.get(True, -1)

(a가 "남자"면 {True:0, False:1}
a가 "여자"이면 {False:0, True:1}
a가 둘 다 아니면 {False:1})

〈그림 1-5-2〉 파이썬 dict를 이용한 if elif else One-Liner

〈코드 1-5-4〉의 내용은 파이썬 dict(딕셔너리)의 성질을 이용한다 이야기했습니다. 만약 변수 a가 "남자"라면 딕셔너리는 a == "남자"가 True고 a == "여자"는 False가 되기 때문에 실제 딕셔너리는 {True: 0, False: 1}과 같이 조건의 결과 True 혹은 False가 키(key)가 됩니다. 만약 반대로 a가 여자라면 {False: 1, True: 0}이 됩니다. 그러면 여기서 dict(딕셔너리)의 get( ) 함수를 사용해 True에 해당하는 키를 구하면 변수 a값이 True로 만족하는 키에 해당하는 값을 구할 수 있게 됩니다.

그런데 만약 변수 a의 값이 "남자"도 아니고 "여자"도 아닌 경우라면 두 조건 모두 False가 되지만 딕셔너리는 중복된 키를 갖을 수 없기 때문에 실제 딕셔너리는 {False: 1}이 됩니다. 이때 get( ) 함수를 통해 True에 해당하는 키가 존재하지 않기 때문에 원래는 None을 반환하겠지만 〈코드 1-5-4〉의 **02**행에서처럼 get( ) 함수에 기본값을 -1로 설정해서 True가 없다면 -1을 반환하게 만들 수 있습니다. 그러면 else에 대한 처리도 가능하게 됩니다.

우리는 이미 딕셔너리 자료형에 대해서 이전 장에서 공부를 했기 때문에 당연히 위의 코드를 쉽게 이해할 수 있어야 하지만 현 시점에 어렵게 느껴지는 것도 정상입니다. 그래서 항상 연습하고 익숙해지는 것이 중요하다는 이야기를 계속하는 이유이기도 합니다.

1-6. 다양한 연산자의 활용

if 조건문은 결국 어떤 변수의 값이나 어떤 상태 등을 확인하기 위한 내용으로 많이 사용됩니다. 그렇기 때문에 다양한 연산자와 함께 혼합하여 사용되는 게 일반적인데 다음의 코드를 01-6-operatos.py 파일을 생성하여 작성해보도록 하겠습니다.

```python
01  num = int(input("정수를 입력하세요: "))
02  if num % 2 == 0:
03      print(f"입력한 정수 {num}은 짝 수 입니다.")
04  else:
05      print(f"입력한 정수 {num}은 홀 수 입니다.")
```

〈코드 1-6-1〉

01 사용자에게 정수를 입력 받아 변수 num에 저장합니다. 이 변수는 숫자로 처리해야 하기 때문에 int형으로 형변환해서 저장합니다.

02~03 사용자에게 **01**행에서 입력 받은 정수가 짝수인지를 확인하는 조건문입니다. 짝수인지를 확인하기 위해서는 % 연산자를 사용하여 2로 나눈 나머지가 0인경우 짝수이므로 num % 2 == 0과 같이 작성할 수 있습니다. 짝수가 맞으면 짝수라고 화면에 출력합니다.

04~05 짝수가 아닌 경우에는 홀수라고 화면에 출력합니다.

〈코드 1-6-1〉은 사용자가 입력한 정수가 짝수인지 홀수인지를 출력하는 예제 코드입니다. 01-6-operators.py 파일에 저장하고 실행하여 결과를 확인해 보겠습니다.

〈그림 1-6-1〉 01-6-operators.py 실행 결과

파일을 실행하면 사용자는 임의의 정수를 입력하게 되고 정수를 입력하면 해당 정수가 짝수인지 홀수인지를 판단하여 결과를 화면에 출력해주게 됩니다. 이렇게 if문은 어떤 연산의 결과 혹은 상태 등의 정보를 바탕으로 어떤 논리의 분기점을 만들어 동작하기 위해서 사용됩니다.

사실 이렇게 글로써 if문의 모든 사용법을 알 수는 없습니다. 프로그램을 만드는 것은 문법만 지킨다면 정해진 룰이나 규칙이 없기 때문에 같은 프로그램도 수십 가지의 방법으로 구현할 수 있습니다.

2. while 반복문

프로그래밍에서 반복문은 어떤 목적의 코드를 정해진 조건만큼 반복시키는데 목적이 있습니다. 쉬운 예를 들어보면 만약 1부터 100까지를 더한 결과를 얻고 싶다면 1 + 2 + 3 + 4…처럼 숫자를 나열해서 계산할 수도 있겠지만 만약 그 수가 100이 아니라 10만, 100만을 넘어가면 너무 힘든 일이 될 것입니다. 이와 같이 어떤 일련의 동작을 반복시킬 때 반복문을 사용할 수 있는데 파이썬에서 반복문은 while문과 for문을 사용할 수 있습니다. 그 중 먼저 while문을 어떻게 사용하는지 문법적인 표현 방법부터 살펴보도록 하겠습니다.

〈그림 2-1〉 파이썬 while 반복문의 문법

파이썬에서 while문은 while로 시작하며 바로 뒤에 if문과 마찬가지로 조건식을 작성합니다. 그리고 while문의 끝은 :(콜론)으로 끝나야 합니다. while문의 조건식이 True인 경우에 동작할 내용을 다음 라인에 들여쓰기 후 작성하면 됩니다. 그러면 위에서 예시로 설명한 1부터 100까지의 합을 구하는 프로그램을 while문을 사용하여 어떻게 작성하는지 02 - while.py 파일을 생성하고 다음 코드를 작성해보도록 하겠습니다.

```
01  num = 0
02  total = 0
03  while num <= 100:
04      total += num
05      num += 1
06  print(f"1~100까지의 총 합은 {total} 입니다.")
```

〈코드 2-1〉

01 정수형 변수 num을 0으로 초기화 하여 선언합니다. 변수 num은 1부터 100까지를 카운트하기 위해 사용됩니다.

02 변수 total은 최종적으로 1부터 100까지의 합이 저장될 변수이기 때문에 0으로 초기화시킵니다.

03 while문의 조건식을 보면 num의 값이 100보다 작거나 같으면 동작하게 되어있습니다.

04 while문의 조건식이 True라면 변수 total에 변수 num의 값을 누적 저장합니다.

05 while문의 조건식이 True라면(변수 num이 100이하라면) 변수 num의 값을 1 증가시킵니다. 이런 식으로 변수 num의 값을 1씩 계속 증가시키다 보면 num의 값이 101이 되고 이로 인해 while문의 조건식은 False가 되어 반복을 중단하게 됩니다.

06 while문이 종료되면 최종적으로 변수 total에 저장된 값을 화면에 출력합니다.

〈코드 2-1〉은 while문을 사용하여 1부터 100의 합을 구하는 간단한 예제 코드입니다. 파일을 저장하고 실행하여 결과를 확인해보도록 하겠습니다.

```
터미널   AZURE   JUPYTER   SQL CONSOLE   문제   출력   디버그 콘솔        Python

Microsoft Windows [Version 10.0.19043.1826]
(c) Microsoft Corporation. All rights reserved.

C:₩PythonStudy>C:/Python310/python.exe c:/PythonStudy/06/02-while.py
1~100까지의 총 합은 5050 입니다.
```

〈그림 2-2〉 02-while.py 파일 실행 결과

파일을 실행하면 최초 변수 num는 0으로 초기화 되었기 때문에 〈코드 2-1〉 **03**행의 while문의 조건식은 0 <= 100이므로 True가 됩니다. 그러면 **04~05**행의 코드블록이 수행되게 되는데 **04**행에서는 0으로 초기화 해 놓은 변수 total에 num의 값을 누적 저장하게 됩니다. 그리고 **05**행에서 num의 값을 1증가시키는데 0에서 1을 증가시켰으니 num은 1의 상태가 됩니다. 그러면 프로그램은 다시 **03**행으로 돌아가서 while문의 조건을 확인하게 됩니다. num은 1이 되었으니 조건식 1 <= 100은 True이므로 다시 **04~05**행의 코드블록이 반복됩니다. 이렇게 while문의 조건식 num <= 100이 False가 될 때까지 **04~05**행이 반복되게 되는데 이 말은 결국 변수 num이 1부터 100까지 증가할 동안 total 변수에 num의 값을 누적했으므로 1부터 100까지의 총 합이 저장됩니다.

이렇게 while 반복문은 어떤 반복되는 코드를 동작 시킬 때 사용되는 문법입니다.

자 그러면 이번에는 우리가 지금까지 배운 몇 가지 요소를 활용하여 이번에는 사용자에게 임의의 알파벳 문자열을 입력 받고 입력 받은 알파벳 문자열에서 각각의 알파벳이 몇 번 등장하는지 카운팅하여 결과를 출력하는 프로그램을 작성해보도록 하겠습니다.

이런 경우에는 등장하는 알파벳과 횟수 데이터가 짝을 이루는 게 좋으니 파이썬의 딕셔너리 자료형을 사용해서 {"a": 10}처럼 데이터를 저장하면 좋습니다. 물론 이는 하나의 예제일 뿐이고 다양한 방식으로 코드를 작성할 수 있습니다. 02-while2.py 파일을 생성하여 다음의 코드를 작성해보도록 하겠습니다.

```
txt = input("알파벳 문자열을 입력하세요.: ")
result = {}
while len(txt) > 0:
```

```
04        if result.get(txt[0]) is None:
05            result[txt[0]] = 1
06        else:
07            result[txt[0]] += 1
08        txt = txt[1:]
09  print(result)
```

〈코드 2-2〉

01 사용자에게 임의의 알파벳 문자열을 입력받아 변수 txt에 저장합니다.

02 사용자가 입력한 문자열에서 각각의 알파벳을 카운팅 하여 저장될 딕셔너리형 변수 result를 미리 초기화 해 놓습니다.

03 여기에서 len( ) 함수는 사용자 입력한 문자열이 저장된 변수 txt의 길이를 알아내는데 사용됩니다. 만약 사용자가 "abcd"를 입력하면 len( ) 함수는 4를 반환하게 되고 4는 0보다 크기 때문에 while문의 조건이 True가 되어 반복문이 동작하게 됩니다.

04~05 사용자가 입력한 문자열이 저장된 변수 txt를 인덱싱하여 0번째 문자열이 result에 존재하는 키(key)인지를 확인합니다. 만약 키(key)가 존재한다면 get( ) 함수는 값(value)을 반환할 테고 키(key)가 존재하지 않는다면 None을 반환하게 됩니다.

여기서 None을 반환했다는 이야기는 아직 한 번도 등장한 적이 없는 알파벳이라는 의미가 되기 때문에 현재 새롭게 등장한 알파벳인 txt[0]의 값으로 result에 새로운 키를 생성하고 1회 등장했다는 의미로 값(value)을 1로 저장합니다.

06~07 만약 딕셔너리의 get( ) 함수를 사용해 변수 result에 txt의 0번째 알파벳이 키(key)로 존재한다면, 그 말은 이미 등장한 적이 있다는 이야기가 되기 때문에 이렇게 동일한 알파벳이 등장할 때마다 해당 키(key)에 해당하는 값(value)을 1씩 증가시켜 주기만 하면 됩니다.

08 04~07행에서 사용자가 입력한 문자열이 저장된 변수 txt를 인덱싱하여 0번째 값을 확인하였으니 0번째 위치의 문자는 제거하고 나머지만 다시 설정하기 위해서 txt 변수에 1번째 위치부터 마지막 위치까지의 문자열을 다시 저장합니다. 이렇게 계속 반복하다 보면 변수 txt에는 아무것도 남지 않게 되고 그러면 03행의 len(txt) > 0의 조건식이 False가 되어 while문이 더 이상 동작하지 않게 됩니다.

09 알파벳이 카운팅되어 저장된 변수 result의 최종 결과를 화면에 출력합니다.

〈코드 2-2〉의 내용은 사실 참 간단한 내용의 코드지만 처음 프로그래밍을 작성하는 입장에선 그래도 어렵게 느껴질 수 있습니다. 위 코드의 핵심적인 부분은 **03**행의 while문의 조건식인 len(txt) > 0 부분과 **08**행의 txt 변수에 다시 첫 번째 위치부터 슬라이싱을 하여 txt[0]번째의 문자를 계속해서 제거하고 있다는 사실입니다. 변수 txt의 내용이 어떻게 변화하는지를 조금 더 쉽게 이해하기 위해서 다음의 표를 참고해보도록 하겠습니다.

txt[0]	txt[1]	txt[2]	txt[3]	txt[4]	txt[5]	txt[6]
a	a	b	b	c	d	e
a	b	b	c	d	e	
b	b	c	d	e		
b	c	d	e			
c	d	e				
d	e					
e						

〈표 2-1〉 사용자가 입력한 문자열이 aabbcde라고 가정했을 때

사용자가 입력한 문자열이 "aabbcde"라고 가정했을 때 〈코드 2-2〉의 **08**행에서 txt 변수는 〈표 2-1〉과 같이 동작하게 됩니다. 이렇게 txt 변수의 내용을 슬라이싱하며 반복하게 되면 최종적으로 txt 변수에는 아무것도 남지 않게 된다는 이야기가 되고 while문의 조건식은 False가 되어 반복을 중지합니다.

그러면 이제 〈코드 2-2〉를 02-while2.py에 저장하고 실행한 후 결과를 확인해보도록 하겠습니다.

〈그림 2-3〉 02-while2.py 실행 결과

파일을 실행하면 프로그램은 먼저 사용자에게 알파벳 문자열을 입력하라고 안내를 출력합니다. 여기서 예를 들어 "aabbcde"를 입력하면 〈코드 2-2〉 **01**행의 변수 txt에 문자열이 저장됩니다. **03**행 while문의 조건식 len(txt) > 0은 변수 txt의 길이가 0보다 크면 True가 되는데 txt에는 현재 "aabbcde"가 저장되어있기 때문에 len(txt)으로 구한 txt의 길이는 7이 되므로 7 > 0은 True가 됩니다. while문의 조건식이 True가 되었으므로 **04~08**행의 코드블록이 수행됩니다.

04행에서는 딕셔너리형 변수 result에서 get( ) 함수를 통해 txt의 0번째 "a"의 키에 해당하는 값을 구하는데 최초 result는 빈 상태이므로 get( ) 함수의 결과는 None이 됩니다. 그러면 **04**행의 if문의 조건식이 True가 되어 **05**행이 수행되는데 result에 새로운 키 "a"와 값 1을 설정하게 됩니다. 이 말은 "a"가 1번 등장했음을 의미하게 됩니다.

그리고 **08**행에서 앞의 〈표 2-1〉과 같이 변수 txt에서 0번째 문자를 제거한 값으로 새롭게 txt의 값을 갱신하고 프로그램은 다시 **03**행의 조건식을 판단하게 됩니다. txt 변수에서 맨 앞의 "a"가 제거되어 len(txt)

는 이제 한 글자가 줄어든 6이 되고 6 > 0은 True이기 때문에 다시 **04~08**행의 코드블록이 반복됩니다.

만약 현재 알파벳을 확인한 적이 있다면 딕셔너리 변수 result에 해당 알파벳으로 키와 값이 존재하게 되므로 이 경우엔 **06**행의 else문이 실행되고 **07**행에서 키에 해당하는 값을 1증가시켜 카운팅을 해주게 됩니다. 이런 식으로 txt의 길이가 0이 될 때까지 **04~08**행의 코드블록을 반복 실행하며 딕셔너리형 result 변수에 〈그림 2-3〉과 같이 입력된 문자열의 알파벳을 카운팅한 결과를 확인할 수 있습니다.

2-1. break문

break문은 보통 반복문에서 조건식과 함께 사용되며 조건식을 만족하면 반복문을 탈출하기 위해서 사용되는 문법입니다. 여기서 말하는 반복문은 지금 배운 while문과 다음 챕터에서 배울 for문을 대상으로 합니다.

〈그림 2-1-1〉 while문에서의 break문

while문을 기준으로 break문은 〈그림 2-1-1〉과 같이 동작하게 됩니다. 반복문의 코드블록에서 특정 조건이 성립되면 더 이상 반복문을 수행하지 않고 종료하기 위해 사용됩니다. 물론 while문 같은 경우에 반복문을 종료하기 위해서 while문의 조건식을 사용하면 되는 거 아닌가?라고 생각하실 수 있으나 반복문의 조건식을 사용하는 것과 break문을 사용하는 것은 약간 성질이 다릅니다. 그러면 어떤 상황에서 이런 break문을 사용하는지 예시를 작성하면서 알아보도록 하겠습니다.

만약 예를 들어 사용자에게 숫자와 연산자를 입력 받아 계산을 하고 그 결과를 화면에 출력해주는 프로그램을 작성한다고 가정해보도록 하겠습니다. 여기서 프로그램은 1회만 동작하지 않고 계속 동작할 수 있게 만들어야 한다면 다음과 같이 코드 전체를 while문으로 작성할 수 있습니다. 02-1-while.py 파일을 생성하고 다음의 코드를 작성해보도록 합니다.

```
01    while True:
02        num1 = int(input("첫번째 수를 입력하세요: "))
03        op = input("연산자를 입력하세요: ")
04        num2 = int(input("두번째 수를 입력하세요: "))

06        if op == "+":
07            result = num1 + num2
08        elif op == "-":
09            result = num1 - num2
10        elif op == "*":
11            result = num1 * num2
12        elif op == "/":
13            result = num1 / num2
14        else:
15            result = 0
16        print(f"결과: {num1} {op} {num2} = {result}")
```

〈코드 2-1-1〉

01 프로그램은 기본적으로 무조건 반복하게 됩니다. 이렇게 **while True:**로 작성하는 내용을 보통 무한루 프라고 표현하기도 합니다. 이렇게 사용자가 원할 때까지 프로그램이 동작하게 하기 위해서 무한루프로 코드를 작성하는 게 일반적인 방법입니다.

02~04 사용자에게 숫자와 연산자를 입력받아 각각 변수 num1, num2, op에 저장합니다. 숫자는 int 형 으로 형변환하고 연산자는 문자열 상태로 저장합니다.

06~15 사용자가 입력한 연산자의 종류에 맞게 입력된 숫자가 저장된 num1과 num2를 연산하여 변수 result에 저장합니다. 만약 +, -, *, / 가 아닌 경우에는 그냥 result 변수에 0을 저장합니다. 프로그램 작 성시 항상 어떤 예외 상황에 대한 대처를 하는 습관을 들이는게 좋습니다.

16 연산 결과가 저장된 변수 result의 내용을 화면에 출력합니다.

프로그램이 사용자가 원할 때까지 동작하게 하려면 〈코드 2-1-1〉과 같이 전체 내용을 while문으로 감싸 고 조건을 True로 주면 무한정 반복됩니다. 그리고 이렇게 while문의 조건식에 True 혹은 1과 같이 참인 값을 주고 반복문이 무조건 실행되게 하는 코드를 무한루프라고 말합니다.

일단 〈코드 2-1-1〉의 내용을 파일에 저장했으면 실행하여 결과부터 확인을 해보도록 하겠습니다.

〈그림 2-1-2〉 02-1-while.py 실행 결과

파일을 실행해보면 〈그림 2-1-2〉과 같이 첫 번째 수를 입력하고, 연산자를 입력하고, 두 번째 수를 입력하면 해당 수에 대한 연산 결과가 문제없이 출력되고 while문에 의해 코드가 반복되어 다시 처음부터 첫 번째 수를 입력, 연산자 입력, 두 번째 수 입력이 실행되는 것을 확인할 수 있습니다. 그러면 위의 〈코드 2-1-1〉의 프로그램은 언제 종료될까요?

이렇게 반복문의 코드블록을 벗어나기 위해서는 break문을 사용해야 합니다. 물론 언제 반복문을 탈출하게 할지는 코드를 작성하는 사람 마음이기 때문에 적절한 조건을 명시해주어야 합니다. 그러면 〈코드 2-1-1〉에서 첫 번째 수가 0인 경우 계산의 의지가 없다고 판단하고 이 때 break문을 사용하여 반복문을 탈출하게 코드를 수정해보도록 하겠습니다.

```
01    while True:
02        num1 = int(input("첫번째 수를 입력하세요: "))
03        if num1 == 0:
04            break
      ...생략...
19    print("프로그램 종료")
```

〈코드 2-1-2〉

03~04 사용자가 입력한 첫 번째 수가 저장된 변수 num1의 값이 0이면 **04**행의 break 문이 수행되는데 이 break문은 **01**행 while문의 코드블록을 탈출하게 됩니다.

19 break에 의해 while문을 탈출했는지를 확인하기 위해 코드 맨 마지막 줄에 프로그램 종료 문구를 출력합니다.

02-1-while.py의 〈코드 2-1-1〉의 내용을 〈코드 2-1-2〉처럼 수정하고 저장 후 실행하여 결과를 확인해 보도록 하겠습니다.

```
터미널   AZURE   JUPYTER   SQL CONSOLE   문제   출력   디버그 콘솔        ⌨ Python  + ∨  ⫿  🗑  ∧  ✕

Microsoft Windows [Version 10.0.19043.1826]
(c) Microsoft Corporation. All rights reserved.

C:\PythonStudy>C:/Python310/python.exe c:/PythonStudy/06/02-1-while.py
첫번째 수를 입력하세요: 123000000
연산자를 입력하세요: /
두번째 수를 입력하세요: 10234
결과: 123000000 / 10234 = 12018.760992769201
첫번째 수를 입력하세요: 0
프로그램 종료
```

〈그림 2-1-3〉 수정된 02-1-while.py 실행 결과

수정된 파일을 실행해보면 〈그림 2-1-3〉에서처럼 첫 번째 수를 입력할 때, 0을 입력하면 break문이 수행되어 while문을 빠져나와 프로그램이 종료되는 것을 확인할 수 있습니다.

2-2. continue문

continue문은 반복문 안에서 일부 코드를 건너뛰게 할 수 있는 문법입니다. 조금 더 정확하게 이야기해서 반복문 안에서 continue를 만나면 continue 이하의 코드를 수행하지 않고 다시 반복문의 조건식을 확인하고 반복문의 처음부터 수행하게 되는 역할을 하게 됩니다. continue문 역시 while문과 아직 배우지 않은 for 반복문에서 사용할 수 있습니다.

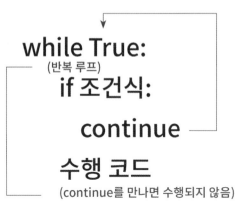

〈그림 2-2-1〉 while문에서의 continue

while문에서 continue는 〈그림 2-2-1〉과 같이 동작하게 됩니다. 보통은 어떤 조건문을 작성하고 조건문을 만족하면 코드를 수행하지 않고 다시 반복문의 조건을 확인하는 곳으로 코드의 흐름이 변경됩니다. 그럼 어떤 상황에서 이런 continue문을 사용하는지 예제를 갖고 이해해보도록 하겠습니다.

만약 사용자가 임의의 정수를 입력하면 1부터 입력된 수까지 홀수를 출력하는 프로그램을 작성해보도록 합니다. 02-2-while.py 파일을 새로 생성하고 다음 코드를 작성해보도록 하겠습니다.

```
01    num = int(input("임의의 정수 입력: "))
02    start = 0
03    while start <= num:
04        start += 1
05        if start % 2 == 0:
06            continue
07        print(start)
```

〈코드 2-2-1〉

01 사용자에게 입력받은 정수를 변수 num에 저장합니다.

02 최초 start 변수를 0으로 초기화 합니다.

03 while 반복문은 0으로 초기화시킨 변수 start의 값이 사용자가 입력한 수보다 이하일 때 동작하게 합니다.

04 변수 start의 값을 1씩 증가시킵니다. 이 값은 결국 1부터 사용자가 입력한 값까지 while문을 반복시키기 위해 사용되는 값입니다.

05~06 변수 start의 현재 값을 2로 나눈 나머지가 0인 경우, 이 경우는 start가 짝수라는 이야기이므로 continue를 사용하여 **07**행에서 화면 출력하는 코드를 수행하지 않게 합니다.

07 화면에 변수 start의 값을 출력합니다.

〈코드 2-2-1〉는 1부터 사용자가 입력한 정수 사이의 모든 홀수를 출력하는 아주 간단한 코드입니다. 결국 〈코드 2-2-1〉에서의 continue문은 **07**행의 화면출력을 할지 말지를 결정짓게 되는 역할로 사용됨을 알 수 있습니다.

파일을 실행하여 결과를 확인해보도록 하겠습니다.

〈그림 2-2-2〉 02-2-while.py 실행 결과

파일을 실행해보면 〈그림 2-2-2〉와 같이 1부터 사용자가 입력한 수 사이에서 홀수만 화면에 출력되는 것을 확인할 수 있습니다.

물론 〈코드 2-2-1〉은 continue의 사용 방법에 대한 예시를 들기 위한 코드이며 코드의 구조를 변경하면 continue문을 사용하지 않고도 충분히 다양한 방법으로 작성할 수 있는 내용입니다.

어쨌든 이런 break문과 continue문은 반복문과 함께 자주 사용되는 문법이므로 어떻게 사용하는지 대략적으로 이해하시는 게 좋습니다. 물론 이제 막 시작하는 초보자 입장에서 프로그램을 만들며 이런 문법들을 능숙하게 다루기까지는 많은 연습이 필요하고 이런 예시가 아닌 실제 프로그램 작성 시 어떻게 적용되는지는 다양한 프로그램들의 코드를 보면서 익숙해지는 게 좋습니다.

3. for 반복문

파이썬에서 반복문은 지금까지 배운 while문 외에도 for문을 통해 구현할 수 있습니다. for문 역시 while문과 마찬가지로 어떤 일련의 코드를 반복시키는데 목적이 있는 것은 동일하지만 while문과는 다른 문법을 사용합니다. 그럼 일단 파이썬에서 for문을 어떻게 사용하는지 문법적인 표현 방법부터 확인하고 넘어가도록 하겠습니다.

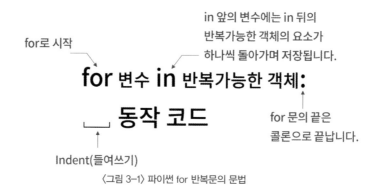

〈그림 3-1〉 파이썬 for 반복문의 문법

for문의 문법은 〈그림 3-1〉과 같이 for를 먼저 쓰고 뒤에 변수명을 작성합니다. 그리고 in문을 쓰고 반복가능한 객체를 작성하는데 여기서 반복가능한 객체는 iterable(이터러블)한 객체와 Sequence Type(시퀀스형) 객체를 말합니다. 먼저 iterable한 객체는 객체의 요소를 한 개씩 반환할 수 있는 객체를 말하는데 이전 자료형에서 배운 list, dict, set, tuple, str 등과 새롭게 배울 range같은 것들이 이런 iterable한 자료형이며, Sequence Type 객체는 저장된 데이터에 내부적인 순서가 있는 list, tuple, str 같은 자료형을 의미합니다. 사실 iterable한 자료형과 Sequence Type의 자료형에 대해서 더 자세히 이해하기 위해서는 내부적으로 어떻게 동작하는지 이해해야 하지만 여기서는 간단히 반복문을 사용하는 정도의 수준으로만 이해하고 넘어가도록 하겠습니다.

예를 들어 list형에 저장된 요소를 하나씩 화면에 출력하는 코드를 작성한다면 for문을 활용하여 작성할 수 있습니다. 03-for.py 파일을 생성하고 다음 코드를 작성해보도록 하겠습니다.

```
01    nums = [1, 2, 3, 4, 5]
02    for n in nums:
03        print(n)
```

<코드 3-1>

01 리스트형 변수 nums에 1, 2, 3, 4, 5의 요소를 저장합니다.

02 for문을 사용하여 nums의 요소를 변수 n으로 반복합니다. 이때 n에는 nums의 요소가 0번째부터 순차적으로 돌아가며 저장되며 변수 n은 for문에 의해 생성되는 변수이므로 for문 이전에 따로 선언할 필요는 없습니다.

03 for문에서 사용 중인 변수 n에 저장된 내용을 화면에 출력합니다.

<코드 3-1>은 for문을 사용하여 리스트 변수에 저장된 요소를 화면에 출력해주는 아주 간단한 예제 코드입니다. 코드를 작성했으면 파일을 저장한 후 실행하여 결과를 확인해보도록 하겠습니다.

<그림 3-2> 03-for.py 실행 결과

파일을 실행해보면 <그림 3-2>와 같이 리스트에 저장된 각각의 요소가 화면에 출력됩니다.

for문은 while문과는 다르게 리스트와 같이 반복가능한 객체의 값을 사용하여 어떤 동작을 반복하는데 주로 사용됩니다. 물론 while문으로 작성한 코드는 for문으로도 작성할 수 있고 그 반대의 경우에도 가능합니다만 어떤 반복문은 for문으로 작성하는 것이 더 자연스러울 때가 있고 또 반대로 어떤 코드는 while문으로 작성하는 게 자연스러운 코드가 있습니다.

예를 들어 우리가 while문에서 작성해본 알파벳 카운팅 프로그램을 이번에는 for문을 사용하여 작성해본다면 다음과 같이 작성할 수 있습니다. 03-for2.py 파일을 새롭게 생성하여 다음의 코드를 작성해보겠습니다.

```
01    txt = input("알파벳 문자열을 입력하세요.: ")
02    result = {}
03    for t in txt:
04        if result.get(t) is None:
```

```
05          result[t] = 1
06      else:
07          result[t] += 1
08  print(result)
```

〈코드 3-2〉

01 사용자가 입력한 알파벳 문자열을 변수 txt에 저장합니다.

02 알파벳을 카운팅하여 저장할 빈 딕셔너리 변수를 초기화 합니다.

03 txt에 저장된 문자열을 처음부터 끝까지 순서대로 반복하는데 이때 문자는 for문에서 사용된 변수 t에 저장됩니다.

04~05 딕셔너리형 변수 result에서 변수 t에 해당하는 키의 값을 구합니다. 키가 존재하지 않으면 None을 반환하고 그렇지 않은 경우에는 값을 반환하게 됩니다. 아직 한번도 등장하지 않은 알파벳인 경우 None을 반환하게 되므로 **05**행에서 새로운 키와 1의 값을 저장합니다.

06~07 변수 t에 저장된 현재 문자가 이미 등장한 적이 있는 키라면 값을 1 증가시킵니다.

08 알파벳 카운팅 정보가 저장된 딕셔너리형 변수 result의 내용을 화면에 출력합니다.

〈코드 3-2〉는 우리가 이전 while문으로 작성했던 〈코드 2-2〉를 for문 버전으로 변경한 코드입니다. 기본적으로 딕셔너리 자료형을 사용하여 알파벳을 카운팅하는 방식은 똑같지만 사용자가 입력한 문자열이 저장된 txt 변수에서 각 글자를 가져오는 과정은 while문을 사용했을 때는 문자열 변수 txt를 직접 인덱싱하여 각 글자를 가져왔지만 for문을 사용했을 때는 for문의 특성을 활용하여 직접 문자열을 인덱싱하지 않고 각 문자를 구해올 수 있었습니다. 파일을 실행하여 결과를 확인해보도록 하겠습니다.

〈그림 3-3〉 03-for2.py 파일 실행 결과

파일을 실행하고 적당한 알파벳을 입력해보면 〈그림 3-3〉과 같이 입력된 알파벳을 카운팅하여 결과를 화면에 출력합니다.

위의 예제에서처럼 알파벳 문자열을 카운팅하는 프로그램을 파이썬으로 작성한다면 만드는 입장에서는 이전 챕터에서 작성해본 while문을 사용하여 문자열을 직접 인덱싱하는 방법보다는 for문을 사용하는 게 조금 더 편한 방법이긴 합니다. 하지만 공부를 하는 입장에서 for문을 사용하는 방법, while문을 사용하는 방법 모두 기본적으로 알고 이해할 수 있어야 합니다.

3-1. range 객체

파이썬 for문에서 리스트와 같이 반복가능한 객체를 사용할 때는 리스트안의 요소만큼 알아서 반복을 합니다. 그런데 만약 리스트처럼 주어진 반복가능한 객체가 없고 그냥 특정 횟수를 반복하기를 원할 때는 range 객체를 사용해서 일정 범위를 반복시킬 수 있습니다. 먼저 for문을 통해 range 객체를 어떻게 사용하는지 문법적인 표현 방법부터 알아보도록 하겠습니다.

range의 범위인 1, 2, 3, 4 가
순서대로 저장 됩니다.

시작 종료 증가

for x in range(1, 5, 1):
동작 코드

〈그림 3-1-1〉 range의 문법적인 표현 방법

range는 〈그림 3-1-1〉과 같이 작성할 수 있습니다. range는 소괄호 안에 순서대로 시작 값, 종료 값, 증가 값을 순서대로 작성하는데 여기서 시작 값과 증가 값은 생략이 가능합니다만 다음과 같이 약간의 규칙이 있습니다. 03-1-range.py 파일을 생성하고 다음의 코드를 작성해보도록 하겠습니다.

```
01   for x in range(1, 5, 1):
02       print(x)
03   print("-" * 60)

05   for x in range(1, 5):
06       print(x)
07   print("-" * 60)

09   for x in range(5):
10       print(x)
```

〈코드 3-1-1〉

01 range를 사용하여 1부터 5미만까지 1씩 반복한 값을 x에 순서대로 저장합니다.

02 변수 x의 값을 화면에 출력합니다. 결과는 1, 2, 3, 4가 화면에 출력됩니다.

03, 07 코드를 구분하기 위해 화면에 구분선을 그리는 내용입니다.

05 range를 사용하여 시작 값 1과 종료 값 5를 설정하고 증가 값을 생략한 코드입니다. 여기서 증가 값을 생략하면 증가 값은 자동으로 기본값인 1로 동작하게 됩니다.

06 변수 x값은 1, 2, 3, 4가 순서대로 화면에 출력됩니다.

07 코드를 구분하기 위해 화면에 구분선을 그리는 내용입니다.

09 range를 사용하여 종료 값만 5로 설정하고 시작 값과 증가 값을 생략한 코드입니다. 여기서 시작 값이 생략되면 자동으로 기본값인 0으로 동작하게 됩니다.

10 변수 x값은 0, 1, 2, 3, 4가 순서대로 화면에 출력됩니다.

〈코드 3-1-1〉은 for문과 함께 range 객체를 사용할 때 여러 가지 문법적 사용 방법에 대한 예제 코드입니다. 여기서 주의할 점은 만약 시작 값이 1이고 종료 값이 5인경우 for문은 1부터 5까지 반복하는 게 아니라 1부터 4까지만 반복한다는 사실입니다. 결론적으로 종료 값으로 설정한 값에서 −1을 한 값까지 동작합니다.

range 객체는 〈코드 3-1-1〉의 **05**행과 **09**행에서처럼 증가 값을 생략하거나 아니면 시작 값과 증가 값을 모두 생략해서 사용할 수 있습니다. 이렇게 생략을 하게 되는 경우 range 객체가 갖고 있는 기본값으로 동작을 하는데 시작 값의 기본값은 0이되고 증가 값의 기본값은 1이 된다는 사실을 기억해야 합니다. 그리고 종료 값은 생략될 수 없습니다.

파일을 저장하고 실행하여 결과를 확인해보도록 합니다.

〈그림 3-1-2〉 03-1-range.py 파일 실행 결과

파일을 실행해보면 〈그림 3-1-2〉와 같이 각각 for문에 의한 변수 x값이 출력되는 것을 확인할 수 있습니다. 구분선 기준으로 맨 위의 for문은 시작 값 1, 종료 값 5, 증가 값 1을 설정해서 결과가 1, 2, 3, 4가 출력되었고, 두 번째 for문은 증가 값만 생략했을 때도 range의 기본 증가 값이 1이므로 똑같이 1, 2, 3, 4가 화면에 출력되었습니다. 그러나 세 번째 시작 값과 증가 값을 모두 생략하고 종료 값만 5로 설정한 경우에는 range의 기본 시작 값이 0이므로 0부터 출력되었다는 사실을 기억하셔야 합니다.

그런데 사실 range는 이렇게 for문에서만 사용되는 객체는 아닙니다. range는 단어 그대로 어떤 범위를 쉽게 설정하기 위해 사용되는 객체이기 때문에 리스트나 튜플, 집합과 같은 자료형을 다음과 같이 숫자의 순서대로 생성할 때도 사용이 가능합니다. 03-1-rangc2.py 파일을 생성하고 다음 코드를 작성해보도록 하겠습니다.

```
01    a = list(range(1, 10))
02    b = tuple(range(1, 10))
03    c = set(range(1, 10))
04    print(f"a: {a}")
05    print(f"b: {b}")
06    print(f"c: {c}")
```

〈코드 3-1-4〉

01~03 1부터 9까지의 숫자를 각각 리스트, 튜플, 집합 형태로 생성하여 변수에 저장합니다.

04~06 각각 변수의 값을 화면에 출력합니다.

〈코드 3-1-4〉는 range를 이용하여 1부터 9까지의 숫자를 각각 리스트, 튜플, 집합 형태로 손쉽게 생성하는 예제 코드입니다. 파일을 저장하고 실행하여 결과를 확인해보도록 하겠습니다.

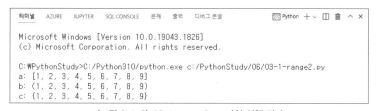

〈그림 3-1-3〉 03-1-range2.py 파일 실행 결과

파일을 실행해보면 range를 사용하여 요소가 1부터 9까지인 각각 리스트, 튜플, 집합을 생성하여 화면에 출력한 결과를 확인할 수 있습니다.

그러면 이번에는 우리가 지난 챕터에서 while문과 continue문을 사용하여 1부터 사용자가 입력한 수 사이의 홀수를 출력하는 프로그램을 for문을 사용한다면 어떻게 작성해야 할까요? 이런 경우 range의 증가 값을 설정해서 아주 쉽게 구현할 수 있습니다. 03-1-hol.py 파일을 생성하고 다음 코드를 작성합니다.

```
01    num = int(input("임의의 정수 입력: "))
02    for x in range(1, num + 1, 2):
03        print(x)
```

〈코드 3-1-5〉

01 사용자에게 임의의 정수를 입력 받아 변수 num에 저장합니다.

02 for문과 range를 사용하는데 이때 range는 1부터 시작하고 사용자가 입력한 정수 값의 + 1만큼 설정해야 합니다. 그리고 증가 값은 2로 설정하면 변수 x는 1부터 2씩 증가를 하기 때문에 1, 1+2, 3+2, 5+2..의 순서대로 반복을 하게 됩니다.

03 변수 x의 값을 화면에 출력합니다.

〈코드 3-1-5〉는 range의 증가 값을 사용하여 1부터 사용자가 입력한 정수사이의 모든 홀수 값을 화면에 출력하는 예제 코드입니다. 여기서도 마찬가지로 range의 종료 값의 −1만큼 동작하기 때문에 range의 종료 값은 반드시 사용자가 입력한 값에 1을 더해야 한다는 점입니다.

〈코드 3-1-5〉에서 range의 시작 값은 1이기 때문에 증가 값을 2로 설정하면 for문은 1, 1+2, 1+2+2, 1+2+2+2...의 순서대로 증가를 하게 됩니다. 그렇기 때문에 결론적으로 1, 3, 5, 7...처럼 홀수만 반복되는 원리입니다.

파일을 저장하고 실행하여 그렇게 되는지 직접 확인해보도록 하겠습니다.

〈그림 3-1-4〉 03-1-hol.py 파일 실행 결과

파일을 실행하여 〈그림 3-1-4〉에서처럼 정수 10을 입력하면 1부터 10사이의 홀수인 1, 3, 5, 7, 9가 화면에 출력되는 것을 확인할 수 있습니다.

사실 range 객체를 더 깊게 이해하려면 우리가 아직 배우지 않은 여러 가지 내용들을 이해해야 하지만 파이썬을 처음 시작하는 단계에서는 굳이 그런 자세한 부분까지 이해하려고 하는 것은 오히려 흥미를 잃게 될 수도 있기 때문에 간단하게 range 객체를 어떻게 사용하는지에 대해서만 가볍게 다루고 이 정도에서 마무리하겠습니다.

3-2. 다중 for문

지금까지 다룬 예제코드는 어떤 반복되는 패턴이 1개인 경우에 대해서만 알아보았습니다. for문을 1개만 사용해서 코드를 작성하였지만 실제 여러 가지 다양한 코드를 작성하다 보면 반복되는 패턴이 2개, 3개 등 다양한 경우를 만날 수 있게 됩니다.

이런 경우 여러 개의 반복되는 패턴을 처리하기 위해서 for문을 2개, 3개 등 여러 개를 중첩하여 작성하기도 하는데, for문이 2개 중첩 되어있으면 2중 for문이라하고 3개가 중첩되어있으면 3중 for문이라고 합니다. 이렇게 2개 이상의 for문이 중첩되어있는 상태를 통칭해서 다중 for문이라고 말하기도 합니다. 그럼 일단 문법적으로 다중 for문은 어떻게 구성되는지 먼저 알아보고 넘어가도록 하겠습니다.

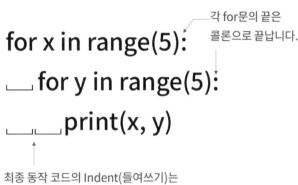

〈그림 3-2-1〉 이중 for문의 문법적 표현방법

2중 for문은 〈그림 3-2-1〉과 같이 작성할 수 있습니다. 제일 바깥쪽 for문의 코드블록 안에 다시 for 문이 등장하고 안쪽 for문의 코드블록에 실제 동작할 내용을 작성하면 됩니다. 물론 각 for문의 끝은 콜론으로 끝나야 하며 이렇게 for문 안에 여러 개의 for문을 중첩하여 작성이 가능합니다.

그러면 위의 〈그림 3-2-1〉의 코드를 실행하게 되면 실제 print(x, y) 코드는 몇 번 수행될까요? 쉽게 생각해보면 바깥쪽 for문은 range에 의해 0부터 4까지 총 5회가 수행되고 안쪽 for문 역시 range에 의해 5회 수행될 테니 〈그림 3-2-1〉의 코드에서 print(x, y)는 총 5 × 5 = 25번만큼 수행됩니다.

03-2-for.py 파일을 생성하고 〈그림 3-2-1〉의 내용을 직접 작성하여 실행해보고 결과를 확인해보도록 하겠습니다.

```
01    for x in range(5):
02        for y in range(5):
03            print(f"x={x}, y={y}")
```

〈코드 3-2-1〉

01 range를 사용하여 0부터 4까지 5번 수행하는 for문을 작성합니다.

02 **01**행 for문의 코드블록에 다시 for문을 사용하여 0부터 4까지 5번 수행하는 2중 for문을 작성합니다. **01**행 for문 안에 존재하는 for문이므로 **01**행 for문을 기준으로 들여쓰기를 해야 합니다.

03 2중 for문에서 실제 동작하는 코드로 **02**행의 안쪽 for문을 기준으로 들여쓰기를 해야함에 주의하셔야 합니다.

〈코드 3-2-1〉은 〈그림 3-2-1〉의 내용을 그대로 옮겨적은 2중 for문의 문법적 표현 방식을 이해하기 위한 아주 간단한 예제 코드입니다. 여기서 주의할 부분은 **03**행의 실제 동작하는 코드의 들여쓰기를 **02**행 for문을 기준으로 해야 한다는 점입니다. 일단 파일을 저장하고 실행해보도록 하겠습니다.

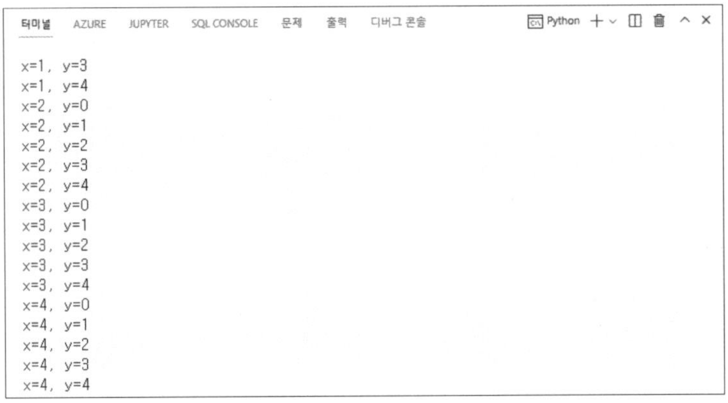

〈그림 3-2-2〉 03-2-for.py 파일 실행 결과

파일을 실행해보면 〈그림 3-2-2〉에서처럼 2중 for문 안에 작성한 print(x, y)에 의해 변수 x와 y의 값이 화면에 출력되는 것을 확인할 수 있습니다. 여기서 이 변수 x와 y값이 어떻게 변화하는지를 주의 깊게 보시기를 바랍니다.

〈코드 3-2-1〉에서의 2중 for문은 결국 바깥쪽 for문이 한번 수행하면 안쪽 for문은 5회 수행이 모두 끝나야 다시 바깥쪽 for문이 다음 반복을 하게 됩니다. 이 말은 바깥쪽 for문의 변수 x가 0일때 안쪽 for 문의 변수 y는 0, 1, 2, 3, 4가 모두 동작해야 그 다음에 다시 바깥쪽 for문의 다음 동작을 하게 되어 변수 x가 1로 바뀐다는 이야기입니다.

우리가 익숙하게 알고 있는 구구단을 보면 이렇게 두 가지의 반복 패턴을 갖고 있습니다. 다음 구구단의 그림을 보고 구구단에서 어떤 규칙이 있는지 한번 알아보도록 하겠습니다.

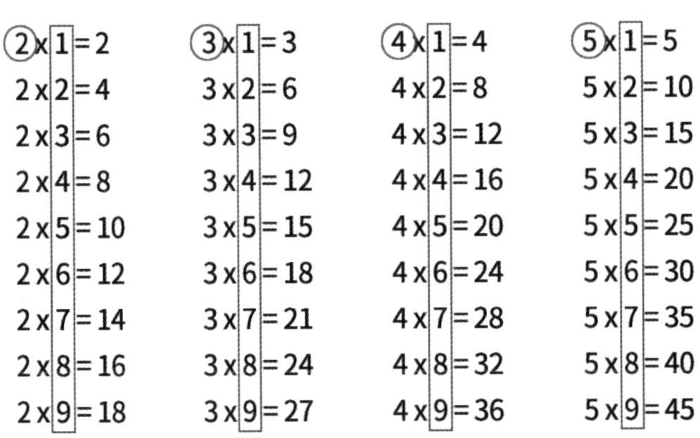

〈그림 3-2-3〉 구구단의 규칙성

〈그림 3-2-3〉에서처럼 구구단의 규칙성을 보면 구구단은 2단, 3단, 4단처럼 각 단이 있고, 각 단은 다시 1부터 9까지를 반복되므로 두 가지의 반복 패턴이 있다고 볼 수 있습니다. 그러면 이렇게 두 가지의 패턴을 파이썬 코드로 반복시키기 위해서 2중 for문을 사용할 수 있습니다.

각 단은 바깥쪽 for문을 사용하여 표현할 수 있고 각 단의 1부터 9까지는 안쪽 for문을 사용하여 반복할 수 있습니다. 그럼 03-2-gugu.py 파일을 새롭게 생성하고 다음의 코드를 작성해보도록 하겠습니다.

```
01    for x in range(2, 10):
02        for y in range(1, 10):
03            print(f"{x} x {y} = {x * y}")
```

〈코드 3-2-2〉

01 구구단의 단은 바깥쪽 for문에서 2단부터 9단까지 동작할 수 있게 range 객체를 사용하여 작성합니다.

02 각 단의 1부터 9까지 반복하기 위해 range를 사용하여 안쪽 for문에 작성합니다. **02**행의 안쪽 for문이 모두 수행되어야 **01**행 for문의 다음 반복이 수행된다는 사실을 기억하셔야 합니다.

03 단수에 해당하는 바깥쪽 for문의 변수 x와 1~9에 해당하는 **02**행의 안쪽 for문의 변수 y를 사용하여 2 × 2 = 4처럼 포맷문자열을 구성하여 구구단처럼 화면에 출력합니다.

구구단 코드가 작성된 03-2-gugu.py 파일을 저장하고 실행하여 결과를 확인해보도록 합니다.

〈그림 3-2-4〉 03-2-gugu.py 파일 실행 결과

파일을 실행해보면 〈그림 3-2-4〉와 같이 2단부터 9단까지 구구단이 화면에 모두 출력되는 것을 확인할 수 있습니다. 구구단은 각 단과 단마다 1부터 9까지의 2가지 패턴이 반복해야 하므로 〈코드 3-2-2〉와 같이 2중 for문을 사용하여 동작시킬 수 있습니다.

그런데 〈코드 3-2-2〉를 실행했을 때 〈그림 3-2-4〉와 같이 구구단이 모두 아래 방향으로 출력되기 때문에 한눈에 알아보기가 어렵습니다. 그렇다면 〈그림 3-2-3〉처럼 구구단을 가로 형태로, 그러니까 옆으로 출력하게 하려면 어떻게 해야 할까요?

일단 가로로 구구단을 출력하게 하려면 print( ) 함수에 의해 개행되어 밑으로 내려간 커서를 다시 위로 올릴 수는 없기 때문에 2 × 1 = 2 다음에 3×1 = 3 이 출력되어야 합니다. 이를 for문으로 상상해보면 이번에는 2×1 = 2, 3×1 = 3, 4×1 = 4... 와 같이 단수가 먼저 증가를 하고 한 줄이 모두 끝나고 나서야 1이 2로 증가해야 한다는 사실을 알 수 있습니다.

그러면 for문을 사용했을 때 〈코드 3-2-2〉와 다르게 바깥쪽 for문은 단수가 아닌 1부터 9를 반복해야 하고 안쪽 for문에서 단수를 증가시켜줘야 합니다. 그리고 여기서 print( ) 함수를 사용할 때 개행을 하지 않게 하기 위해 print(end=") 값을 직접 설정해서 출력을 해야 합니다. 일단 코드를 보면 더 쉽게 이해할 수 있으니 03-2-gugu2.py 파일을 새롭게 생성하고 다음의 코드를 작성합니다.

```
01   for i in range(1, 10):
02       for j in range(2, 10):
03           print(f"{j}x{i}={j*i}", end="\t")
04       print("")
```

〈코드 3-2-3〉

01 바깥쪽 for문은 나중에 안쪽 for문이 모두 반복하고 난 뒤에 동작하기 때문에 여기서는 각 단의 숫자 1이 모두 출력되고 나서 2로 증가해야 하므로 1부터 10을 나중에 반복합니다.

02 구구단을 옆으로 출력할 때는 2×1=2, 3×1=3, 4×1=4...와 같이 단수가 먼저 증가해야 하기 때문에 안쪽 for문에서는 2부터 9단까지 단수를 먼저 증가시켜야 합니다.

03 화면에 구구단의 형식에 맞게 문자열을 출력하는데 이때 2×1=2 다음에 개행이 되지 않게 하기 위해 print(end='\t')처럼 print( ) 함수의 end 값을 이스케이프 문자 탭으로 설정하여 줄 내림(ENTER) 대신 탭을 입력하게 해야 합니다.

04 안쪽 for문, 그러니까 2×1=2, 3×1=3... 9×1=9가 출력되고 난 뒤에는 다음 줄로 넘어가야 하기 때문에 print( ) 함수에 빈 문자열을 출력하면 입력된 문자없이 그냥 개행이 됩니다.

파일을 저장한 후 실행하여 생각한대로 결과가 출력되는지 한번 확인해보도록 하겠습니다.

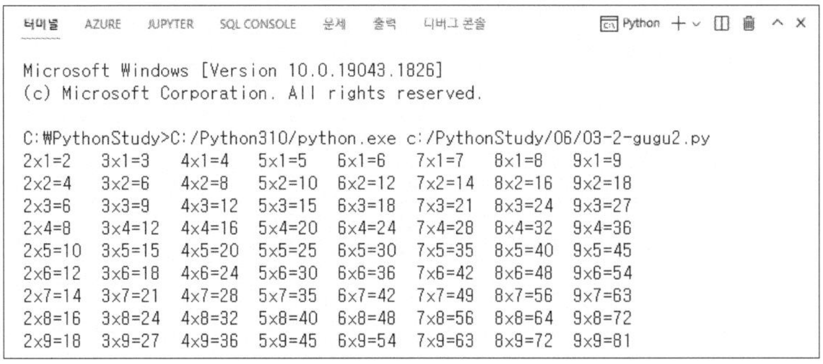

```
터미널  AZURE  JUPYTER  SQL CONSOLE  문제  출력  디버그 콘솔        Python + ∨ ◫ 🗑 ^ ×

Microsoft Windows [Version 10.0.19043.1826]
(c) Microsoft Corporation. All rights reserved.

C:₩PythonStudy>C:/Python310/python.exe c:/PythonStudy/06/03-2-gugu2.py
2x1=2   3x1=3   4x1=4   5x1=5   6x1=6   7x1=7   8x1=8   9x1=9
2x2=4   3x2=6   4x2=8   5x2=10  6x2=12  7x2=14  8x2=16  9x2=18
2x3=6   3x3=9   4x3=12  5x3=15  6x3=18  7x3=21  8x3=24  9x3=27
2x4=8   3x4=12  4x4=16  5x4=20  6x4=24  7x4=28  8x4=32  9x4=36
2x5=10  3x5=15  4x5=20  5x5=25  6x5=30  7x5=35  8x5=40  9x5=45
2x6=12  3x6=18  4x6=24  5x6=30  6x6=36  7x6=42  8x6=48  9x6=54
2x7=14  3x7=21  4x7=28  5x7=35  6x7=42  7x7=49  8x7=56  9x7=63
2x8=16  3x8=24  4x8=32  5x8=40  6x8=48  7x8=56  8x8=64  9x8=72
2x9=18  3x9=27  4x9=36  5x9=45  6x9=54  7x9=63  8x9=72  9x9=81
```

〈그림 3-2-5〉 03-2-gugu2.py 파일 실행 결과

실행 결과를 확인해보면 〈그림 3-2-5〉와 같이 구구단이 아래 방향이 아닌 우측 방향으로 문제없이 출력되는 것을 확인할 수 있습니다.

아래 방향으로 출력되었던 〈코드 3-2-2〉와 우측 방향으로 출력되는 〈코드 3-2-3〉는 사실 2중 for문의 바깥쪽 for문과 안쪽 for문이 서로 반대로 작성되었고 print( ) 함수를 약간 다르게 사용한 작은 차이뿐 이지만 파이썬을 처음 접하는 사람 입장에선 생각보다 난이도가 있는 복잡한 문제입니다.

파이썬의 for 반복문은 이렇게 어떤 동작을 반복시키는 목적으로도 사용하지만 다중 자료형의 변수의 요소에 접근하기 위해서 사용하는 경우도 있습니다. 무슨 이야기인지 03-2-list.py 파일을 새로 생성하고 다음 코드를 한번 작성해보도록 하겠습니다.

```
01  a = [[[1, 2, 3], [4, 5, 6]]]
02  for x in a:
03      for j in x:
04          for y in j:
05              print(y)
```

〈코드 3-2-4〉

01 3차원 리스트 요소를 변수 a에 저장합니다.

02 리스트 a의 요소를 변수 x로 반복합니다. 여기서 중요한 점은 변수 a의 0번째 요소는 [[1, 2, 3], [4, 5, 6]]이라는 사실입니다. 그렇기 때문에 제일 바깥쪽 for문은 한 번만 반복합니다.

03 변수 x의 요소를 변수 j로 반복합니다. 이때 변수 j는 [1, 2, 3]과 [4, 5, 6]이 각각 반복됩니다. 그렇기 때문에 두 번째 for문은 두 번만 반복합니다.

04 변수 j의 요소를 변수 y로 반복합니다. 이때 변수 y는 j의 요소 [1, 2, 3]과 [4, 5, 6]을 모두 반복하게 될테니 1, 2, 3과 4, 5, 6 총 6번 반복됩니다.

파이썬에서 어떤 변수에 담긴 요소들이 〈코드 3-2-4〉에서처럼 다차원으로 저장되어있는 경우가 종종

있습니다. 이렇게 다차원으로 저장된 각 요소를 for문으로 반복하기 위해서 인덱싱을 떠올려 접근해보면 좀 더 쉽게 이해할 수 있습니다.

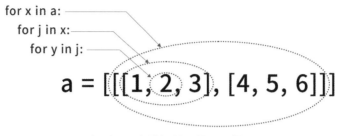

〈그림 3-2-6〉 변수 a를 for문으로 접근

〈그림 3-2-6〉과 같이 결국 가장 바깥쪽 for문은 변수 a의 0번째 요소로의 접근과 같습니다. 그렇기 때문에 변수 x는 [[1, 2, 3], [4, 5, 6]]으로 한 개의 요소만 반복하게 되며 두 번째 for문은 0번째 요소를 반복하게 되기 때문에 [1, 2, 3]과 [4, 5, 6] 두 개의 요소를 반복하게 됩니다. 그리고 가장 안쪽의 for문은 상위 요소인 [1, 2, 3]과 [4, 5, 6]을 모두 반복하게 되므로 1, 2, 3, 4, 5, 6을 모두 반복하게 되는 내용입니다.

어쨌든 파일을 저장하고 실행하여 예상한 것과 같이 결과가 출력되는지 확인해보도록 하겠습니다.

〈그림 3-2-7〉 03-2-list.py 파일 실행 결과

파일을 실행해보면 〈코드 3-2-4〉의 **05**행에서 print(y)는 변수 a의 차원만큼 for문을 사용하여 요소를 반복하여 출력하게 했으므로 변수 a의 가장 안쪽 차원까지 진입하여 1, 2, 3, 4, 5, 6이 모두 화면에 출력되는 것을 확인할 수 있습니다.

파이썬의 for 반복문은 for문이 한 개만 등장했을 때는 for문의 동작을 어느정도 쉽게 이해할 수 있지만, for문이 두 개, 세 개처럼 점점 많아지면 for문의 동작을 상상하기에 머리속이 조금은 복잡해지게 됩니다. 만약 여러분이 차후에 머신 러닝을 공부하거나 이미지 관련 프로그래밍을 공부하고자 하신다면 이런 다차원 자료형에 대해 빨리 익숙해지는 게 좋습니다.

3-3. enumerate()

파이썬 for문을 사용하면서 range 객체와 같이 자주 사용되는 게 enumerate( )라는 파이썬 내장 함수[3]입니다. enumerate( )는 iterable(이터러블)한 객체를 넘겨주면 객체의 요소와 인덱스 값을 돌려주는 함수입니다. 여기서 인덱스 값이란 현재 반환된 요소가 몇 번째 위치하는지에 대한 위치 정보 값이라고 생각하시면 됩니다.

그럼 다음의 코드를 한번 살펴보면서 어떤 경우에 enumerate( ) 함수가 활용되는지를 한번 알아보도록 하겠습니다. 다음 코드는 따로 작성하실 필요는 없습니다.

```
01   txt = input("임의의 알파벳을 입력하세요: ")
02   cnt = 0
03   for c in txt:
04       if c == "a":
05           cnt += 1
06           print(f"a 가 {cnt}번 등장 했습니다.")
```

〈코드 3-3-1〉

01 임의의 알파벳을 사용자로부터 입력 받아 변수 txt에 저장합니다.

02 입력된 알파벳에서 a가 몇 번 등장하는지를 카운팅하기 위한 변수입니다.

03 입력된 알파벳을 변수 c로 반복합니다.

04 현재 문자가 a인 경우

05 cnt 변수 값을 1 증가시킵니다.

06 현재 a가 몇 번 등장하고 있는지를 화면에 출력합니다.

〈코드 3-3-1〉은 사용자가 입력한 알파벳 문자열에서 for문을 사용하여 알파벳 a가 몇 번 등장하는지를 카운팅하는 아주 단순한 예제 코드입니다. 그런데 만약 위의 〈코드 3-3-1〉에서 알파벳 a가 입력된 문자열에서 몇 번째 위치하는지, 위치 정보를 함께 출력하려면 어떻게 해야 할까요?

---

3   내장 함수는 특정 기능을 수행할 수 파이썬에서 기본적으로 제공하는 동작 코드라 볼 수 있습니다. 함수에 대한 자세한 설명은 추후 함수 편에서 자세히 다룰 예정입니다.

```
txt = input("임의의 알파벳을 입력하세요: ")
cnt = 0
pos = 0
for c in txt:
    if c == "a":

        cnt += 1
        print(f"a 가 {cnt}번 {pos}에서 등장 했습니다.")
    pos += 1
```

<코드 3-3-2>

쉽게 생각하면 위의 코드에서처럼 pos라는 새로운 변수를 하나 생성하고 for문을 반복할 때마다 1씩 증가하면 for문은 입력된 문자열 전체를 반복하고 있기 때문에 0, 1, 2, 3, 4...처럼 pos 값이 입력된 문자열 길이만큼 증가하게 될 테고, a가 등장했을 때 pos 값을 화면에 출력하면 그 값이 곧 알파벳 a의 위치 값이 됩니다.

물론 〈코드 3-3-2〉와 같은 스타일은 다른 프로그래밍 언어에서도 자주 사용되는 코드 스타일이며 이처럼 사용해도 상관은 없지만 파이썬에서는 이런 경우 enumerate( ) 함수를 사용하여 더 쉽고 빠르게 작성할 수 있습니다.

03-3-enumerate.py 파일을 생성하고 〈코드 3-3-2〉를 다음과 같이 수정하여 작성해보도록 하겠습니다.

```
01   txt = input("임의의 알파벳을 입력하세요: ")
02   cnt = 0
03   for pos, c in enumerate(txt):
04       if c == "a":
05           cnt += 1
06           print(f"a가 {cnt}번 {pos}에서 등장 했습니다.")
```

<코드 3-3-3>

01 사용자에게 임의의 알파벳 문자열을 입력받습니다.

02 알파벳 a의 등장횟수를 카운팅할 변수입니다.

03 enumerate( ) 함수에 입력된 문자열이 저장된 txt 변수를 넘겨주면 enumerate( ) 함수는 인덱스 값과 txt 의 요소 값, 두 가지를 반환하게 됩니다. 그래서 변수 pos에는 인덱스 값이 저장되고 변수 c에는 각각의 알파벳이 저장됩니다.

04 현재 문자가 a라면

05 변수 cnt의 값을 1 증가시킵니다.

06 알파벳 a의 등장 횟수와 위치 값 pos를 화면에 출력합니다.

〈코드 3-3-3〉에서처럼 enumerate( )함수를 사용하면 보다 쉽게 해당 객체의 인덱스 값을 구할 수 있습니다. 앞의 예제 코드에서는 문자열 객체를 사용했지만 리스트, 튜플 등 반복가능한 모든 객체를 사용할 수 있습니다.

그럼 파일을 저장하고 결과가 어떻게 나오는지 확인해보도록 하겠습니다.

〈그림 3-3-1〉 03-3-enumerate.py 파일 실행 결과

파일을 실행해보면 〈그림 3-3-1〉에서처럼 사용자가 적절한 알파벳 문자열을 입력하면 해당 문자열에서 알파벳 a의 등장횟수와 위치 정보가 출력되는 것을 확인할 수 있습니다.

enumerate( ) 함수는 실제 다양한 경우로 자주 사용되는 함수이므로 꼭 기억을 하고 계시는 게 좋습니다.

3-4. List Comprehension (리스트 컴프리헨션)

파이썬은 상당히 유연한 문법을 추구합니다. 여기서 유연하다는 표현은 어떤 한 가지 문법적인 표현을 C 언어와 같은 표준적인 문법 스타일과 파이썬만의 독창적인 문법 스타일, 두 가지 모두로 표현이 가능함을 의미합니다.

그 중 List Comprehension(리스트 컴프리헨션)은 for문을 사용하여 리스트를 생성할 때 주로 사용되는 방법인데 보통 for문을 한 줄로 표기할 때 응용하여 많이 사용되는 방법이기도 합니다.

예를 들어 리스트 변수에 0부터 4까지의 요소를 순차적으로 저장한다고 하면 for문을 사용하여 다음과 같이 작성할 수 있습니다. 03-4-comprehension.py 파일을 생성하고 다음 코드를 작성해보도록 하겠습니다.

```
01   r = []
02   for n in range(5):
03       r.append(n)
04   print(r)
```

〈코드 3-4-1〉

01 0부터 4까지 저장될 빈 리스트 변수입니다.

02 for range를 사용하여 0부터 4까지를 변수 n으로 반복합니다.

03 리스트 변수에 변수 n 값을 저장합니다.

04 최종 결과를 화면에 출력합니다. 그러면 리스트 변수 n에는 0, 1, 2, 3, 4가 저장되어 출력됩니다.

아주 단순한 코드이므로 저장 후 실행하여 결과를 바로 확인해보도록 하겠습니다.

〈그림 3-4-1〉 03-4-comprehension.py 파일 실행 결과

파일을 실행해보면 예상했던 것과 마찬가지로 리스트형 변수 r에는 0, 1, 2, 3, 4가 저장되어 출력되는 것을 확인할 수 있습니다.

그럼 이번에는 List Comprehension을 사용하여 〈코드 3-4-1〉에서 작성한 코드를 한 줄로 작성해보도록 하겠습니다. 03-4-comprehension.py 파일에 다음의 코드를 추가하여 어떻게 코드가 달라지는지 확인해보도록 합니다.

```
... 생략 ...
06   r2 = [n for n in range(5)]
07   print(r2)
```

〈코드 3-4-2〉

06 List Comprehension을 사용하여 기존의 for문을 한 줄로 작성하여 리스트 변수 r2를 생성합니다.

07 리스트형 변수 r2의 값을 화면에 출력합니다.

〈코드 3-4-2〉를 보면 〈코드 3-4-1〉의 네 줄짜리 코드가 두 줄로 줄여진 것을 확인할 수 있습니다. 일단 파일을 실행하여 결과가 똑같이 출력되는지 확인해보도록 합니다.

```
더미널    AZURE   JUPYTER   SQL CONSOLE   문제   출력   디버그 콘솔              Python  + ∨ □ 🗑 ∧ ✕

Microsoft Windows [Version 10.0.19043.1826]
(c) Microsoft Corporation. All rights reserved.

C:\PythonStudy>C:/Python310/python.exe c:/PythonStudy/06/03-4-compreshension.py

[0, 1, 2, 3, 4]
[0, 1, 2, 3, 4]
```

〈그림 3-4-2〉 03-4-comprehension.py 파일 실행 결과

파일을 실행해보면 〈그림 3-4-2〉와 같이 변수 r과 r2의 값이 동일하게 출력되는 것을 확인할 수 있습니다. 그럼 이 List Comprehension의 문법적 표현 방법을 좀 더 쉽게 이해하기 위해 다음의 그림을 살펴보도록 하겠습니다.

〈그림 3-4-3〉 List Comprehension의 문법적 표현 방식

보통 List Comprehension을 for문을 한 줄로 쓰는 표현식이라 생각하기도 하지만 결론적인 목적은 리스트를 손쉽게 생성하기 위함입니다. 그렇기 때문에 〈그림 3-4-3〉에서처럼 전체를 중괄호([ ])로 묶어 주어야 하며 for문은 일단 그대로 작성하되 for문의 끝에 콜론을 사용하지 않습니다. 그리고 for문에 의해 반복되는 변수의 값을 리스트의 요소로 생성해야 하기 때문에 for문 밖에 다시 선언을 해주어야 합니다.

그러면 〈그림 3-4-3〉에서처럼 for문은 range(5)에 의해 0부터 4까지 5회 반복하며 변수 n의 값이 0, 1, 2, 3, 4가 됩니다. 결론적으로 이는 [n]이 0부터 4까지 5회 반복되어 최종적으로 [0, 1, 2, 3, 4] 가 되어 r2에 저장됩니다.

사실 여기서 중요한 점은 꼭 List Comprehension 같은 문법적 표현을 써서 네 줄짜리 코드를 두 줄로 줄여서 써야만 하는 것은 아닙니다. 단지 이런 형식으로 for문을 작성할 수도 있다는 사실만 기억하고 있어도 충분하니 너무 부담을 갖을 필요는 없습니다.

어쨌든 문법적인 for문에 대한 일반적인 설명은 지금까지 이야기한 것이 전부입니다. 지금까지의 내용을 어느정도 이해했다면 본인이 분명 for문을 능숙하게 다루고 for문을 사용한 코드를 쉽게 작성할 수 있어야 하는데 막상 현실은 그렇지가 않을 때가 많습니다. 왜 코딩을 하는게 어려울까요?

그 이유는 파이썬을 처음 시작하는 분들, 코딩을 처음 시작하는 입장에선 코딩을 작성하는 사고가 익숙하지 않기 때문입니다. 코드를 작성한다는 것은 어떤 주어진 문제를 해결하기 위해 논리적 흐름과 규칙

을 작성하는 것인데, 그러기 위해서는 주어진 문제를 스스로가 논리적으로 이해할 수 있어야 그것을 코드화시킬 수 있기 때문입니다.

3-5. for문으로 별찍기

지금까지 알아본 for 반복문은 사실 파이썬에서만 사용하는 문법은 아닙니다. C언어에서도 사용하고 자바에서도 사용하고 거의 대부분의 프로그래밍 언어에서 반복을 위해 for문을 사용합니다. 결론적으로 for문을 사용하여 반복문을 작성한다는 것은 for문을 어떻게 사용하는지가 중요한 게 아니라 내가 어떻게 프로그래밍적인 사고를 할 수 있는지가 중요합니다.

그래서 이번에는 for문을 활용하여 화면에 별 문자를 원하는 형태의 도형으로 출력하는 연습을 해보도록 하겠습니다.

〈그림 3-5-1〉 직각 삼각형

일단 가장 단순한 형태로 〈그림 3-5-1〉과 같이 직각 삼각형을 for문을 사용해서 출력한다면 어떻게 해야 할까요?

일단 이런 문제를 접했을 때 가장 먼저 반복되는 패턴을 찾아내야 합니다. 위의 직각 삼각형에서 별이 찍힌 순서를 위에서부터 세어보면 별의 개수가 1, 2, 3, 4, 5로 반복됩니다. 결론적으로 행과 별의 개수가 일치함을 알 수 있으니 아주 단순하게 다음과 같이 코드로 표현할 수 있습니다. 03-5-star1.py 파일을 생성하고 다음 코드를 작성합니다.

```
01  for i in range(5):
02      print("*" * (i + 1))
```

〈코드 3-5-1〉

01 별과 행의 개수가 총 5개이므로 range를 사용해 for문을 5회 반복합니다.

02 별의 개수는 행의 개수와 일치한데 행의 개수는 이미 변수 i 값에 저장되어 있습니다. 그러나 range는 0부터 시작하기 때문에 i에 1을 더해서 1부터 시작하게 합니다. 이때 소괄호를 사용해서 i + 1이 먼저 계산되게 해야 합니다.

〈코드 3-5-1〉을 저장하고 실행하여 원하는 대로 별이 출력되는지 확인해보도록 합니다.

〈그림 3-5-2〉 03-5-star1.py 파일 실행 결과

파일을 실행해보면 〈그림 3-5-2〉와 같이 별이 직각 삼각형 모양으로 출력된 것을 확인할 수 있습니다. 아주 간단한 코드이므로 지금까지 책을 잘 따라왔다면 이해할 수 있는 내용입니다.

〈그림 3-5-3〉 역 직각 삼각형

이번에는 〈그림 3-5-1〉의 직각 삼각형을 반대로 하여 〈그림 3-5-3〉처럼 역 직각 삼각형을 출력하려면 어떻게 해야 할까요? 분명 간단한 것 같은데 막상 코드를 머릿속에 떠올려보면 쉽게 그려지지 않습니다.

일단 별의 개수를 살펴보면 이전 직각 삼각형과 같이 위에서 아래로 내려오면서 1, 2, 3, 4, 5개로 동일한데 왜 머릿속에 그림이 그려지지 않을까요?

그건 바로 앞에 공백을 채워야 한다는 점이 새롭게 등장했기 때문입니다. 결론적으로 보면 위의 역 직각 삼각형은 위에서부터 공백 4개 + 별 1개, 공백 3개 + 별 2개... 와 같은 규칙성을 찾을 수 있습니다.

⊔⊔⊔⊔★	공백:4 별:1
⊔⊔⊔★★	공백:3 별:2
⊔⊔★★★	공백:2 별:3
⊔★★★★	공백:1 별:4
★★★★★	공백:0 별:5

〈그림 3-5-4〉역 직각 삼각형의 공백과 별의 개수

그럼 다시 정리해서 보면 〈그림 3-5-4〉와 같이 공백 개수는 위에서부터 4개, 3개, 2개, 1개로 줄어들고 별의 개수는 위에서부터 1개, 2개, 3개...로 늘어나게 됩니다. 그럼 결론적으로 별의 개수는 행번호와 같고 공백의 개수는 총 동작 범위 값인 5에서 행번호를 뺀 값이 된다는 규칙을 찾을 수 있어야 합니다.

03-5-star2.py 파일을 생성하고 지금까지의 내용을 코드로 작성해보도록 하겠습니다.

```
01   for i in range(5):
02       print(" " * (5 - (i + 1)), end="")
03       print("*" * (i + 1))
```

〈코드 3-5-2〉

01 for문은 총 5회 반복합니다.

02 별을 출력하기 전에 먼저 공백을 출력하는데 공백은 전체 반복횟수인 5에서 현재 행 번호(별의 개수)를 뺀 값입니다. 그런데 range에 의해 0부터 시작하니 +1을 해야 합니다. 그러면 순서대로 보면 5 - (0 + 1) = 4, 5 - (1+1) = 3...과 같이 반복되어 공백의 값을 구할 수 있습니다. 여기서 공백을 출력하고 개행이 되면 안되기 때문에 print( ) 함수의 end 값을 ""처럼 빈 문자열로 설정해야 합니다.

03 02행에서 공백을 출력했으므로 이제 별을 출력합니다. 별은 현재 행번호의 개수만큼 출력하면 됩니다.

파일을 저장하고 정말 역 삼각형 형태로 출력이 되는지 확인해보도록 하겠습니다.

〈그림 3-5-5〉03-5-star2.py 파일 실행 결과

파일을 실행해보면 〈그림 3-5-5〉와 같이 역 삼각형의 별 문자가 출력되는 것을 확인할 수 있습니다. 사실 이렇게 결과를 실행해 놓고 보면 별거 아니지만 머릿속에서 상상할 때는 너무 복잡하게만 느껴지고 어떻게 코드를 작성해야 할지 도무지 그림이 그려지지 않는 이유는 이런 방식으로 생각하는 습관이 들여 있지 않기 때문입니다. 그렇기 때문에 코드를 많이 작성해보고 많은 고민해보면서 하루 빨리 익숙해지는 게 중요합니다.

★

★ ★ ★

★ ★ ★ ★ ★

★ ★ ★ ★ ★ ★ ★

★ ★ ★ ★ ★ ★ ★ ★ ★

〈그림 3-5-6〉 정삼각형

이번에는 별 문자와 for문을 이용하여 〈그림 3-5-6〉과 같이 정삼각형을 만들려면 어떻게 해야 할까요? 이렇게 복잡한 문제를 해결하기 위해서 가장 좋은 방법은 막연히 별만 보고 있지 말고 직접 종이에 규칙을 적어보는 것입니다.

개발자들은 종이나 연필을 사용하지 않고 항상 어떤 문제를 컴퓨터와 키보드만 이용해서 해결할 것처럼 생각하시는 분들이 많은데 현실에서의 개발자들은 생각보다 종이와 연필같은 필기구를 이용하거나 아니면 화이트보드 같은 것들을 정말 많이 활용합니다.

그렇기에 위의 정삼각형 역시 〈그림 3-5-4〉에서처럼 공백의 개수와 별의 개수를 써 놓고 보면 그냥 막연히 별만 바라보고 있을 때는 보이지 않던 패턴이 눈에 들어옵니다.

⌴⌴⌴⌴★	공백:4 별:1
⌴⌴⌴★★★	공백:3 별:3
⌴⌴★★★★★	공백:2 별:5
⌴★★★★★★★	공백:1 별:7
★★★★★★★★★	공백:0 별:9

〈그림 3-5-7〉 정삼각형의 별의 개수와 공백의 개수

파이썬의 print( ) 함수는 결국에 좌측에서 우측 방향으로 출력을 하기 때문에 〈그림 3-5-7〉에서처럼 각 행에 별의 위치를 잡기 위해 좌측을 기준으로 공백의 개수와 별의 개수를 적어봅니다.

그런데 이렇게 적어 놓고 보니 공백의 개수는 〈코드 3-5-2〉에서 구현한 역 직각 삼각형과 다를 게 없기 때문에 전체 반복횟수(5)에서 행 번호(i + 1)을 계산하면 되는데 문제는 별의 개수가 1, 3, 5, 7, 9로 늘어난다는 사실입니다. 그러면 우리는 주어진 값을 활용하여 별의 개수 값인 1, 3, 5, 7, 9를 만들어낼 수 있어야 하는데 1, 3, 5, 7, 9를 가만히 들여다보면 이는 0부터 10사이의 홀수라는 것을 알 수 있습니다. 그러면 우리가 작성한 for문의 범위인 5가 아닌 10까지 영역의 값을 구하기 위해서는 for에 의해 반복되는 i 값을 2배하면 최종적으로 10까지 반복할 수 있다는 결론을 얻을 수 있습니다. 그러나 i값은 0부터 반복되기에 i*2를 하면 0, 2, 4, 6, 8까지 반복될테고 이 값에서 1, 3, 5, 7, 9를 얻으려면 i*2에 1을 더해주면 1, 3, 5, 7, 9를 얻을 수 있게 됩니다.

그럼 03-5-star3.py 파일을 생성하고 다음의 코드를 작성해서 정말 그렇게 동작하는지 확인해보도록 하겠습니다.

```
01    for i in range(5):
02        print(" " * (5 - (i + 1)), end="")
03        print("*" * (i * 2 + 1))
```

〈코드 3-5-3〉

01 for문은 0부터 4까지 총 5회 반복합니다. for문의 반복 기준은 총 행의 개수로 보면 됩니다.

02 별을 출력하기 전에 먼저 공백을 출력해야 하는데 역 직각 삼각형과 마찬가지로 공백의 개수는 4, 3, 2, 1, 0 이므로 전체 반복횟수에서 현재 행의 값을 빼 주면 됩니다. 단, range에 의해 변수 i가 0부터 시작하므로 (i + 1)을 먼저 계산해야 합니다.

03 공백 출력 후 별을 1, 3, 5, 7, 9개를 출력해야 합니다. 1, 3, 5, 7, 9는 결국 for문의 반복되는 변수 i * 2를 하면 0, 2, 4, 6, 8이 되니 여기에 1을 더해주면 구할 수 있습니다.

이제 코드가 실제 원하는 형태로 동작하는지 실행해서 확인해보도록 하겠습니다.

〈그림 3-5-8〉 03-5-star3.py 파일 실행 결과

파일을 실행해보면 우리가 원하는 대로 〈그림 3-5-8〉처럼 정삼각형 형태의 별 문자기 출력되는 것을 확인할 수 있습니다.

단순히 for문을 이해한 것과 for문을 사용해 〈코드 3-5-3〉과 같은 코드를 작성하는 것은 정말 다른 영역의 문제입니다. 문법은 이론적으로 누구나 쉽게 이해할 수 있지만 그 이론적인 내용을 다양한 문제에 접목하여 활용하는 것은 간단한 일이 아닙니다.

그런 이해와 활용의 차이는 결국 어떤 주어진 문제에서 어떤 규칙적인 패턴을 찾아낼 수 있어야 하고 그 패턴을 공식화하여 코드로 적용할 수 있어야 하기 때문입니다.

어느정도 익숙해지고 훈련이 되면 간단한 패턴은 쉽게찾아 코드화시킬 수 있겠지만 처음부터 그렇게 되기는 어렵습니다. 그래서 다양한 코드를 접해보고 필기구를 이용해서 작성도 해보고 여러 가지 방법을 동원하여 연습해보는 게 중요합니다.

연습 문제

사실 지금까지 우리는 프로그래밍에 필요한 기본적인 모든 내용을 공부하셨습니다. 그래서 이제부터 단순히 공부를 얼마나 했는지에 대한 초점보다는 실제 완성도 있는 프로그램을 어떻게 만들어야 할지 한번 고민해 보는데 초점을 맞춰서 연습 문제를 풀어보도록 하겠습니다.
프로그램은 다음과 같은 조건이 있습니다.

- 프로그램은 기본적으로 음식 이름과 가격을 화면에 출력하고 사용자의 주문을 대기합니다. 음식 이름과 가격 정보는 딕셔너리, 튜플 등의 자료형을 사용합니다. 주문은 숫자를 통해 처리됩니다.
- 사용자가 음식에 대한 주문을 입력하면 그 다음에 수량을 입력 받습니다.
- 수량 입력이 끝나면 주문을 계속할지 묻고 입력을 y나 n으로 받아 y일 경우 위의 과정을 다시 반복합니다.
- 모든 주문이 끝나면 주문한 음식의 결제 금액을 출력하고 사용자의 지불 금액을 입력 받습니다.
- 지불 금액이 입력되면 금액이 유효한지 확인하고 거스름돈이 있으면 거스름돈을 화폐 단위로 변환하여 출력합니다. 지불 금액이 유효하지 않으면 사용자에게 다시 입력 받습니다.
- 기타 여러 가지 방법을 사용해 최대한 화면을 깔끔하게 출력합니다.

이런 종류의 문제는 정답을 맞히기를 바라는 마음으로 내는 문제가 아닙니다. 단지 우리가 일상 생활에서 쉽게 볼 수 있는 자판기나 키오스크의 동작 방식에서 아주 간단한 원리에 대해 실제 고민해보는 과정을 경험하는 것에 초점을 맞추고 있습니다. 그러기에 충분히 고민해보고 이것저것 코드를 직접 작성해보는 것을 추천합니다.

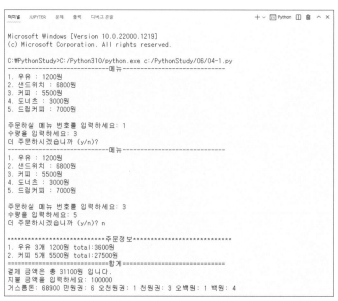

〈그림 4-1〉 연습 문제 예상 결과 출력 모습

PART 7

함수

이 장의 내용

7 함수

이번 장에서는 어떤 목적의 동작을 수행하기 위해서 일련의 코드를 하나의 단위로 구성하여 정의하는 함수 작성법과 파이썬에는 어떤 다양한 함수가 구성 되어있는지 함수의 전반적인 내용에 대해서 알아보도록 하겠습니다.

1. 함수의 정의

우리는 이미 지금까지 공부하면서 화면에 어떤 문자열을 출력하기 위해서 print( )라는 함수를 사용해 본 적이 있고, 문자열이나 자료형의 길이를 구하기 위해서 len( )이라는 함수를 사용해 본적도 있습니다.

이렇듯 함수는 어떤 특정한 동작을 위해 미리 코드를 구현하여 함수로 정의해놓고 해당 함수를 호출하는 형태로 동작하게 되며 파이썬에서 미리 작성되어 기본적으로 제공되는 함수를 내장 함수라하고 사용자가 직접 정의해서 사용하는 함수를 사용자 함수 혹은 유저 함수라고 표현하기도 합니다. 그 외에도 함수의 동작 방식에 의한 재귀 함수나 람다 함수 등과 같이 함수에는 여러 가지 종류가 있습니다.

프로그래밍에 있어서 함수를 작성하고 사용하는 것은 굉장히 중요한 요소 중에 하나입니다. 그렇기 때문에 함수에는 어떤 종류가 있고 어떻게 사용하고 어떻게 작성하는지 지금부터 하나씩 알아보도록 하겠습니다.

2. 내장 함수

파이썬은 기본적으로 사용자 편의를 위해 여러 종류의 내장 함수를 제공하고 있습니다. 프로그램에서 사용자에게 어떤 입력을 받기 위해서 사용하는 input( ) 함수, 화면에 문자열을 출력하기 위한 print( ) 함수 외에도 수많은 내장 함수가 존재합니다. 그럼 파이썬 내장 함수들 중에서 자주 사용되는 함수들에는 어떤 것들이 있는지 한번 알아보도록 하겠습니다.

참고로 여기서는 코드 테스트를 비주얼 스튜디오 코드를 사용하여 실제 파일에 작성하지 않고 간편하게 파이썬 설치 시 기본적으로 제공하는 IDLE[1]를 활용하여 테스트를 해보도록 하겠습니다.

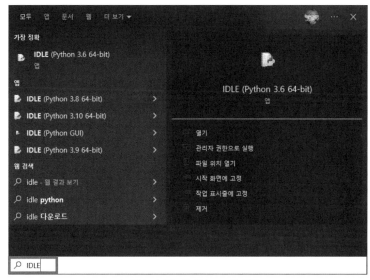

〈그림 2-1〉 윈도우에서 IDLE를 검색

윈도우의 경우 돋보기 모양의 검색 버튼을 클릭한 후 검색 입력창에 IDLE를 검색하면 쉽게 IDLE를 실행할 수 있습니다. IDLE는 파이썬이 기본적으로 제공하는 통합 개발 및 학습 환경을 제공하는 툴입니다.

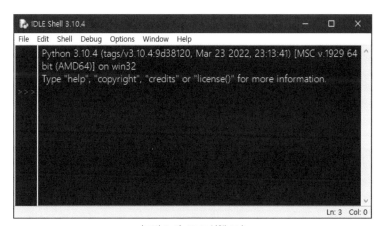

〈그림 2-2〉 IDLE 실행 모습

---

1 Integrated Development and Learning Environment (통합 개발과 학습 환경)

파이썬 IDLE를 실행하면 〈그림 2-2〉와 같이 IDLE가 실행되며 파이썬을 Interactive Shell (인터렉티브 셸) 모드로 작성할 수 있습니다. Interactive Shell 모드는 쉽게 말해서 대화형 모드라고도 하는데 파이썬 코드를 한 줄 입력하면 즉시 해당 코드의 실행 결과를 볼 수 있기 때문에 학습을 하거나 간단한 코드를 테스트할 때 유용하게 사용되기도 합니다.

파이썬 IDLE는 파이썬 버전에 따라 〈그림 2-2〉와 다른 인터페이스를 제공하는 경우도 있고 컴퓨터의 테마 설정에 따라 색상이 다르게 보일 수도 있으니 그 점은 참고하시기 바랍니다.

또한 내장 함수의 설명에서 파이썬 IDLE 프롬프트(>>>)에서 입력하는 내용은 파이썬 코드와 내장 함수를 의미하고 >>>가 없는 내용은 해당 명령을 수행했을 때의 결과가 출력됨을 의미하며 ...은 들여쓰기를 의미하니 참고하시기 바랍니다.

또한 함수의 원형 설명에서 중괄호는 생략이 가능한 변수를 의미하고, iterable은 변수의 속성, object는 클래스 객체, expression은 문자열 형태의 문장을 의미하니 이 점도 참고하시고 보시면 좋겠습니다.

abs(x)

숫자 x의 절댓값을 반환합니다. 쉽게 설명하면 x의 값이 음수이든 양수이든 상관없이 무조건 양수의 값으로 반환해줍니다.

```
>>> x = -1234
>>> abs(x)
1234
```

all(iterable)

iterable의 모든 요소가 True면 True를 반환합니다. 예를 들어 all([True, True])의 결과는 True가 되고 all([True, False])는 False를 반환하게 됩니다.

```
>>> a = [True, True]
>>> all(a)
True

>>> b = [False, True]
>>> all(b)
False
```

any(iterable)

iterable의 요소 중 한 가지라도 True면 True를 반환합니다. 예를 들어 any(([True, False])면 True를 반환하고 any([False, False])면 False를 반환합니다.

```
>>> a = [True, False]
>>> any(a)
True

>>> b = [False, False]
>>> any(b)
False
```

bin(x)

정수 x 를 "0b"가 붙은 이진 문자열로 변환하여 반환합니다.

```
>>> x = 25
>>> bin(x)
"0b11001"
```

chr(i)

유니코드 포인트인 정수 i 값에 해당하는 문자열을 반환합니다.

```
i = 44032
chr(i)
>>> "가"
i = 97
chr(i)
>>> "a"
```

dir([object])

object로 전달된 객체의 속성 리스트를 반환합니다. 만약 object가 생략되면 현재 지역 scope[2]에 존재하는 목록을 반환합니다. 쉽게 어떤 object에 어떤 함수나 속성이 있는지를 확인할 때 사용하는 함수입니다.

```
>>> obj = 10
>>>> dir(obj)
['_ _abs_ _', '_ _add_ _', '_ _and_ _', '_ _bool_ _', '_ _
ceil_ _', '_ _class_ _', '_ _delattr_ _', '_ _dir_ _', '_ _div-
mod_ _', '_ _doc_ _', '_ _eq_ _', '_ _float_ _', '_ _floor_ _',
'_ _floordiv_ _', '_ _format_ _', '_ _ge_ _', '_ _getattri-
bute_ _', '_ _getnewargs_ _', '_ _gt_ _', '_ _hash_ _', '_ _
index_ _', '_ _init_ _', '_ _init_subclass_ _', '_ _int_ _',
'_ _invert_ _', '_ _le_ _', '_ _lshift_ _', '_ _lt_ _', '_ _
mod_ _', '_ _mul_ _', '_ _ne_ _', '_ _neg_ _', '_ _new_ _',
'_ _or_ _', '_ _pos_ _', '_ _pow_ _', '_ _radd_ _', '_ _
rand_ _', '_ _rdivmod_ _', '_ _reduce_ _', '_ _reduce_ex_ _',
'_ _repr_ _', '_ _rfloordiv_ _', '_ _rlshift_ _', '_ _rmod_ _',
'_ _rmul_ _', '_ _ror_ _', '_ _round_ _', '_ _rpow_ _', '_ _rr-
shift_ _', '_ _rshift_ _', '_ _rsub_ _', '_ _rtruediv_ _', '_ _
rxor_ _', '_ _setattr_ _', '_ _sizeof_ _', '_ _str_ _', '_ _
sub_ _', '_ _subclasshook_ _', '_ _truediv_ _', '_ _trunc_ _',
'_ _xor_ _', 'as_integer_ratio', 'bit_count', 'bit_length', 'con-
jugate', 'denominator', 'from_bytes', 'imag', 'numerator', 'real', 'to_
bytes']
```

divmod(a, b)

변수 a와 b의 값을 나누기 하여 몫과 나머지를 튜플 형태로 반환합니다.

```
>>> a = 10
>>> b = 2
>>> divmod(a, b)
(5, 0)
```

---

2 scope(스코프)를 이해하려면 굉장히 많은 이야기를 해야 합니다만 여기서는 쉽게 변수가 생성된 메모리의 공간 영역 정도로만 이해하고 추후 좀 더 깊게 다루도록 하겠습니다.

enumerate(iterable, start=0)

iterable 객체의 요소와 인덱스 정보를 튜플 형태로 반환합니다. start 변수를 생략하면 인덱스 값이 기본값인 0부터 시작합니다.

```
>>> menu = ["커피", "아이스크림", "햄버거", "피자"]
>>> list(enumerate(menu))
[(0, '커피'), (1, '아이스크림'), (2, '햄버거'), (3, '피자')]
>>> list(enumerate(menu, start=2))
[(2, '커피'), (3, '아이스크림'), (4, '햄버거'), (5, '피자')]
```

eval(expression[, globals[, locals]])

문자열로 전달된 expression 식을 코드 형태로 실행합니다. eval( ) 함수가 expression 식의 구문을 분석할 때 어느 범위의 namespace를 탐색할지 globals와 locals로 설정할 수 있으며 생략이 가능합니다. 만약 globals를 사용하는 경우 딕셔너리 형태로 제공되어야 합니다.

```
>>> x = 100
>>> exp = "x * 10"
>>> eval(exp)
1000
```

앞의 예제 코드만 봤을 때 eval( ) 함수는 사실 간단한 문자열도 이루어진 문장을 실행 가능하게 해주는 정도의 기능이 있는 단순한 함수로만 보입니다만 좀 더 깊게 들어가면 굉장히 강력한 기능을 탑재한 함수입니다. 예를 들어 다음과 같이 어떤 변수에 중요한 값을 저장한 상태에서 eval( ) 함수를 잘못 사용하게 되면 의도하지 않은 결과를 발생하는 경우도 있습니다.

```
>>> password = "12345"
>>> p1 = "pass"
>>> p2 = "word"
>>> eval(p1 + p2)
"12345"
```

앞의 예제 코드를 보면 password란 변수에 어떤 중요한 값을 저장했다고 가정해봅니다. 그리고 p1이라는 변수와 p2라는 변수에 의도하지 않게 password라는 변수 명이 문자열 형태로 저장되어 이 값이 서로 문자열 결합이 되었을 때 eval( ) 함수는 실제 password 변수에 저장된 값에 접근을 할 수 있게 됩니다.

사실 파이썬을 처음 접하고 프로그래밍을 처음 시작하시는 분들의 입장에선 이 내용이 별것 아닌 것처럼 보일 수 있겠지만 사실 굉장히 중요한 내용이므로 만약 eval( ) 함수를 사용하게 되는 경우 다음과 같이 안전장치를 사용해서 코드를 작성하는 습관을 들이시는 게 좋습니다.

```
>>> x = 10
>>> exp = "x + 50"
>>> eval(exp, {"x": 100})
150
```

앞의 코드처럼 eval( ) 함수 사용 시 expression 식에서 의도하지 않은 변수의 접근을 막으려면 직접 변수의 값을 설정해주면 됩니다.

exec(object[, globals[, locals]])

exec( ) 함수는 eval( ) 함수와 비슷하지만 eval( ) 함수는 어떤 식을 계산하는 개념이라면 exec( ) 함수는 어떤 문을 수행하는 기능을 합니다.

```
>>> x = 10
>>> exec("x = x + 90")
>>> print(x)
100
```

앞의 코드를 보면 exec( ) 함수에 전달된 문은 등호(=)를 포함하는 하나의 문입니다. 위의 코드에서 사용한 "x = x + 90"은 eval( ) 함수로 수행하면 오류가 발생하지만 exec( ) 함수는 문제없이 처리가 가능합니다. exec( ) 함수는 다음과 같이 여러 줄의 문도 수행이 가능합니다.

```
>>> exp = '''x = [x for x in range(10)]
print(len(x))'''
>>> exec(exp)
10
```

위의 코드는 두 줄의 코드를 작성하여 변수 exp에 문자열 형태로 저장한 후 그 문자열을 exec( ) 함수를 통해 수행한 예제입니다. 그러면 문제없이 문자열의 내용이 코드화되어 수행이 되는 것을 확인할 수 있습니다.

format(value[, format _ spec])

형식화된 format_spec의 형태로 value를 변환합니다. 우리는 이미 이전 4장 챕터 7의 문자열 포맷팅에서 format( ) 함수를 사용해 본 적이 있습니다. format( ) 함수는 f-string 형태나 문자열 str 객체를 통해서도 사용할 수 있지만 함수 단독으로도 사용이 가능합니다.

```
>>> x = 15000000
>>> format(x, ",")
'15,000,000'
```

앞의 코드에서 x가 value가 되고 ","(콤마)가 format_spec이 됩니다. 결국 format( ) 함수는 다양한 자료형의 값(value)을 원하는 문자열 형태(format_spec)로 변환해주는 함수라고 볼 수 있습니다. 위의 코드처럼 format( ) 함수의 숫자와 ,(콤마)를 넘겨주면 숫자의 값에 세 자리마다 콤마를 추가하여 반환해주게 됩니다. format_spec이 생략되면 단순히 value를 그냥 문자열 형태로 변환만 합니다.

getattr(object, name)

object 객체에서 name 속성을 반환합니다. 여기서 name은 문자열이어야 하고 name에 해당하는 속성이 object에 없으면 오류가 발생하게 됩니다.

```
>>> obj = {"홍길동": 1000}
>>> g = getattr(obj, "get")
>>> g("홍길동")
1000
```

위의 코드를 보면 obj 변수는 딕셔너리형 변수가 되는데 getattr( ) 함수를 사용해서 딕셔너리의 get( ) 함수를 g라는 이름의 변수에 저장할 수 있습니다. 그러면 변수 g는 함수처럼 동작할 수 있게 되고 g( )를 호출하는 것은 obj.get( )을 호출하는 것과 같은 결과를 얻을 수 있습니다.

globals( )

현재 실행 중인 모듈의 전역 공간을 구성하는 namespace 정보를 딕셔너리 형태로 반환합니다. 파이썬은 모든 것을 객체 형태로 구성하고 이 객체들은 각각의 특정 이름을 할당받게 되는데 이 관계가 저장된 공간을 namespace라고 합니다.

```
>>> globals( )
{'_ _name_ _': '_ _main_ _', '_ _doc_ _': None, '_ _package_ _':
None, '_ _loader_ _': <class '_frozen_importlib.BuiltinImporter'>,
'_ _spec_ _': None, '_ _annotations_ _': {}, '_ _builtins_ _':
<module 'builtins' (built-in)>}
```

위의 코드처럼 파이썬 IDLE 상태에서 globals( )를 실행해보면 우리는 아무것도 한 게 없지만 파이썬 IDLE를 실행했다는 사실만으로 __name__, __doc__, __package__, __loader__, __spec__, __annotations__, __builtins__들과 같은 이름에 해당하는 어떤 것들이 생성되어 동작하고 있음을 알 수 있습니다.

```
>>> x = 10
>>> y = 100
>>> globals( )
{'_ _name_ _': '_ _main_ _', '_ _doc_ _': None, '_ _package_ _':
None, '_ _loader_ _': <class '_frozen_importlib.BuiltinImporter'>,
'_ _spec_ _': None, '_ _annotations_ _': {}, '_ _builtins_ _':
<module 'builtins' (built-in)>, 'x': 10, 'y': 100}
```

앞의 코드처럼 변수 x와 변수 y를 선언하고 임의의 값으로 초기화한 후에 다시 globals( ) 함수를 호출해 보면 방금전 딕셔너리 결과에는 없던 x와 y가 추가된 것을 볼 수 있습니다.

hasattr(object, name)

이 함수는 object에 name에 해당하는 속성이 존재하는지를 확인하는 함수입니다. getattr( ) 함수와 마찬가지로 name은 문자열 형태로 전달되어야 합니다.

```
>>> obj = {"홍길동": 1000}
>>> hasattr(obj, "get")
True
```

위 코드에서는 딕셔너리형 obj 변수를 선언하고 해당 obj에 get이라는 속성이 존재하는지를 확인하고 있습니다. 딕셔너리형 객체에는 get( )이라는 함수가 실제 존재하기 때문에 hasattr( ) 함수는 True를 반환하게 됩니다.

```
>>> obj = {"홍길동": 1000}
>>> if hasattr(obj, "get"):
...         g = getattr(obj, "get")
...         g("홍길동")
1000
```

위의 코드처럼 hasattr( ) 함수는 getattr( )을 사용하기 전에 오류를 방어하기 위한 목적으로 사용되기도 합니다.

help([object])

내장 도움말 시스템을 호출합니다. object를 넘겨주면 해당 object에 대한 도움말을 출력합니다. object는 클래스, 함수 등을 전달할 수 있고 object를 생략하면 대화형 도움말 시스템이 호출됩니다.

```
>>> help( )
Welcome to Python 3.10's help utility!
...생략...
help>
```

위의 코드처럼 object를 생략하고 help( ) 함수를 호출하면 프롬프트가 help>로 바뀌면서 도움이 필요한 내용을 직접 입력해야 합니다. 대화형 도움말을 종료할 때는 그냥 엔터를 입력하면 됩니다.

```
>>> help(str.format)
Help on method _descriptor:
format(...)
    S.format(*args, **kwargs) -> str
    Return a formatted version of S, using substitutions from args and
kwargs.
    The substitutions are identified by braces ('{' and '}').
```

코드를 확인해 보면 help( ) 함수 호출 시에 도움말이 필요한 내용을 입력하면 해당 내용에 따른 도움말이 출력됩니다.

hex(x)

정수형 변수 x의 값을 16진수를 의미하는 접두어 "0x"가 붙은 소문자 16진수 문자열로 변환합니다.

```
>>> x = 125
>>> hex(x)
"0x7d"
```

input([prompt])

prompt의 내용을 화면에 출력하고 사용자에게 한 줄을 문자열로 입력 받습니다. 사용자가 입력한 내용에서 줄 끝의 개행문자 '₩n'은 제거됩니다.

```
>>> a = input("입력: ")
입력: abcd
>>> print(a)
"abcd"
```

isinstance(object, classinfo)

함수로 전달된 object가 classinfo의 자료형인지를 확인하여 True, False를 반환합니다.

```
>>> a = "홍길동"
>>> isinstance(a, str)
True
>>> isinstance(a, int)
False
```

len(s)

객체 s의 길이를 반환합니다. 여기서 길이는 요소의 개수 혹은 항목의 수를 의미합니다. s는 문자열, 바이트, 튜플, 리스트, range, 딕셔너리, 집합과 같은 객체입니다.

```
>>> s = "홍길동 입니다."
>>> len(s)
8
>>> s = [x for x in range(1000)]
>>> len(s)
1000
>>> s = {"홍길동": 123, "김길동": 456}
>>> len(s)
2
```

locals( )

앞에서 다룬 globals( ) 함수가 전역 공간에 대한 정보를 출력했다면 locals( ) 함수는 지역 공간에 대한 정보를 딕셔너리 형태로 출력합니다. 전역 공간과 지역 공간에 대한 내용은 추후 함수를 공부하면서 좀 더 자세히 공부하도록 하겠습니다.

map(function, iterable)

iterable의 모든 요소에 function을 적용한 후 그 결과를 반환합니다.

```
>>> i = ["1", "2", "3", "4", "5"]
>>> i = list(map(int, i))
>>> print(i)
[1, 2, 3, 4, 5]
```

앞의 예제 코드를 보면 최초 변수 i는 숫자 형태의 문자열 요소가 5개 있는 리스트형 변수로 선언되었습니다. 만약 i에 저장된 각 숫자 형태의 문자열 요소를 정수 형태로 변환하려면 리스트 요소의 개수만큼 반복해서 형변환을 해야 하지만 앞의 코드처럼 map( )을 사용하면 손쉽게 int형으로 변환을 할 수 있게 됩니다.

만약 사용자에게 두 개의 정수를 연속적으로 입력받는 코드를 작성한다면 아마 다음과 같이 작성하는 게 일반적일 것입니다.

```
>>> u = input("정수 2개를 입력하세요: ")
정수 2개를 입력하세요: 100 200
>>> a, b = u.split( )
>>> a, b = int(a), int(b)
>>> print(a, b)
100, 200
```

위의 코드처럼 사용자에게 100과 200을 문자열 형태로 입력 받게 되면 변수 u에는 "100 200"이 저장된 한 개의 문자열 데이터이기 때문에 먼저 이를 분리하기 위해서 문자열 객체의 split( ) 함수를 사용해서 공백을 기준으로 잘라주게 됩니다. 그러면 리스트 형태로 문자열이 잘라지게 되는데 이때 언패킹 특성을 이용하여 잘라진 2개의 데이터를 a와 b에 저장할 수 있습니다. 그러나 아직까지 a와 b는 문자열이기 때문에 이를 다시 정수 형태로 각각 형변환해야 합니다.

형변환을 하기위해 map( ) 함수를 사용하면 아주 간편하게 작성할 수 있습니다.

```
>>> a, b = tuple(map(int, input("정수 2개를 입력하세요: ").split( )))
정수 2개를 입력하세요: 100 200
>>> print(a, b)
100, 200
```

위의 코드처럼 입력과 동시에 split( ) 함수를 통해 공백을 기준으로 문자열을 자르고 바로 map( ) 함수를 사용하여 잘라진 각각의 요소를 int로 형변환할 수 있습니다. 이렇게 int로 변환된 각 요소를 언패킹 하여 변수 a, b에 저장하기 위해 다시 tuple로 형변환하면 됩니다. 위의 코드는 실제 자주 응용되는 코드이기 때문에 눈여겨 보시기를 바랍니다.

max(iterable)

max(a, b)

iterable에서 가장 큰 값이나 a와 b중 큰 값을 반환합니다.

```
>>> x = [1, 2, 3, 4, 5]
>>> max(x)
5
>>> a = 100
>>> b = 10
>>> max(a, b)
100
```

min(iterable)

min(a, b)

iterable에서 가장 작은 값이나 a와 b 중 작은 값을 반환합니다.

```
>>> x = [1, 2, 3, 4, 5]
>>> min(x)
1
>>> a = 100
>>> b = 10
>>> min(a, b)
10
```

oct(x)

정수 x를 8진수를 의미하는 접두어 "0o"가 포함된 문자열로 반환합니다.

```
>>> x = 8
>>> oct(x)
"0o10"
```

open(file, mode='r', encoding=None)

file을 열어 파일 객체를 반환합니다. 파이썬에서 파일을 읽고 쓰기 위해서 필수적으로 알아야 하는 함수이며 mode에 주어진 값에 의해 파일을 어떤 방식으로 처리할지를 결정합니다. 파이썬 파일 객체에 대해서는 추후 파일 읽고 쓰기를 다루면서 자세히 다룰 예정입니다.

ord(c)

유니코드 문자 c를 정수 형태의 유니코드 포인트를 반환해줍니다. chr( ) 함수와 반대되는 동작을 하는 함수입니다.

```
>>> c = "가"
>>> ord(c)
44032
>>> c = "a"
>>> ord(c)
97
```

pow(base, exp)

base의 exp 거듭제곱 값을 반환합니다.

```
>>> a = 2
>>> b = 5
>>> pow(a, b)
32
```

print(*objects, sep=" ", end="\n")

print( ) 함수는 우리가 지금까지 공부하며 가장 많이 사용했던 내장 함수입니다. 어떤 값이나 문자열을 화면에 출력하기 위해 사용되는 함수인데 *objects에서 별표 한 개의 의미는 objects에 여러 개의 변수가 순서대로 사용될 수 있음을 의미한다고 보면 됩니다.

```
>>> a, b = "안녕", "하세요"
>>> print(a, b)
안녕 하세요
```

print( ) 함수에서 sep는 위의 코드처럼 변수가 여러 개 전달되어 출력될 때, 각 변수의 사이에 어떤 값을 출력할지를 설정하는 값인데 기본값은 그냥 한 칸 공백입니다.

```
>>> a, b = "안녕", "하세요"
>>> print(a, b, sep="***")
안녕***하세요
```

그런데 만약 sep 값을 기본값으로 사용하지 않고 위의 코드에서처럼 직접 설정하면 설정된 값이 각 변수 사이에 출력됩니다.

end는 print( ) 함수에서 문자열 출력 시 맨 마지막에 추가되는 문자 값인데 기본값은 "Wn"으로 개행 문자가 설정됩니다. 그래서 print( ) 함수는 항상 출력 시 다음 줄에 커서가 위치하게 됩니다. end 값을 " "와 같이 빈 문자열로 설정하면 print( ) 함수가 수행되고 난 후 커서는 다음 줄로 내려가지 않게 됩니다.

```
>>> print("안녕", end="")
>>> print("하세요")
안녕하세요
```

위의 코드는 print( ) 함수에서 end 값을 설정하면 어떻게 동작하는지에 대한 이해를 돕기 위해 작성한 코드와 결과일 뿐 실제 IDLE 환경에서는 무언가 출력되면 무조건 프롬프트 상태를 유지해야하므로 코드 결과가 똑같이 되지 않으니 참고하시기 바랍니다.

reversed(seq)

이 함수는 쉽게 이야기하자면 seq의 요소를 역방향으로 정렬해주는 함수입니다. 여기서 seq는 리스트, 튜플, 집합, 문자열, 딕셔너리 등과 같은 반복가능한 객체이며 쉽게 for문을 사용해서 반복할 수 있는 자료형이라 보시면 됩니다.

```
>>> seq = [1, 2, 3, 4, 5]
>>> r _ seq = list(reversed(seq))
>>> print(r _ seq0
[5, 4, 3, 2, 1]
```

여기서 주의할 점은 reversed( ) 함수가 반환하는 값을 그대로 사용하지 않고 list 형태로 형변환을 하여 변수에 저장했다는 점입니다. 사실 좀 더 정확하게 이야기하자면 reversed( ) 함수가 반환하는 자료형은 iterator(이터레이터) 객체를 반환하는데 이 iterator를 이해하려면 클래스와 파이썬의 특수 메소드 __next__( )에 대해서도 이야기해야 하기 때문에 이렇게만 짚고 넘어가도록 하겠습니다.

round(number[, ndigits])

number의 값을 ndigits의 정밀도로 반올림한 값을 반환합니다. ndigits의 값이 생략되면 number에 가장 가까운 정수를 돌려줍니다.

```
>>> number = 3.141592653589
>>> round(number, 3)
3.142
>>> round(number)
3
```

sorted(iterable, key=None, reverse=False)

iterable 요소를 정렬하여 새로운 리스트를 반환합니다. 쉽게 이해하자면 sorted( ) 함수는 내부적으로 iterable의 각 요소들을 큰지, 작은지를 서로 비교하여 결과를 만들어 반환하는 함수입니다.

```
>>> a = [2, 3, 5, 1, 4]
>>> b = sorted(a)
>>> print(b)
[1, 2, 3, 4, 5]
```

우리가 이전 4장 10-4에서 배운 리스트 정렬에서는 리스트 객체에 구현 되어있는 sort( ) 함수를 사용해 본 적이 있었습니다. list.sort( )와 sorted( ) 함수의 가장 큰 차이점은 list.sort( ) 함수는 원본 리스트를 직접 수정하는 방식이고 sorted( ) 함수는 원본 리스트는 그대로 두고 새로운 리스트를 반환해준다는 점 입니다. 위의 코드에서 a가 원본 리스트이고, b가 새롭게 반환된 리스트입니다.

sorted( ) 함수의 reverse 옵션은 생략하게 되면 기본값인 False로 동작하여 정렬을 오름차순으로 수행하게 됩니다. 만약 내림차순으로 정렬을 원한다면 reverse를 True로 설정하면 됩니다.

```
>>> a = [2, 3, 5, 1, 4]
>>> sorted(a, reverse=True)
[5, 4, 3, 2, 1]
```

key는 iterable에서 어떤 것을 기준으로 정렬할지를 설정하는 옵션으로 사용되는데 key 값에는 인자 하나를 받아서 결과를 반환해줄 함수를 전달해야 합니다. 무슨 말인지 코드를 보면서 다시 이야기하겠습니다.

```
>>> a = "aAbBcCdD"
>>> sorted(a)
['A', 'B', 'C', 'D', 'a', 'b', 'c', 'd']
```

만약 문자열 "aAbBcCdD"를 sorted( ) 함수를 사용해 정렬을 한다고 하면 위의 코드와 같이 대문자가 먼저 정렬되고 그 뒤에 소문자가 정렬됩니다. 이는 단순히 각 알파벳에 해당하는 코드 값을 기준으로 정렬하였기 때문에 이런 결과를 얻게 되고 reverse 옵션을 True로 준다면 소문자가 앞에 오고 대문자가 뒤로 가는 결과를 얻게 됩니다. 그런데 만약 단순 문자의 코드 값을 기준으로 하는 것이 아니라 알파벳의 순서를 지키며 대소문자를 순서대로 정렬하고자 한다면 다음과 같이 key 값에 str 객체의 lower( ) 함수를 전달하여 이를 처리할 수 있습니다.

```
>>> a = "aAbBcCdD"
>>> sorted(a, key=str.lower)
['a', 'A', 'b', 'B', 'c', 'C', 'd', 'D']
```

위 코드에서 주의할 점은 str.lower( ) 함수를 전달할 때 소괄호를 생략해야 한다는 점입니다. 이렇게 sorted( ) 함수는 각각의 요소를 비교하기전 key에 넘어온 함수에 현재 요소를 대입한 결과에 따라 정렬이 되는데 결국 str.lower( ) 함수는 모든 알파벳을 소문자로 변경하게 될테니 우리는 "aAbBcCdD"를 넘겨주었지만 sorted( ) 함수 내부적으로는 대소문자에 상관없이 "aabbccdd"를 정렬한 것과 마찬가지라고 볼 수 있습니다.

sum(iterable)

iterable의 요소를 왼쪽에서 오른쪽 방향으로 모두 더한 합계를 반환합니다. iterable의 요소들은 숫자 형태여야 합니다.

```
>>> a = [10, 20, 30, 40, 50]
>>> sum(a)
150
```

zip(iterableA, iterableB)

iterableA와 iterableB를 하나의 튜플 형태로 반환합니다. 이 함수는 보통 for문과 함께 주로 사용되는데 어떤 경우에 어떻게 사용되는지 실제 사용 예제 코드를 보면서 이야기해보겠습니다.

```
>>> names = ["홍길동", "김길동", "최길동"]
>>> points = [100, 90, 60]
```

```
>>> for item in zip(names, points):
...     print(item)
('홍길동', 100)
('김길동', 90)
('최길동', 60)
```

만약 위와 같이 어떤 데이터가 names 변수에 있고 points 변수에 있다고 가정해보도록 하겠습니다. names 변수는 사람의 이름이 저장 되어있고 points 변수에는 names 변수에 저장된 사람에 대한 어떤 점수가 있다고 가정합니다. 물론 이름과 점수가 한 개의 딕셔너리나 튜플과 같은 자료형으로 저장되어있으면 관리적인 면에서 더욱 편하고 좋겠지만 실제 코드를 작성하다 보면 위의 예시와 같은 상황이 반드시 한 번쯤은 발생하게 됩니다. 이런 경우 위의 예시 코드처럼 zip( ) 함수를 사용하면 names와 points를 하나의 데이터처럼 묶어서 처리할 수 있게 되고 zip( ) 함수는 names와 points의 순서에 맞게 각각의 요소들을 튜플 형태로 반환하게 됩니다.

```
>>> names = ["홍길동", "김길동", "최길동"]
>>> points = [100, 90, 60]
>>> for name, point in zip(names, points):
...     print(name, point)
'홍길동', 100
'김길동', 90
'최길동', 60
```

물론 튜플 형태로 반환하기 때문에 위의 코드처럼 for문에서 바로 언패킹을 해서 처리할 수도 있습니다.

지금까지 파이썬에서 제공되는 내장 함수에 대해서 간단하게 살펴보았습니다. 물론 앞에서 배운 함수 외에 빠진 내장 함수들도 있습니다만 사실 이런 내장 함수는 단순히 설명을 보고 이해했더라도 실제 코드를 작성하며 응용을 하는 것은 별개의 문제라 생각합니다.

가끔 프로그래밍을 처음 공부하시는 분들 중에 이런 함수를 암기하고자 노력하시는 분들이 계시는데 절대 그럴 필요 없고 그럴 이유도 없습니다. 물론 어떤 함수가 어떤 기능이 있는지 정도는 기본적으로 알아두면 좋긴 합니다만 파이썬에는 이런 내장 함수 외에도 수많은 내부, 외부 라이브러리들이 있고 라이브러리마다 각각 제공하는 수많은 메소드들이 있기 때문에 이 모든 것을 다 기억할 수는 없습니다.

실무 개발자들처럼 매일 코드를 작성하다 보면 자주 사용되는 함수나 라이브러리와 같은 것들은 저절로 암기가 되는 부분도 있겠지만 그것보다 구글 검색을 통해 빠른 시간안에 내가 필요로 하는 정보를 찾아내는 능력이 더 중요합니다. 그러니 내장 함수에 대한 내용은 부담없이 그냥 가벼운 마음으로 한번 읽어보고 넘어가시길 바랍니다.

3. 유저 함수, 사용자 함수

사용자 함수, 유저 함수는 단어 그대로 사용자가 직접 만드는 함수를 말하는 용어입니다. 함수를 직접 만들어 쓰는 이유는 코드의 재활용성, 코드 구조화 등 여러 가지 이유가 있겠지만 사실 이런 이론적인 이유들은 아무리 설명을 듣고 해도 쉽게 이해가 가질 않습니다. 결국 직접 다양한 코드를 작성해보면서 경험적으로 느낄 수 있어야 코드의 재활용성이 무엇인지, 코드 구조화가 무슨 이야기인지 알 수 있게 됩니다.

그럼 먼저 사용자 함수를 파이썬에서는 문법적으로 어떻게 작성하는지부터 알아보도록 하겠습니다.

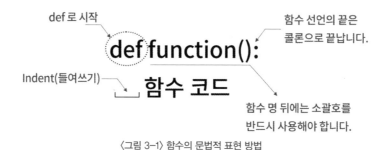

〈그림 3-1〉 함수의 문법적 표현 방법

파이썬에서 사용자 함수는 〈그림 3-1〉과 같은 형태로 선언할 수 있습니다. 함수의 시작은 "정의하다"의 영어 단어인 define의 앞 세 글자, def로 시작하며 바로 뒤에는 함수의 이름을 작성해야 합니다. 함수의 이름은 함수 명만 봤을 때에도 어떤 기능 혹은 동작을 하는 함수인지 알 수 있는 단어를 사용하는 게 일반적이지만 결론적으로는 만드는 사람 마음대로 작성할 수 있습니다. 함수 명 뒤에는 반드시 소괄호를 사용하여 작성해야 하고 끝은 콜론으로 끝나야 합니다. 그리고 다음 줄의 들여쓰기 뒤에 함수가 호출되면 동작할 코드를 작성하면 됩니다. 비주얼 스튜디오 코드의 탐색기 메뉴에서 07 폴더를 생성하고 03-function.py 파일을 만들어 다음의 코드를 작성해보도록 하겠습니다.

```
01   def print _ message( ):
02        print("안녕하세요. 남박사 입니다.")

04   print _ message( )
```

〈코드 3-1〉

01 def를 사용하여 문법에 맞게 함수 명을 설정합니다.

02 함수가 호출되면 동작할 코드를 작성합니다. 이때 함수에 속하는 코드는 모두 들여쓰기해야 합니다.

04 **01**행에서 선언된 print_message( ) 함수를 호출하여 실행합니다.

〈코드 3-1〉에서처럼 사용자 함수를 사용하기 위해서 먼저 함수를 선언을 하고 이렇게 선언된 함수를 호출하는 형태로 사용할 수 있습니다. 물론 〈코드 3-1〉의 코드는 함수를 어떻게 작성하고 어떻게 사용하는지에 대한 이해를 돕기 위한 간단한 예제일뿐, 실제 이렇게 단순한 내용을 위해 함수를 작성하지는 않습니다. 어쨌든 파일을 실행해보고 결과를 확인해보도록 하겠습니다.

〈그림 3-2〉 03-function.py 파일 실행 결과

파일을 실행해보면 〈그림 3-2〉와 같은 결과를 확인할 수 있게 됩니다.

3-1. 매개변수

매개변수는 우리가 자주 사용하는 print("문자열") 함수에서 "문자열"처럼 함수를 호출할 때 함수 외부에서 어떤 데이터를 넘겨 받아 처리하기 위한 목적으로 사용됩니다. 그런데 어디서는 매개변수라고 하고 다른 곳에서는 인자 값이라고 하기도 하며 또 누군가는 파라메터 혹은 아규먼트라는 말로 다양하게 표현하기도 합니다.

물론 이런 다양한 표현을 좀 더 살펴보면, 함수를 선언하는 관점과 호출하는 관점으로 나뉘게 되는데 함수를 선언하는 입장에서는 함수 외부로부터 어떤 값을 받기 위해 선언된 변수를 매개변수라고 하고, 외부에서 선언된 함수를 호출하는 입장에서 매개변수에 값을 넘겨줄 때, 변수에 설정되는 값을 인자 값이라고 볼 수 있습니다. 이렇듯 동일한 대상을 어떤 관점에서 보느냐에 따라서 나뉘게 되는 표현식이고 이를 영어로 아규먼트, 파라메터라고도 표현되기도 합니다.

우리는 그냥 쉽게 매개변수, 파라메터, 인자는 통상적으로 같은 의미로 사용되는 용어라고 봐도 무방합니다. 그럼 함수의 매개변수는 문법적으로 어떻게 사용하는지 한번 알아보도록 하겠습니다.

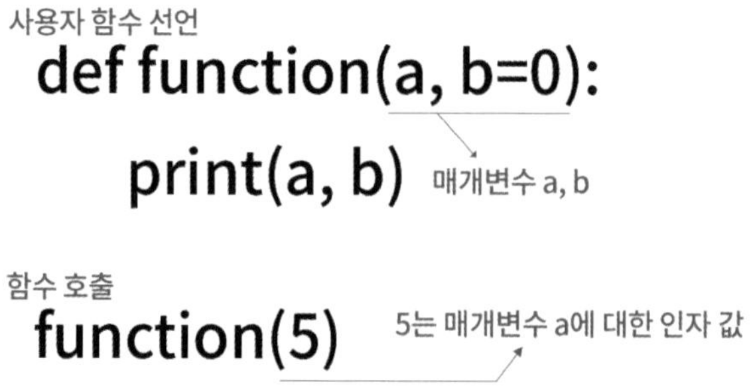

사용자 함수 선언

def function(a, b=0):
print(a, b) 매개변수 a, b

함수 호출
function(5) 5는 매개변수 a에 대한 인자 값

〈그림 3-1-1〉 함수의 매개변수

매개변수는 〈그림 3-1-1〉에서처럼 함수를 선언할 때 소괄호 안에 변수를 선언하면서 사용할 수 있습니다. 여기서 매개변수는 〈그림 3-1-1〉의 변수 a처럼 변수 명만 선언하여 사용하기도 하고 변수 b처럼 기본값으로 초기화하여 사용할 수도 있습니다. 매개변수를 변수 b처럼 초기화하게 되면 〈그림 3-1-1〉에서처럼 함수 호출 시 변수 b에 대한 인자 값을 생략하여 호출하면 변수 b에는 기본값으로 초기화한 값인 0이 적용되어 함수 내에서 사용됩니다. 만약 이렇게 변수 b와 같이 초기화하지 않는다면, 변수 a처럼 호출시에 값을 생략할 수 없습니다.

실제 파이썬 코드가 동작하는 것을 실습해보기 위해 비주얼 스튜디오 코드에서 03-1-arguments.py 파일을 새롭게 만들고 다음 코드를 작성해보도록 하겠습니다.

```
01   def my_print(a, b=0):
02       print(f"a={a}, b={b}")

04   my_print(10)
05   my_print(10, 100)
```

〈코드 3-1-1〉

01 함수에 매개변수 a와 b를 선언합니다. 이때 변수 b만 초기값을 설정합니다.

02 매개변수 a와 b의 값을 화면에 출력합니다.

04 my_print( ) 함수를 a 값만 설정하여 호출합니다.

05 my_print( ) 함수를 a와 b 값을 모두 설정하여 호출합니다.

코드를 작성했으면 파일을 저장하고 실행하여 결과가 어떻게 출력되는지 직접 확인해봅니다.

〈그림 3-1-2〉 03-1-arguments.py 파일 실행 결과

파일을 실행해보면 〈그림 3-1-2〉에서처럼 인자 값을 어떻게 설정해서 함수를 호출했는지에 따라 매개
변수에 저장된 값이 다르게 출력되는 것을 확인할 수 있습니다. 참고로 여기서 매개변수의 예제를 정수
형태로 가정하고 있지만 매개변수는 변수와 같은 성질이기 때문에 변수에 저장 가능한 어떤 형태든 사용
이 가능합니다.

3-2. *args, **kwargs

파이썬 함수에 매개변수를 선언할 때, 변수와 값이 1:1 대응하는 경우가 아닌 상황에서는 positional
argument(위치 인자) 혹은 keyword argument(키워드 인자)를 사용하는 경우가 있습니다. 이는 파이썬에
서 아주 자주 사용되는 문법 중 하나이므로 반드시 이해하고 넘어가는 게 좋습니다.

*args 포지셔널 아규먼트

예를 들어 어떤 사용자 정보를 추가하는 함수를 작성한다고 가정했을 때, 해당 함수는 사용자 이름에 대
한 인자를 받긴 받는데 그게 몇 명이 될지 모른다고 가정해보겠습니다. 물론 사람의 수만큼 반복문을 돌
면서 한 명씩 추가를 하는 방식으로 구현을 해도 되겠지만, 이런 경우 *args (positional argument)를 이용
하여 처리할 수 있습니다. 여기서 별표를 먼저 쓰고 뒤에 변수 명을 작성하면 됩니다. 변수 명은 꼭 args
가 아닌 임의의 단어를 사용해도 상관없습니다.

03-2-args.py 파일을 새로 생성하여 다음 코드를 작성해보도록 하겠습니다.

```
01    def add_users(*users):
02        print(users)

04    add_users("홍길동", "김길동", "박길동")
```

〈코드 3-2-1〉

01 add_user라는 이름의 사용자 함수를 선언합니다. 이 함수는 users라는 이름으로 positional argument
를 사용하여 변수 한 개로 여러 개의 인자 값을 처리할 수 있게 됩니다.

02 positional argument형태로 선언된 매개변수 users에 저장된 값을 화면에 출력합니다.

04 add_users( ) 함수에 세 명의 사람 이름을 전달합니다. 이렇게 전달된 세 개의 문자열 데이터는 모두
*users 가 처리하게 됩니다.

〈코드 3-2-1〉을 보면 add_user( ) 함수는 *users라는 이름으로 매개변수 1개를 사용하고 있지만 일반 적인 매개변수와 다르게 앞에 별표가 붙어 있습니다. 이 별표로 인해서 이 함수의 매개 변수 users는 positional argument로 동작이 가능하게 되며 여러 개의 값을 처리할 수 있게 됩니다. 파일을 저장 후 실 행해보고 정말 그렇게 동작하는지 확인을 하고 넘어가도록 하겠습니다.

〈그림 3-2-1〉 03-2-args.py 파일 실행 결과

파일을 실행해보면 〈그림 3-2-1〉과 같이 3개의 문자열 데이터가 users에 튜플 형태로 전달되었다는 사 실을 알 수 있습니다.

이렇게 positional argument를 사용할 때 주의할 점은 반드시 positional argument는 동시에 여러 개 사용 이 불가능하여 독립적으로 사용하거나, 일반 매개변수와 혼합해서 사용하게 되는 경우 순서를 맨 뒤에 작 성해야 한다는 점입니다. 무슨 말인지 03-2-args.py에 다음 코드로 수정해서 확인해보도록 하겠습니다.

```
01  def add_users(*users):
02      print(users)

04  def add_users2(num, *users):
05      print(f"num={num}, users={users}")

07  add_users("홍길동", "김길동", "박길동")
08  add_users2(1000, "홍길동", "김길동", "박길동")
```

〈코드 3-2-2〉

04 add_users2 함수는 일반 매개변수 num과 positional argument 형태로 *users를 사용합니다. 이때 *users는 일반 매개변수 앞에 선언될 수 없음에 주의해야 합니다.

05 매개변수 num과 *users의 값을 화면에 출력합니다.

08 add_users2( ) 함수에 일반 매개변수 num에 1000을 전달하고 *users에는 3개의 문자열 데이터를 전 달하여 호출합니다.

〈코드 3-2-2〉에서처럼 positional argument와 일반 매개변수를 혼합해서 사용할 때는 반드시 맨 뒤에 작 성이 되어야 인자로 넘기는 여러 개의 데이터를 처리할 수가 있습니다. 이렇게 순서가 반드시 지켜져야 하기 때문에 positional이라는 용어를 사용한다고 보시면 됩니다.

추가된 내용을 파일에 저장하고 실행하여 결과를 확인해보도록 하겠습니다.

```
터미널    AZURE    JUPYTER    SQL CONSOLE    문제    출력    디버그 콘솔                    Python  + ∨  ⬚  🗑  ∧  ×

Microsoft Windows [Version 10.0.19043.1889]
(c) Microsoft Corporation. All rights reserved.

C:\PythonStudy>C:/Python310/python.exe c:/PythonStudy/07/03-2-args.py
('홍길동', '김길동', '박길동')
num=1000, users=('홍길동', '김길동', '박길동')
```

〈그림 3-2-2〉〈코드 3-2-2〉 실행 결과

실행 결과의 마지막 줄을 확인해보면 num에는 1000이라는 값이 전달되었고 나머지 값들은 모두 *users에 저장되어 화면에 출력된 것을 확인할 수 있습니다.

**kwargs 키워드형 아규먼트

파이썬에서 매개변수는 이렇게 positional argument 외에 keyword argument 형태로 전달을 할 수 있는 기능이 있습니다. keyword argument는 단어 그대로 인자에 값을 전달할 때, 이름을 붙여서 전달하는 방식입니다.

keyword argument의 문법적 표현은 **kwargs처럼 앞에 별표를 두 개 쓰고 변수 명을 작성합니다. 여기서 kwargs는 변수 명이기 때문에 임의의 단어를 사용해도 상관없습니다. 그럼 실제 어떻게 사용하는지 03-2-keyword.py 파일을 생성하고 다음 예제 코드를 작성해보도록 하겠습니다.

```
01    def add_users(**users):
02        print(users)

04    add_users(name="홍길동", age=30, birth=2000-12-31)
```

〈코드 3-2-3〉

01 add_user 함수는 users라는 이름의 keyword argument를 매개변수로 사용합니다.

02 users에 저장된 내용을 화면에 출력합니다.

03 add_user 함수를 호출하는데 **users에 name, age, birth의 이름으로 세 가지 값을 전달합니다. 여기서 **users에 전달되는 이름은 만드는 사람이 정하는 임의의 이름입니다.

03-2-keyword.py에 코드를 저장하고 실행하여 결과를 확인해보도록 합니다.

〈그림 3-2-3〉 03-2-keyword.py 파일 실행 결과

파일을 실행해보면 〈그림 3-2-3〉에서처럼 name, age, birth의 이름으로 전달된 값들이 하나의 딕셔너리 형태로 출력되는 것을 확인할 수 있습니다. 결국 keyword argument는 딕셔너리 형태로 데이터를 처리한다는 사실을 알 수 있습니다.

3-3. 매개변수의 immutable과 mutable 속성

파이썬에서 매개변수를 통해 함수 외부로부터 값을 넘겨 받았을 때, 매개변수는 immutable 속성과 mutable 속성으로 나뉩니다.

immutable

여기서 immutable 속성은 매개변수로 넘어온 그 값이 함수에서 변화했다 하더라도 원본의 변수 값이 변하지 않는 속성을 의미하고 mutable은 매개변수로 넘어온 값이 함수의 동작으로 인해 원본의 변수 값이 변함을 의미합니다. 이는 사실 매개변수의 특성이라고 하기보다 파이썬 자료형의 특성이라고 보는게 좀 더 명확하겠지만 함수의 매개변수로 여러 가지 자료형을 사용하다가 실수를 많이 하게되는 내용이므로 반드시 확인을 하고 넘어가야 하는 부분입니다.

03-3-immutable.py 파일을 생성하고 다음의 코드를 작성해보도록 하겠습니다.

```
01  def add_message(msg):
02      msg += " 반갑습니다."
03      print(f"msg: {msg}")

05  message = "안녕하세요"
06  add_message(message)
07  print(f"message: {message}")
```

〈코드 3-3-1〉

01 매개변수 msg가 한 개 있는 add_message 함수를 선언합니다.

02 매개변수 msg 에 "반갑습니다"라는 문자열을 추가하여 저장합니다.

03 msg에 저장된 내용을 화면에 출력합니다.

05 변수 message에 "안녕하세요"라는 문자열을 저장합니다.

06 add_message( ) 함수를 호출하는데 이때 message에 저장된 내용을 전달합니다. 이 값은 add_message 함수의 매개변수 msg로 전달됩니다.

07 변수 message의 내용을 화면에 출력합니다.

〈코드 3-3-1〉을 보면 add_message 함수는 매개변수 msg를 통해 함수 외부에서 데이터를 전달받아 "반 갑습니다"라는 문자열을 추가하고 변수 msg의 값을 출력하는 내용입니다.

그런데 여기서 add_message( ) 함수를 호출할 때 매개변수 msg에 해당하는 값은 **05**행에 선언된 message 변수의 값인데 **02**행에서 msg에 추가한 문자열 데이터가 과연 **05**행의 message에 적용이 되는지 안되는 지가 중요한 내용입니다.

이를 확인해보기 위해서 파일을 저장하고 실행하여 결과를 확인해보도록 하겠습니다.

〈그림 3-3-1〉 03-3-immutable.py 파일 실행 결과

파일을 실행해보면 〈그림 3-3-1〉에서처럼 msg에는 추가된 문자열이 출력되었지만 message에는 처음 상태에서 추가된 문자열이 적용되지 않았음을 알 수 있습니다. 이렇게 매개변수의 값이 원본 변수에 영향을 주지 않는 상태, 변하지 않은 속성을 파이썬에서는 immutable하다고 합니다. 파이썬에서 int, float, str, tuple 등은 모두 이런 immutable한 속성이 있으니 매개변수 사용 시 이를 기억하고 있어야 합니다.

mutable

그럼 반대로 이렇게 함수 내부의 어떤 동작이 외부 변수에 영향을 주는 것을 mutable하다고 하는데 어떤

```
01   def add _ member(users, data):
02       users.append("박길동")
03       data["efgh"] = 5678
04       print(users)
05       print(data)

07   members = ["홍길동"]
```

```
08    data = {"abcd": 1234}
09    add _ member(members, data)
10    print(members)
11    print(data)
```

〈코드 3-3-2〉

01 users와 data라는 매개변수를 갖는 add_members 함수를 선언합니다.

02 users에 append( ) 함수를 사용하여 요소를 하나 추가합니다. append( ) 함수를 사용했다는 것은 users는 리스트 형태로 전달되어야 함을 의미합니다.

03 data에 새로운 키와 값을 설정합니다. 이렇게 키와 값을 설정했다는 의미는 data는 딕셔너리 형태로 전달되어야 함을 의미합니다.

04 users의 내용을 화면에 출력합니다.

05 data에 저장된 내용을 출력합니다.

07 members라는 리스트형 변수에 요소 한 개를 기본값으로 초기화합니다.

08 data라는 딕셔너리형 변수에 키와 값을 초기화합니다.

09 add_member 함수에 인자 값으로 members와 data를 전달하여 호출합니다.

10~11 함수가 호출된 후의 리스트형 변수 members와 딕셔너리형 변수 data의 값을 화면에 출력합니다.

파일에 코드를 모두 작성하였으면 저장한 후에 실행하여 결과를 확인해보도록 하겠습니다.

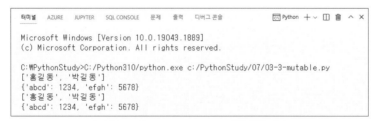

〈그림 3-3-2〉 03-3-mutable.py 파일 실행 결과

파일을 실행한 결과를 확인해보면 〈그림 3-3-2〉에서처럼 함수 내부에서 출력된 값과 함수를 호출하고 난 뒤에 출력된 값이 동일함을 확인할 수 있습니다. 이 말은 함수 내부에서 매개변수로 넘어온 값을 수정했을 때, 함수 외부에 인자 값으로 넘긴 원본 변수의 값이 변화했다는 사실을 알 수 있습니다. 이렇게 함수의 동작으로 매개변수로 넘어온 원본 변수 값이 변화하는 속성을 파이썬에서는 mutable 하다고 말합니다.

이렇듯 함수에서 매개변수 사용 시에 파이썬의 자료형에 따라 원본 변수의 값이 변화할 수도 있고 아닐 수도 있습니다. 이 부분은 실제 코드 작성 시 생각보다 많은 실수를 범하는 중요한 내용이므로 반드시 어떤 자료형이 mutable한지 아니면 immutable한지를 기억하고 있는 것이 좋습니다.

3-4. 함수 반환 값

함수는 이렇게 매개변수를 통해 함수를 호출하는 외부에서 함수의 동작에 필요한 어떤 값을 함수 내부로 전달할 수 있습니다. 그러면 함수가 동작하고 난 후의 어떤 결괏값을 다시 함수를 호출한 곳으로 돌려주어야 하는데 이때 return문을 사용해서 값을 반환해줄 수 있습니다. 먼저 문법적으로 어떻게 표현하는지부터 알아보도록 하겠습니다.

```
def function(a, b=0):
    c = a + b
    return c        변수 c에 저장된 값을
                    함수가 호출된 곳으로 반환

c = function(5)
            함수가 반환 해준 값을 저장할 변수
```

〈그림 3-4-1〉 함수 반환 값에 대한 문법적 표현방법

함수는 〈그림 3-4-1〉과 같이 함수 내부에서 처리된 어떤 결괏값을 함수 외부로 돌려주기 위해 return문을 사용합니다. 이때 return문에 의해 반환된 값을 저장하기 위해서는 〈그림 3-4-1〉에서처럼 함수 호출 시 대입 연산자와 변수를 사용하여 값을 저장할 수 있어야 합니다.

03-4-return.py 파일을 새롭게 생성하여 다음 코드를 작성해보며 함수의 반환 값에 대한 코드를 작성해보도록 하겠습니다.

```
01   def function(a, b, c):
02       d = a + b + c
03       return d

05   v = function(100, 10, 1)
06   print(f"함수 결과 값은 {v} 입니다.")
```

〈코드 3-4-1〉

01 function이란 이름의 함수에 매개변수 a, b, c를 사용합니다.

02 매개변수 a, b, c를 더한 값을 변수 d에 저장합니다.

03 총 합이 저장된 변수 d의 값을 반환합니다.

05 function( ) 함수에 100, 10, 1의 값을 넘겨주어 호출하고 함수가 반환하는 값을 v에 저장합니다.

06 함수가 반환한 값이 저장된 변수 v의 값을 출력합니다.

〈코드 3-4-1〉을 보면 함수 function( )은 a, b, c 3개의 매개변수를 기본값없이 선언하여 사용하고 있습니다. 그렇기 때문에 **05**행에서 함수를 호출할 때, 각 매개변수에 할당될 값을 반드시 넘겨줘야 합니다. 이렇게 함수가 호출될 때 넘겨진 100, 10, 1의 값은 함수 function에서 변수 a, b, c로 받아 사용이 가능하게 되며 반드시 매개변수의 개수와 넘겨진 인자 값의 개수가 일치해야 합니다. **02**행에서 이렇게 함수 외부로부터 넘어온 값을 더해 변수 d에 저장했고 **03**행에서 return문을 사용하여 d의 값을 반환하게 되면 **05**행에서처럼 변수 v를 사용하여 함수가 반환한 값을 변수에 저장할 수 있습니다.

파일을 저장한 후 실행하여 결과가 제대로 나오는지 확인해보도록 하겠습니다.

〈그림 3-4-2〉 03-4-return.py 파일 실행 결과

실행 결과를 보면 〈그림 3-4-2〉에서처럼 a, b, c에 할당된 100, 10, 1을 더해 이를 반환하고 반환된 값인 111이 화면에 출력되는 것을 확인할 수 있습니다. 참고로 여기서는 함수의 반환 값으로 정수 형태의 자료형을 예제로 들고 있지만 파이썬에서 함수의 반환은 변수에 저장 가능한 모든 형태를 반환할 수 있습니다.

3-5. 전역, 지역 스코프

우리가 함수를 사용하면서 반드시 기억해야 할 한 가지가 있는데, 바로 변수가 저장되는 메모리 공간에 대한 개념입니다. 이런 공간에 대해 파이썬에서는 scope(스코프)라는 용어를 사용하는데 이 scope는 전역적인 global scope와 지역적인 local scope로 나뉘게 됩니다. 일단 용어도 어렵고 설명이 어려우니 바로 코드를 보면서 어떤 개념인지 한번 알아보도록 하겠습니다. 03-5-scope.py 파일을 생성하고 다음 코드를 작성해보겠습니다.

```
01    def test( ):
02        a = 10
03        print(a)

05    a = 100
06    test( )
07    print(a)
```

〈코드 3-5-1〉

01 test 이름의 함수를 선언합니다.

02 변수 a에 10을 저장합니다.

03 변수 a의 값을 화면에 출력합니다.

05 변수 a에 100을 저장합니다.

06 test( ) 함수를 호출합니다.

07 변수 a의 값을 화면에 출력합니다.

〈코드 3-5-1〉을 보면 **02**행에도 변수 a가 있고 **05**행에도 변수 a가 있습니다. 그런데 여기서 이 변수 a들은 서로 다른 공간에 존재하는 변수입니다.

〈그림 3-5-1〉 global scope 와 local scope

〈그림 3-5-1〉에서처럼 함수 내부의 영역을 local scope라고 하고 함수 밖의 영역을 global scope라고 합니다. 그래서 함수 안에 선언된 변수를 통상 지역 변수 혹은 로컬(local) 변수라고 하고 함수 밖에 선언된 변수를 전역 변수 혹은 글로벌(global) 변수라고 호칭하기도 합니다.

그런데 때에 따라서 함수 내부에서 함수 외부에 선언된 전역 변수의 값을 사용할 필요가 종종 있습니다. 물론 위에서 배운 매개변수를 사용하여 외부의 값을 함수 내부로 전달하는 게 더 좋은 방법이겠지만 좋은 방법이든 아니든 필요에 의해 사용해야 할 때가 있는 건 사실입니다. 그런 경우에는 다음과 같이 global 문을 사용하여 해당 변수가 전역 변수를 의미한다고 명시해주면 됩니다. 다음 코드는 03-5-scope.py의 내용에 추가하여 작성했습니다.

```
01   def test( ):
02       global b
03       a = 10
04       print(f"local a={a}, global b={b}")

06   a = 100
07   b = 200
08   test( )
09   print(f"global a={a}, global b={b}")
```

〈코드 3-5-2〉

01 test 이름의 함수를 선언합니다.

02 global문을 사용하여 변수 b가 전역 변수임을 선언합니다. 이렇게 global문을 사용하여 전역 변수를 선언할 때는 반드시 실제 변수가 global scope 영역에 존재해야 합니다.

03 변수 a에 10을 저장합니다. 여기서 a는 지역 변수이므로 **06**행의 변수 a와는 아무런 상관이 없는 변수입니다.

04 지역 변수 a와 전역 변수 b의 값을 화면에 출력합니다.

06 전역 변수 a에 100을 저장합니다.

07 전역 변수 b에 200을 저장합니다.

08 test( ) 함수를 호출합니다.

09 지역 변수 a와 전역 변수 b의 값을 화면에 출력합니다.

〈코드 3-5-2〉의 내용을 보면 변수 a와 변수 b가 각각 어떻게 존재하는지를 간접적으로 확인이 가능합니다. 결론적으로 전역 변수인 b를 함수 내부에서 사용하기 위해서는 global문을 사용하여 변수를 선언해 줘야 하고 그렇지 않은 경우에는 변수 a처럼 지역 변수로 동작한다는 사실을 반드시 기억해야 합니다.

파일을 저장하고 실행하여 결과를 확인해보도록 합니다.

```
터미널   AZURE   JUPYTER   SQL CONSOLE   문제   출력   디버그 콘솔                    Python  + ∨  ⊡  🗑  ∧  ✕

Microsoft Windows [Version 10.0.19043.1889]
(c) Microsoft Corporation. All rights reserved.

C:\PythonStudy>C:/Python310/python.exe c:/PythonStudy/07/03-5-scope.py
local a=10, global b=200
global a=100, global b=200
```

〈그림 3-5-2〉 03-5-scope.py 파일 실행 결과

파일 실행 결과를 보면 〈그림 3-5-2〉에서처럼 변수 a는 각각 local scope와 global scope에 각각 존재하기 때문에 10과 100이 출력되는 것에 반해, 변수 b는 global scope에만 존재했고 함수 내부에서 이를 global문을 사용하여 전역 변수로 사용했기 때문에 값은 200으로 동일하게 출력 되었습니다.

사실 여기서 설명하는 전역, 지역 개념은 파이썬뿐만 아니라 대부분의 프로그래밍 언어에 존재하는 개념입니다. 그렇기 때문에 반드시 이런 변수의 공간적 개념을 이해해야만 실제 프로그램을 작성하면서 실수를 하지 않게 됩니다.

3-6. 코드 함수화

이렇게 함수를 작성하는 문법적 방법은 지금까지 알아본 함수 선언 방법, 매개변수, 함수 값 반환이 전부이고 생각보다 간단합니다. 그러나 실제 이를 응용하여 프로그램을 작성하는 것은 단순히 함수의 작성법을 익히는 것과는 별개의 문제입니다.

함수를 사용하는 중요한 이유는 코드를 재사용하여 프로그램을 구조화 한다고 하는데, 대체 구조화라는 게 무엇인지, 코드의 재사용성은 무엇을 말하는지, 들을 때는 알 것 같았는데 막상 코드를 실제 작성해 보려면 막막할 수 있습니다. 그래서 다음의 예제를 기준으로 이를 함수화하는 과정을 한번 살펴보겠습니다.

프로그램은 사용자 3명에게 이름과 주민등록 번호를 입력 받고, 해당 사용자가 남성인지 여성인지를 판별하여 하나의 리스트에 저장을 하는 프로그램을 만든다고 가정해보겠습니다. 그러면 일단 우리가 현재 배운 방식으로 코드를 작성한다면 다음과 같이 작성할 수 있습니다. 03-6-users.py 파일을 생성하고 다음 코드를 작성해보겠습니다.

```python
01  users = []
02  count = 3
03  for i in range(count):
04      name = input("사용자 이름을 입력하세요: ")
05      jumin = input("주민번호를 입력하세요: ")
06      jumin = jumin.replace("-", "")
07      if len(jumin) == 13:
08          g = jumin[6]
09          if g == "1" or g == "3":
10              gender = "남자"
11          elif g == "2" or g == "4":
12              gender = "여자"
13          else:
14              gender = ""
```

```
15          users.append((name, gender))
16  print(users)
```

<코드 3-6-1>

01 사용자 정보를 저장할 빈 리스트를 선언합니다.

02 반복문에 사용할 횟수를 저장할 변수입니다. 여기서는 세 명의 사용자 정보를 받기 위해 3을 저장합니다.

03 변수 count만큼 for문을 반복합니다.

04 사용자의 이름을 입력 받아 변수 name에 저장합니다.

05 주민번호를 입력 받아 변수 jumin에 저장합니다.

06 사용자가 입력한 주민번호가 123456-1234567일 수도 있고 1234561234567일 수 있습니다. 그렇기 때문에 주민번호에 대시 문자(-)가 포함되었을 수 있으니 replace( ) 함수를 사용하여 이를 사전에 제거합니다.

07 조건문을 사용하여 대시가 제거된 주민번호 문자열의 길이가 13자리인 경우에만 수행합니다.

08 입력된 주민번호 문자열의 여섯 번째 인덱스가 성별에 대한 값이므로 해당 값을 인덱싱하여 변수 g에 저장합니다.

09~14 성별에 대한 변수 g의 값이 1, 3인 경우에는 남자를 의미하고 2, 4인 경우에는 여자를 의미합니다. 1999년대 출생자까지는 1, 2를 사용하고 2000년 이후 출생자는 3, 4를 사용합니다. 또한 외국인의 경우에는 5, 6, 7, 8을 사용하지만 여기서는 내국인만을 대상으로 처리합니다.

15 최종 이름과 성별 값을 리스트형 변수 users에 추가합니다.

16 최종 결과가 저장된 리스트형 변수 users의 값을 화면에 출력합니다.

<코드 3-6-1>의 코드는 세 명의 사용자에 대한 이름과 주민등록 번호를 입력받아 주민번호에서 성별을 인식해서 최종 결과로 이름과 성별을 저장하는 일반적인 내용의 코드입니다.

먼저 코드가 정상적으로 동작하는지 파일을 저장하고 실행하여 결과가 제대로 나오는지 확인해보도록 하겠습니다.

〈그림 3-6-1〉 03-6-users.py 파일 실행 결과

파일을 실행하면 〈그림 3-6-1〉에서처럼 프로그램은 for문의 count에 저장된 횟수만큼 반복을 하게 되는데 이 반복문 안에서 input( ) 함수를 사용하고 있기 때문에 결국 input( ) 함수는 for문에 의해 횟수만큼 반복하게 될테고 사용자는 각각 세 명에 대한 이름, 주민번호 정보를 입력하게 됩니다.

주민번호는 123456-1234567처럼 입력할 수도 있고 1234561234567처럼 입력할 수도 있기 때문에 이런 예외상황에대한 처리를 미리 해놓는 게 좋습니다. 그리고 입력 받은 주민번호에서 성별에 해당하는 여섯 번째(0부터 시작) 인덱스의 값을 확인하여 성별을 판단하는 형식으로 동작하고 최종적으로 리스트형 변수 users에 이름과 성별을 짝을 지어 저장하기 위해 튜플 형태로 저장합니다.

그런데 만약 이런 코드가 프로젝트 여기저기에서 사용되는 곳이 많다면 우리는 위의 코드를 몇 번이고 반복해서 작성해야 합니다. 그래서 보통 코드에서 반복될 내용은 따로 분리하여 함수화시켜 코드의 재사용성을 높여주고 그로 인해 전체적인 프로그램은 구조화되게 되는 게 함수의 주된 사용 목적이라 볼 수 있습니다. 일단 앞에 〈코드 3-6-1〉의 내용을 함수화시켜서 작성하면 어떻게 작성할 수 있는지 확인해보도록 하겠습니다. 03-6-function.py 이름의 새 파일을 생성하고 다음의 코드를 작성해보도록 하겠습니다.

```
01   def get_gender(jumin):
02       gender = ""
03       jumin = jumin.replace("-", "")
04       if len(jumin) == 13:
05           g = jumin[6]
06           if g == "1" or g == "3":
07               gender = "남자"
08           elif g == "2" or g == "4":
09               gender = "여자"
10       return gender

12   users = []
13   count = 3
14   for i in range(count):
15       name = input("사용자 이름을 입력하세요: ")
16       jumin = input("주민번호를 입력하세요: ")
17       gender = get_gender(jumin)
18       users.append((name, gender))
19   print(users)
```

〈코드 3-6-2〉

01 def 문을 사용하여 get_gender라는 이름의 함수를 선언합니다. 이 함수는 jumin이라는 매개변수 한 개를 포함합니다.

02 최종 결과를 반환하기 위해서 gender라는 변수를 빈 문자열로 초기화 합니다. 여기서 변수 gender는 get_gender( ) 함수 내에서만 존재하는 지역 변수라는 사실을 기억하시는 게 좋습니다.

03 매개변수로 넘어온 jumin 값에서 대시문자(—)를 제거합니다.

04~09 변수 jumin에 저장된 주민번호 문자열의 6번째 인덱스 값을 확인하여 주민번호 상의 성별을 판단하여 변수 gender에 저장합니다.

10 성별이 문자열 형태로 저장된 변수 gender의 값을 반환합니다.

12 최종 결과, 사용자 이름과 성별을 저장할 빈 리스트형 변수를 선언합니다.

13 for문으로 반복될 횟수가 저장된 변수 count를 선언합니다. 여기서는 세 명의 사용자 정보를 입력 받기로 했으므로 값은 3으로 초기화합니다.

15~16 사용자에게 이름과 주민번호를 각각 입력 받아 변수에 저장합니다.

17 미리 **01**행에서 주민번호만 넘겨주면 성별을 반환해주는 get_gender( ) 함수를 작성해 놓았으므로 이제 함수만 호출하면 됩니다. 함수가 반환해주는 성별에 대한 값은 gender 변수에 저장합니다. 여기서 **17**행의 변수 gender와 **02**행의 변수 gender는 이름만 같을 뿐, 서로 다른 scope 영역에 있으므로 서로 아무 상관이 없다는 사실을 꼭 기억하셔야 합니다.

18 사용자 이름과 성별을 리스트형 변수 users에 튜플 형태로 추가합니다.

19 최종 결과가 저장된 users를 화면에 출력합니다.

〈코드 3-6-2〉와 기존의 〈코드 3-6-1〉을 비교해보면 주민등록번호의 특정 인덱스 값을 확인하여 성별을 판별하는 내용을 get_gender라는 이름의 함수 안에 모두 작성을 하였습니다. 이 함수는 결론적으로 함수 내에서 성별을 판별하고 그 결괏값으로 "남자", "여자" 혹은 이도 저도 아닌 경우 ""처럼 문자열 값을 반환하게 됩니다.

파일을 저장하고 제대로 동작하는지 확인해보도록 하겠습니다.

〈그림 3-6-2〉 03-6-function.py 파일 실행 결과

파일을 실행해 보면 이전의 〈그림 3-6-1〉의 결과와 〈그림 3-6-2〉의 결과는 별 차이가 없음을 알 수 있습니다. 그러나 〈코드 3-6-2〉는 실제 주민번호를 전달받아 성별을 반환해주는 기능을 함수로 구현했기 때문에 만약 프로그램의 다른 곳에서도 해당 기능을 사용하게 되는 경우 동일한 내용의 코드를 또 작성해야 할 필요가 없습니다. 그리고 이렇게 프로그램의 기능을 함수로 구현하게 되면 좀 더 코드의 가독성이 좋아지고 유지보수가 편리해지는 장점도 있습니다.

3-7. 파이썬 함수의 특징

파이썬의 함수는 다른 프로그래밍 언어와 다르게 굉장히 독특한 몇 가지 특징들이 있습니다. 이런 특징들은 결국 코딩을 하는 사람이 좀 더 편하고 유연하게 프로그램을 작성하는데 초점이 맞춰져 있다고 볼 수 있습니다. 그럼 파이썬 함수의 특징에는 어떤 것들이 있는지 한번 살펴보도록 하겠습니다.

파이썬 함수는 변수나 데이터 구조안에 저장할 수 있습니다.

파이썬 함수의 특징 중 하나는 함수 자체를 변수나 다른 데이터의 구조안에 저장을 할 수 있다는 점입니다. 일단 03-7-func.py 파일을 생성하고 다음 코드를 작성해보겠습니다.

```
01   def hi( ):
02       print("헬로 파이썬")

04   hello = hi
05   hello( )
```

〈코드 3-7-1〉

01 hi 이름의 함수를 선언합니다.

02 "헬로 파이썬" 문자열을 출력합니다.

04 hello라는 변수에 hi 함수를 저장합니다. 이때 hi에 소괄호를 사용하지 않고 함수 이름을 저장하면 hello에는 hi 함수가 저장됩니다.

05 hello에 저장된 hi 함수를 호출하기 위해 소괄호를 사용하여 함수를 호출합니다.

〈코드 3-7-1〉은 변수에 함수를 저장하는 파이썬 함수의 특징을 보여주는 예제 코드입니다. 이렇듯 파이썬에서 함수는 변수나 다른 데이터 구조 안에 저장이 가능한 특징이 있습니다. 파일을 저장하고 실행하여 결과를 확인해봅니다.

〈그림 3-7-1〉 03-7-func.py 파일 실행 결과

실행 결과를 보면 hi 함수를 hello 변수에 저장한 후 hello( )를 호출하여 의해 hi 함수의 코드가 동작했음을 확인할 수 있습니다.

함수의 매개변수에 함수를 전달할 수 있습니다.

파이썬 함수의 두 번째 특징은 함수의 매개변수에 함수 자체를 전달할 수 있다는 점입니다. 이 내용을 처음 접하는 입장에선 참 이해하기가 어려운 내용일 수 있습니다만 일단 03-7-arg.py 파일을 생성하여 다음 코드를 작성해보며 이해를 해보도록 하겠습니다.

```
01   def add_number(a, b):
02       return a + b

04   def calc(func, a, b):
05       print(f"func={func.__name__}")
06       c = func(a, b)
07       print(f"결과: {c}")

09   calc(add_number, 100, 30)
```

〈코드 3-7-2〉

01 add_number라는 이름의 함수에 매개변수 a와 b로 인자 값을 전달받습니다.

02 함수는 인자로 넘어온 a와 b를 더한 값을 반환해줍니다.

04 calc라는 이름의 함수에 func, a, b라는 3개의 매개변수를 선언합니다.

05 여기서 매개변수 func는 함수를 전달받기 위해 선언했는데 파이썬 함수 객체의 속성 중에 __name__이라는 속성의 값을 화면에 출력합니다. __name__에는 함수의 이름이 저장되어 있습니다.

06 매개변수 func로 넘어온 함수에 매개변수 a와 b의 값을 인자로 전달하여 호출합니다. 그리고 반환된 값을 변수 c에 저장합니다.

07 func로 호출된 함수의 반환 값 c를 화면에 출력합니다.

09 calc 함수를 첫 번째 매개변수인 func에 add_number 함수를 전달하고 a에 100, b에는 30을 인자 값으로 넘겨주며 호출합니다. 여기서 중요한 점은 add_number 함수가 매개변수의 값으로 넘어갔다는 사실이며 이렇게 매개변수의 값으로 함수를 전달할 때 소괄호를 사용하지 않는다는 점입니다. 함수를 매개변

수로 넘겼다고 해서 함수가 호출되는 것은 아니며 함수 호출 시에는 **06**행에서처럼 소괄호를 사용해야만 호출됩니다.

〈코드 3-7-2〉를 보면 add_number( ) 함수와 calc( )라는 함수를 선언했습니다. 그런데 calc( ) 함수를 호출할 때의 인자 값을 보면 첫 번째 인자로 add_number 함수를 넘겨주고 있는 것을 확인할 수 있습니다. 이렇게 넘겨진 add_number 함수는 calc 함수에서 func라는 이름의 매개변수로 전달받게 되고 이 함수를 calc 함수의 내부에서 호출하여 사용할 수 있습니다.

```
터미널   AZURE   JUPYTER   SQL CONSOLE   문제   출력   디버그 콘솔        Python + ∨ ◫ 🗑 ^ ×

Microsoft Windows [Version 10.0.19043.1889]
(c) Microsoft Corporation. All rights reserved.

C:₩PythonStudy>C:/Python310/python.exe c:/PythonStudy/07/03-7-arg.py
func=add_number
결과: 130
```

〈그림 3-7-2〉 03-7-arg.py 파일 실행 결과

파일을 실행해보면 〈그림 3-7-2〉에서처럼 func에는 함수 자체가 전달되었기 때문에 함수의 __name__ 속성에 func에 전달된 함수의 이름인 add_number라는 값이 저장 되어있는 것을 확인할 수 있고 calc 함수 내부에서 매개변수로 전달된 func를 호출함으로써 add_number 함수가 호출되어 반환된 값이 화면에 출력된 것을 확인할 수 있습니다.

함수가 다른 함수의 리턴 값으로 사용되거나 함수 안에 함수를 선언할 수 있습니다.

파이썬에서 함수의 또 다른 특징은 함수 안에 함수를 작성하거나 함수 자체가 다른 함수의 리턴 값으로 사용이 가능하다는 점입니다. 사실 이 특징을 이용한 코딩 방식은 실무에서도 코드 작성 시 자주 사용되는 부분이기도 한데 문제는 처음 파이썬을 접하는 분들 입장에서는 상당히 난해하고 어렵게 느껴지는 것이 당연합니다. 물론 이렇게 글로만 봐서는 도무지 무슨 이야기인지 알 수 없으니 이 복잡한 내용이 무엇을 이야기하는 건지 03-7-inner.py 파일을 생성하고 다음 코드를 작성해보도록 하겠습니다.

```
def outer_function(func):
    def inner_function(*args, **kwargs):
        print(f"함수 명: {func.__name__}")
        print(f"args: {args}")
        print(f"kwargs: {kwargs}")
        result = func(*args, **kwargs)
        return result
    return inner_function

def add(a, b):
```

```
11      return a + b

13   f = outer _ function(add)
14   f(10, 20)
```

〈코드 3-7-3〉

01 outer_function이라는 이름으로 함수를 선언합니다. 이때 func라는 함수의 매개변수를 선언하는데 이 func에는 함수가 전달될 예정입니다.

02 outer_function 내부에 들여쓰기 후 inner_function이라는 이름의 함수를 선언합니다. 이 inner_function은 구조적으로 보면 outer_function 함수 안에 또 다른 함수를 선언하게 되는 모양이 됩니다. 이 안쪽의 inner_function은 *args의 positional argument와 **kwargs의 keyword argument를 매개변수로 선언해서 사용하는데 이는 사용을 하든 안 하든 선언해 놓는게 좋습니다. 이 두 개의 매개변수는 outer_function 호출 시에 func로 함수를 넘길 때 이 func의 원형 함수의 인자 값을 모두 처리하기 위한 목적으로 사용됩니다.

03 func는 함수가 넘어온다고 하였으니 함수의 이름인 __name__ 속성의 값을 화면에 출력합니다.

04 내부함수 inner_function의 *args에 넘어온 인자 값을 화면에 출력합니다.

05 내부함수 inner_function의 **kwargs에 넘어온 인자 값을 화면에 출력합니다.

06 func를 호출하는데 이때 *args와 **kwargs를 모두 func에 전달해야 원래 func 함수에 정상적으로 매개변수에 값이 넘어가게 됩니다. 여기서 func를 호출한다는 것은 outer_function에 의해 외부에서 전달받은 함수가 실행된다는 의미입니다. 그리고 함수 호출 결과를 변수 result에 받습니다.

07 func 함수를 호출한 결과를 반환합니다. 여기서 중요한 점은 **07**행에서의 return은 **02**행 inner_function이 반환을 하는것이지 **01**행의 outer_function이 반환을 하는게 아니라는 점입니다.

08 outer_function 함수는 inner_function을 반환합니다. 여기서 inner_function은 내부에 선언된 함수입니다.

10 매개변수 a와 b를 갖는 add라는 함수를 선언합니다.

11 add 함수는 인자 값 a와 b를 더한 결과를 반환합니다.

13 함수 outer_function에 함수 add를 인자 값으로 전달하여 호출한 결과를 변수 f에 저장합니다. 이 단순한 문장이 생각보다 중요한 부분인데, 이렇게 outer_function에 add 함수를 전달하여 호출하면, outer_function의 매개변수 func에 add 함수가 전달되게 되고 outer_function은 최종적으로 inner_function 함수를 반환하고 변수 f에 저장됩니다. 이때 실제 호출되어 수행된 함수는 outer_function뿐, inner_function도 add 함수도 수행된 적은 없다는 사실입니다. 이 개념이 사실 별거 아닌 것처럼 보이긴 해도 굉장히 중요한 부분인데, 함수를 선언하는 것과 호출해서 실행하는 것을 절대 혼동하지 않아야 합니다.

14 변수 f에 저장된 inner_function은 이곳에서 호출되어 실행됩니다. inner_function은 outer_function의

매개변수 func에 저장된 add 함수를 내부적으로 실행하게 됩니다. 이때 add 함수의 인자 값으로 10과 20을 전달하는데 이 인자 값은 모두 inner_function의 *args로 받아 처리하게 됩니다.

〈코드 3-7-3〉을 보면 파이썬에서는 함수를 함수의 리턴 값으로도 사용이 가능하고 함수 안에 함수를 작성할 수도 있습니다. 〈코드 3-7-3〉에서 **13**행은 outer_function에 add 함수를 전달하고 outer_function 안에서는 inner_function을 정의하고 outer_function은 최종적으로 return inner_function에 의해 함수가 함수를 반환하게 되어있습니다. 이는 **14**행에서처럼 f (10, 20)을 호출하는 순간 outer_function이 실행되고 outer_function은 return inner_function을 수행하기 위해 inner_function( )을 내부적으로 호출하게 됩니다. 이때 f (10, 20)에서 넘겨진 인자 값은 inner_function의 *args, **kwargs의 매개변수로 넘어오는데 이 함수 내부에서 funct( )가 호출되게 되므로 결국 outer_function(add)로 넘긴 add 함수는 **06**행의 result = func(*args, **kwargs)에 의해 실행되게 된다는 것을 알 수 있습니다.

이 복잡한 과정을 좀 더 이해하기 쉽게 그림을 통해 어떻게 동작하는지 다시 한번 확인을 해보도록 하겠습니다.

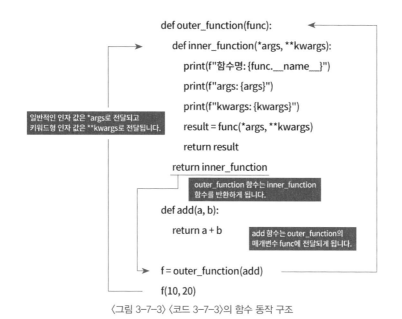

〈그림 3-7-3〉 〈코드 3-7-3〉의 함수 동작 구조

〈그림 3-7-3〉은 〈코드 3-7-3〉에서 함수와 매개변수에 값이 어떻게 전달되는지를 조금 더 이해하기 쉽게 그림으로 작성된 내용입니다. 물론 이 내용을 쉽게 이해하고 실제 코드에 능숙하게 적용하려면 그만큼 많은 공부와 경험이 필요한 게 사실입니다만 파이썬에서 중요한 개념이니 모두 이해하지 못했다 하더라도 어느정도는 감을 잡고 넘어가시는 게 좋습니다. 또한 반드시 직접 코드를 작성하고 실행하여 결과를 확인해보시기 바랍니다.

어쨌든 〈코드 3-7-3〉의 내용을 03-7-inner.py에 작성하여 저장하였으면 파일을 실행하여 결과를 확인해보도록 하겠습니다.

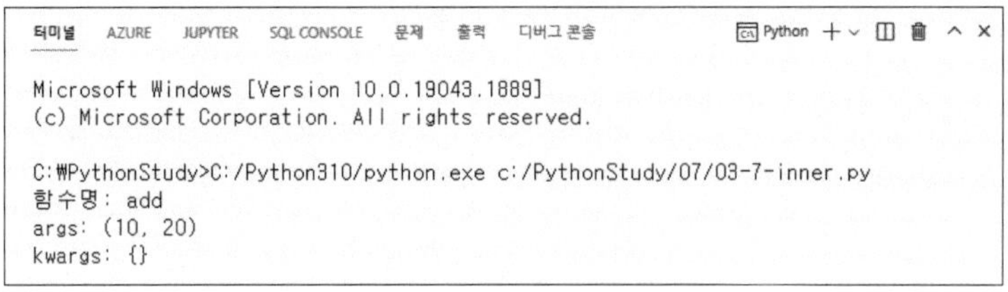

〈그림 3-7-4〉 03-7-inner.py 파일 실행 결과

파일을 실행해보면 〈그림 3-7-3〉과 같이 inner_function 함수에 구현해 놓은 func.__name__ 값과 *args 값, **kwargs 값이 화면에 출력되는 것을 확인할 수 있습니다.

그렇다면 과연 그냥 add( ) 함수를 직접 호출하면 될 것을 왜 이리 복잡한 방법으로 함수를 구현하고 호출을 하는 것일까요? 사실 우리가 지금까지 이야기하고 있는 함수 안에 함수를 선언하고 이 함수에 외부의 함수와 매개변수를 전달하여 새로운 변수를 통해 함수를 저장하는 기술을 Closure(클로저)라고 합니다. 그리고 이런 클로저를 구현하는 것은 파이썬의 Decorator(데코레이터)라는 기능을 사용하기 위해서 입니다.

3-8. 데코레이터

데코레이터라는 영어 단어를 국어사전에 검색해보면 "장식가, 실내 장식가"라는 뜻으로 번역이 됩니다. 말 그대로 데코레이터는 함수를 장식하는 기능을 제공하는데, 여기서 "장식"이라는 단어는 함수의 기능을 추가적으로 확장하거나 하는 의미로 사용된다고 보면 됩니다.

만약 어떤 함수가 동작하는데 과연 시간이 얼마나 걸리는지를 체크한다고 가정했을 때, 다음과 같이 코드를 작성할 수 있습니다. 03-8-time.py 파일을 생성하고 코드를 작성해보도록 하겠습니다.

```
01    import time

03    def test_function( ):
04        for i in range(3):
05            time.sleep(1)

07    start_time = time.time( )
08    test_function( )
09    end_time = time.time( ) - start_time
10    print(f"함수 동작 시간: {end_time}")
```

〈코드 3-8-1〉

01 파이썬에서 시간에 관한 기능을 사용하기 위해서 import[3]문을 사용하여 파이썬이 기본적으로 제공하는 time 라이브러리를 불러옵니다.

03 test_function( )이라는 함수를 선언합니다.

04 for 반복문을 통해 3회 반복합니다.

05 time 라이브러리의 sleep( ) 함수를 사용하여 1초간 프로그램 동작을 지연시킵니다.

07 time 라이브러리의 time( ) 함수를 호출하여 현재 시간을 변수 start_time에 저장합니다. 여기서의 현재 시간의 형식은 Unix timestamp[4] 형식입니다.

08 test_function( ) 함수를 호출합니다. test_function( ) 함수는 time.sleep(1) 이 3번 반복하니 약 3초간 프로그램이 지연됩니다.

09 08행의 함수 호출이 끝난 후의 현재 시간을 구해 함수 시작전의 시간이 저장된 start_time 값을 빼 줍니다. 그러면 함수가 동작하는데 걸린 시간을 구할 수 있습니다.

10 함수가 동작하는데 걸린 시간을 화면에 출력합니다.

〈코드 3-8-1〉에서 처음으로 import문을 사용하여 라이브러리를 불러오는 내용이 등장했습니다. 지금은 자세히 다루지 않겠지만 추후 라이브러리에 대해서 알아보도록 하고, 여기서는 간단하게 파이썬에서 제공하는 시간 관련 기능을 사용하기 위해 time 라이브러리를 불러오고 있습니다.

〈코드 3-8-1〉은 이 time 라이브러리를 사용하여 test_func 함수를 호출하기 전에 시간을 기록하고 함수를 호출하고 난 뒤의 시간을 구하여 서로 빼 줌으로써 함수가 동작하는 데 시간이 얼마나 걸렸는지를 확인하는 아주 간단한 샘플 코드입니다. 일단 결과를 확인해야 하니 파일을 실행해보도록 하겠습니다.

〈그림 3-8-1〉 03-8-time.py 파일 실행 결과

파일을 실행해보면 〈그림 3-8-1〉에서처럼 test_function( ) 함수가 동작하는데 3.013...87초가 걸렸다는 사실을 알 수 있습니다.

그럼 만약에 어떤 프로그램을 만들고 있는데 함수가 50개가 있다고 가정해봅시다. 그런데 프로그램의 동작시간이 너무 오래 걸려서 어떤 함수에서 시간이 많이 소요되는지를 확인한다고 했을 때, 그럼 함수를 호출하는 모든 코드 위, 아래에 〈코드 3-8-1〉의 **07**행, **09**행의 코드를 반복해서 써야 할까요?

이런 경우에 우리는 데코레이터 기능을 활용하여 코드를 훨씬 효율적으로 작성할 수 있습니다. 그럼 지금 가정한 함수의 수행시간을 체크하는 전용 데코레이터 함수를 어떻게 만들고 사용하는지 03-8-decorator.py 파일을 생성하여 다음의 코드를 작성해보도록 하겠습니다.

```
01    import time

03    def time_checker(func):
04        def inner_function(*args, **kwargs):
05            start_time = time.time( )
06            result = func(*args, **kwargs)
07            end_time = time.time( ) - start_time
08            print(f"함수 수행 시간: {end_time}")
09            return result
10        return inner_function

12    @time_checker
13    def test_func( ):
14        for i in range(3):
15            time.sleep(1)

17    test_func( )
```

〈코드 3-8-2〉

01 파이썬에서 시간관련 기능을 사용하기 위해 time 라이브러리를 불러옵니다.

03 time_checker라는 이름의 함수 명과 매개변수 func를 선언합니다. 여기서 함수 time_checker를 호출할 때 매개변수 func에 외부의 다른 함수가 함께 전달될 예정입니다.

04 time_checker 함수 안에 inner_function 이름의 함수를 선언합니다. 이 함수는 *args와 **kwargs의 매개변수를 사용하여 상위 함수인 time_checker의 매개변수 func로 넘어온 함수를 실제 호출할 때 해당 함수에 인자 값을 전달하기 위한 목적으로 사용됩니다. func로 넘어온 정해지지 않은 외부 함수는 매개변수가 있을 수도 있고, 없을 수도 있고 만약 있다면 어떤 종류의 매개변수를 몇 개나 사용하고 있는지를 알 수 없기 때문에 여기에서처럼 positional argument와 keyword argument로 처리하면 모든 매개변수를 처리할 수 있게 됩니다.

05 time 라이브러리의 time( ) 함수를 호출하여 현재 시간을 start_time 변수에 저장합니다.

06 time_checker 함수의 매개변수 func로 전달된 함수를 호출하고 결과를 result에 저장합니다. 이때 함수를 호출할 때 *args와 **kwargs로 넘어온 인자 값을 전달합니다.

07 06행의 함수가 동작한 시간을 측정하기 위해 **05**행에서 start_time에 저장된 함수 호출 시간을 현재 시간에서 빼주면 경과된 시간만 남게 되고 그 시간 값을 end_time 변수에 저장합니다.

08 함수가 수행되는데 걸린 시간을 화면에 출력합니다.

09 06행에서 함수 호출 후 원래 함수가 반환한 값을 다시 돌려줍니다.

10 04행에서 정의된 inner_function 함수를 반환합니다. 여기서 중요한 사실은 **05**행부터 **09**행까지의 코드 내용은 선언이된 상태일 뿐 실제 실행된 적은 없다는 사실입니다. 그렇기 때문에 여기서 inner_function 함수 자체를 리턴하고 외부에서 이 함수를 저장하여 호출을 해야 비로소 **05**행부터 **09**행의 코드가 수행된다는 사실입니다.

12 파이썬의 데코레이터는 @time_checker처럼 @함수 명을 사용하면 해당 코드의 아래에 작성된 **13**행의 함수 test_func가 **12**행에 작성한 데코레이터에 의해 time_checker함수로 확장이 되는 개념입니다. 물론 이렇게 사용하지 않고 바로 앞의 챕터 3-7. 파이썬 함수의 특징 중 〈코드 3-7-3〉처럼 작성해도 동작은 동일하게 하나 이렇게 데코레이터를 사용하면 좀 더 편하게 사용이 가능하고 만약 데코레이터로 확장할 대상 함수가 많은 경우라면 더욱 편하게 코드 작성이 가능하게 됩니다.

13 테스트를 위한 함수를 선언합니다.

14~15 테스트 함수에서는 단순히 for 반복문을 돌며 일정시간 프로그램을 지연시킵니다.

17 test_func 함수를 호출합니다. 함수가 호출되면 데코레이터에 의해 time_checker 함수의 기능이 적용된 test_func가 수행됩니다.

〈코드 3-8-2〉는 파이썬의 데코레이터 기능을 사용하여 함수의 기능이 어떻게 확장되는지를 보여주고 있는 샘플 코드입니다. 이전 챕터에서 작성한 〈코드 3-7-3〉에서는 확장될 함수를 먼저 정의하고 확장될 함수에 실행할 함수를 매개변수로 전달하는 방식이었다면 데코레이터를 이용하면 매개변수 대신 확장 시킬 함수 명 바로 위에 일명 골뱅이 문자인 앳사인 문자(@)와 확장할 함수 명을 작성하면 해당 함수는 데코레이터에 의해 함수가 확장됩니다. 물론 이렇게 데코레이터를 사용했을 때와 바로 앞의 챕터의 〈코드 3-7-3〉처럼 사용했을 때 기능적인 차이는 거의 없지만 만약 확장될 대상 함수가 여러 개일 경우에 데코레이터를 사용하는 것이 훨씬 더 간편하고 효율적입니다.

일단 〈코드 3-8-2〉를 파일에 저장하고 실행하여 결과를 확인해보도록 하겠습니다.

```
터미널  AZURE  JUPYTER  SQL CONSOLE  문제 1  출력  디버그 콘솔        Python + ∨ ◫ 🗑 ∧ ×

Microsoft Windows [Version 10.0.22000.918]
(c) Microsoft Corporation. All rights reserved.

C:₩PythonStudy>C:/Python310/python.exe c:/PythonStudy/07/03-8-decorator.py
함수 수행 시간: 3.0268473625183105
```

〈그림 3-8-2〉 03-8-decorator.py 파일 실행 결과

파일을 실행해보면 함수가 동작한 시간이 화면에 출력되는 것을 확인할 수 있습니다. 사실 결과만 보면 이전 챕터 〈코드 3-7-3〉와 별차이가 없지만 만약 여러 개의 함수가 있고 이 함수들의 모든 시간 측정 값을 출력해야 한다면 다음과 같이 코드를 작성할 수 있을 것입니다. 다음의 코드는 따로 파일로 작성하지 않고 내용만 이해하고 넘어가도록 하겠습니다.

```python
import time

def time_checker(func):
    def inner_function(*args, **kwargs):
        start_time = time.time( )
        result = func(*args, **kwargs)
        end_time = time.time( ) - start_time
        print(f"함수 수행 시간: {end_time}")
        return result
    return inner_function

@time_checker
def test_func1( ):
    for i in range(3):
        time.sleep(1)

@time_checker
def test_func2( ):
    for i in range(3):
        time.sleep(1)

@time_checker
def test_func3( ):
    for i in range(3):
        time.sleep(1)

test_func1( )
test_func2( )
test_func3( )
```

〈코드 3-8-4〉

만약 〈코드 3-8-4〉에서처럼 확장된 기능을 적용할 함수가 test_func1, test_func2, test_func3 같이 여러 개 존재하는 경우 데코레이터를 사용하여 손쉽게 적용이 가능하며, 만약 기능을 수정해야 하는 경우나 데코레이터를 제거해야 하는 경우, 그냥 @함수 명 한 줄만 삭제하면 됩니다.

4. 재귀 함수

프로그래밍에서 재귀 함수는 함수 내에서 함수 스스로가 자기 자신을 호출하는 문법적 성질을 갖고 있는 함수를 말합니다. 사실 프로그래밍을 처음 공부하는 입장에서 이런 설명이 쉽게 이해가 가지 않기도 하고 실제 코드를 보아도 어렵게 느껴지는 것도 사실입니다.

그렇기 때문에 재귀 함수의 문법적 특성이나 이론적인 설명보다는 어떤 경우에 재귀 함수를 사용하는지에 대해서 알아보는게 조금 더 이해하는데 도움이 되지 않을까 합니다.

만약 1부터 n의 정수까지 합을 구해주는 함수를 작성한다고 가정해보도록 하겠습니다. 그럼 먼저 04-recursive.py 파일을 생성하고 다음 코드를 작성해보도록 합니다.

```
01   def add _ n(n):
02       total = 0
03       for i in range(1, n + 1):
04           total += i
05       return total

07   v = 5
08   print(f"1부터 {v}까지의 합: {add _ n(v)}")
```

〈코드 4-1〉

01 add_n이라는 이름의 함수를 선언합니다. 함수는 정수 n을 매개변수로 받습니다.

02 정수 n까지의 합을 누적할 변수 total을 0으로 초기화 합니다.

03 1부터 정수 n까지의 합을 구하기 위해 for 반복문을 사용하여 1부터 n+1까지를 반복합니다.

04 total 변수에 for문의 i 변수 값을 누적 저장합니다.

05 최종적으로 누적된 total 변수의 값을 반환합니다.

07 변수 v에는 1부터 어느 범위까지의 합을 구할지를 설정할 값을 저장합니다. 이 예제 코드에서는 1부터 5까지의 합을 구하기 위해 변수 v에 5를 저장했습니다.

08 함수 add_n(v)를 호출하여 반환된 값, 즉 1부터 5까지의 합을 화면에 출력합니다.

〈코드 4-1〉의 내용을 보면 우리가 아는 일반적인 for 반복문을 사용하여 1부터 5까지의 합을 구하고 그 값을 출력하는 간단한 예제 코드입니다. 일단 파일을 저장하고 실행하여 결과를 확인해보도록 하겠습니다.

Microsoft Windows [Version 10.0.22000.1042]
(c) Microsoft Corporation. All rights reserved.

C:\PythonStudy>C:/Python310/python.exe c:/PythonStudy/07/04-recursive.py
1부터 5까지의 합: 15

〈그림 4-1〉 04-recursive.py 파일 실행 결과

파일을 실행해보면 〈그림 4-1〉과 같이 add_n 함수의 매개변수 n에 5를 넘겨주면 1부터 5까지의 합을 구해 반환하고 결괏값 15가 화면에 출력되는 것을 확인할 수 있습니다.

그럼 이번에는 〈코드 4-1〉의 내용을 재귀 함수로 구현해보도록 하겠습니다. 내용을 비교하기 위해 방금 작성한 04-recursive.py 파일에 이어서 다음의 코드를 작성해보도록 하겠습니다.

```
10   def add_r(n):
11       if n == 0:
12           return 0
13       n += add_r(n-1)
14       return n

16   print(f"1부터 {v}까지의 합: {add_r(v)}")
```

〈코드 4-2〉

01 매개변수 n을 갖는 add_r 함수를 정의합니다.

11~12 매개변수로 넘어온 n의 값이 0인 경우 0을 반환합니다.

13 이 행에서 자기 자신인 add_r 함수를 호출하는데 이때 n의 값에서 1을 뺀 값을 전달하고 반환된 값은 다시 매개변수 n에 누적시킵니다. 만약 최초 n이 5이었다면 n-1의 값은 4로 전달이 됩니다. 그렇게 add_r 함수가 다시 호출되면 또 **13**행에 의해서 4는 3으로 전달되고 3은 2로 전달되고… 이런 식으로 0이 될 때까지 스스로를 호출하게 됩니다. 그러면 add_r 함수 **11**행의 조건 n == 0이 만족할 때 최초 반환이 이뤄지게 되는데 n == 0이 만족하려면 **13**행은 1 += add_r(1-1)인 상태일 때 최초 반환이 이뤄진다고 볼 수 있습니다. 이 복잡한 이야기는 좀 더 뒤에서 자세히 다루도록 하겠습니다.

14 변수 n 값을 반환합니다.

16 add_r 함수에 5가 저장된 v값을 넘겨주고 실행 결과를 화면에 출력합니다.

코드를 모두 작성했으면 일단 두 개의 함수가 작성된 04-recursive.py 파일을 저장하고 실행해보도록 하겠습니다.

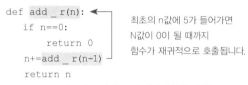

〈그림 4-2〉 04-recursive.py 파일 실행 결과

파일 실행 결과를 보면 당연한 이야기겠지만 〈그림 4-2〉에서처럼 사실 각각 두 개의 함수가 실행된 결과는 동일하다는 것을 알 수 있습니다. 그러나 작성된 〈코드 4-2〉와 〈코드 4-1〉을 비교해보면 전혀 다른 형태로 동작한다는 사실 또한 알 수 있습니다.

```
def add_r(n):
    if n==0:
        return 0
    n+=add_r(n-1)
    return n
```

최초의 n값에 5가 들어가면
N값이 0이 될 때까지
함수가 재귀적으로 호출됩니다.

〈그림 4-3〉 함수의 재귀적 호출 방식

보통 프로그래밍에서 어떤 논리적인 구성을 로직이라고 표현합니다. 〈코드 4-1〉과 〈코드 4-2〉는 결과는 동일하지만 이런 로직의 구성이 완전히 다르다고 볼 수 있습니다. 재귀 함수를 사용한 〈코드 4-2〉를 보면 〈그림 4-3〉과 같이 함수 내부에서 자기 자신을 호출하는 방식으로 동작을 합니다.

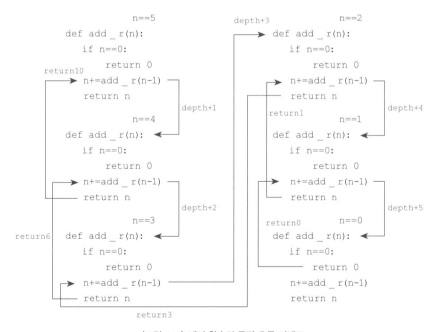

〈그림 4-4〉 재귀 함수의 동작 흐름 이해도

재귀 함수가 자신을 호출하는 내용을 좀 더 이해하기 좋게 풀어서 보자면 〈그림 4-4〉와 같이 표현할 수 있습니다. 〈그림 4-4〉에서 중요한 사실은 add_r 함수가 재귀적으로 호출될 때 어느 시점에 함수가 return 하는지, 즉 함수 반환이 언제 이루어지는지와 매개변수 n의 값이 어떻게 변화하고 누적되는지를 이해해야 합니다. 그리고 함수의 재귀적 호출은 depth(깊이) 값을 갖게 되는데 〈그림 4-4〉의 경우에는 5단계의 깊이를 갖는 재귀 함수가 됩니다. 파이썬에서 이 재귀 호출의 depth(깊이) 값은 최대 재귀 깊이(maximum recursion depth)라는 값이 기본으로 1,000으로 설정 되어있기 때문에 깊이가 1,000을 넘는 재귀 함수 호출 시 오류[5]가 발생하게 됩니다.

이 재귀적 깊이 값은 다르게 생각해보면 함수가 내부적으로 스스로를 1,000번 호출했다는 관점으로도 이해할 수 있겠지만 여기에 "깊이"라는 단어를 사용하는 이유는 〈그림 4-4〉에서 화살표를 살펴보면 재귀적 호출은 최종적으로 함수가 반환하는 조건이 성립해서 반환을 해야만 해당 깊이에서 탈출을 할 수 있기 때문입니다. 〈그림 4-4〉에서는 재귀적 호출이 이뤄지다가 마지막 재귀호출에서 n 값이 0이 되어 최초 return 0이 발생했을 때부터, 함수의 반환이 시작되며 깊이를 한 단계씩 탈출하는 것을 볼 수 있습니다.

또한 〈그림 4-4〉를 보면 add_r 함수가 호출되었을 때 최초 n의 값은 5로 호출되었지만 함수 내에서 재귀적 호출을 하여 다시 add_r 함수를 호출하는 구간을 보면 n + = add_r(n-1)이 되면서 재귀적으로 호출되는 add_r 함수의 n 값은 4가 됩니다. 이렇게 재귀적 호출 시의 재귀 깊이에 따른 n 값과 반환 값을 풀어서 보면 다음 그림과 같습니다.

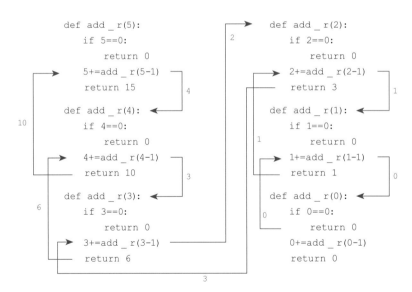

〈그림 4-5〉 재귀 함수 add_r에서 n 값의 변화

---

5 파이썬 최대 재귀 깊이 값은 sys.setrecursionlimit(n)을 통해 설정할 수 있습니다. 물론 import sys로 라이브러리를 먼저 불러와야 합니다.

〈코드 4-2〉에서 최초 n 값을 5로 설정했을 경우에 재귀 함수가 내부적으로 동작할 때의 n값의 변화를 보면 〈그림 4-5〉에서처럼 최종적으로 1부터 5의 총합인 15가 어떻게 구해져 반환되는지를 알 수 있습니다.

지금까지의 재귀 함수의 예시는 정말 재귀 함수를 이해하기위한 아주 기본적인 샘플 코드였고 한 가지 알 수 있는 점은 우리가 재귀 함수를 응용하기 가장 좋은 예시 상황은 어떤 특정 폴더의 목록을 구할 때를 생각해볼 수 있습니다. 예를 들어 C:₩에 임의의 부모 폴더의 하위 목록을 구한다고 가정했을 때, 이 부모 폴더 안에는 몇 개의 파일이 있을지 모르고 그 하위에 몇 개의 서브 폴더가 있을지 모릅니다. 이런 상황을 가정하기 위해 내 컴퓨터 C:₩ 드라이브에 〈그림 4-6〉과 같이 임의의 폴더와 아무 내용없는 텍스트 파일을 한번 생성해보도록 하겠습니다.

〈그림 4-6〉 여러 개의 서브 폴더와 파일이 있는 폴더 구조

〈그림 4-6〉과 같이 부모 폴더를 하나 만들고 그 안에 서브 폴더1, 서브 폴더2, 서브 폴더3이 존재하고 서브 폴더1 안에는 서브 폴더1-1, 그리고 그 안에는 서브 폴더1-2, 그 안에는 서브 폴더1-3을 만들고 그 안에 아무 내용이 없는 0kb txt 파일을 임의로 생성했습니다.

물론 폴더 안에 몇 개의 파일이 존재하고 몇 개의 서브 폴더를 포함하고 있는지 미리 알고 있다면 단순 for 반복문을 사용해서 코드를 작성하면 되겠지만, 각각의 폴더들은 상황에 따라 환경에 따라 얼마나 많은 서브 폴더를 보유하고 있을지 알 수 없습니다. 그렇기 때문에 프로그램을 작성하는 입장에선 그런 다양한 환경과 조건을 미리 예측하고 대응할 수 있게 프로그램을 만들어야 합니다. 이렇게 몇개인지 모를 파일 폴더 구조를 탐색할 때도 재귀 함수를 사용해서 코드를 작성하는 게 일반적입니다. 04-dir.py 파일을 생성하고 다음 코드를 작성해보도록 하겠습니다.

```
01    import os

03    def dir_list(dir):
04        for d in os.scandir(dir):
05            print(d.path)
06            if d.is_dir( ):
07                dir_list(d)

09    tar_dir = 'c:\\부모폴더'
10    dir_list(tar_dir)
```

〈코드 4-3〉

01 파이썬에서 파일, 폴더 관련 기능을 사용하기 위해서 os 라이브러리를 불러옵니다.

03 dir_list 이름의 함수를 선언합니다. 매개변수 dir에는 대상 폴더 경로를 받아옵니다.

04 os 라이브러리의 scandir 함수에 특정 폴더 경로를 전달하면 해당 폴더의 파일, 폴더 목록을 반환합니다. 이 파일, 폴더 목록을 for문으로 반복하면 현재 dir 경로의 모든 폴더 목록과 파일 목록을 구할 수 있습니다.

05 현재 for문에 의해 반복 중인 파일 혹은 폴더의 경로를 화면에 출력합니다.

06~07 is_dir( ) 함수는 현재 진행 중인 객체가 폴더인 경우 True를 반환하고 그렇지 않다면 False를 반환하는 함수입니다. 여기서 이 is_dir( ) 함수는 d.is_dir( )로 사용하고 있는데 d는 os.scandir( )의 반환목록을 for문으로 반복하고 있는 객체입니다. 이렇게 현재 for문에 의해 반복 중인 대상 d가 파일이 아닌 폴더라면 현재 함수를 재귀적으로 호출합니다. 이때 재귀적 호출 시 매개변수에는 현재 진행 중인 폴더의 경로가 넘어갑니다. 이런 식으로 반복하게 되면 모든 서브 폴더를 탐색할 수 있습니다.

09 탐색할 대상 폴더 경로를 tar_dir 변수에 문자열 형태로 저장합니다.

10 dir_list 함수를 호출합니다.

〈코드 4-3〉의 dir_list 함수는 매개변수 dir에 저장된 대상 폴더의 파일 및 서브 폴더 목록을 출력해주는 재귀 함수입니다. 이 함수는 os 라이브러리의 scandir( ) 함수를 사용하여 대상 폴더에서 파일과 폴더의 목록을 구하고 scandir( ) 함수가 반환한 어떤 목록을 for문으로 반복하며 현재 진행 중인 대상을 화면에 출력하고 현재 반복 중인 대상이 폴더인 경우 다시 재귀 호출을 하여 탐색하는 형태로 동작하고 있습니다.

04-dir.py를 저장하고 실행하여 결과를 확인해보도록 하겠습니다.

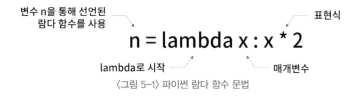

터미널   AZURE   JUPYTER   SQL CONSOLE   문제   출력   디버그 콘솔   Python ＋∨ □ 🗑 ∧ ✕

```
C:\PythonStudy>C:/Python310/python.exe c:/PythonStudy/07/04-dir.py
c:\부모폴더\서브폴더1
c:\부모폴더\서브폴더1\서브폴더1-1
c:\부모폴더\서브폴더1\서브폴더1-1\서브폴더1-2
c:\부모폴더\서브폴더1\서브폴더1-1\서브폴더1-2\서브폴더1-3
c:\부모폴더\서브폴더1\서브폴더1-1\서브폴더1-2\서브폴더1-3\파일1.txt
c:\부모폴더\서브폴더1\서브폴더1-1\서브폴더1-2\서브폴더1-3\파일2.txt
c:\부모폴더\서브폴더1\서브폴더1-1\서브폴더1-2\서브폴더1-3\파일3.txt
c:\부모폴더\서브폴더1\서브폴더1-1\서브폴더1-2\서브폴더1-3\파일4.txt
c:\부모폴더\서브폴더1\서브폴더1-1\서브폴더1-2\서브폴더1-3\파일5.txt
c:\부모폴더\서브폴더2
c:\부모폴더\서브폴더3
c:\부모폴더\파일1.txt
c:\부모폴더\파일2.txt
c:\부모폴더\파일3.txt
c:\부모폴더\파일4.txt
c:\부모폴더\파일5.txt
```

〈그림 4-7〉 04-dir.py 파일 실행 결과

파일을 실행해보면 〈그림 4-7〉에서처럼 위에서 생성해 놓은 C:\부모 폴더 하위의 모든 서브 폴더와 파일 목록이 화면에 출력되는 것을 확인할 수 있습니다.

사실 프로그램을 처음 시작하는 입장에서는 이런 재귀적 호출이라는 개념은 내용을 봤을 때 머리로는 이해한 것 같은데 막상 재귀 함수를 응용해서 실제 내가 어떤 코드를 작성하려고 보면 막막해지기도 합니다.

이런 재귀 함수를 응용해서 실제 코드에 적용하고 작성하려면 많은 연습과 노력이 필요합니다. 또한 다른 사람이 짜놓은 코드를 많이 보는 것도 굉장히 중요한데 기본적인 지식이 없으면 타인의 코드를 보는 것조차 안되기 때문에 어느정도 기본적인 내용은 이해하고 넘어가는 게 좋습니다.

5. 람다 함수

람다 함수는 다른 말로 익명 함수라고도 하는데 익명 함수는 함수를 정의하지 않고 단기적이거나 일회성 사용을 목적으로 구현하는 함수입니다. 그럼 왜 함수를 정의하지 않고 사용해야 하며, 단기적이거나 일회성 사용을 목적으로 한다는 게 무슨 말인지 한번 알아보도록 하겠습니다.

먼저 람다 함수는 파이썬 이외에도 여러 프로그래밍 언어에서 지원하는 하나의 표현 방식인데, 파이썬에서는 다음과 같은 표현식으로 람다 함수를 구현할 수 있습니다.

변수 n을 통해 선언된
람다 함수를 사용   표현식

$$n = \text{lambda } x : x * 2$$

lambda로 시작   매개변수

〈그림 5-1〉 파이썬 람다 함수 문법

람다 함수는 〈그림 5-1〉을 보면 우리가 이전에 배운 함수 선언과는 다른 문법적 형태로 작성됨을 알 수 있습니다. 람다 함수는 lambda로 시작하며 함수 명이 존재하지 않고 한 개 이상의 매개변수를 사용할 수

있으며 한 개의 표현식으로 구성 되어있습니다.

〈그림 5-1〉에서 예시로 든 람다 함수식을 실제 코드로 작성해보도록 하겠습니다. 05-lambda.py 파일을 생성하고 다음의 코드를 작성해보도록 하겠습니다.

```
01   n = lambda x : x*2
02   print(n(10))
```

〈코드 5-1〉

01 lambda x : x * 2를 변수 n에 저장합니다. 여기서 x는 람다 함수의 매개변수가 되므로 외부의 값을 넘겨 받는 형태로 동작하며, 콜론(:) 문자 이후의 표현식에 의해 매개변수 x 값에 2를 곱한 결과를 반환합니다. 그리고 이 전체 식을 변수 n에 저장하여 변수 n은 함수처럼 호출할 수 있게 됩니다.

02 01행에서 n에 저장된 람다 함수를 호출하는데 이때 인자 값으로 10을 넘겨주면 람다 함수의 매개변수 x가 이 값을 넘겨받아 10 * 2의 결과를 반환하여 화면에는 20이 출력됩니다.

파일을 저장한 뒤 실행하여 결과를 확인해보도록 합니다.

〈그림 5-2〉 05-lambda.py 파일 실행 결과

실행 결과를 보면 예측한 데로 10 * 2에 대한 결과인 20이 화면에 출력되는 것을 확인할 수 있습니다. 그러면 여기서 한 가지 궁금한 점은 그냥 함수를 구현해도 충분한 것을 굳이 람다 함수를 써서 구현을 하는지에 대해서 한번 알아볼까 합니다.

람다 함수의 익명성의 핵심은 함수를 일회성으로 사용이 가능하다는 점입니다. 람다 함수는 독립적으로 사용되기 보다는 다른 함수 내에서 사용될 때 좀 더 강점이 보이는데 만약 어떤 함수가 수를 인자로 받아 그 수의 n을 곱하는 기능을 구현했다고 가정하면 다음과 같이 작성할 수 있을 것입니다. 05-lambda-multiply.py 파일을 생성하고 다음의 코드를 작성해보겠습니다.

```
01   def ori _ calc(num, n):
02       return num * n

04   print(ori _ calc(10, 2))
```

〈코드 5-2〉

01 ori_calc 이름의 함수에 num과 n을 매개변수로 갖는 함수를 선언합니다.

02 함수는 num 값에 n을 곱한 결과를 반환합니다.

04 10과 2의 인자 값을 전달하여 ori_calc 함수를 호출하고 그 결과를 화면에 출력합니다.

〈코드 5-2〉의 함수 ori_calc는 두 개의 숫자 값을 num과 n으로 받아 그 곱을 반환하는 내용의 함수입니다. **04**행에서 10과 2를 넘겼으므로 num에는 10, n에는 2가 전달되어 최종적으로 20이 화면에 출력 될 것입니다. 그럼 ori_calc와 똑같은 기능을 하는 함수를 람다 함수로 구현하면 다음과 같이 작성할 수 있습니다. 05 – lambda – multiply.py에 다음의 내용을 추가하여 작성해보도록 하겠습니다.

```
06   def lam_calc(n):
07       return lambda x : x * n

09   f_double = lam_calc(2)
10   print(f_double(10))
```

〈코드 5-3〉

06 lam_calc 함수는 n으로 한개의 매개변수를 갖습니다.

07 람다 함수는 매개변수 x를 받아 x에 n을 곱한 값을 반환하고 반환된 값은 다시 lam_calc 함수가 반환하는 구조로 동작합니다. 여기서 n값은 lam_calc 함수의 매개변수 값입니다.

09 lam_calc 함수를 변수에 저장합니다. 여기서 중요한 점은 lam_calc(2)가 함수를 호출하는 것이 아니라는 사실입니다. **09**행의 lam_calc(2)에서 숫자 2는 lambda 함수의 매개변수 x에 값이 대입되고 이렇게 정의된 함수가 변수 f_double에 저장되므로 실제 함수 호출은 변수 f_double을 호출해야만 수행이 된다는 사실입니다.

10 변수 f_double에 저장된 함수에 10을 인자로 호출하여 결과를 화면에 출력합니다. 여기서 숫자 10은 **06**행의 lam_calc 함수의 매개변수 n에 대입됩니다. 그러면 결과적으로 n에는 10이 대입되고 람다 함수 매개변수 x에는 **09**행에서 2로 대입하였기 때문에 화면에는 20이 출력됩니다.

〈코드 5-3〉의 동작 결과는 〈코드 5-2〉와 별반 차이가 나지 않습니다. 어떻게 보면 〈코드 5-2〉를 더 어렵게 구현한 내용처럼 보이기도 하지만 〈코드 5-3〉처럼 람다 함수와 파이썬 함수의 특성을 이용해 코드를 작성했을 때, 좀 더 가독성 있고 구조적으로 작성할 수 있다는 장점이 있습니다. 〈코드 5-3〉의 **09**행에서는 lam_calc 함수내의 람다 함수에 2를 전달함으로써 어떤 값을 2배한다는 의미로 변수 명을 f_double로 선언했는데, 만약 3배, 4배를 하는 기능으로 확장한다면 다음과 같이 작성할 수 있습니다. 현재 작성 중인 05–lambda–multiply.py 파일의 내용을 조금 정리해서 다음과 같이 전체 코드로 작성하도록 하겠습니다. 기존 코드에서 이미 설명한 내용은 생략하도록 하겠습니다.

```
01    def ori _ calc(num, n):
02        return num * n

04    def lam _ calc(n):
05        return lambda x : x * n

07    f _ double = lam _ calc(2)
08    f _ triple = lam _ calc(3)
09    f _ quadruple = lam _ calc(4)

11    print(ori _ calc(10, 2))
12    print(f _ double(10))
13    print(f _ triple(10))
14    print(f _ quadruple(10))
```

〈코드 5-4〉

01~05 이전 코드와 동일

07 lam_calc 함수를 어떤 수의 2배한 값을 계산하게 정의하고 변수 f_double로 저장합니다.

08 lam_calc 함수를 어떤 수의 3배한 값을 계산하게 정의하고 변수 f_triple로 저장합니다.

09 lam_calc 함수를 어떤 수의 4배한 값을 계산하게 정의하고 변수 f_quadruple로 저장합니다.

11~14 각 함수를 호출하여 결과를 화면에 출력합니다.

〈코드 5-4〉는 〈코드 5-3〉의 내용을 보기 좋게 조금 정리해서 작성한 내용의 코드입니다. 파일을 저장하고 실행하여 결과를 확인해보도록 하겠습니다.

〈그림 5-3〉 05-lambda-multiply.py 파일 실행 결과

〈코드 5-4〉를 보면 lam_calc 함수 하나로 어떤 수의 2배, 3배, 4배를 계산하는 함수를 독립적인 함수처럼 사용하는 듯한 효과를 볼 수 있습니다. 물론 람다 함수의 사용목적은 이렇게 가독성을 높이고 구조적인 코드로 작성하는 이유도 있지만 컴퓨터 메모리를 절약하는 이유도 있습니다. 또한 람다 함수는 파이썬 외에도 다른 여러 프로그래밍 언어에서도 사용되며 구글 클라우드나 아마존 클라우드 서비스에서도 제공되는 기능이므로 잘 활용하면 여러 가지 사용처가 많은 내용이니 여기서 다룬 기본적인 내용 이외에 더 많은 내용을 찾아보며 공부하시기를 바랍니다.

연습 문제

이제 함수를 작성하는 방법을 배웠으니 응용을 해서 다음 조건에 맞는 함수를 작성해 프로그램을 어떻게 만들어야 할지 고민해보도록 합니다.

- 사용자로부터 임의의 정수를 입력 받습니다.
- 함수를 사용해 이 정수가 소수인지 아닌지를 판단하여 반환 값을 돌려줍니다.
- 프로그램은 입력된 정수가 소수인지 아닌지를 출력합니다.
- 사용자가 0을 입력하기 전까지 프로그램은 종료되지 않습니다.

소수는 쉽게 1보다 큰 숫자 중에서 1과 자기 자신만으로 나누어지는 수를 말합니다. 예를 들어 2나 3은 1과 자기 자신이 아닌 수로는 나눌 수 없으니 소수가 됩니다.

프로그래밍적으로 소수를 구하는 방법은 여러 가지가 있겠지만 다시 예를 들어보면 사용자가 입력한 수가 5라고 가정하면 5는 1보다 크고 자신보다 작은 수인 2, 3, 4로 나눌 수 없으니 소수가 됩니다. 6을 예를 들면 6은 1보다 크고 자신보다 작은 2, 3, 4, 5 중에 2와 3으로 나눌 수 있고 나머지가 0이니 소수가 아닙니다. 이 내용을 생각해보며 작성해보시길 바랍니다.

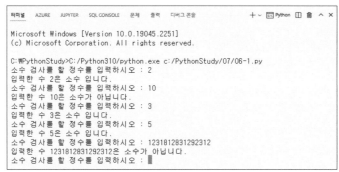

〈그림 6-1〉 연습 문제 결과 예상 모습

PART 8

클래스

이 장의 내용

- ·클래스
- ·객체
- ·클래스 특수 메서드
- ·클래스 상속
- ·오버라이딩
- ·구조적 프로그래밍

8 클래스

이 장에서는 객체가 무엇인지 그리고 파이썬에서 객체의 가장 기본이 되는 클래스를 어떻게 이해해야 하고 어떻게 생성하고 사용하는지, 전반적인 내용에 대해서 알아보도록 하겠습니다.

1. 클래스란?

우리가 지금까지 공부하면서 가장 많이 등장하는 단어 중에 하나가 바로 "객체"라는 단어였을 것입니다. 이 객체라는 단어는 사실 프로그램을 처음 접하는 입장에서는 생소한 단어이기도 하는데 "객체"의 사전적 의미는 클래스에서 정의한 내용이 컴퓨터 메모리에 할당된 상태 혹은 공간자체를 의미합니다. 참 어려운 말입니다만 어쨌든 우리가 객체를 이해하기 위해서는 먼저 클래스를 이해할 수 있어야 합니다.

우리가 이전 7장에서 배운 함수가 어떤 특정 목적의 동작 하나를 위해 만들어졌다면 클래스는 그보다 더 큰 범위의 무언가를 수행할 수 있고 프로그램을 조금 더 구조화하는데 목적이 있다고 볼 수 있습니다. 또한 클래스로 생성되는 인스턴스 객체를 통해 클래스에 미리 구현된 모든 기능을 손쉽게 재사용할 수 있게 하기 위해서 사용한다고 볼 수 있습니다. 하지만 처음 프로그래밍을 시작하는 입장에서는 이 말을 이해하기가 쉽지 않습니다.

2. 클래스 만들기

클래스는 기본적으로 파이썬이 제공하거나 라이브러리에서 제공하는 이미 만들어져 있는 클래스가 있고 사용자가 직접 작성해서 사용하는 사용자 정의 클래스가 있습니다. 그러면 파이썬에서 문법적으로 어떻게 클래스를 작성하는지 알아보도록 하겠습니다.

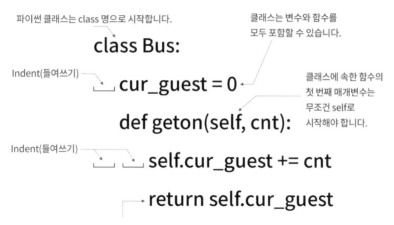

파이썬 클래스는 class 명으로 시작합니다.

클래스는 변수와 함수를 모두 포함할 수 있습니다.

class Bus:

Indent(들여쓰기)

cur_guest = 0

클래스에 속한 함수의 첫 번째 매개변수는 무조건 self로 시작해야 합니다.

def geton(self, cnt):

Indent(들여쓰기)

self.cur_guest += cnt

return self.cur_guest

클래스 내부의 함수는 함수 호출 지점으로 어떤 값을 돌려주어야 하는 경우 return문을 사용하여 전달할 수 있습니다.

〈그림 2-1〉 파이썬 클래스의 문법적 표현 방법

파이썬에서 클래스는 〈그림 2-1〉과 같이 작성할 수 있습니다. 클래스는 class로 시작하고 바로 뒤에 클래스의 이름을 작성합니다. 클래스의 이름은 정해진 법칙은 없고 만드는 사람이 클래스의 특징을 표현할 수 있는 단어로 사용하면 됩니다. 그리고 끝은 콜론으로 마무리합니다. 클래스는 〈그림 2-1〉에서 cur_guest 변수처럼 변수를 포함할 수 있는데 이를 멤버 변수라고 이야기하기도 합니다. 그리고 클래스 내부에서 멤버 변수로 접근하기 위해서는 self.cur_guest처럼 앞에 self를 붙여줘야 합니다.

또한 클래스는 함수를 포함할 수도 있는데 이를 클래스의 멤버 함수라고 이야기하기도 합니다. 이 클래스 멤버 함수는 반드시 첫 번째 매개변수가 self가 되어야 한다는 점입니다. 이렇게 클래스의 멤버 변수나 멤버 함수 등에서 사용되는 self는 클래스가 자기 자신을 가리키는 지시자의 역할을 하게 되므로 클래스 내에서 변수나 함수를 정의하거나 사용할 때 반드시 표기해야 하는 내용이니 주의하시기 바랍니다.

그러면 〈그림 2-1〉의 Bus 클래스를 조금 수정하여 만약 각 버스에는 최대 30명의 승객 제한 수가 있다고 가정하면 어떻게 코드를 수정하고 추가해야 할까요? 일단 최대 30명의 승객 제한이 있다면 제한 수에 대한 변수가 필요할 테고 승객이 탑승할 때, 최대 승객 제한 수가 넘었는지를 확인하는 코드가 추가되어야 할 것입니다.

그럼 이 내용을 기반으로 클래스를 어떻게 작성해야 할지 알아보기 위해 비주얼 스튜디오 코드에서 08 폴더를 생성하고 02-class-bus.py 파일을 만든 후 다음의 내용을 작성해봅니다.

```
01  class Bus:
02      max _ guest = 30
03      cur _ guest = 0
04      def geton(self, cnt):
05          if self.cur _ guest + cnt <= self.max _ guest:
06              self.cur _ guest += cnt
07          return self.cur _ guest
```

〈코드 2-1〉

01 Bus라는 이름의 클래스를 정의합니다.

02 최대 승객 수가 필요하므로 max_guest라는 변수에 초깃값으로 30을 저장합니다. 이 변수는 클래스 내에서 사용되는 클래스 멤버 변수입니다.

03 cur_guest 변수에는 현재 버스에 탑승 중인 승객 수에 대한 정보가 저장됩니다. 최초 클래스가 생성될 때, 버스에는 아무도 탑승하고 있지 않으므로 0으로 초기화 합니다.

04 geton 함수를 정의합니다. geton 함수는 버스에 새로운 승객이 탑승하는 기능을 구현합니다. 클래스에 귀속되는 멤버 함수이므로 geton 함수의 첫 번째 매개변수는 반드시 self로 시작해야 하고 그 뒤에 필요한 매개변수를 사용하면 됩니다. 여기서는 몇 명이 버스에 탑승하는지에 대한 정보를 받아야 하므로 cnt라는 이름의 변수를 사용하고 있습니다.

05~06 geton 함수의 cnt 변수로 전달되는 탑승객 수 정보를 처리할 때, 버스는 최대 탑승객 수를 넘지 않아야 하므로 먼저 현재 탑승객 수인 self.cur_guest와 새로운 탑승객 수 cnt 값을 더한 값이 최대 탑승객 수 self.max_guest를 넘지 않는지를 확인해야 합니다. 최대 탑승객 수를 넘지 않는 경우에만 self.cur_guest 값에 cnt 값을 누적 저장합니다.

07 클래스 Bus의 geton 함수는 항상 현재 버스의 탑승객 수 정보를 반환하게 작성합니다.

〈코드 2-1〉의 내용을 살펴보면 Bus 클래스는 멤버 변수로 최대 탑승객 수를 기억하기 위한 변수 max_guest와 현재 탑승객 수 정보를 저장하기 위해 변수 cur_guest를 사용합니다. 클래스 내에서 이 변수들은 self.max_guest와 self.cur_guest처럼 반드시 앞에 self.을 붙여서 사용해야 됨을 기억해야 합니다. 또한 클래스의 멤버 함수들은 〈코드 2-1〉의 geton 함수처럼 반드시 self라는 매개변수를 포함해야 합니다.

3. 클래스 사용

그럼 이렇게 정의한 클래스는 어떻게 사용할 수 있을까요? 이전 7장에서 배운 함수같은 경우는 선언을 하고 선언된 함수를 호출하여 바로 사용했지만 클래스는 조금 다르게 〈코드 2-1〉에서처럼 클래스를 정의했다해서 그 자체를 바로 사용할 수는 없습니다.

어떤 클래스를 정의했으면 이 클래스의 복제본을 생성해서 복제된 대상을 통해 클래스의 기능을 사용할 수 있게 되는데 이때 복제된 대상을 인스턴스 객체 혹은 그냥 객체, 인스턴스라고 표현합니다. 이는 프로그래밍 언어에 따라 다른 표현을 하는 경우가 많은데 통상적으로 "객체"라는 표현을 가장 많이 사용합니다.

〈그림 3-1〉 클래스 인스턴스 생성

정의된 클래스는 Bus는 〈그림 3-1〉과 같이 bus_1이라는 인스턴스로 생성해서 사용할 수 있습니다. 이제 bus_1을 통해 클래스 Bus에 구현한 모든 기능을 사용할 수 있게 됩니다. 이는 우리가 이전에 사용해 본 적이 있는 a = int(10)처럼 사용하고 있는데, 그 말은 우리가 지금까지 공부하여 변수에 저장한 여러 가지 요소들이 결국 클래스 같은 개념으로 동작하고 있었다는 사실입니다.

이 장의 처음에서 얘기한 "객체"는 이렇게 클래스가 인스턴스화된 상태를 의미합니다. 더 쉽게 생각해보면 파이썬에서는 대부분의 변수가 클래스를 기반으로 생성되기 때문에 파이썬의 모든 변수는 모두 다 객체라고 얘기해도 틀린 말은 아닐 것입니다.

그리고 이렇게 객체를 중심으로 코드를 설계하고 작성하는 스타일을 추구하는 프로그래밍 언어를 객체 지향적 언어라고 표현하기도 하며 객체 지향적 프로그래밍의 목적은 결국 코드의 직관성, 논리의 표현성, 구조의 간결성에 대한 장점을 높이기 위함입니다.

그럼 이제 〈코드 2-1〉에서 정의한 Bus 클래스의 인스턴스를 생성하고 사용해보기 위해 02-class-bus.py 파일에 다음의 내용을 추가해보도록 하겠습니다.

```
01   class Bus:
02       max_guest = 30
03       cur_guest = 0
04       def geton(self, cnt):
05           if self.cur_guest + cnt <= self.max_guest:
06               self.cur_guest += cnt
07           return self.cur_guest

09   bus_1 = Bus( )
10   bus_2 = Bus( )
11   print(f"버스1에 {bus_1.geton(20)}명이 탑승했습니다")
12   print(f"버스2에 {bus_2.geton(30)}명이 탑승했습니다")
```

〈코드 3-1〉

01~07 〈코드 2-1〉설명과 동일

09 변수 bus_1에 클래스 Bus의 인스턴스를 생성해서 저장합니다.

10 변수 bus_2에 클래스 Bus의 인스턴스를 생성해서 저장합니다. 여기서 bus_1과 bus_2는 같은 Bus 클래스를 생성하여 형태와 기능은 모두 똑같겠지만 서로 전혀 상관없는 독립적 객체입니다. 이렇게 클래스 Bus를 하나만 정의했지만 서로 다른 독립적 객체를 수십, 수백 개를 생성할 수 있다는 점은 그만큼 코드를 손쉽게 재사용할 수 있다는 결론을 얻게 됩니다.

11~12 서로 독립적인 bus_1과 bus_2의 멤버 함수를 호출하고 결과를 화면에 출력합니다.

〈코드 3-1〉은 클래스를 정의하고 인스턴스를 생성한 후 클래스의 멤버 함수를 호출하는 부분까지 구현한 간단한 예제 코드입니다. 일단은 02-class-bus.py에 작성한 코드가 동작하는지부터 확인해보도록 하겠습니다.

〈그림 3-2〉 02-class-bus.py 파일 실행 결과

파일을 실행해보면 코드는 문제없이 동작하는 것을 확인할 수 있습니다.

결국 클래스는 〈코드 3-1〉에서처럼 인스턴스를 생성하여 사용하는데, 이 책의 처음에 나오는 변수를 사용하는 것과 같은 방법이기 때문에 어려워 보인다고 겁먹지 마시기 바랍니다. 그러나 지금 단계에서는 단순하게 어떻게 사용하는지에 대한 내용뿐만 아니라 그 변수가 어떻게 동작하는지, 어떻게 만들어지는지 생각해 볼 필요가 있는 시점입니다.

우리가 기존에 name = "Hong"이라는 코드를 작성했다면 name은 변수가 되고 이 변수에는 "Hong"이라는 문자열 값이 저장된다는 사실은 이제 쉽게 이해할 수 있습니다. 그런데 조금 더 생각해보면 str 클래스를 우리는 직접 사용하지 않았지만 파이썬이 알아서 문자열 "Hong"을 str("Hong")으로 name 변수에 전달하게 되고 name 변수는 결국 str 클래스의 인스턴스 객체로 생성됩니다. 그러면 우리가 〈코드 3-1〉에서 구현한 Bus 클래스처럼 str도 많은 기능을 갖고있는 클래스이기 때문에 우리는 name이라는 변수를 통해 str 클래스의 모든 기능을 사용할 수 있게 되는 것입니다.

4. 클래스 특수 메서드

클래스 공부를 하다 보면 메서드라는 표현을 자주 사용되는 것을 볼 수 있습니다. 메서드는 사실 함수와 같은 표현으로 사용되는데 좀 더 정확하게 표현하자면 파이썬에서 메서드는 클래스 내에 선언된 함수를 말합니다. 따라서 함수나 메서드나 어떤 표현을 사용해도 상관없습니다.

클래스에는 몇 가지 정해진 특수 메서드가 있습니다. 특수 메서드는 함수 명이 미리 정해져 있기 때문에 정확하게 입력해서 사용해야 합니다. 그러면 어떤 특수 메서드가 있는지 하나씩 확인을 해보도록 하겠습니다. 일단 04-class-method.py 파일을 생성하고 지금부터 작성되는 코드들은 해당 파일에 계속 추가하거나 수정하는 형식으로 진행하니 참고하셔서 보시기 바랍니다.

4-1. __init__

보통 클래스를 사용 할 때, 특정한 초기 값을 설정해서 인스턴스 객체를 만들 때가 많습니다. 그러면 클래스가 생성될 때 클래스의 멤버 변수를 초기화해야 하는데 이런 경우 __init__ 메서드를 구현해서 모두 처리할 수 있습니다.

```
01   class Bus:
02       def _ _init_ _ (self, guest, max _ guest=30):
03           self.max _ guest = max _ guest
04           self.cur _ guest = guest

06   bus _ 1 = Bus(20)
07   bus _ 2 = Bus(30, 100)
```

〈코드 4-1-1〉

01 Bus 클래스를 정의합니다.

02 __init__ 함수는 특수 메서드로 Bus 클래스가 생성될 때 자동으로 실행되는 함수입니다. 또한 클래스 생성 시 매개변수로 클래스 생성 시에 외부에서 초깃값을 전달받을 수 있습니다. 여기서는 Bus 클래스의 현재 승객 수와 최대 승객 수 값을 외부에서도 설정할 수 있게 작성하였고 이렇게 되면 다양한 형태의 Bus 클래스의 인스턴스를 생성할 수 있게 됩니다. max_guest 값은 기본값을 30으로 설정했기 때문에 클래스 생성 시 생략이 가능합니다.

03~04 클래스 생성 시 매개변수를 통해 전달받은 max_guest 값과 guest 값을 클래스 멤버 변수에 저장합니다.

06~07 Bus 클래스의 인스턴스를 생성합니다. 이때 bus_1은 현재 승객에 해당하는 guest 값만 초기화하여 생성했고 bus_2는 현재 승객 정보와 최대 승객 정보를 모두 초기화하여 생성하게 했습니다. 그러면 결국 bus_1과 bus_2는 같은 Bus 클래스의 인스턴스지만 최대 승객 수와 현재 승객 수 정보는 서로 다른 독립된 객체가 됩니다.

4-2. __del__

클래스의 인스턴스가 생성되면 어느 시점에는 반드시 소멸되는 시점이 있기 마련입니다. 사용자가 del문을 사용하여 직접 지울 수도 있지만 프로그램이 종료되면 파이썬이 알아서 클래스의 인스턴스를 소멸시키기도 합니다.

예를 들어 어떤 로그인을 하고 사용하는 프로그램에서 회원이 프로그램을 강제 종료당했거나 종료하는 시점에 서버에 로그아웃을 처리해야 하는 경우처럼 클래스가 소멸되는 시점에서 클래스의 인스턴스를 삭제할 일이 있다면 __del__ 메서드를 구현해서 수행할 수 있습니다.

```python
01  class Bus:
02      def _init_(self, guest, max_guest=30):
03          self.max_guest = max_guest
04          self.cur_guest = guest
05      def __del__(self):
06          print("Bus 클래스가 소멸되었습니다.")

08  bus = Bus(10)
09  del bus
```

〈코드 4-2-1〉

01~04 생략

05 __del__ 메서드를 정의합니다.

06 Bus 클래스 객체가 소멸될 때 화면에 안내를 출력합니다.

08 클래스 Bus의 인스턴스를 생성합니다.

09 생성된 bus 인스턴스를 삭제합니다.

〈코드 4-2-1〉의 **08**행에서 Bus의 인스턴스 객체를 생성하였고 **09**행에서 del문을 사용하여 인스턴스를 삭제하였습니다. 물론 이렇게 del문을 사용하여 삭제하지 않더라도 파이썬이 종료되면 bus 객체는 파이썬이 알아서 자동 소멸을 해줍니다. 그럼 **05**행에서 구현한 __del__ 메서드가 정상적으로 실행되는지 한 번 확인을 해보도록 하겠습니다.

〈그림 4-2-1〉 bus객체 소멸 시 __del__ 메서드가 실행된 결과

4-3. __str__

파이썬에서 가장 많이 사용되는 내장함수를 꼽자면 아마 print( ) 함수가 아닐까 생각합니다. 파이썬에서 print( ) 함수는 사용자에게 프로그램의 안내를 출력하기 위해 사용하기도 하지만 때로는 변수에 어떤 값이 있는지 확인하는 디버깅[1] 목적으로도 사용합니다.

print( ) 함수는 기본적으로 문자열 데이터를 화면에 출력해주는 기능을 하는 함수인데, 만약 우리가 〈코드 4-2〉에서 작성한 Bus 클래스의 인스턴스 bus를 print( ) 함수를 사용하여 출력하면 어떻게 될까요?

```
터미널   AZURE   JUPYTER   SQL CONSOLE   문제   출력   디버그 콘솔              + ∨  ▣ Python  ⊞  🗑  ∧  ×
Microsoft Windows [Version 10.0.22000.1098]
(c) Microsoft Corporation. All rights reserved.

C:\PythonStudy>C:/Python310/python.exe c:/PythonStudy/08/04-class-method.py
<__main__.Bus object at 0x0000016E1782BF10>
```

〈그림 4-3-1〉 print(bus)를 수행했을 때의 결과

아무런 장치 없이 **print(bus)**를 수행하면 〈그림 4-3-1〉과 같이 Bus 클래스에 의해 생성된 bus 객체의 메모리 주소 값이 화면에 출력됩니다. 그런데 _str_ 메서드를 구현하면 이렇게 print( ) 함수와 같이 문자열 데이터를 요구하는 함수에 원하는 값을 반환할 수 있게 됩니다.

1　　디버깅은 프로그램의 오류나 버그를 찾아서 수정하는 일련의 과정을 말하는 용어입니다.

```
01   class Bus:
02      def _ _init_ _(self, guest, max_guest=30):
03          self.max_guest = max_guest
04          self.cur_guest = guest
05      def _ _str_ _(self):
06          return f"<Bus class {self.cur_guest}/{self.max_guest}>"

08   bus = Bus(25, 100)
09   print(bus)
```

〈코드 4-3-1〉

01~04 생략

05 __str__ 메서드를 정의합니다.

06 print( ) 함수와 같이 객체에 문자열 데이터를 요청할 경우 문자열 값을 반환합니다.

08 Bus 클래스 객체를 생성합니다.

09 객체를 출력하고, 이때 **05~06**행에서 구현한 __str__ 메서드에 구현한 반환 값이 화면에 출력됩니다.

〈코드 4-3-1〉처럼 __str__ 메서드를 클래스 내부에 구현해 놓으면 print( ) 함수나 str( )과 같이 문자열 데이터를 요구하는 함수에 인자 값으로 전달될 때, 문자열을 넘겨주기 위한 기능으로 사용됩니다. 그렇기 때문에 print(123)이나 print([1, 2, 3]) 같은 문자열을 출력할 수 있습니다.

4-4. __lt__, __le__, __eq__, __ne__, __gt__, __ge__

프로그래밍을 하다 보면 a > b처럼 변수에 저장된 서로의 값을 서로 비교할 때 비교 연산자를 사용하여 비교하기도 합니다. 파이썬에는 이렇게 비교 연산자를 사용할 경우 클래스 내부에서 어떻게 처리할지를 설정할 수 있습니다. 이럴 때 다음의 특수 메서드를 구현해서 처리할 수 있습니다.

메서드	내용	대응 연산자
__lt__	작다	a < b
__le__	작거나 같다	a <= b
__eq__	같다	a == b
__ne__	같지 않다	a != b
__gt__	크다	a > b
__ge__	크거나 같다	a >= b

〈표 4-4-1〉 연산자에 해당하는 특수 메서드

그럼 위의 특수 메서드를 Bus 클래스에 적용하면 어떻게 작성해야 하는지 다음 코드를 확인해보겠습니다.

```
01  class Bus:
02      def _ _init_ _(self, guest, max_guest=30):
03          self.max_guest = max_guest
04          self.cur_guest = guest
05      def _ _lt_ _(self, target):
06          return self.cur_guest < target.cur_guest
07      def _ _le_ _(self, target):
08          return self.cur_guest <= target.cur_guest
09      def _ _eq_ _(self, target):
10          return self.cur_guest == target.cur_guest
11      def _ _ne_ _(self, target):
12          return self.cur_guest != target.cur_guest
13      def _ _gt_ _(self, target):
14          return self.cur_guest > target.cur_guest
15      def _ _ge_ _(self, target):
16          return self.cur_guest >= target.cur_guest

18  bus1 = Bus(25, 100)
19  bus2 = Bus(53, 300)
20  print(f"bus1 < bus2 : {bus1 < bus2}")
21  print(f"bus1 <= bus2 : {bus1 <= bus2}")
22  print(f"bus1 == bus2 : {bus1 == bus2}")
23  print(f"bus1 != bus2 : {bus1 != bus2}")
24  print(f"bus1 > bus2 : {bus1 > bus2}")
25  print(f"bus1 >= bus2 : {bus1 >= bus2}")
```

〈코드 4-4-1〉

01~04 생략

05~16 비교 연산에 해당하는 메서드는 비교의 대상이 필요하기 때문에 매개변수를 통해 대상이 될 객체를 넘겨 받아야 합니다. 이때 비교 연산자를 통해 대상 객체와 현재 객체의 어떤 값을 비교할지는 만드는 사람이 결정하는 요소입니다만 클래스의 특성을 고려하여 작성하면 됩니다. 여기서는 현재 승객 수를 비교하게 작성했습니다.

18~19 Bus 클래스를 사용하여 각각 다른 두 개의 인스턴스를 생성합니다.

20~25 서로 다른 인스턴스를 비교 연산자를 사용하여 값을 비교하고 결과를 화면에 출력합니다. 각각의 인스턴스는 현재 승객 수를 기준으로 연산을 처리하게 됩니다.

이렇게 클래스의 특수 메서드를 사용하여 서로 다른 객체간 연산을 처리할 수 있습니다. 코드를 실행하면 어떤 결과가 나오는지 한번 확인해보도록 하겠습니다.

〈그림 4-4-1〉 클래스 객체간 비교 연산 결과

〈코드 4-4-1〉에서처럼 클래스 내부에 __lt__, __le__, __eq__, __ne__, __gt__, __ge__와 같은 메서드를 구현하면 객체간 비교 연산이 가능합니다. 그럼 만약 이런 메서드를 구현하지 않은 상태에서 객체간 비교 연산을 시도하면 어떻게 될까요?

```
터미널   AZURE   JUPYTER   SQL CONSOLE   문제 2   출력   디버그 콘솔                    + ∨  ⊡ Python  ⊡  🗑  ∧ ×
Microsoft Windows [Version 10.0.22000.1098]
(c) Microsoft Corporation. All rights reserved.

C:\PythonStudy>C:/Python310/python.exe c:/PythonStudy/08/04-class-method.py
Traceback (most recent call last):
  File "c:\PythonStudy\08\04-class-method.py", line 17, in <module>
    print(bus1 < bus2)
TypeError: '<' not supported between instances of 'Bus' and 'Bus'
```

〈그림 4-4-2〉 메서드를 구현하지 않은 상태에서의 비교 연산 오류

그러면 〈그림 4-4-2〉와 같이 객체 간 '〈' 연산을 지원하지 않는다는 TypeError 오류가 발생합니다.

이런 특수 메서드는 클래스 작성 시 항상 사용하는 필수 요소는 아닙니다. 내가 작성하는 클래스가 어떤 목적으로 작성되는지 그리고 어떻게 사용될지를 생각해보고 필요하면 그때 기능을 구현하고 필요 없으면 구현하지 않아도 되는 부분입니다.

5. 클래스 상속

상속이라는 단어의 의미는 무언가를 물려받는다는 의미로 사용됩니다. 클래스 상속 역시 이와 같은 의미로 사용되는데 이때 물려주는 역할을 하는 쪽을 부모 클래스라고 하고 물려받는 쪽을 자식 클래스라고 합니다. 일단 파이썬으로 클래스 상속을 문법적으로 어떻게 표현해야 하는지부터 알아보고 넘어가도록 하겠습니다.

〈그림 5-1〉 클래스 상속 문법적 표현

클래스의 상속은 〈그림 5-1〉에서와 같이 NewBus라는 이름의 클래스를 생성할 때 소괄호 안에 Bus 클래스를 명시함으로써 NewBus 클래스는 Bus 클래스를 상속받은 자식 클래스가 됩니다.

클래스 상속의 주된 목적은 부모 클래스에 최소한의 기능을 구현하고 부모 클래스를 기반으로 다양한 종류의 자식 클래스를 생성하는 경우나 기존의 부모 클래스의 코드를 수정하지 않고 자식 클래스를 생성하여 기능을 확장하는 경우를 예로 들 수 있습니다.

그러면 〈그림 5-1〉의 상황을 실제 코드로 한번 작성해보도록 하겠습니다. 05-class-inheritance.py 파일을 생성하고 다음 코드를 작성해보도록 하겠습니다.

```
01   class Bus:
02       def _ _init_ _(self, guest, max_guest=30):
03           self.max_guest = max_guest
04           self.cur_guest = guest
05           self.price = 0
06       def _ _str_ _(self):
07           return f"<Bus class {self.cur_guest}/{self.max_guest}" \
08                  f" {self.price}>"
```

```
09        def geton(self, cnt):
10            if self.max_guest > self.cur_guest + cnt:
11                self.cur_guest += cnt
12            return self.cur_guest

14  class VillageBus(Bus):
15      def __init__(self, guest):
16          self.price = 1000
17          self.max_guest = 16
18          self.cur_guest = guest

20  vbus = VillageBus(10)
21  vbus.geton(10)
22  print(vbus)
```

〈코드 5-1〉

01 Bus 클래스를 정의합니다.

02~05 Bus 클래스가 생성될 때 초기화될 변수들을 설정합니다. 여기서는 최대 승객 수, 현재 승객 수와 버스의 요금에 해당하는 price 변수가 추가되었습니다. 클래스의 멤버 변수이기 때문에 반드시 self.을 변수 앞에 붙여야 합니다.

06~08 Bus 클래스의 인스턴스 객체가 화면에 출력되거나 문자열로 변환될 때 반환될 값을 설정합니다. 여기서는 클래스 내부 변수의 값을 확인하기 위한 목적으로 작성되었습니다. **07**행에서 문자열의 길이가 길어 \ 문자를 사용해 한 줄로 작성될 내용을 **07**행과 **08**행으로 나눠서 처리한 점도 눈 여겨 보시기 바랍니다.

09~12 버스에 손님이 승차하는 내용을 처리하는 함수로 현재 버스 객체의 최대 승객 수를 넘지 않아야 합니다.

14 Bus 클래스를 상속받은 자식 클래스로 마을버스를 의미하는 VillageBus 클래스를 정의합니다.

15~18 VillageBus 객체가 생성될 때 함께 초기화될 변수들을 정의합니다. 만약 여기서 선언된 변수가 부모 클래스에도 존재하게 되는 경우 변수는 서로 공유됩니다. 그렇기 때문에 부모 클래스에서 price를 0으로 초기화했더라도 VillageBus 클래스에서 다시 price를 1000으로 초기화했기 때문에 최종적으로 VillageBus의 인스턴스의 price 값은 1000이 됩니다.

20 Bus 클래스를 상속받아 만든 VillageBus 클래스의 인스턴스 vbus를 생성합니다.

21 vbus를 통해 geton() 메서드를 호출합니다. 이 메서드는 VillageBus 클래스가 아닌 Bus 클래스에 정의된 메서드임을 기억해야 합니다.

22 vbus를 출력하면 Bus 클래스에 작성된 __str__ 메서드에 의해 각 변수의 값이 화면에 출력됩니다.

〈코드 5-1〉은 Bus 클래스를 정의하고 Bus 클래스를 상속받아 VillageBus라는 이름의 클래스를 만드는 예제 코드입니다. 이렇게 부모 클래스를 상속받아 만들어진 자식 클래스는 부모의 모든 기능을 사용할 수 있게 됩니다. 〈코드 5-1〉의 내용을 파일에 저장하고 실행하여 결과를 확인해보도록 하겠습니다.

```
터미널   AZURE   JUPYTER   SQL CONSOLE   문제   출력   디버그 콘솔          + ∨  ▭ Python  ▯  🗑  ∧  ×
Microsoft Windows [Version 10.0.22000.1098]
(c) Microsoft Corporation. All rights reserved.

C:\PythonStudy>C:/Python310/python.exe c:/PythonStudy/08/05-class-inheritance.py
<Bus class 10/16 1000>
```

〈그림 5-2〉 05-class-inheritance.py 파일 실행 결과

파일을 실행해보면 〈그림 5-2〉처럼 문제없이 동작하는 것을 확인할 수 있습니다. **vbus.geton(10)** 메서드를 호출하긴 했지만 최대 승객 수를 넘어가게 되어 승객 수는 그대로 10으로 출력되었습니다.

사실 클래스 상속에서는 별다른 출력 결과가 없기 때문에 단지 코드가 문제없이 작성되어 오류가 없는지만 확인하면 됩니다.

5-1. 메서드 오버라이딩(Method overriding)

클래스 상속을 이야기하면 반드시 함께 알아야 할 중요한 내용이, 바로 메서드 오버라이딩이 아닐까 생각합니다. 메서드 오버라이딩은 부모 클래스에 이미 선언된 함수를 자식 클래스에서 재정의하는 것을 말합니다. 이는 부모 클래스에 이미 구현된 기능을 그대로 물려받아 사용하지 않고 새로운 기능으로 기존의 기능을 수정하는 개념으로 사용되곤 합니다.

〈코드 5-1〉의 **20**행을 보면 vbus는 VillageBus의 인스턴스입니다. 그리고 **21**행을 보면 VillageBus에는 정의되지 않은 geton( ) 메서드를 호출하는 것을 볼 수 있는데 이는 geton( ) 메서드가 VillageBus에는 존재하지 않지만 부모 클래스인 Bus 클래스에 이미 정의되어있기 때문에 문제없이 동작을 한다는 사실을 이해해야 합니다.

메서드 오버라이딩은 여기서 Bus 클래스에 정의된 geton( ) 메서드를 VillageBus 클래스에 다시 정의하여 사용하는 것을 말하는데 이렇게 되면 vbus.geton( )을 호출했을 때 더 이상 Bus 클래스의 geton( ) 메서드가 아닌 VillageBus 클래스의 geton( ) 메서드가 호출됩니다. 05-1-overriding.py 파일을 생성하고 다음 코드를 작성해보겠습니다.

```
01   class Bus:
...  생략 ...
09       def geton(self, cnt):
10           if self.max _ guest > self.cur _ guest + cnt:
11               self.cur _ guest += cnt
12           return self.cur _ guest

14   class VillageBus(Bus):
...  생략 ...
19       def geton(self, cnt):
20           self.cur _ guest += cnt
21           return self.cur _ guest

23   vbus = VillageBus(10)
24   vbus.geton(10)
25   print(vbus)
```

〈코드 5-1-1〉

09 Bus 클래스에 속한 geton( ) 함수입니다. 이 함수는 호출 시에 승객 수를 의미하는 cnt 값이 넘어오는 데 승객 수 + 현재 승객 수 〈 최대 승객 수를 넘지 않는 경우에만 self.cur_guest 값에 cnt 값을 누적시키고 있습니다.

19 VillageBus 클래스에 속한 geton( ) 함수입니다. 여기서는 최대 승객 수의 조건 없이 무조건 self.cur_ guest 값에 cnt 값을 누적 시키고 있습니다.

23 VillageBus 클래스의 인스턴스 객체를 생성합니다. 최초 초깃값을 10을 넘겨주었으므로 vbus의 self. cur_guest 초깃값은 10이 됩니다.

24 vbus 객체의 geton( ) 메서드를 호출합니다. 이때 cnt 값에 10을 전달하고, geton( ) 메서드는 VillageBus 클래스에 있는 **19**행의 오버라이딩된 geton( ) 메서드가 실행되는데 만약 여기서 **19**행의 geton( ) 메서드를 정의하지 않았다면 부모 클래스인 Bus 클래스에 속한 **09**행의 geton( ) 메서드가 호출 됩니다.

〈코드 5-1-1〉을 저장하고 실행하여 결과를 확인해보도록 하겠습니다.

〈그림 5-1-1〉 05-1-overriding.py 실행 결과

파일을 실행해보면 〈그림 5-1-1〉과 같은 결과 화면을 볼 수 있는데 출력된 내용을 보면 〈Bus class 20/16 1000〉으로 원래 최대 승객 수 16이 넘는 현재 승객 수 20이 저장된 것(20/16)을 볼 수 있습니다. 이는 〈코드 5-1-1〉의 **24**행의 geton( ) 메서드가 **09**행의 Bus 클래스에 속한 함수가 아닌 **19**행의 VillageBus 클래스의 geton( ) 함수가 실행되었다는 사실을 알 수 있는 결과입니다.

5-2. super( )메서드

때로는 클래스 상속에서 부모 클래스의 함수를 오버라이딩하였지만 부모 클래스의 함수를 꼭 실행해야만 하는 경우도 있습니다. 예를 들어 지금까지 작성한 Bus 클래스에 버스 회사 이름을 저장하는 변수를 추가한다고 가정해보겠습니다. 모든 버스는 한 회사의 소속이라는 전제를 갖게 된다면 이 정보는 자식 클래스인 VillageBus 클래스보다는 부모 클래스인 Bus 클래스에 한 번만 선언을 하는게 더 편할 거란 생각이 듭니다. 그러면 다음과 같이 코드를 작성할 수 있을 것입니다. 05-1-overriding.py 파일의 내용을 전체 복사하여 05-2-super.py 파일을 생성한 후 붙여넣기 하고 다음 코드를 추가 및 수정하도록 하겠습니다.

```
01    class Bus:
02        def _ _init_ _ (self, guest, max_guest=30):
03            self.max_guest = max_guest
04            self.cur_guest = guest
05            self.price = 0
06            self.company = "대한교통"
...  생략  ...
```

〈코드 5-2-1〉

06 버스 회사의 이름을 저장할 company 변수를 부모 클래스인 Bus 클래스의 초기화 함수 안에서 초기화를 합니다.

그런데 실질적으로 우리는 Bus 클래스를 직접 사용하지 않고 Bus 클래스를 상속 받은 VillageBus 클래스를 사용하고 있는데 VillageBus 클래스에서 이 회사 정보를 출력하는 show_company라는 메서드를 구현했다고 가정하겠습니다. 그러면 코드는 다음과 같이 작성될 수 있을 것입니다.

```
15    class VillageBus(Bus):
16        def _ _init_ _ (self, guest):
17            self.price = 1000
18            self.max_guest = 16
19            self.cur_guest = guest
```

```
20      def geton(self, cnt):
21          self.cur _ guest += cnt
22          return self.cur _ guest
23      def show _ company(self):
24          print(self.company)

26  vbus = VillageBus(10)
27  vbus.geton(10)
28  vbus.show _ company( )
29  print(vbus)
```

<코드 5-2-2>

23~24 show_company 메서드는 변수 company에 저장된 회사 정보를 화면에 출력합니다.

〈코드 5-2-2〉의 **23~24**행에서처럼 회사 정보를 출력하는 메서드를 쉽게 작성할 수 있습니다. 그런데 문제는 VillageBus가 Bus 클래스를 상속 받았기 때문에 당연히 company 변수에 접근을 할 수 있을 거라 생각했지만 〈코드 5-2-2〉를 실행해보면 오류가 발생합니다.

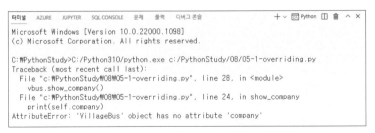

〈그림 5-2-1〉 show_company( ) 메서드를 실행했을 때 발생하는 오류

〈그림 5-2-1〉의 오류 화면을 보면 VillageBus 객체는 company란 속성이 없다는 오류가 발생하는데 이를 이해하기 위해 다시 〈코드 5-2-1〉로 돌아가보도록 하겠습니다.

〈코드 5-2-1〉을 보면 Bus 객체의 self.company 변수는 Bus 클래스의 __init__( ) 메서드에서 초기화가됩니다. 그런데 문제는 이 Bus 클래스를 상속받은 VillageBus 클래스에서 __init__( ) 메서드가 오버라이딩되었기 때문에 부모 클래스인 Bus 클래스의 __init__( ) 메서드가 호출되지 않았고 그렇기에 company 변수는 현재 존재하지 않는 문제가 생기게 된 것입니다. 이를 해결하기 위해서는 단순히 부모 클래스인 Bus 클래스의 __init__( ) 메서드를 호출해주면 되는데 이때 super( ) 메서드를 사용해서 부모 클래스로 접근을 할 수 있습니다. 따라서 코드는 다음과 같이 수정되어야 합니다.

```
01   class Bus:
02       def _ _init_ _(self, guest, max_guest=30):
03           self.max_guest = max_guest
04           self.cur_guest = guest
05           self.price = 0
06           self.company = "대한교통"
... 생략 ...

15   class VillageBus(Bus):
16       def _ _init_ _(self, guest):
17           super( )._ _init_ _(guest)
18           self.price = 1000
19           self.max_guest = 16
20           self.cur_guest = guest
... 생략 ...
24       def show_company(self):
25           print(self.company)

27   vbus = VillageBus(10)
28   vbus.geton(10)
29   vbus.show_company( )
30   print(vbus)
```

〈코드 5-2-3〉

16~17 오버라이딩된 VillageBus 클래스의 __init__( ) 메서드에서 super( ) 메서드를 사용하여 부모 클래스의 __init__( ) 메서드를 먼저 호출해줍니다. 그렇게 되면 Bus 클래스의 __init__( ) 메서드가 실행되고 비로소 self.company 값이 초기화 됩니다. 그러면 **24**행의 show_company( ) 메서드는 문제없이 실행됩니다.

〈코드 5-2-3〉의 **17**행에서처럼 super( ) 메서드를 사용하면 상속된 자식 클래스에서 부모 클래스로의 접근이 가능해집니다. 그래서 super( ).__init__(guest)로 쓰면 부모 클래스의 __init__( ) 메서드를 호출해줍니다. 이때 부모 클래스의 __init__(self, guest, max_guest=30)메서드는 self를 제외한 두 개의 매개변수에서 guest에 해당하는 매개변수에 반드시 값이 전달되어야 하기 때문에 VillageBus 클래스가 생성될 때 넘어온 guest에 해당 하는 값을 부모 쪽으로도 전달을 해줘야 합니다.

코드를 수정했으면 05-2-super.py 파일을 저장한 뒤 실행하여 결과를 확인해보도록 하겠습니다.

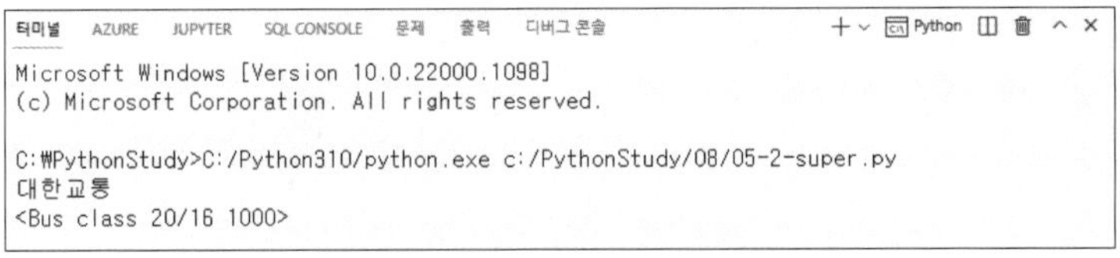

〈그림 5-2-2〉 05-2-super.py 파일 실행 결과

파일을 실행해보면 〈그림 5-2-2〉에서처럼 VillageBus 클래스의 show_compay( ) 메서드가 문제없이 실행되었으며 그로 인해 부모 클래스인 Bus 클래스에 저장된 company 변수의 값이 출력된 것을 확인할 수 있습니다.

〈코드 5-2-3〉에서 super( ) 메서드는 인자 값을 모두 생략한 채로 사용되었는데 좀 더 정확한 문법적 표현식을 쓴다면 다음과 같이 작성하기도 합니다.

```
01    class Bus:
   ... 생략 ...

15    class VillageBus(Bus):
16        def _ _init_ _(self, guest):
17            super(VillageBus, self)._ _init_ _(guest)
18            self.price = 1000
19            self.max_guest = 16
20            self.cur_guest = guest
... 생략 ...
```

〈코드 5-2-4〉

17 super( ) 메서드는 원칙적으로 두 개의 인자 값을 전달해야 하는데, 첫 번째는 현재 상속된 클래스 이름과 현재 상속된 클래스 정보를 self를 통해 전달합니다.

〈코드 5-2-4〉에서처럼 super( )에 인자 값을 모두 설정해서 넘겨주는 게 더 정확한 문법적 표현이긴 하지만 이를 생략해도 동작하는 데는 문제가 없습니다. 다만, 다른 사람이 작성한 코드를 봤을 때 어떤 문법적 표현을 사용할지 알 수 없으므로 미리 알고 있어야 상대방의 코드를 이해할 수 있습니다. 그래서 '아 이렇게도 쓰는구나' 정도로 알고 있는 것이 좋습니다.

6. 클래스의 구조적 고민과 객체지향적 프로그래밍

클래스와 같은 객체의 개념은 파이썬에서만 국한된 내용이 아니라 객체를 지원하는 모든 프로그래밍 언어에서 똑같은 개념으로 사용됩니다. 그렇기 때문에 어떤 프로그래밍 언어로 접하든 한 번만 제대로 이해를 하고 나면 차후에 다른 프로그래밍 언어를 공부할 때 많은 도움이 되기도 합니다.

클래스는 단지 클래스를 문법적으로 구현할 줄 안다고 해서 클래스를 이해했다고 볼 수 없습니다. 그래서 이번 챕터에서는 이런 클래스와 객체에 대한 구조적 고민에 대해서 한번 알아보고자 합니다.

이 챕터의 내용은 처음 프로그래밍을 시작하는 분들께 너무 어렵고 복잡한 내용처럼 들리실 수 있겠지만 그냥 읽을거리 정도로 읽고 넘어가도 전혀 상관없는 부분이니 부담없이 봐주셨으면 좋겠습니다.

6-1. 클래스의 구조적 고민

클래스나 객체에 대한 이해를 돕기 위해 다음과 같은 예시의 내용이 주어진다고 가정해보도록 하겠습니다. 다음의 시나리오를 어떻게 코드로 작성하고 객체화할 수 있는지 고민을 해볼 수 있어야 합니다. 프로그램에는 정답이 없습니다. 같은 내용이라도 만드는 사람마다 다른 코드로 작성하고 표현할 수 있으며 어떤 게 맞다, 틀리다의 관점이 아니라 코드가 말하는 핵심적인 부분을 이해해 보시기를 바랍니다.

> – 임의의 개수의 버스 정류장과 임의의 수의 손님이 있습니다. 이 값은 처음 실행 시 사용자가 입력합니다.
> – 각 손님마다 중복되지 않은 고유 값을 부여합니다.
> – 손님은 임의의 현재 위치 정류장 값을 갖고 임의의 목적지 정류장 값을 갖습니다.
> – 손님의 시작 위치는 랜덤한 위치이며 현재 위치 값과 목적지 값은 동일할 수 없습니다.
> – 버스의 시작 위치는 랜덤입니다.
> – 버스는 랜덤한 시작점부터 임의의 마지막 버스 정류장까지 왕복할 수 있습니다.
> – 버스는 모든 손님이 현재 위치에서 탑승하여 모든 손님이 목적지에 내릴 때까지 운행합니다.
> – 버스는 기본적으로 작은 정류장 수에서 큰 정류장 수로 이동하며 손님이 다 내릴 때까지 왕복할 수 있습니다.

〈표 6-1-1〉 기본 시나리오

〈표 6-1-1〉의 내용은 다소 복잡해 보이긴하나 사실 생각해보면 그냥 우리 주변에서 버스를 타고 내리는 일상적으로 보이는 내용을 글로 설명한 내용일 뿐입니다. 그럼 〈표 6-1-1〉의 내용을 파이썬 코드를 사용해서 표현하는데 다음의 조건을 지키면서 작성을 해야 한다고 가정해보겠습니다.

- 버스, 손님, 정류장 관리(회사)는 각각 클래스로 구현합니다.
- 각 클래스의 멤버 변수는 현실적인 시나리오를 반영하여 선언되야 합니다. 예를 들어 손님의 위치 정보는 당연히 손님이 알고 있는 정보기 때문에 손님 클래스에 존재해야 하며, 버스에 관한 위치 정보 및 버스 이동 함수는 버스 클래스에 구현되어야 합니다.
- 프로그램은 전역 변수를 사용하지 않아야 합니다.
- 프로그램은 현재 버스의 정류장 정보, 탑승 손님 수, 각 손님에 대한 탑승지 및 목적지 정보를 화면에 출력합니다.

〈표 6-1-2〉 조건 정보

위의 조건 정보는 최대한 현실적인 내용을 반영하여 이를 논리화하고 프로그램으로 표현하기 위한 전제 조건이라 볼 수 있습니다.

정해진 법칙은 없지만 프로그래밍의 관점에서 클래스는 어떤 공통된 목적의 기능과 논리를 하나로 묶는 작업을 기본 바탕으로 하는게 좋습니다.

6-2. 프로그램 작성

일단 프로그램은 최소한의 조건이 필요하기 때문에 〈표 6-1-1〉의 기본 시나리오에서 임의의 버스 대수와 손님 수가 있다고 가정했습니다. 이 값은 사용자로 하여금 입력을 받아야 하기 때문에 다음과 같이 구현하여 프로그램을 시작할 수 있도록 합니다. 지금부터의 코드는 06-bus.py 파일을 생성하여 작성해보도록 하겠습니다.

```
01    import random

03    num _ guest = int (input ("생성될 승객 수를 입력하세요: "))
04    num _ station = int(input ("생성될 정류장 갯수를 입력하세요: "))
```

〈코드 6-2-1〉

01 프로그램에서 난수를 생성하기 위해 random 라이브러리를 불러옵니다.

03 input( ) 함수를 사용하여 사용자에게 승객 수를 입력 받습니다. input( ) 함수는 문자열 값을 입력 받기 때문에 정수형 int( ) 형태로 형변환하여 변수 num_person에 저장합니다.

04 정류장 개수를 입력받아 정수 형태로 num_station에 저장합니다.

6-3. 손님 클래스

일단 〈표 6-1-1〉의 시나리오상 손님 클래스의 목적은 버스를 탑승하고 하차하는 요소입니다. 그렇기 때문에 손님은 어느 정류장에서 탑승을 하고, 어느 정류장에서 하차를 할지에 대한 정보가 있어야 합니다.

그리고 당연한 이야기지만 현실적으로 출발지와 목적지가 같을 수 없으니 이 두 가지 값은 같지 않아야 합니다. 그러면 결론적으로 이 손님 클래스에는 목적지, 도착지에 대한 멤버 변수가 필요하고 손님이 버스에 탑승을 했던 적이 있는지를 체크하기 위해서 클래스 멤버 변수를 하나 더 선언해줘야 합니다. 일단 이 내용을 정리해서 코드로 표현하면 다음과 같이 작성할 수 있습니다.

```
... 생략 ...
06  class Guest:
07      def _ _init_ _ (self, idx, station):
08          self.get_off = False
09          self.idx = idx
10          self.start_station = random.randint(0, station)
11          while True:
12              self.end_station = random.randint(0, station)
13              if self.end_station != self.start_station:
14                  break
```

〈코드 6-3-1〉

06 손님에 해당하는 Guest 클래스를 정의합니다.

07 Guest 클래스 초기화 함수를 정의합니다. 손님 클래스인 Guest는 각 손님의 고유 값을 저장할 idx와 손님이 이동 가능한 범위인 전체 정류장 개수 정보를 station으로 받습니다. 정류장 개수가 열 개라면 손님은 1번부터 10번 사이의 정류장을 이동 가능하게 됩니다.

08 손님이 버스에서 내린 적이 있는지를 체크하기 위해서 get_off 변수를 사용하고 최초 손님은 버스에서 내린 적이 없기 때문에 False 값으로 초기화 합니다.

09 각 손님에 대한 고유 값을 저장해 놓습니다.

10 손님 객체가 최초 생성될 때 랜덤한 버스 정류장에서 위치하게 하기위해 난수를 생성합니다. 이때 난수의 범위는 0부터 버스 정류장 개수만큼을 범위로 지정합니다.

11~14 손님의 도착 정류장에 대한 난수를 생성합니다. 이때 도착지는 출발지와 같을 수 없기 때문에 기본적으로 무한루프를 돌면서 출발지와 도착지가 같은지를 체크하고 같지 않은 경우에 while 루프문을 탈출합니다.

손님에 해당하는 Guest 클래스는 〈코드 6-3-1〉에서처럼 작성했습니다. 현실적으로 생각해보면 버스의 정류장 개수는 손님의 관점에서 결정할 사항이 아니기 때문에 외부에서 전달받아야 하며, 손님에 대한 고유 값은 손님의 관점에서 필요한 정보가 아닌 버스회사 혹은 버스에서 필요한 정보이니 이 값 역시 외부에서 전달받아야 합니다.

손님 객체가 생성될 때 손님의 현재 위치(시작 정류장), 목적지(도착 정류장)의 범위는 외부에서 전달받은 버스 회사가 정해 놓은 정류장의 개수 범위 안에서 난수로 생성하게 했습니다.

6-4. 버스 클래스

현실에서 버스를 생각해보면 버스는 손님을 태우고 이동하고 목적지에 내려주는 역할을 합니다. 이를 프로그래밍적인 관점으로 해석해보면 객체를 어떻게 설계해야 할지 알 수 있습니다. 버스 클래스는 현재 버스가 몇 번째 정류장에 있는지에 대한 정보를 포함해야 하며, 예를 들어 정류장이 열 개라고 가정해보면 버스는 0번째 정류장에서 1, 2, 3... 열 번째 정류장으로 이동하고 있거나 혹은 반대로 10, 9, 8.... 0으로 이동하고 있는 방향에 대한 정보도 있어야 합니다. 버스 역시 손님 클래스와 마찬가지로 버스의 입장에선 정류장에 관여할 수 없기 때문에 외부에서 정류장 정보를 받아와야 하며 버스는 현재 탑승 중인 승객에 대한 정보를 갖고 있어야 합니다.

버스 클래스에서 어떤 정보가 필요한지 생각을 해보았으니 이제는 버스 클래스를 정의하고 필요한 변수를 다음과 같이 선언할 수 있습니다.

```
... 생략 ...
16   class Bus:
17       def _ _init_ _(self, end_station, station):
18           self.end_station = end_station
19           self.current_station = station
20           self.move_direction = "right"
21           self.guest_list = []
```

〈코드 6-4-1〉

16 Bus 클래스를 정의합니다.

17 Bus 클래스의 초기화 함수를 정의합니다. Bus 클래스 생성 시 외부에서 총 정류장의 개수와 현재 정류장의 정보를 넘겨 받아야 합니다.

18 end_station은 현재 버스가 진행할 수 있는 마지막 정류장의 번호입니다.

19 current_station은 현재 버스가 위치하고 있는 정류장의 번호입니다.

20 move_direction은 현재 버스가 어느 방향으로 진행하고 있는지에 대한 방향 정보입니다. 여기서의 버스는 순환 개념으로 운행하기에 0에서 1로 진행하는 right 방향과 1에서 0으로 진행하는 left 방향으로 운행이 가능합니다. 이는 만드는 사람이 정한 규칙이기 때문에 여러 가지 방법으로 구현할 수 있습니다.

21 현재 버스에 탑승한 손님을 저장할 리스트 변수입니다. 최초 버스 객체가 생성될 때는 손님이 없으므로 빈 리스트로 초기화합니다.

현실적인 버스의 기능을 생각해보면 버스는 손님을 태우고, 손님을 내리고, 이동하는 기능이 있습니다. 그렇기 때문에 버스 클래스 역시 이런 기능을 구현해줘야 합니다. 먼저 버스의 이동을 담당하는 함수는 다음과 같이 작성될 수 있습니다.

```
16   class Bus:
... 생략 ...
23   def move_bus(self):
24       if self.move_direction == "right":
25           self.current_station += 1
26           if self.current_station >= self.end_station:
27               self.move_direction = "left"
28       else:
29           self.current_station -= 1
30           if self.current_station <= 0:
31               self.move_direction = "right"
```

〈코드 6-4-2〉

23 Bus 클래스에서 버스의 이동을 처리할 함수를 정의합니다.

24 현재 버스의 이동경로가 right 방향인 경우를 처리합니다.

25 버스의 이동경로가 right 방향인 경우 버스가 0번 정류장에 있었다면 1번 정류장으로, 1번 정류장에 있었다면 2번 정류장으로 이동하는데 이는 쉽게 현재 정류장에서 1을 증가시켜주면 됩니다.

26~27 만약 right 방향인 경우 현재 정류장에서 1 증가한 값이 마지막 종점 정류장 번호보다 크거나 같으면 버스는 다시 역방향으로 이동해야 하니 버스의 이동 방향을 left로 설정합니다.

28 버스의 이동 경로가 left 방향인 경우를 처리합니다.

29 버스가 left 방향으로 이동하는 경우에는 현재 정류장 값에서 −1을 빼 주면 됩니다. 그러면 현재 정류장이 10인경우 9가 되고, 9인 경우 8처럼 역방향으로 이동하게 됩니다.

30~31 버스가 left 방향으로 이동하는 경우 현재 버스의 정류장이 0보다 작거나 같으면 버스는 다시 right 방향으로 이동하게 됩니다.

결론적으로 〈코드 6-4-2〉를 보면 버스의 이동은 정류장 번호가 순차적으로 증가하거나 순차적으로 감소하면 됩니다.

그러면 이제 손님이 버스에 탑승하고 하차하는 기능을 구현해보도록 하겠습니다. 손님의 탑승과 하차 역시 Bus 클래스가 담당해야 하는 영역이니 다음의 코드를 보며 어떻게 처리되는지 한번 알아보도록 하겠습니다.

```
... 생략 ...
16  class Bus:
... 생략 ...
33      def get _ in _ bus(self, guest):
34          self.guest _ list.append(guest)

36      def get _ off _ bus(self):
37          get _ off _ list = []
38          for x in reversed(range(len(self.guest _ list))):
39              if self.guest _ list[x].end _ station == self.current _
station:
40                  guest = self.guest _ list.pop(x)
41                  guest.get _ off = True
42                  get _ off _ list.append(guest)
43          return get _ off _ list
```

〈코드 6-4-3〉

33~34 get_in_bus( ) 메서드는 버스에 손님이 탑승하는 경우에 호출되는 함수입니다. 인자로 손님 클래스를 넘겨 받고 이를 클래스 멤버 변수인 guest_list에 저장합니다.

36 get_off_bus( )는 버스 손님의 하차를 담당하는 함수입니다.

37 하차하는 손님의 목록을 임시적으로 저장할 변수입니다. 없어도 상관없지만 만약 프로그램에서 하차하는 손님 목록이 필요한 경우를 대비해 만들어놓습니다.

38 guest_list는 현재 버스에 탑승 중인 손님 리스트인데 이 리스트를 for range문을 사용하여 반복합니다. 여기서 for 문을 그냥 for x in guest_list처럼 직접 대상으로 반복하지 않는 이유는, for x in reverse (range (len(guest_list)))를 사용하면 x에는 10, 9, 8, 7…처럼 리스트의 인덱스가 역순으로 전달되는데 이는 40행에서 해당 인덱스의 리스트를 pop( ) 함수를 통해 기존 손님 리스트에서 제거하기 위함입니다. 이렇게 pop( ) 함수를 사용하여 기존 손님 목록이 저장된 guest_list에서 해당 손님 정보가 제거되면 for문에 사용한 reversed(len(self.guest_list))는 제거된 리스트의 개수를 적용해 갱신처리하게 됩니다. 조금 더 쉽게 말하자면, 만약 10개의 리스트를 시작했다면 최초 reversed(range(len(self.guest_list)))는 10을 반환하여 for문이 동작하는데 만약 한 개가 제거된 시점이라면 9를 반환하게 되고 for문은 문제없이 제거된 리스트를 적용해 처리할 수 있습니다. 그런데 만약 이렇게 역순으로 처리되지 않았다면 for문은 1, 2, 3, 4처럼 정방향으로 진행하게 될텐데 이런 경우 첫 번째 리스트가 제거된 후에 다시 첫 번째 요소에 접근하여 오류가 발생할 수 있게 됩니다.

39 for문에 의해 반복 중인 손님의 목적지 정류장이 현재 버스의 정류장과 같다면 대상 손님은 하차를 해야 합니다.

40 버스에 저장된 손님 목록에서 하차 대상 손님 객체를 꺼내 guest 변수에 저장합니다. 리스트의 pop( ) 함수는 리스트에서 해당 요소를 반환하고 기존 리스트에서 제거하는 역할을 합니다.

41 하차 대상 손님 객체에서 하차 정보를 저장할 get_off 변수를 True로 설정합니다.

42 하차 목록 정보에 현재 손님 객체를 저장합니다.

43 하차 손님 리스트를 반환합니다.

버스 객체에서 중요한 기능은 손님의 승차, 하차를 처리하는 기능이라고 볼 수 있습니다. 〈코드 6-4-3〉 의 get_in_bus( ) 함수는 손님이 버스에 승차하는 경우 Bus 클래스의 손님 정보가 저장되는 guest_list에 추 가만 하면 됩니다. 손님이 버스에서 하차를 하는 경우는 이보다 좀 더 복잡한 내용들이 들어가는데 이는 get_off_bus( ) 함수에서 처리합니다.

get_off_bus( ) 함수에서는 현재 버스에 탑승 중인 모든 손님을 for문으로 순환하여 목적지 정보와 현재 버스가 정차한 정류장의 번호를 비교하여 목적지 정류장과 현재 정류장이 같다면 손님을 하차시켜줘야 합니다.

6-5. 노선 클래스

이제 지금까지 구현한 버스와 함께 손님을 컨트롤할 수 있는 노선 클래스를 생성해야 합니다. 물론 여기 서는 임의의 노선 클래스라고 명명했지만 이 클래스는 회사의 개념으로 접근해도 되고 더 큰 개념의 도 시의 관점에서 접근할 수도 있을 듯합니다. 여기서는 단순히 정류장을 포함하고 버스를 포함할 수 있는 상위 개념인 노선의 개념으로 접근을 해보도록 하겠습니다. 물론 이런 가정은 클래스의 교육적 목적을 위해 임의로 정의한 개념이므로 정해진 법칙은 없다는 사실을 항상 잊지 않아야 합니다.

일단 손님은 한 개의 노선안에서 생성되며 목적지를 찾아가는 시나리오로 동작을 하고 있고 버스는 그 노선 사이에서만 운행이 되는 개념입니다. 그래서 모든 손님 클래스와 버스 클래스는 노선 안에서 생성 되어야 합니다. 그럼 노선 클래스를 어떻게 생성할지 다음 코드를 작성하며 알아보도록 하겠습니다.

```
45    class Line:
46        def _ _init_ _(self, station_cnt, guest_cnt):
47            self.guest_count = guest_cnt
48            self.guests = [Guest(x, station_cnt) for x in range(guest_cnt)]
49            self.get_off_list = []
50            self.station_count = station_cnt
51            self.bus = Bus(station_cnt, random.randint(0, self.stationn_count))
```

〈코드 6-5-1〉

45 Line 클래스를 정의합니다.

46 Line 클래스의 초기화 함수를 정의합니다. Line 클래스는 정류장의 개수, 손님의 수 정보를 외부에서 전달받아야 합니다.

47 Line 클래스는 총 손님의 수를 저장하고 있습니다.

48 Line 클래스에 전체 손님에 해당하는 수만큼 Guest 클래스 객체를 생성합니다. 손님 전체 수는 외부에서 결정되어 넘어오는 정보입니다.

49 버스에서 하차한 손님의 목록을 관리하기 위한 변수입니다. 이는 전체 버스 이용 손님 목록의 개념으로 사용될 수 있습니다.

50 Line 클래스는 정류장의 총 개수 정보를 저장하고 있습니다.

51 해당 노선에서 운행되는 버스 클래스의 객체를 생성합니다.

기본적인 Line 클래스는 〈코드 6-5-1〉과 같이 구현할 수 있습니다. Line 클래스는 총 손님의 수를 저장하고 손님의 수만큼 Guest 클래스를 생성하고 이를 기억하고 있어야 합니다. 그리고 하차 손님을 관리할 get_off_list 변수를 초기화 하고 총 정류장의 개수 정보를 갖고 있어야 합니다. 그리고 마지막으로 운행할 버스에 해당하는 Bus 클래스를 생성합니다.

시나리오상 노선에 해당하는 Line 클래스에서는 버스를 이동시키고, 버스에 탑승할 손님이 있는지 확인하고 탑승객이 있다면 버스에 손님을 태워줘야 합니다. 그리고 하차할 손님이 있다면 하차시키고 현재 정보를 출력해주면 됩니다. 그리고 모든 손님이 버스에서 하차했다면 버스 운행을 멈춰야 하는데 이를 확인하기 위한 함수도 하나 작성을 해야 합니다. 그럼 이 내용을 코드로 한번 작성해보도록 하겠습니다.

```
45    class Line:
...   생략 ...
53        def main(self):
54            self.bus.move_bus( )
55            for i, p in enumerate(self.guests):
56                if not p.get_off and p.start_station == self.bus.cur-
rent_station:
57                    guest = self.guests.pop(i)
58                    self.bus.get_in_bus(guest)
59            self.get_off_list.extend(self.bus.get_off_bus( ))
60            self.output( )

62        def is_all_get_off(self):
63            return len(self.get_off_list) == self.guest_count
```

```
65        def output(self):
66            print("=" * 50)
67            print(f"현재 정류장 : {self.bus.current _ station}")
68            print(f"현재 버스 탑승 손님 : {len(self.bus.guest _ list)}")
69            for p in self.bus.guest _ list:
70                print(f"\t{p.idx}번 손님 출발지: {p.start _ station}" \
71                    " 목적지: {p.end _ station}")
```

〈코드 6-5-2〉

53 지금까지의 모든 시나리오는 노선에 해당하는 Line 클래스의 main( ) 함수에서 구현됩니다.

54 main( ) 함수에서 가장 처음 동작할 것은 버스가 이동하는 것이므로 Bus 클래스의 인스턴스 객체인 bus의 move_bus( ) 함수를 호출하여 버스를 이동시킵니다.

55 현재 노선에 생성된 손님 목록을 for문으로 반복합니다. 이때 손님에 대한 정보와 인덱스를 모두 구하기 위해 enumerate( )를 사용했습니다.

56 현재 for문에 의한 손님 객체가 버스에 탑승한 적이 없고 현재 대기 중인 정류장 번호와 버스의 현재 정류장 번호가 일치한다면 현재 노선의 손님은 버스에 탑승을 시켜야 합니다.

57 현재 손님은 노선에 대기 중인 상태이니 노선에 대기 중인 손님 목록에서 리스트의 pop( ) 함수를 사용해 손님 객체를 반환 받아 변수에 저장합니다. pop( ) 함수에 의해 기존의 리스트에서는 제거가 된 상태로 객체 정보가 반환됩니다.

58 현재 노선에 생성된 버스 객체에 손님 탑승을 시켜야 하니 버스 객체의 get_in_bus( ) 함수를 통해 승차시킵니다.

59 Bus 객체는 get_off_bus( ) 함수를 통해 승객을 하차시킨 후 그 반환 값인 하차한 승객 정보를 현재 노선 클래스의 하차 리스트 get_off_list에 추가합니다. 이는 노선에 대한 전체 버스 사용자를 저장하기 위한 목적일 뿐 특별한 이유는 없습니다.

60 output( ) 함수를 통해 현재 버스 운행에 대한 모든 정보를 출력합니다.

62~63 노선 클래스에서 대기중인 모든 손님이 버스에서 하차한 적이 있는지를 확인합니다. 이는 모든 손님이 버스에 탑승한 적이 있는지를 체크하고 이 값이 True로 반환되면 버스는 더 이상 운행을 하지 않게 됩니다.

65~71 현재 노선에 대한 모든 손님 정보와 버스 정보에 대한 안내를 출력하는 함수입니다. 여기서는 현재 버스의 정류장 번호, 버스에 탑승 중인 승객 정보, 그리고 각 손님에 대한 출발지와 목적지 정보를 화면에 출력합니다.

이렇게 〈표 6-1-1〉의 시나리오 정보와 〈표 6-1-2〉의 조건 정보에 합당한 모든 기능을 구현하였습니다. 이제 이렇게 작성된 객체들을 동작시키는 코드를 작성하면 모든 구현은 마무리가 됩니다. 다음은 지금까지 작성한 부분 코드에 다음 코드를 추가하여 전체 코드를 완성해보도록 하겠습니다.

```
... 생략 ...
73  print( )
74  line = Line(num _ station, num _ guest)
75  while not line.is _ all _ get _ off( ):
76      line.main( )
```

〈코드 6-5-3〉

73 입력 메세지와 구분을 하기 위해 빈 줄을 한 칸 띄웁니다.

74 Line 클래스의 객체를 생성합니다. Line 생성 시 초깃값으로 사용자에게 입력받은 정류장 개수와 승객 수를 넘겨줍니다.

75 프로그램은 기본적으로 line 객체의 모든 손님이 버스에서 하차할 때까지 무한 루프로 동작합니다.

76 루프를 반복하며 line 객체의 main( ) 함수를 호출합니다.

코드를 모두 작성했으면 이제 파일을 저장하고 실행하여 결과를 확인해보도록 하겠습니다. 사용자 입력은 노선 5개, 승객 30명을 입력해보도록 하겠습니다.

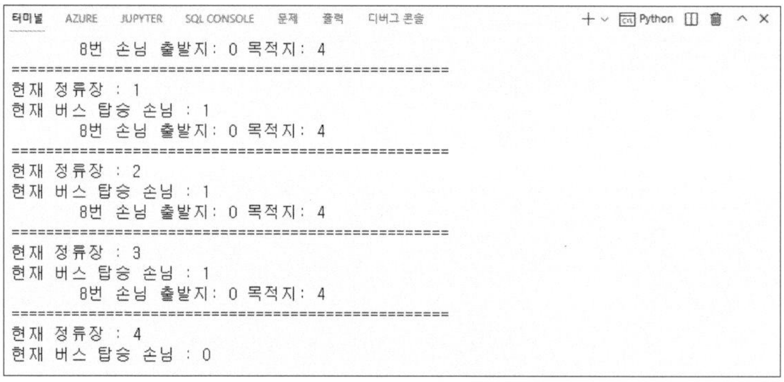

〈그림 6-5-1〉 06-bus.py 파일 실행 결과

파일을 실행해보면 〈그림 6-5-1〉과 같이 현재 정류장 번호, 탑승한 각각 손님에 대한 정보가 화면에 출력되는 것을 확인할 수 있습니다.

클래스에 대한 이번 챕터의 내용은 사실 초보가 이해하기에엔 다소 어려운 내용들이 많을 수 있고 이해가 가지 않을 수도 있습니다만 클래스, 객체는 단순히 문법적으로 어떻게 사용하느냐가 중요한 게 아니라 객체의 성질과 객체지향적 목적이 더 중요하다는 이야기를 하기 위해 현실을 기반으로 한 시나리오를 만들어 그것을 구현해보는 예시를 가져와봤습니다.

처음 제시한 〈표 6-1-1〉의 시나리오는 지금 작성한 코드 외에도 만드는 사람마다 다양한 방법으로 구현이 가능하고 진행했던 코드만이 정답이라는 이야기는 아닙니다. 중요한 것은 코드를 구현하기 전에 이렇게 주어진 주제를 어떻게 구조화시키고 코드를 작성할 수 있는지가 중요한 내용이라 생각합니다.

사실 이번에 클래스와 객체를 사용하는 방법은 어렵지 않습니다만 실제 내가 어떤 프로그램을 구현할 때 단순히 기능을 흉내내는 수준이 아닌 정말 클래스의 성질을 이해하고 각 객체들 간의 구조적인 역할과 기능을 능숙하게 구현할 정도가 되기 위해선 정말 많은 연습과 노력, 그리고 경험이 필요한 부분입니다. 그렇기 때문에 하루 아침에 클래스, 객체를 능숙하게 다루기는 어렵습니다. 지금 당장 이해가 가지 않는다 하더라도 주변에서 찾을 수 있는 여러 가지 요소들을 관찰하면서 코드화시키는 상상을 해보며 꾸준히 많이 연습해보고 고민해보시길 바랍니다.

연습 문제

이번 연습 문제는 이 장의 챕터 6에서 구현한 버스 노선에 대한 클래스를 조금 활용하여 다음의 조건에 맞는 프로그램으로 수정해보시기를 바랍니다.

- 건물, 엘리베이터, 승객 3개로 이루어진 클래스를 작성합니다.
- 최초 건물의 층수와 손님의 수는 사용자가 입력합니다.
- 건물은 지상 1층부터를 시작으로 합니다.
- 손님은 현재 층수와 목표 층수의 값을 갖고 있고 이 값은 서로 중복되지 않아야 하며 건물의 층수를 벗어날 수 없습니다.
- 엘리베이터는 건물 안에서만 유효합니다.
- 엘리베이터에는 최대 1000kg의 중량 하중에 대한 제한이 있습니다.

위의 조건은 이번 장의 6. 클래스의 구조적 고민과 객체지향적 프로그래밍에서 작성한 버스와 노선, 손님에 대한 클래스를 조금만 수정하면 작성할 수 있으니 충분히 고민해보시길 바랍니다.

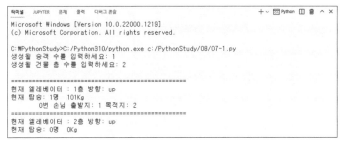

〈그림 7-1〉 연습 문제 실행 예시 결과 모습

PART 9

모듈과 라이브러리

이 장의 내용

9 모듈과 라이브러리

이번 장에서는 파이썬에서 코드를 구조화하기 위해 모듈을 구성하는 방법과 파이썬에서 사용할 수 있는 여러 종류의 라이브러리에 대해 알아보도록 하겠습니다.

1. 모듈의 정의

파이썬에서 모듈은 함수나 변수를 파일 단위로 관리할 수 있게 해주는 하나의 개념 혹은 방법입니다. 그렇기 때문에 모듈을 사용하면 프로그램을 좀 더 구조적으로 작성할 수 있게 해주고 프로그램의 유지보수를 좀 더 편하게 할 수 있는 장점이 있습니다.

모듈은 지금까지 우리가 파이썬 코드를 작성할 때 하나의 py 파일 안에 변수, 함수를 작성한 것과는 다르게, 여러 개의 파일 안에 변수나 함수의 특징을 그룹화하여 작성하고 필요한 파일을 다른 파일에서 불러오는 형태로 사용하게 됩니다.

그렇기 때문에 모듈은 타인이 만들어 놓은 파일을 가져와서 사용할 수도 있고 내가 직접 모듈 파일을 생성해서 사용할 수도 있습니다. 그럼 파이썬 모듈을 어떻게 만들면 되는지 지금부터 한번 알아보도록 하겠습니다.

2. 모듈 만들기

파이썬에서 모듈을 만드는 방법은 사실 간단합니다. 새로운 장이 시작되었으니 먼저 비주얼 스튜디오 코드에서 09 폴더를 생성하고 modules.py 파일을 생성하도록 하겠습니다. 그리고 modules.py 파일 안에 간단하게 숫자 값 두 개를 받아서 더해주는 함수를 하나 작성하도록 하겠습니다. 그러면 다음과 같이 작성할 수 있습니다.

```
01   def num _ add(x, y):
02       return x + y
```

〈코드 2-1〉

01 매개변수 x와 y를 갖는 num_add 함수를 선언합니다.

02 매개변수 x와 y값을 더한 결과를 반환합니다.

모듈이라고 해서 특별한 것은 없고 〈코드 2-1〉과 같이 다른 파이썬 코드처럼 그냥 작성하기만 하면 됩니다. 모듈에는 변수나 함수를 선언할 수 있고 8장에서 배운 클래스를 작성할 수도 있습니다.

그러면 이제 이렇게 작성된 내용을 다른 파이썬 파일에서 불러와야 하는데 여기서 중요한 점은 모듈파일과 모듈을 불러올 파일간의 폴더나 파일의 위치에 따라서 모듈을 불러오는 방법이 달라진다는 점입니다. 일단은 modules.py 파일과 같은 09 폴더에 새로운 02-module_call.py 파일을 생성하도록 합니다.

〈그림 2-1〉 09 폴더에 modules.py 파일과 02-module-call.py 파일이 함께 있어야 합니다.

〈그림 2-1〉에서처럼 modules.py 파일과 02-module-call.py 파일은 같은 경로인 09 폴더에 위치하고 있습니다. 그런 경우에 02-module-call.py 파일에서 modules.py에 있는 num_add 함수를 가져다 사용하려면 여러 가지 방법이 있고 불러오는 방법에 따라서 함수를 사용하는 방법이 달라지는데 일단 02-module-call.py 파일에 다음 코드를 작성하도록 하겠습니다.

```
01   from modules import num _ add
02   from modules import *
03   import modules

05   a = num _ add(10, 20)
06   b = modules.num _ add(20, 30)
07   print(a, b)
```

〈코드 2-2〉

01 from 뒤에 파일 명을 작성하고 해당 파일에 작성된 함수 명을 import 뒤에 작성해서 함수를 불러올 수 있습니다.

02 from 뒤에 파일 명을 작성하고 import 뒤에 별표(*) 문자를 쓰면 해당 파일에 작성된 모든 함수, 변수, 클래스 등을 불러오게 됩니다.

03 from을 생략하고 import 뒤에 파일 명을 작성합니다.

05 **01**행이나 **02**행에서처럼 직접 num_add 함수를 현재 파일로 불러오게 되면 여기에서처럼 바로 num_add( ) 함수를 호출해서 사용할 수 있습니다.

06 **03**행에서처럼 파일 명으로만 import를 하게 되면 해당 파일안에 어떤 함수나 변수를 지정하는지를 작성해야 하기 때문에 modules를 앞에 붙이고 점을 찍고 함수 명을 뒤에 써줘야 접근이 가능하게 됩니다.

파이썬에서의 모듈은 〈코드 2-1〉에서처럼 함수나 변수 등의 코드를 파일에 작성하고 〈코드 2-2〉에서처럼 해당 파일을 불러와서 사용하는 것을 말한다고 볼 수 있습니다. 이렇게 코드를 여러 파일에 나누어 작성하는 이유는 여러 가지가 있지만 가장 간단하고 단순한 이유만 생각해보면 코드의 양이 많아지면 그만큼 가독성도 떨어지고 유지보수가 힘들어지는 단점이 생기기 때문입니다. 그래서 공통적인 코드를 그룹화하여 파일로 분리해 놓으면 가독성도 좋아지고 코드를 유지보수하기가 훨씬 더 수월해지며 여러 사람과 쉽게 분산 작업을 할 수도 있는 장점이 있습니다.

일단 〈코드 2-2〉가 저장된 02-module-call.py 파일을 실행해 결과를 확인해보도록 하겠습니다.

〈그림 2-2〉 02-module-call.py 파일 실행 결과

그런데 이렇게 모듈로 작성된 파일이 많아지면 또 파일 관리가 힘들어지는 경우도 생길 수 있습니다. 그러면 이렇게 모듈로 분리된 파일을 폴더 단위로 관리할 수 있는데 그럼 이런 경우에는 모듈 파일을 어떻게 불러와야 할까요?

먼저 테스트를 위해 09 폴더 하위에 folder라는 이름의 폴더를 하나 생성하고 모듈 파일이 folder 하위에 f_module.py 파일로 존재한다고 가정해보도록 하겠습니다.

〈그림 2-3〉 모듈 파일이 현재 파일 하위의 서브폴더 안에 존재하는 경우

그러면 〈그림 2-3〉에서처럼 모듈을 불러올 02-module-call.py 파일은 09 폴더에 존재하고 모듈 파일은 09 폴더 하위의 folder 폴더 하위에 f_module.py 파일로 존재하게 됩니다. f_module.py 파일에는 〈코드 2-1〉의 num_add 함수를 add_num으로 이름만 변경하고 그대로 사용하도록 합니다. 그러면 09 폴더에 있는 02-modue-call.py 파일에서 이 add_num 함수를 어떻게 불러와야 할까요?

02-module-call.py 파일에 다음의 코드를 추가하며 어떻게 불러오는지 한번 알아보도록 합니다.

```
09   from folder import f _ module
10   from folder.f _ module import add _ num
11   import folder.f _ module

13   a = f _ module.add _ num(10, 20)
14   b = add _ num(10, 20)
15   c = folder.f _ module.add _ num(10, 20)
16   print(a, b, c)
```

〈코드 2-3〉

09 여기서의 from 뒤에는 〈코드 2-2〉와는 다르게 파일이 아닌 폴더를 이야기합니다. 그리고 import 뒤에는 파일 명을 작성합니다. 이렇게 모듈을 불러오게 되면 **13**행에서처럼 모듈 안의 함수를 파일 명.함수 명으로 접근할 수 있게 됩니다.

10 여기서의 from 뒤에는 점(.)을 구분자로 하여 폴더와 파일 명을 작성하고 import 뒤에는 파일 안의 함수 명을 기재합니다. 이렇게 모듈을 불러오게 되면 **14**행에서처럼 바로 함수를 사용할 수 있게 됩니다.

11 from은 생략하고 폴더.파일 명으로 모듈을 불러옵니다. 이렇게 모듈을 불러오면 **15**행에서처럼 폴더 명.파일 명.함수 명으로 접근할 수 있게 됩니다.

13 모듈의 함수 호출 시 **09**행에서 최종 import 대상은 f_module인 파일 명이었기 때문에 어떤 파일 명에 어떤 함수를 사용할지를 작성해야 합니다.

14 10행에서 폴더 명.파일 명의 함수를 직접 import했기 때문에 여기서는 바로 함수 명을 작성하여 사용할 수 있습니다.

15 11행에서 폴더와 파일 명을 import했기 때문에 여기서 함수에 접근하려면 폴더 명.파일 명.함수 명을 모두 작성해야 합니다.

16 모듈의 함수 호출 결과를 화면에 출력합니다.

〈코드 2-3〉에서처럼 모듈 파일이 현재 프로젝트 파이썬 파일의 하위 폴더 내에 존재하게 되는 경우에는 다양한 방법으로 모듈을 불러올 수 있게 됩니다. 물론 어떤 방법으로 불러올지는 프로그램을 만드는 사람 마음이기 때문에 어떤 방법이 더 좋다고 이야기할 수는 없습니다. 물론 앞의 〈코드 2-3〉에서는 다루지 않았지만 from folder.f_module import *처럼 별표 문자를 사용하는 방법도 있습니다만 사실 불필요한 자원을 모두 불러올 필요는 없기 때문에 리소스적인 측면이나 효율적인 관점에서 별표를 사용하는 방법은 그리 권장하는 방법은 아닙니다. 또한 별표를 사용해서 모듈을 불러올 때 비주얼 스튜디오 코드의 특정 문법 체크기를 사용하는 경우 문법 경고를 띄우기도 하니 되도록이면 사용되는 파일이나 함수 명을 명확히 작성해서 사용하는 습관을 들이는게 좋습니다.

3. 라이브러리

라이브러리란 파이썬, C/C++ 혹은 자바 등으로 만든 어떤 목적의 프로그램을 파이썬에서 불러오기해서 사용가능하게 만든 하나의 패키지 프로그램을 말하는데, 파이썬 라이브러리는 기본적으로 파이썬 설치 시 기본으로 제공되는 표준 라이브러리와 사용자가 그때 그때 필요한 라이브러리를 직접 설치해서 사용하는 외장 라이브러리로 나뉩니다.

파이썬이 쉽고 유연하며 생산성이 높다는 장점도 있지만, 사용하는 가장 큰 이유는 전세계 많은 개발자들이 만들어 놓은 수십만 개 이상의 외장 라이브러리를 손쉽게 사용할 수 있기 때문이기도 합니다. 그래서 파이썬에서 라이브러리를 사용한다는 것은 가장 중요한 요소입니다.

프로그램을 기획하고 개발하는 개발자 입장에서는 모든 것을 내가 직접 만들지 않고 누군가 만들어 놓은 훌륭한 라이브러리를 사용해서 프로그램을 완성할 수 있기 때문에 개발자는 프로그램의 전체적인 기획과 기능 개발에 좀 더 집중할 수 있는 장점이 있습니다. 하지만 파이썬에는 수십만 개 이상의 외장 라이브러리가 존재하기 때문에 이 많은 라이브러리가 무엇인지 모두 알 수는 없습니다. 또한 이런 많은 라이브러리가 어떤 기능을 하는지 무엇에 쓰이는지를 일목요연하게 정리해 놓은 곳도 없습니다. 물론 파이썬에서 대표적으로 사용되는 몇몇 중요한 라이브러리들이 있긴 하지만 그 이외의 라이브러리들은 직접 찾아보고 사용해봐야 아는 것들이 더 많습니다.

라이브러리는 모듈을 사용하는 방법처럼 import문 혹은 from import문을 사용하여 불러와서 사용할 수 있습니다.

3-1. 내장 라이브러리

일반적으로 파이썬을 설치했을 때, 기본적으로 제공되는 라이브러리를 내장 라이브러리 혹은 기본 라이브러리, 표준 라이브러리라고 합니다. 이렇게 기본적으로 제공되는 라이브러리 역시 종류가 다양하고 각 라이브러리마다 제공되는 함수나 기능이 너무 많기 때문에 여기서 그 모든 내용을 자세하게 다룰 수는 없습니다. 그래서 대표적인 몇몇의 라이브러리가 어떤 기능을 제공하는지에 대해서만 간단하게 알아보기로 하고 더 자세한 정보는 파이썬 공식 문서[1]를 참고해 보시기 바랍니다.

-time

타임 라이브러리는 파이썬에서 다양한 시간 관련 함수를 제공합니다. UTC 시간이나 timestamp 형식의 시간을 구하거나 할 때 주로 활용됩니다.

-datetime

datetime 라이브러리는 하위에 datetime, date, time, timedelta, timezone 등의 클래스를 포함하고 있습니다. 보통 우리가 현재 사용하는 그레고리력[2] 년, 월, 일을 구하거나 시간과 시간의 덧셈, 뺄셈 등의 기능을 제공합니다.

-calendar

캘린더 라이브러리는 달력을 출력하거나 관련된 함수를 제공합니다. 일반적으로 터미널 기반의 달력이므로 자주 사용되지는 않지만 특정 일자의 요일을 구하거나, 특정 년도의 월, 특정 년도, 특정 월의 주의 목록을 구하는 등의 부가적인 기능이 주로 활용됩니다.

-random

랜덤 라이브러리는 파이썬에서 난수를 발생시킬 수 있는 기능을 제공합니다. 난수의 범위는 정수 및 실수를 포함할 수 있습니다. 그 외에도 파이썬 리스트를 랜덤하게 섞거나 리스트의 요소 중 한 가지를 랜덤하게 추출할 때 사용되기도 합니다.

-shutil

shutil 라이브러리는 파일에 대한 여러 가지 다양한 기능을 제공합니다. 기본적으로 파일을 다양한 방식으로 복사하거나 삭제하는 기능을 제공하고 특정 폴더를 삭제하는 기능도 제공합니다. 파일을 이동시킬 수도 있으며 지정된 경로에 대한 디스크 사용량을 확인하거나 특정 폴더의 권한을 변경할 수 있습니다.

---

1   https://docs.python.org/ko/3/library/contents.html

2   1년을 365.2425일로 정하는 역법체계로 윤년을 포함하는 양력

PART 9 모듈과 라이브러리 295

-os

os 라이브러리는 파이썬이 현재 구동 중인 운영체제에 관한 수많은 정보 및 기능을 제공합니다. 운영체제의 종류를 알아내거나 환경설정 상태를 확인하기도 하며 프로세스 및 사용자에 관한 정보를 제공하기도 합니다.

-sys

sys 라이브러리는 파이썬이 실행되는 시스템과 파이썬 인터프리터와의 중간자 역할을 합니다. 보통 파이썬 프로젝트를 실행할 때 test.py - name abcd처럼 실행 시 인자 값을 넘기기도 하는데 이런 경우 시스템에서 어떤 인자 값이 넘어왔는지를 확인할 때 주로 사용됩니다.

-math

math 라이브러리는 C언어 표준으로 정의된 기본적인 수학 관련 기능을 제공합니다. 실수 반올림, 절대값, 가수, 지수, 계승 값, 최대 공약수, 무한대수, 제곱근, 최소 공배수 등등의 다양한 기능을 제공합니다.

-csv

csv 라이브러리는 CSV(Comma Separated Values) 형식의 스프레드시트와 데이터베이스에 대한 형식의 파일을 지원하는 기능을 제공합니다. 요즘은 일반 회사에서도 엑셀과 CSV 포맷의 파일을 다루는 곳이 많으므로 한 번쯤 익혀두면 활용할 곳이 많은 라이브러리이기도 합니다.

-hashlib

hashlib 라이브러리는 보안 해시인 SHA1, SHA224, SHA256, SHA384, SHA512와 RSA의 MD5 알고리즘을 제공합니다. 보안 관련을 프로그램을 작성할 때 파이썬은 기본적으로 이런 보안 해시를 제공하므로 이를 활용하여 작성할 수 있습니다.

-io

io 라이브러리는 다양한 유형의 I/O를 처리하는 기능을 제공합니다. 여기서 I/O 는 Input/Output을 의미하는데 Input/Output의 대상은 파일(file-like)이 될 수도 있고 메모리(stream)가 될 수도 있으며 Input/Output의 매체는 text, binary, raw 데이터 형태가 될 수 있습니다. 이 어려운 말을 좀 더 쉽게 정리하면 텍스트나 이진데이터 혹은 원시데이터를 파일 혹은 메모리에 읽고 쓰는 기능을 제공한다고 보면 됩니다.

-argparse

기본적으로 파이썬을 터미널 환경에서 구현할 때, 실행 명령인자를 자주 사용하곤 합니다. 실행 명령인자란 예를 들어 설명하면 test.py라는 파이썬 파일을 실행할 때 어떤 값을 전달하기 위해서 test.py -a 1234처럼 -a 라는 매개변수를 넘겨주어 실행을 하는 것을 말하는데, 이렇게 전달한 -a 라는 매개변수의 값은 test.py 파일 내에서 sys.argv를 사용하여 전달받을 수 있습니다. 이렇게 실행 시 전달되는 매개변수의 수가 많고 각 매개변수마다 자료형을 따로 처리해야 할 때 argparse 라이브러리는 훨씬 더 편하게 사용이 가능합니다.

-logging

로그는 프로그램을 디버깅[3]하는데 가장 기본적이며 가장 중요한 수단입니다. 파이썬의 logging 라이브러리는 프로그램의 동작을 분석하거나 추적하고 오류를 디버깅할 때 유용한 라이브러리입니다. 파이썬에서 가장 간단하게 많이 사용되는 로깅 방식은 간단한 코드 정도라면 그냥 print( ) 함수를 사용하여 어떤 값을 출력해볼 수 있지만 코드양이 많아지고 복잡하게 구조화된 프로그램에서는 적합하지 않습니다. 파이썬의 logging 라이브러리는 로깅에 필요한 화면 출력의 기능뿐만 아니라 파일 저장, 단계별 출력 설정 등의 많은 기능을 제공하는 라이브러리입니다.

-re

파이썬에서 정규식을 사용할 수 있게 해주는 라이브러리입니다. 정규식은 문자열에서 특정한 조합을 찾기 위한 패턴으로 여러 프로그래밍 언어에서 공통적으로 자주 사용됩니다.

-string

string 라이브러리는 문자열 상수를 사용할 때 자주 사용됩니다. 문자열 상수에는 소문자 집합, 대문자 집합, 숫자, 16진수, 특수문자, 인쇄 가능한 문자의 문자셋을 제공합니다. 예를 들어 직접 a = "0123456789"처럼 타이핑해도 되지만 a = string.digits처럼 문자 상수를 사용하면 좀 더 편하게 코딩할 수 있기도 합니다.

-socket

socket 라이브러리는 저수준 네트워킹 인터페이스 라이브러리로 파이썬에서 네트워크 소켓 프로그래밍에 필요한 모든 기능을 제공합니다.

-json

json 라이브러리는 파이썬에서 JSON 포맷의 데이터를 인코딩하고 디코딩할 수 있는 기능을 제공합니다. JSON은 키와 값의 한쌍으로 이루어진 데이터 형태인데 파이썬의 딕셔너리와 똑같이 생긴 형태의 자료형이라 볼 수 있습니다. JSON은 보통 웹서버와 어떤 데이터를 주고 받을 때 많이 사용되기 시작했지만 현재는 여러 기종 간의 프로그램이 데이터를 주고받을 때나 어떤 데이터를 파일로 저장할 때도 자주 사용됩니다.

3　코드를 분석하여 오류를 찾고 수정하는 것을 디버깅(Debugging)이라 합니다.

-base64

base64 라이브러리는 파이썬에서 base16, base32, base64, base85 데이터의 인코딩, 디코딩에 대한 기능을 제공합니다. 대표적인 base64는 이진 데이터를 문자코드에 영향받지 않는 ASCII 영역의 문자로 변경을 해주는 역할을 하는데 이 말이 무슨 말이냐 하면, 이진 데이터는 쉽게 파일에 저장되는 바이너리 형태의 데이터를 말합니다. 이 데이터를 만약 바이너리 형태가 아닌 텍스트 형태로 어딘가에 전송을 한다고 했을 때, 이진데이터에는 일반적인 텍스트 문자로 표현할 수 없는 문자가 있기에 이런 경우 base64로 인코딩을 하여 전송하고 받는 쪽에서는 base64로 넘어온 데이터를 다시 디코딩하여 처리할 수 있게 해줍니다.

-urllib

urllib 라이브러리는 파이썬에서 URL을 읽고 처리하기 위한 기능을 제공하는 라이브러리입니다. 물론 더 쉽고 쓰기 편하게 만들어진 여러 외부 라이브러리를 사용하기도 하지만 그래도 기본적으로 파이썬으로 크롤링을 공부하거나 하는 경우에 반드시 숙지해야 하는 라이브러리이기도 합니다. urllib 라이브러리는 하위에 request, response, parse, error 등의 여러 세부 모듈로 구성되어 있습니다.

-http

http 라이브러리는 client, server, cookies 등의 서브 모듈로 구성된 라이브러리입니다. 주로 urllib와 함께 사용됩니다.

-tkinter

파이썬에서 그래픽 사용자 인터페이스(Graphical User Interface)를 사용 가능하게 해주는 하나의 프레임 워크[4]입니다. 파이썬은 기본 환경은 명령줄 인터페이스, CLI(Command Line Interface)인데 파이썬을 우리가 흔히 아는 윈도우 형태의 GUI로 프로그램을 작성하기 위해선 반드시 이런 프레임워크를 사용해야 합니다. 물론 기본적으로 제공되는 tkinter 외에 pyside, pyqt 등의 여러 종류의 외부 라이브러리도 있습니다.

파이썬의 내장 라이브러리는 앞에서 열거한 종류 외에도 훨씬 더 많은 종류가 있습니다만 그 많은 종류의 라이브러리들을 따로 암기할 필요까지는 없습니다. 처음 공부를 하는 입장에선 어떤 라이브러리가 있는지, 각 라이브러리들에는 어떤 기능이 있는지 모르기 때문에 꼭 모두 알아야 할 것처럼 생각이 들 수 있지만 사용하다 보면 익숙해지는 게 있고 또 반대로 안쓰게 되는 라이브러리들도 생기기 마련입니다. 그렇기 때문에 중요한 점은 따로 공부를 하기보다는 여러 종류의 프로그램을 만들어보고 따라해보면서 익숙해지는 게 가장 중요합니다.

---

4   프레임워크는 어떤 특정 목적을 해결하기 위해 제공되는 하나의 구조적 개념입니다. 라이브러리처럼 제공되지만 하나의 기본 바탕, 골조를 제공한다고 볼 수 있습니다.

3-2. 외장 라이브러리

내장 라이브러리 혹은 표준 라이브러리는 파이썬 설치 시 파이썬에서 기본적으로 제공되는 라이브러리였다고 하면 외장 라이브러리는 전세계 개발자들이 특정 기능을 수행할 수 있게 만든 라이브러리를 말합니다. 다른 말로는 패키지라는 용어를 사용하기도 합니다. 라이브러리를 불러오는 방법은 내장 라이브러리나 외장 라이브러리나 차이가 없지만 따로 설치하지 않아도 사용할 수 있는 내장 라이브러리와는 다르게 외장 라이브러리는 내게 필요한 라이브러리를 직접 찾아 설치해서 사용해야 합니다.

3-2-1. 외장 라이브러리 설치방법

외장 라이브러리 설치 명령은 파이썬 설치 시에 기본적으로 제공되는 pip.exe 를 이용하여 설치할 수 있습니다. pip.exe 파일은 python이 설치된 폴더의 하위에 Scripts 폴더에 있습니다. 이 책의 1장에서 안내한대로 파이썬을 설치했다면 pip.exe 파일은 C:\Python310\Scripts\pip.exe 경로에 존재하게 되며, 파이썬 설치 시 Add to path 옵션을 체크했다면 별다른 설정없이 윈도우의 명령 프롬프트에서 다음과 같이 pip.exe 명령을 사용하여 외부 라이브러리를 설치할 수 있습니다.

```
pip install 라이브러리 명
```

그런데 문제는 파이썬을 처음 접하는 입장에서는 어떤 라이브리가 필요한지, 어떤 라이브러리를 설치해야 하는지를 알 수 없다는 점입니다. 또한 같은 기능의 라이브러리라고 해도 종류가 너무 많기 때문에 수많은 종류를 모두 알 수도 없고 누군가 이런 라이브러리에 대한 정보를 모두 정리해 놓은 곳이 있다면 참 좋겠지만 그런 곳도 없습니다. 그렇기 때문에 내가 어떤 프로그램을 만들고자 한다면 구글 검색을 통해 다른 사람이 작성한 코드를 찾아보고 어떤 라이브러리를 사용하는지 그리고 또 다른 사람들은 어떻게 작성하는지, 다양한 코드를 보는 습관을 들이는게 좋습니다.

pip 명령을 통해 설치되는 외장 라이브러리는 pypi.org 사이트를 통해 제공되는데 현재 날짜 기준으로 대략 40만 개 정도의 프로젝트가 있고 이 개수는 계속 증가하고 있습니다. 이런 라이브러리에 대한 사용방법이나 사용 예시만 해도 책 한 권 이상의 분량이 나올 수 있고 이 책의 범위를 벗어나는 내용이기 때문에 여기서는 대표적으로 어떤 라이브러리를 많이 사용되는지, 그리고 어떻게 설치하는지 정도만 간단하게 알아보고 넘어가도록 하겠습니다.

3-2-2. 대표적인 외장 라이브러리 종류

-requests

공개된 웹 상의 데이터를 수집하는 목적의 프로그램을 crawler(크롤러)라고 하는데 파이썬에서 이런 크롤러 프로그램을 만드는데 가장 많이 활용되는 라이브러리입니다. requests는 웹 서버에 접근하여 웹페이지에 대한 요청을 하고 요청한 페이지를 다운로드하는 역할을 합니다. 물론 파이썬이 기본적으로 제공하는

urllib 라이브러리를 사용할 수도 있지만 urllib에 비해 requests는 좀 더 편하고 다양한 기능을 제공합니다.

설치 방법

```
pip install requests
```

-beautifulsoup4

requests 라이브러리로 특정 웹 서버에 페이지를 요청해서 다운로드하였다면 그렇게 다운로드된 텍스트 데이터 혹은 바이너리 데이터의 구문을 분석하여 원하는 데이터를 추출하기 위해 html 혹은 xml 형식으로 변환하기 위해 사용되는 라이브러리입니다. 그렇기 때문에 일반적으로 beautifulsoup은 requests나 urllib와 같은 라이브러리와 함께 사용됩니다.

설치 방법

```
pip install beautifulsoup4
```

-matplotlib

matplotlib 라이브러리의 공식 사이트의 말을 빌리자면 Matplotlib는 파이썬에서 정적, 애니메이션 및 대화형 시각화를 만들기 위한 포괄적인 라이브러리라고 되어있습니다. 좀 더 쉬운 말로 해석해보자면 파이썬을 활용하여 데이터를 여러 종류의 그래프로 표현하기 위한 라이브러리로서 우리가 흔히 아는 일반적인 그래프, 막대그래프, 꺾은선 그래프 등 대부분의 그래프 종류를 지원합니다.

설치 방법

```
pip install matplotlib
```

-seaborn

seaborn 라이브러리는 Matplotlib를 기반으로 다양한 색상 테마와 통계용 차트 등의 기능을 추가한 시각화 라이브러리입니다. Matplotlib 라이브러리를 기반으로 하고 있기 때문에 기본적인 시각화 기능은 Matplotlib 라이브러리에 의존하고 있으며 통계 기능은 statsmodels 라이브러리를 사용하고 있습니다.

설치 방법

```
pip install seaborn
```

-openpyxl

openpyxl 라이브러리는 파이썬에서 마이크로소프트사의 엑셀 2010 xlsx, xlsm, xltx, xltm 파일을 읽고 쓸 수 있게 해주는 라이브러리입니다. 사무자동화나 데이터를 엑셀에서 불러오고 기록해야 하는 경우 주로 사용됩니다. openpyxl은 오픈소스 프로젝트로 운영되기 때문에 지속적인 업데이트가 이뤄지고 있고, 누구나 프로젝트에 참여할 수 있습니다.

설치 방법

```
pip install openpyxl
```

-docx

python-docx 라이브러리는 파이썬에서 마이크로소프트사의 워드(.docx) 파일을 읽고 쓰기위한 라이브러리입니다. openpyxl과 마찬가지로 이런 라이브러리는 활용만 잘하면 생각보다 많은 여러 가지 업무를 자동화할 수 있는 장점이 있습니다.

설치 방법

```
pip install python-docx
```

-pyqt

파이썬으로 우리가 흔히아는 윈도우 형태의 프로그램을 작성할 수 있게 해주는 대표적인 라이브러리입니다. pyqt는 여러 가지 버전이 있는데 현재 6버전까지 출시가 된 상태입니다. pyqt는 여러 버전이 존재하기 때문에 각 버전마다 약간씩 다른 점이 있으니 공부할 때 주의해야 합니다. 또한 설치하고 불러오기 할 때도 정확하게 어떤 버전을 사용할지를 결정해야 합니다.

설치 방법

```
pip install pyqt6
```

-pyside

pyside는 pyqt와 동일한 qt 엔진을 사용하는 GUI(그래픽 유저 인터페이스) 프레임워크입니다. pyqt는 GPL 라이선스를 사용하고 pyside는 LGPL 라이선스를 사용합니다. 둘 다 오픈소스 프로그램을 위한 라이선스인데 상업적 개발인 경우 LGPL 라이선스가 조금 더 유리하다는 정도로만 이해하고 넘어가도록 하겠습니다. 어쨌든 pyqt와 99% 동일한 문법을 사용하기 때문에 pyqt나 pyside 둘 중 한가지만 공부하면 둘 다 사용이 가능합니다.

설치 방법

```
pip install pyside6
```

-opencv

인텔이 개발하여 배포하기 시작한 opencv는 실시간 컴퓨터 비전 프로그래밍[5] 라이브러리입니다. 영상 관련 라이브러리로 거의 표준적인 위치를 확보하고 있으며 영상 프로그래밍이나 머신러닝을 공부하려면 반드시 숙지하고 있어야 하는 라이브러리이기도 합니다.

설치 방법

```
pip install opencv-python
```

-pillow

opencv가 영상 처리에 관한 라이브러리였다면 pillow는 이미지 처리와 그래픽 기능을 제공하는 라이브러리입니다. pillow는 PIL이라는 이름으로 많이 사용되는데 PIL은 Python Imaging Library의 약자이기도 합니다. 영상 처리나 이미지 처리 프로그램에 관심이 많은 분들은 opencv와 pillow는 꼭 익혀야 하는 분야입니다.

설치 방법

```
pip install pillow
```

-numpy

numpy 라이브러리는 행렬, 다차원배열, 벡터 등과 같은 대규모 데이터를 쉽고 빠르게 처리할 수 있게 해주는 라이브러리입니다. 기본적으로 opencv의 이미지 데이터는 내부적으로 numpy 배열로 처리되며 만약 머신러닝이나 통계학, 수학 등의 수치연산이 많은 분야를 공부하려면 반드시 숙지해야 하는 라이브러리입니다.

설치 방법

```
pip install numpy
```

-pandas

pandas 라이브러리는 데이터 조작이나 분석을 위한 라이브러리로 방대한 양의 데이터를 보다 빠르고 쉽게 구조화하거나 연산할 때 주로 사용됩니다. 그러므로 머신 러닝, 빅 데이터 분석같은 분야에서 필수적으로 익혀야 하는 라이브러리입니다.

---

5   Vision Program은 번호판 인식, 명함 인식, 그래픽 연산 등과 같이 영상처리를 기반으로 하는 프로그램을 말합니다.

설치 방법

```
pip install pandas
```

-flask

flask는 파이썬으로 웹, API 서버 등을 개발할 때 사용되는 프레임워크입니다. 파이썬으로 웹개발을 하거나 API 서버 혹은 서비스를 개발하고자 할 때 주로 사용됩니다. 파이썬 웹 프레임워크에는 flask 외에도 Django, Pyramid, CherryPy, Tornado 같은 라이브러리도 있습니다.

설치 방법

```
pip install flask
```

-pygame

파이썬에서 게임을 쉽고 빠르게 만들 수 있게 해주는 게임 개발 라이브러리입니다. 게임 개발에 필요한 이미지, 영상, 오디오 등을 쉽고 빠르게 표현할 수 있게 해주며 부분 기능만 사용도 가능하기 때문에 폭넓게 활용되는 라이브러리 중 하나입니다.

설치 방법

```
pip install pygame
```

-그 외의 많은 라이브러리

파이썬에는 그 외에도 tensorflow, keras, pytorch와 같은 수많은 머신러닝 라이브러리처럼 정말 많은 라이브러리가 존재합니다. 일반적으로 실제 실무 개발자들도 모르는 라이브러리가 90%는 될 것이라고 생각합니다. 물론 모든 라이브러리를 다 알 수도 없고 알 필요도 없지만 아이러니하게도 파이썬 프로그래밍의 핵심은 얼마나 라이브러리를 잘 활용할 수 있는지에 따라 실력이 결정된다고 볼 수도 있습니다. 그렇기 때문에 파이썬 기초에 어느정도 적응을 하고 이해했다면 꼭 다양한 라이브러리를 한번 사용해보면서 어떻게 파이썬으로 프로그램을 작성하는지도 많이 연습해 보시기 바랍니다.

memo

PART 10

파일
입출력

이 장의 내용

10 파일 입출력

지금까지 우리는 파이썬이 기본적으로 제공하는 입력 함수인 input( )을 사용하여 표준 입력 장치인 키보드를 통해 사용자에게 어떤 데이터를 입력 받았고, 어떤 결과를 표준 출력 장치인 모니터에 출력하기 위해 print( ) 함수를 사용하였습니다. 이번 장에서는 이런 표준 입출력 장치가 아닌 파일을 통해 입력을 받고 출력을 하는 방법에 대해 알아보도록 하겠습니다.

1. open( )

파일에 어떤 내용을 쓰거나 읽어오기 위해서는 가장 먼저 해야 할 작업은 파일을 여는 작업입니다. 여기서 "연다"는 의미는 파일을 불러온다는 개념이 아니라 파일에 접근하여 파일과 소통할 수 있는 객체를 생성한다는 개념으로 이해해야 합니다. 그렇기 때문에 파일에 어떤 내용을 기록하든지 아니면 반대로 파일에서 내용을 읽어오든지 간에 어쨌든 가장 먼저 파일을 열어 파일 객체를 생성하는 작업부터 시작을 해야 합니다.

파이썬에서 파일을 여는 방법은 open( ) 함수를 사용해서 열 수 있는데 어떻게 사용되는지 먼저 알아보도록 하겠습니다.

$$file = open(파일 경로, mode='r')$$

〈그림 1-1〉 open( ) 함수의 사용 방법

파일을 열기 위해서는 파이썬의 open( ) 함수를 사용해야 합니다. 그렇게 파일 열기에 성공하면 open( ) 함수는 〈그림 1-1〉에서처럼 file 객체를 반환해주고 우리는 모든 작업을 이 file 객체를 통해서 처리하게 됩니다.

open( ) 함수는 첫 번째 인자에 열고자 하는 파일의 경로를 문자열 형태로 넘겨주고 두 번째 인자에 해당 파일을 어떤 모드로 열지를 결정할 mode 문자열을 넘겨줘야 합니다. mode 문자열을 어떻게 설정하느냐에 따라 파일을 읽기 모드로 열지, 쓰기 모드로 열지 등을 결정짓게 됩니다. 그럼 이런 mode 문자열에는 어떤 내용들이 있는지 먼저 전체적으로 확인을 하고 넘어가도록 하겠습니다.

모드	설명
'r'	**open( ) 함수의 기본 값으로 파일을 읽기 전용으로 엽니다.**
'w'	파일을 쓰기 전용 모드로 엽니다. 파일 명에 해당하는 파일이 존재하지 않는다면 새로운 파일이 생성되고 만약 동일한 파일 명이 존재한다면 기존의 파일의 내용은 모두 삭제된 채로 열리니 주의해야 합니다.
'a'	파일을 추가 전용 모드로 엽니다. 파일의 끝에 데이터를 추가할 수 있습니다.
't'	**open( ) 함수의 기본값으로 파일을 텍스트 파일로 처리합니다.**
'b'	파일의 데이터를 바이너리 형태로 처리합니다.
'x'	이미 존재하는 파일을 열기 시도할 경우 오류를 발생시킵니다.
'+'	파일을 읽고, 쓸 수 있게 엽니다.

〈표 1-1〉 open( ) 함수의 mode 문자열 값에 따른 동작 방식

〈표 1-1〉은 open( ) 함수를 사용하여 파일을 열 때, 어떤 모드로 동작하게 할지를 결정 지을 수 있는 mode 값에 대한 내용입니다. open( ) 함수는 위의 모드에서 "r"과 "t" 모드가 기본값으로 설정되어있기 때문에 모드 값을 생략한 채로 파일을 열면 "텍스트 파일(t)을 읽기 전용(r)"으로 파일을 열게 됩니다.

2. 파일 생성하기

그럼 가장 먼저 현재 경로에 파일을 생성하고 생성한 파일에 데이터를 작성하는 방법을 한번 알아보도록 하겠습니다. 일단 비주얼 스튜디오 코드에서 10 폴더를 생성하고 02-newfile.py 파일을 만들어 다음의 코드를 작성해보도록 하겠습니다.

```
01 file = open("test _ file.txt", "w")
02 file.write("안녕하세요")
03 file.close( )
```

〈코드 2-1〉

01 open( ) 함수를 사용하여 test_file.txt 파일을 "w" 모드로 열기 합니다. open( ) 함수는 "test_file.txt" 파일에 데이터를 쓸 수 있는 파일 객체를 반환하는데 이를 file 변수에 저장합니다. "w" 모드는 파일이 존재하지 않으면 새로운 파일을 생성하고 만약 파일이 존재한다면 기존의 파일을 초기화해서 열기 때문에 사용에 주의해야 합니다.

02 file 객체가 제공하는 write( ) 함수를 통해 파일에 텍스트를 기록합니다.

03 file 객체는 모두 사용 후에 반드시 close( ) 함수를 통해 객체를 종료해야 합니다. close( ) 함수를 호출

하지 않고 파일이 열린 상태로 프로그램이 종료되면 때에 따라 해당 파일에 접근을 하지 못하는 상황이 발생할 수 있습니다.

〈코드 2-1〉은 파이썬의 open( ) 함수를 사용하여 파일 객체를 생성하고 이를 통해 파일에 임의의 문자열을 기록하는 아주 간단한 내용입니다. 파일은 이와 같이 open( ) 함수에 의해 생성되는 객체를 통해 모든 작업이 이뤄지며 open( ) 함수를 통해 연 파일 객체를 모두 사용했다면 반드시 close( ) 함수로 닫아줘야 한다는 점도 반드시 기억해야할 내용입니다.

02-newfile.py 파일을 실행하여 실제 파일이 생성되는지 먼저 확인을 해보도록 하겠습니다.

〈그림 2-1〉 02-newfile.py 파일 실행 결과

파일을 실행해보면 〈그림 2-1〉에서처럼 특별한 내용없이 그냥 실행이 완료되는 모습을 확인할 수 있습니다.

이렇게 생성된 test_file.txt은 C:\PythonStudy\test_file.txt에 생성이 되었을 것입니다. 이는 우리가 open( ) 함수를 사용해서 파일을 생성할 때 파일의 전체 경로를 설정하지 않고 단지 test_file.txt라는 파일 명만 넘겨주었기 때문에 실제 파일이 생성되는 위치는 현재 작업 경로상에서 생성됩니다.

〈그림 2-2〉 현재 작업 경로

현재 작업 경로는 〈그림 2-2〉을 보면 python.exe 가 실행되는 현재 프롬프트상의 경로를 말하는데 open( ) 함수에 파일의 전체 경로를 설정하지 않으면 현재 경로에 파일을 생성한다는 점을 기억해야 합니다. 그러면 이제 파이썬 코드에 의해 생성된 "test_file.txt"을 비주얼 스튜디오 코드에서 한번 열어보도록 하겠습니다.

〈그림 2-3〉 test_file.txt 열기

생성된 test_file.txt 파일을 비주얼 스튜디오 코드에서 열어보면 〈그림 2-3〉에서 보는 것과 같이 우리가 저장한 "안녕하세요"라는 글자가 알 수 없는 문자로 깨져서 보이는 것을 확인할 수 있습니다. 이를 이해하기 위해서는 컴퓨터의 문자 셋과 인코딩에 대해서 알아야 합니다.

2-1. 유니코드

test_file.txt 파일을 비주얼 스튜디오 코드가 아닌 한글 윈도우의 기본 메모장을 통해 열어보면 아무 문제 없이 "안녕하세요"가 출력됩니다. 그럼 메모장에서는 문제가 없는데 왜 비주얼 스튜디오 코드에서는 한글이 깨져서 보이는 걸까요?

한국 사람은 한글이라는 문자 체계를 사용하고 미국 사람은 영어라는 문자 체계를 사용합니다. 그럼 컴퓨터는 어떤 문자 체계를 사용해야 할까요?

이렇게 컴퓨터상에서 어떤 문자를 표현하기 위한 방식은 컴퓨터가 개발된 시점부터 지금까지 발전해온 영역 중 한 부분입니다. 컴퓨터는 아스키(ASCII)라는 문자 체계를 기본으로 사용하는데 ASCII 문자는 영어, 숫자, 특수문자, 기호 등 총 128개의 문자만 표현이 가능하다는 한계점이 있습니다. 그렇기 때문에 ASCII로 표현하지 못하는 다른 여러 가지 문자들을 위해 오랜 기간 연구 개발을 해왔으며 그로 인해 수많은 문자 세트가 있지만 현재는 유니코드라는 통합 문자 세트를 기본적으로 사용하고 있는 추세입니다.

U+	0	1	2	3	4	5	6	7	8	9	A	B	C	D	E	F
AC00	가	각	갂	갃	간	갅	갆	갇	갈	갉	갊	갋	갌	갍	갎	갏
AC10	감	갑	값	갓	갔	강	갖	갗	갘	같	갚	갛	개	객	갞	갟
AC20	갠	갡	갢	갣	갤	갥	갦	갧	갨	갩	갪	갫	갬	갭	갮	갯
AC30	갰	갱	갲	갳	갴	갵	갶	갷	갸	갹	갺	갻	갼	갽	갾	갿
AC40	걀	걁	걂	걃	걄	걅	걆	걇	걈	걉	걊	걋	걌	걍	걎	걏
AC50	걐	걑	걒	걓	걔	걕	걖	걗	걘	걙	걚	걛	걜	걝	걞	걟
AC60	걠	걡	걢	걣	걤	걥	걦	걧	걨	걩	걪	걫	걬	걭	걮	걯
AC70	거	걱	걲	걳	건	걵	걶	걷	걸	걹	걺	걻	걼	걽	걾	걿
AC80	검	겁	겂	것	겄	겅	겆	겇	겈	겉	겊	겋	게	겍	겎	겏
AC90	겐	겑	겒	겓	겔	겕	겖	겗	겘	겙	겚	겛	겜	겝	겞	겟
ACA0	겠	겡	겢	겣	겤	겥	겦	겧	겨	격	겪	겫	견	겭	겮	겯
ACB0	결	겱	겲	겳	겴	겵	겶	겷	겸	겹	겺	겻	겼	경	겾	겿
ACC0	곀	곁	곂	곃	계	곅	곆	곇	곈	곉	곊	곋	곌	곍	곎	곏
ACD0	곐	곑	곒	곓	곔	곕	곖	곗	곘	곙	곚	곛	곜	곝	곞	곟
ACE0	고	곡	곢	곣	곤	곥	곦	곧	골	곩	곪	곫	곬	곭	곮	곯
ACF0	곰	곱	곲	곳	곴	공	곶	곷	곸	곹	곺	곻	과	곽	곾	곿

〈그림 2-1-1〉 유니코드 통합 문자 세트(출처 : 위키백과)

한글은 유니코드 표상 U+AC00 위치에서부터 시작하여 총 11,172글자가 배치되어 있습니다.

2-2. 인코딩

이렇게 어떤 문자 세트를 저장하는 방식을 인코딩이라고 하며 반대로 인코딩된 데이터를 다시 원래 문자 세트로 변환하는 과정을 디코딩이라고 합니다.

유니코드 데이터를 인코딩하는 방식은 Unicode Transformation Format이라고 하는데 앞 글자만 따서 UTF라고 부릅니다. 여기서 8비트로 처리하느냐, 16비트로 처리하느냐에 따라 UTF-8, UTF-16으로 나뉘는데 보편적으로는 UTF-8을 많이 사용합니다.

결론적으로 〈그림 2-3〉에서 한글이 깨진 이유는 "안녕하세요"라는 문자열 데이터를 저장할 때 우리는 따로 인코딩을 설정하지 않았기 때문입니다. 그래서 파이썬은 현재 운영체제의 문자코드 세트로 저장을 시도했고 그렇게 저장된 파일을 비주얼 스튜디오 코드로 열었을 때 비주얼 스튜디오 코드는 기본적으로 모든 문자를 유니코드로 표현하기 때문에 한글이 깨져서 보이게 됩니다.

그래서 비주얼 스튜디오 코드에서도 "안녕하세요"를 문제없이 출력하기 위해선 test_file.txt에 한글을 저장할 때 UTF-8 인코딩 방식으로 파일을 저장하면 됩니다. 그러면 02-newfile.py 파일에 다음 코드를 추가해서 차이를 비교해보도록 하겠습니다.

```
... 생략 ...
05 file2 = open("test _ file2.txt", "w", encoding="utf-8")
06 file2.write("안녕하세요")
07 file2.close( )
```

〈코드 2-2-2〉

05 open( ) 함수로 파일을 열 때 encoding 매개변수에 "utf−8" 값을 설정하여 인코딩 방식을 지정합니다.

06 기존의 코드와 똑같이 한글 "안녕하세요"를 기록합니다.

07 파일 객체를 닫습니다.

02-newfile에 〈코드 2-2-2〉의 내용을 추가하여 파일을 저장 후 다시 실행하고 새롭게 생성된 test_file2. txt를 비주얼 스튜디오 코드에서 열어보도록 하겠습니다.

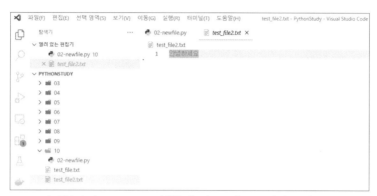

〈그림 2-2-1〉 test_file2.txt 파일을 비주얼 스튜디오 코드에서 불러온 모습

그러면 이전에 생성된 test_file.txt와는 다르게 한글로 저장된 "안녕하세요"라는 텍스트 데이터가 문제없이 출력되는 것을 확인할 수 있습니다.

참고로 이 유니코드와 인코딩에 대한 내용은 꼭 파이썬에 국한되는 것은 아닙니다. 이는 문자를 디지털 코드로 변경하는 모든 영역에 포함되는 이야기입니다. 예를 들어 우리가 만약 미국에 있는 영문 컴퓨터에서 네이버를 접속해도 아무 문제없이 볼 수 있는 것도 이 유니코드를 UTF-8로 인코딩한 데이터를 사용했기 때문입니다. 그렇기 때문에 유니코드 문자와 인코딩 방식 등에 대한 내용은 한번쯤 관심을 두고 공부를 좀 더 해보는 것을 추천합니다.

3. 파일 불러오기

이제는 이렇게 저장된 파일에서 내용을 불러오는 방법에 대해서 알아보도록 하겠습니다. 파일에서 데이터를 읽기 위해서는 먼저 open( ) 함수에 mode 값을 "r"로 설정하여 열어야 합니다. 03-readfile.py 파일을 생성하고 다음 코드를 작성해보도록 하겠습니다.

```
01 file = open("test_file.txt", "r")
02 data = file.read( )
03 file.close( )
04 print(data)
```

<코드 3-1>

01 test_file.txt를 "r" 모드로 열기 합니다. "r" 모드는 〈표 1-1〉에 보면 read(읽기) 속성으로 파일 객체를 생성한다는 이야기입니다.

02 파일 객체의 read( ) 메서드를 사용하여 파일의 내용을 읽고 이를 data 변수에 저장합니다.

03 열린 파일 객체를 닫습니다.

04 data에 저장된 파일 내용을 화면에 출력합니다.

〈코드 3-1〉의 내용을 보면 파일을 불러오는 방법 역시 복잡할 것은 없습니다. 단지 open( ) 함수의 mode 값을 "r"로 주었고 파일 데이터를 읽기 위해 read( ) 함수를 사용한 것이 전부입니다. 일단 파일을 저장하고 실행하여 결과가 어떻게 출력되는지 확인해보도록 하겠습니다.

〈그림 3-1〉 03-readfile.py 파일 실행 결과

비주얼 스튜디오 코드에서 03-readfile.py를 실행해보면 〈그림 3-1〉에서처럼 test_file.txt의 내용인 "안녕하세요"가 화면에 출력되는 것을 확인할 수 있습니다.

3-1. 디코딩

앞의 내용에서 좀 이상한 점을 눈치 채신 분이 계실지 모르겠습니다. 분명 test_file.txt를 비주얼 스튜디오 코드에서 열었을 때는 글자가 깨져서 보였는데 파이썬 코드로 읽어온 파일의 내용을 출력했을 때는 아무런 문제가 없다는 사실입니다. 물론 이는 생각해보면 당연한 결과일 수 있습니다.

우리가 최초 〈코드 2-1〉에서 test_file.txt를 저장할 때 인코딩 방식을 지정하지 않아서 파이썬은 운영체제의 문자 세트로 저장을 했고 〈코드 3-1〉에서도 따로 인코딩 방식을 지정하지 않은 채로 파일을 열고 데이터를 읽었기 때문에 이는 서로 문제가 없는 상황이 되는 것입니다. 그럼 UTF-8로 인코딩을 설정해서 두 번째로 저장한 test_file2.txt를 불러오면 어떻게 될까요? 〈코드 3-1〉에 추가하여 다음 코드를 작성해보도록 하겠습니다.

```
06 file2 = open("test _ file2.txt", "r")
07 data2 = file2.read( )
08 file2.close( )
09 print(data2)
```

〈코드 3-1-1〉

06 open( ) 함수의 mode 값을 "r"로 설정해 파일을 읽기 모드로 엽니다. 이렇게 생성된 파일 객체 file2를 통해 파일 내용을 읽어 올 수 있습니다.

07 파일 객체의 read( ) 메서드를 사용해 파일의 내용을 읽어 data2 변수에 저장합니다.

08 열려있는 file2 객체를 닫습니다.

09 data2에 저장된 파일 내용을 화면에 출력합니다.

일단 다른 설명없이 〈코드 3-2〉가 추가된 03-readfile.py 파일을 실행해보도록 하겠습니다.

〈그림 3-1-1〉 03-readfile.py 파일 실행 결과

파일을 실행해보면 〈그림 3-1-1〉과 같이 첫 번째 파일인 test_file.txt는 문제없이 출력되었는데 반해, test_file2.txt는 UnicodeDecodeError라는 오류가 발생한 것을 확인할 수 있습니다. 이는 두 번째 파일인 test_file2.txt는 〈코드 2-2-2〉에서 파일을 저장할 때 인코딩 설정을 "utf-8"로 하였는데 〈코드 3-1-1〉에서 인코딩을 명시하지 않고 그냥 기본값 상태로 읽기를 시도해서 발생한 문제입니다. 그래서 UTF-8로 인코딩된 파일을 한글 윈도우의 기본 인코딩 방식인 cp949로 디코딩을 시도했고 서로 인코딩 방식이 달라서 이를 해석할 수 없어 생긴 오류입니다.

이런 문제는 파이썬을 통해 파일에 무언가를 기록하고 불러오기를 할 때 생각보다 자주 발생하는 문제이니 어느정도 이해를 하고 넘어가시는 게 좋습니다.

어쨌든 오류가 발생하는 〈코드 3-1-1〉을 문제없이 동작하게 하려면 다음과 같이 인코딩 방식을 지정해주어 수정할 수 있습니다.

```
... 생략 ...
06 file2 = open("test_file2.txt", "r", encoding="utf-8")
07 data2 = file2.read( )
08 file2.close( )
09 print(data2)
```

〈코드 3-1-2〉

06 파일을 open( )할 때 인코딩 방식을 지정해 줍니다.

수정된 〈코드 3-1-2〉를 적용해서 결과를 확인해보도록 하겠습니다.

〈그림 3-1-2〉 수정된 03-readfile.py 파일 실행 결과

이제 〈그림 3-1-2〉에서처럼 아무 문제없이 코드가 실행되고 결과가 정상적으로 출력되는 것을 확인할 수 있습니다.

3-2. 파일 줄 단위 읽기

지금까지는 단순하게 한 줄의 데이터가 있는 텍스트 파일을 테스트하였습니다. 그러나 실전에서는 텍스트 파일의 내용이 한 줄만 있는 경우보다는 여러 줄로 이루어진 텍스트 파일을 읽어야 할 때가 더 많습니다. 그러면 이번에는 파일에 텍스트의 양이 많은 경우 이를 어떻게 읽어올지에 대해서 한번 알아보도록 하겠습니다.

일단 샘플로 사용할 텍스트 파일을 준비합니다. 여기서는 책에서 의도된 내용이 있기 때문에 꼭 윈도우 운영체제가 제공하는 기본 메모장을 통해 다음 그림처럼 애국가의 내용을 저장해서 사용해보도록 하겠습니다.

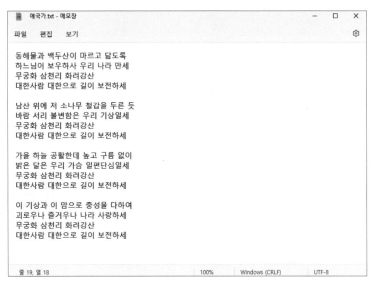

〈그림 3-2-1〉 애국가.txt 파일

〈그림 3-2-1〉과 같이 애국가.txt를 준비합니다.

샘플 파일은 아무렇게 작성해도 상관없습니다. 단, 어디에 저장했는지 파일의 경로를 기억하고 계셔야 합니다. 여기서는 애국가.txt 파일을 test_file.txt와 동일한 위치에 저장하도록 하겠습니다.

〈그림 3-2-2〉 애국가.txt 저장 경로 및 인코딩 방식 지정

또한 주의해야 할 점은 윈도우 메모장을 통해 텍스트 파일을 저장할 때 텍스트 파일의 인코딩 형식이 UTF-8로 되어있는지를 반드시 확인해야 합니다.

비주얼 스튜디오 코드에서 03-2-multiline.py 파일을 생성하고 다음의 코드를 작성하여 메모장의 내용을 파이썬 코드를 통해 읽어 출력해보도록 하겠습니다.

```
01 file = open("c:/PythonStudy/애국가.txt", "r", encoding="utf-8")
02 lines = file.readlines( )
03 file.close( )
04 print(lines)
```

〈코드 3-2-1〉

01 open( ) 함수를 사용해 애국가.txt 파일을 불러옵니다. open( ) 함수의 파일 경로에는 전체 경로를 넘겨줄 수 있습니다. 또한 애국가.txt 파일은 UTF-8 인코딩 방식으로 저장했기 때문에 불러오기를 할 때도 UTF-8을 명시해야 합니다.

02 열린 파일 객체의 readlines( ) 메서드를 통해 파일의 전체 내용을 리스트로 반환받아 lines 변수에 저장합니다.

03 파일 객체를 닫습니다.

04 파일의 내용을 화면에 출력합니다.

〈코드 3-2-1〉의 **01**행에서 open( ) 함수의 파일경로는 ₩(역슬래시)대신 /(슬래시)로 표현이 가능한데 만약 역슬래시를 사용한다면 C:\\PythonStudy\\애국가.txt처럼 이스케이프 문자를 감안해서 사용해야 합니다.

텍스트 파일이 여러 줄로 작성된 경우도 사실 〈코드 3-1-2〉에서처럼 read( ) 메서드를 사용해서 읽어 올 수도 있지만 〈코드 3-2-1〉에서처럼 readlines( ) 함수를 사용하면 파일의 내용을 줄 단위로 구분하여 불러올 수도 있습니다.

03-2-multiline.py 파일 저장 후 실행하여 결과를 확인해보도록 하겠습니다.

```
터미널   AZURE   JUPYTER   SQL CONSOLE   문제   출력   디버그 콘솔                  + ∨  ▣ Python  Ⅲ  🗑  ∧ ✕
Microsoft Windows [Version 10.0.22000.1098]
(c) Microsoft Corporation. All rights reserved.

C:\PythonStudy>C:/Python310/python.exe c:/PythonStudy/10/03-2-multiline.py
['동해물과 백두산이 마르고 닳도록₩n', '하느님이 보우하사 우리 나라 만세₩n', '무궁
화 삼천리 화려강산₩n', '대한사람 대한으로 길이 보전하세₩n', '₩n', '남산 위에 저
소나무 철갑을 두른 듯₩n', '바람 서리 불변함은 우리 기상일세₩n', '무궁화 삼천리 화
려강산₩n', '대한사람 대한으로 길이 보전하세₩n', '₩n', '가을 하늘 공활한데 높고 구
름 없이₩n', '밝은 달은 우리 가슴 일편단심일세₩n', '무궁화 삼천리 화려강산₩n', '대
한사람 대한으로 길이 보전하세₩n', '₩n', '이 기상과 이 맘으로 충성을 다하여₩n', '
괴로우나 즐거우나 나라 사랑하세₩n', '무궁화 삼천리 화려강산₩n', '대한사람 대한으
로 길이 보전하세']
```

〈그림 3-2-3〉 03-2-multiline.py 파일 실행 결과

파일을 실행해보면 〈그림 3-2-3〉에서처럼 각 줄에 해당하는 구간을 자동으로 잘려서 리스트의 요소로 저장된 것을 확인할 수 있습니다. 그런데 만약 텍스트 파일의 내용이 정말 많은 경우 파일 전체 내용을 컴퓨터 메모리에 담아야 하므로 이렇게 파일을 읽어오는 방법은 그리 좋은 방법은 아닙니다.

3-3. 파일 객체의 iterable 속성

〈코드 3-2-1〉에서처럼 파일 객체의 readlines( ) 함수를 사용하거나 혹은 read( ) 함수를 사용하면 파일의 내용 전체를 읽어오게 됩니다. 물론 파일의 용량이 적을 때는 아무 문제가 없지만 만약 파일의 용량이 큰 경우에는 그 모든 내용을 저장하기 위해서 컴퓨터는 메모리를 그만큼 사용해야 하는 문제가 생깁니다.

그렇기 때문에 용량이 큰 파일을 읽어올 때는 메모리 사용량을 염두하여 파일의 내용을 한 줄씩 읽어오는게 좋습니다. 03-3-fileline.py 파일을 만들고 다음 코드를 작성해보도록 하겠습니다.

```
01   file = open("애국가.txt", "r", encoding="utf-8")
02   for line in file:
03       print(line)
04   file.close( )
```

〈코드 3-3-1〉

01 open( ) 함수를 사용하여 애국가.txt 파일을 "r" 모드로 엽니다. 인코딩 방식은 "utf-8"로 설정합니다.

02 파일 객체는 기본적으로 iterable한 속성을 지니고 있으므로 for문을 사용해 반복할 수 있습니다. 이렇게 처리되면 파일 객체는 파일의 전체 내용을 한번에 불러오지 않고 for문에 의해 반복되는 부분만을 읽어서 반환해주게 됩니다.

03 for문의 의해 반복 중인 line 변수에 해당하는 파일의 한 줄을 화면에 출력합니다.

04 사용한 파일 객체는 반드시 close( ) 함수를 사용하여 닫아 줍니다.

파일 객체는 list, str, tuple 등과 같이 요소를 순차적으로 반환할 수 있는 iterable한 속성을 가졌습니다. 그래서 〈코드 3-3-1〉에서처럼 for문을 사용하여 반복하면 파일의 전체 내용을 한 번에 읽어오지 않고 필요한 만큼 반복을 할 수 있습니다.

03-3-fileline.py 파일을 저장하고 실행하여 결과를 확인해보도록 하겠습니다.

〈그림 3-3-1〉 03-3-fileline.py 파일 실행 결과

파일을 실행해보면 〈그림 3-3-1〉에서처럼 파일의 내용이 한 줄씩 출력되는 것을 확인할 수 있습니다. 파일을 읽어오는 방식은 여러 가지 방법이 있고 각각의 방법은 장단점이 있으니 상황에 맞게 적절한 방법을 선택해서 처리하면 됩니다.

3-4. 파일 포인터

파일을 사용하다 보면 자주 실수를 하게 되는 부분이 파일 포인터에 대한 개념을 이해하지 못해서 생기는 문제입니다. 파일 객체에는 내부적으로 파일 포인터라는 개념이 있는데 파일의 내용을 줄 단위로 한 줄씩 읽어올 때는 문제가 없지만 가끔 파일의 일부만을 읽어올 때, 이 파일 포인터에 대한 개념이 없으면 오류를 만들어낼 수 있습니다.

파일 포인터에 대한 이해를 돕기 위해 비주얼 스튜디오 코드에서 03-4-filepointer.py 파일을 생성하고 다음의 코드를 작성해보도록 하겠습니다.

```
01 file = open("test _ file2.txt", "r", encoding="utf-8")
02 a = file.read(2)
03 b = file.read(2)
04 file.close( )
05 print(a, b)
```

〈코드 3-4-1〉

01 〈코드 2-2-2〉에서 utf-8로 저장된 test_file2.txt 파일을 읽기 모드로 엽니다.

02 파일 객체의 read( ) 함수를 통해 두 글자를 읽어 변수 a에 저장합니다.

03 파일 객체의 read( ) 함수를 통해 두 글자를 읽어 변수 b에 저장합니다.

04 열린 파일 객체를 닫습니다.

05 변수 a와 변수 b에 저장된 내용을 화면에 출력합니다.

〈코드 3-4-1〉을 보면 파일 객체의 read( ) 함수를 사용하였는데 파일 전체의 내용을 읽지 않고 소괄호 안에 정수형 값을 넘겨주면서 읽게 했습니다. 여기서 정수의 값은 텍스트 파일일 때와 바이너리 파일인 경우, 다른 의미로 동작하는데 텍스트 파일인 경우에는 글자 수를 의미하고 바이너리 파일 경우에는 바이트 수를 의미하게 됩니다.

그럼 〈코드 3-4-1〉의 **02**행과 **03**행의 a, b 변수에는 각각 어떤 값이 저장될까요? 03-4-filepointer.py 파일을 실행하여 결과를 확인해보도록 하겠습니다.

〈그림 3-4-1〉 03-4-filepointer.py 파일 실행 결과

실행 결과를 보면 〈그림 3-4-1〉에서처럼 "안녕"과 "하세"라는 글자가 출력되는 것을 확인 할 수 있습니다. 그럼 read(2) 함수를 연속 두 번 실행한 결과를 어떻게 이해하고 있어야 하는지 다음 그림을 보고 알아보도록 하겠습니다.

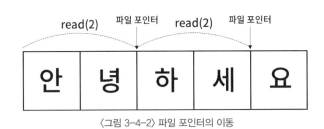

〈그림 3-4-2〉 파일 포인터의 이동

〈그림 3-4-2〉를 보면 최초 파일이 열린 상태에서 read(2) 함수를 실행하면 두 글자를 읽고 그 상태의 파일 포인터의 위치를 확인할 수 있습니다. 그리고 다시 read(2) 함수를 실행하면 현재 파일 포인터의 위치에서부터 파일의 내용을 읽어 오게 됩니다.

파일 포인터를 임의의 위치로 이동시키는 데는 seek( ) 함수를 사용하는데 함수의 인자 값으로 파일 포인터의 위치를 넘겨줄 수 있습니다. 03-4-filepointer.py 파일에 다음의 내용을 추가하여 어떻게 변화가 생기는지 확인해보겠습니다.

```python
01 file = open("test _ file2.txt", "r", encoding="utf-8")
02 a = file.read(2)
03 file.seek(0)
04 b = file.read(2)
05 file.close( )
06 print(a, b)
```

〈코드 3-4-2〉

03 이전 〈코드 3-4-1〉의 read( ) 함수 사이에 seek( ) 함수를 사용하여 파일 포인터를 0의 위치로 이동시켰습니다.

〈코드 3-4-2〉는 기존 〈코드 3-4-1〉에 **03**행에 파일 포인터를 0의 위치로 이동시키는 내용이 추가된 코드입니다. 03-4-filepointer.py를 수정, 저장하고 실행하여 결과를 확인해보도록 하겠습니다.

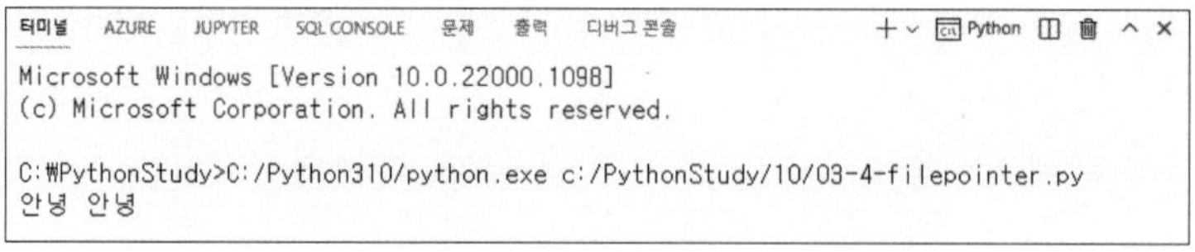

〈그림 3-4-3〉 수정된 03-4-filepointer.py 파일 실행 결과

파일 실행 결과를 보면 〈그림 3-4-3〉에서처럼 read(2) 함수에 의해 변수 a에는 "안녕"이 저장되었고 seek(0) 함수에 의해 파일 포인터가 0의 위치로 이동한 후 다시 read(2) 함수를 실행하니 변수 b에도 "안녕"이 저장되어 출력되는 것을 확인할 수 있습니다.

여기서 seek( ) 함수의 인자 값으로 사용되는 정수 값은 offset(오프셋)을 의미하는 값으로 사용되는데 이 오프셋 값은 글자 수가 아닌 바이트 수의 개념으로 사용되므로 만약 seek(1)을 한다고 해서 파일 포인터가 한글의 한 글자만큼을 이동하는 게 아니라는 점을 기억하셔야 합니다.

UTF-8로 인코딩된 파일에서 한글은 한 글자당 3바이트를 사용하므로 만약 한글의 한 글자를 이동시키려면 seek(3)을 해야 한 글자를 이동하고 만약 텍스트 파일이 cp949로 저장된 파일인 경우에는 한글의 한 글자를 2바이트로 저장하기 때문에 seek(2)를 해야 한 글자를 이동하게 됩니다.

이 파일 포인터의 내용은 지금 보면 굉장히 당연한 이야기처럼 보이겠지만 파일을 다루다 보면 자주 하는 실수 중에 하나입니다. 그렇기 때문에 지금 당장 모두 알 수는 없겠지만 기본적인 내용에 대해서는 어느 정도 알고 계시는 게 좋습니다.

4. with문

파일을 open( )하면 반드시 close( )를 하여 파일 객체를 닫아줘야 한다고 앞에서 이야기했습니다. 만약 close( )를 하지 않으면 때에 따라 파일이 열린 상태로 유지되기 때문에 다른 프로그램으로 접근이 불가능한 상태가 되어 컴퓨터를 재부팅해야만 하는 경우가 종종 있습니다.

파이썬의 with문은 파이썬 2.5버전에서 도입된 기능으로 Context Manager에 의해 클래스 내부에 구현된 __enter__( ) 메서드와 __exit__( ) 메서드를 호출해 주는 역할을 합니다. 이는 클래스 편에서 배운 특수 메서드의 한 종류로서 쉽게 파일 객체가 열릴 때와 닫힐 때 내부적으로 호출되는 메서드라 보시면 됩니다. 그러므로 with문을 사용하면 파일을 open( )하여 사용하고 close( )를 하지 않아도 알아서 파일 객체를 닫아주게 됩니다.

그럼 with문을 파이썬에서 어떻게 사용하는지 먼저 문법적 표현식을 알아보도록 하겠습니다.

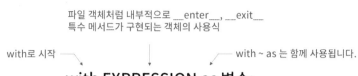

파일 객체처럼 내부적으로 __enter__, __exit__
특수 메서드가 구현되는 객체의 사용식

with로 시작 ─┐   ↓   ┌─ with ~ as 는 함께 사용됩니다.

with EXPRESSION as 변수:

코드 블록

〈그림 4-1〉 파이썬 with문의 문법적 표현 방식

〈그림 4-1〉에서처럼 보통 with문은 as와 한 쌍으로 동작하는데 최초 with로 시작해야 합니다. 그리고 파일 객체처럼 open( )과 close( )를 하여 내부적으로 __enter__( ), __exit__( ) 특수 메서드가 사용되는 객체의 식을 작성하는데, 파일 객체뿐만 아니라 데이터베이스와 같은 객체도 이에 해당합니다. 그리고 as 뒤에 변수 명을 작성하는데 파이썬에서 as문은 어떤 객체의 별칭을 정할 때 사용하는 문법입니다. 그리고 콜론으로 닫고 줄 내림 후에 코드를 작성하면 됩니다.

4-1. with문을 통한 파일 생성

그럼 기존의 파일을 생성했던 〈코드 2-1〉을 with문을 사용하여 어떻게 작성하면 되는지 알아보도록 하겠습니다. 먼저 비주얼 스튜디오 코드에서 04-1-withwrite.py 파일을 생성하고 다음의 코드를 작성합니다.

```
01   with open("test _ file3.txt", "w", encoding="utf-8") as f:
02       f.write("안녕하세요")
```

〈코드 4-1-1〉

01 with문으로 시작하여 open( ) 함수를 호출하고 이를 f 라는 이름으로 처리합니다. 여기서 as문에 의해 파일 open( )되어 반환된 파일 객체를 f 라는 이름으로 사용합니다.

02 파일 객체의 write( ) 함수를 사용하여 파일에 내용을 작성합니다. 여기서는 01행에서 as 뒤에 별칭을 f 로 정했기 때문에 파일 객체의 메서드를 f.write( )로 사용하고 있습니다. 별칭은 작성자 마음대로 이름 지을 수 있습니다.

〈코드 4-1-1〉을 보면 파일을 열기 위해서 open( ) 함수를 사용하긴 했지만 따로 close( ) 함수를 호출하는 부분은 없습니다. 다만 open( ) 함수 앞에 with문을 사용하였고 파일 객체를 as문을 사용하여 별칭 처리해서 사용하고 있다는 점이 조금 다른 부분입니다.

4-2. with문을 통한 파일 읽기

with문을 통한 파일을 읽어오는 방법도 쓰는 방법과 별반 차이는 없습니다. 이번에는 〈코드 3-3-1〉의 내용을 with문을 사용하면 어떻게 바뀌는지 한번 알아보도록 하겠습니다. 먼저 04-2-withread.py 파일을 생성하고 다음의 코드를 작성합니다.

```
01  with open("애국가.txt", "r", encoding="utf-8") as f:
02      for line in f:
03          print(line)
```

〈코드 4-2-1〉

01 with문을 사용하여 open( ) 함수를 호출하고 반환된 객체를 f 변수에 저장합니다. 여기서 사용된 텍스트 파일은 〈코드 3-3-1〉에서 사용한 애국가.txt로 여러 줄의 텍스트가 저장된 파일입니다.

02 for 반복문을 사용하여 f를 반복합니다.

03 for문에 반복 중인 현재 텍스트 파일의 내용이 화면에 출력됩니다.

〈코드 3-3-1〉과 〈코드 4-2-1〉을 비교해보면 with문을 사용한 〈코드 4-2-1〉이 좀 더 간결하다는 것을 알 수 있습니다. 코드의 내용은 동일하니 실행하여 결과가 〈그림 3-3-1〉과 똑같이 출력되는지 확인해보도록 합니다.

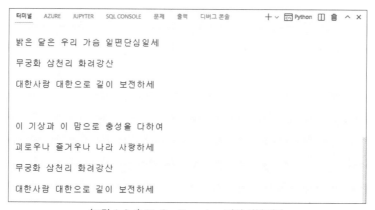

〈그림 4-2-1〉 04-2-withread.py 파일 실행 결과

파일을 실행해보면 〈그림 4-2-1〉에서처럼 문제없이 파일의 내용이 출력되는 것을 확인할 수 있습니다.

4-3. 중첩with문

with문은 중첩문으로 사용이 가능하여 동시에 두 개의 객체를 사용할 수 있습니다. 설명이 더 어려운 부분이니 직접 코드를 보면서 알아보도록 하겠습니다. 04-3-withmulti.py 파일을 생성하고 다음의 코드를 작성해보도록 하겠습니다.

```
01  with open("애국가.txt", "r", encoding="utf-8") as source, \
02      open("애국가 _ 복사.txt", "w", encoding="utf-8") as target:
03      for line in source:
04          target.write(line)
```

〈코드 4-3-1〉

01~02 with문을 사용하여 두 개의 open( ) 함수를 사용합니다. 여기서 첫 번째 open( ) 함수와 두 번째 open( ) 함수 사이에는 콤마를 사용해서 구분해야 합니다. 두 개의 객체가 열려 저장돼야 하므로 as문도 두 개를 작성해야 합니다. 참고로 \(역슬래시)는 코드가 길어져서 줄 내림을 하기 위해 사용된 문자입니다. \ 문자를 제거하고 한 줄에 작성해도 상관없습니다. 각각의 open( ) 함수를 보면 하나는 "r" 모드인 읽기 모드로 열었고 다른 하나는 "w" 모드인 쓰기 모드로 연 것을 주의 깊게 보셔야 합니다.

03 읽기 모드로 연 파일 객체 source의 내용을 for문을 사용해서 반복합니다.

04 쓰기 모드로 연 파일 객체 target에 현재 for문에 의해 반복 중인 파일의 내용을 기록합니다.

〈코드 4-3-1〉은 결론적으로 "애국가.txt" 파일의 내용을 "애국가_복사.txt"파일에 복사하는 내용의 코드입니다. 이렇게 with문을 중첩으로 사용해서 좀 더 편하게 파일 내용을 복사할 수 있는 것을 확인할 수 있습니다.

코드가 정상적으로 실행되는지 실행하여 결과를 확인해보도록 하겠습니다.

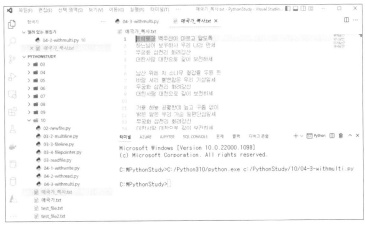

〈그림 4-3-1〉 04-3-withmulti.py 파일 실행 결과

04-3-withmulti.py 파일을 실행해보면 특별한 결과가 출력되는 것은 아니고, 〈그림 4-3-1〉에서처럼 새로운 "애국가_복사.txt"가 생성되었고 파일 내용에 문제가 없으면 코드는 정상적으로 실행된 것입니다.

여기서 한 가지 간과하지 않아야 하는 사실은 with문을 사용해야 더 잘 작성된 코드이고 with문을 사용하지 않으면 잘못 작성된 코드는 아니라는 점입니다. 물론 with문을 사용하면 코드가 좀 더 간결해진다는 것을 보여줬지만 그것이 정답처럼 여겨져서는 안 됩니다. 코드를 작성한다는 것은 어떤 목적을 위한 과정일 뿐이지 코드를 작성하는 그 자체가 목적이 되어서는 안 된다는 사실을 꼭 말씀드리고 싶습니다.

지금까지 배운 내용을 모두 활용하여 다음의 조건을 만족하는 프로그램을 작성해보도록 합니다.

– 프로그램이 실행되면 가장 먼저 사용자에게 파일 명을 입력받습니다.
– 입력받은 파일 명에 해당하는 파일을 생성하고 사용자가 "/bye"를 입력하기 전까지 입력하는 모든 내용을
  파일에 기록합니다.

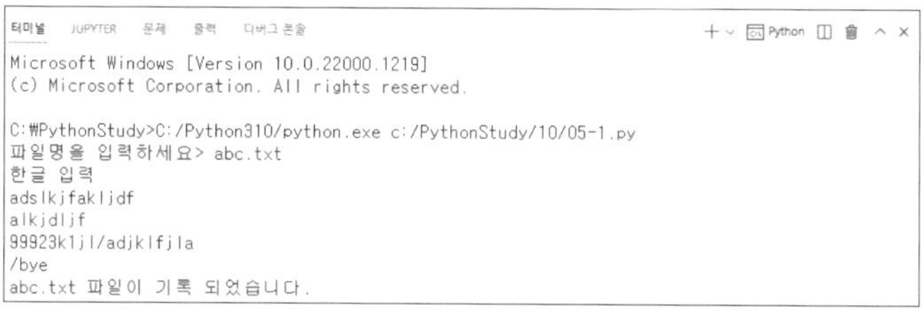

〈그림 5-1〉 연습 문제 실행 예시 모습

〈그림 5-2〉 사용자가 입력한 텍스트 파일에 저장된 모습

memo

PART

예외처리

이 장의 내용

- 프로그램의 예외상황
- try except
- 논리적 오류
- 사용자 정의 오류
- raise문

11 예외처리

실제 프로그램이 완성되는 과정을 생각해보면 어떤 프로그램을 기획하고 기능들을 논리적으로 구성하여 이를 작성합니다. 그런데 어떤 기능을 구현하고자 할 때 이보다 더 많은 생각을 할애하는 부분이 있다면 "과연 이 기능이 어떤 의도치 않은 상황을 만들어 낼 수 있을까?"에 대한 고민이 아닐까 합니다.

그래서 프로그램을 만드는 입장에서는 개발자가 의도하지 않은 방향으로 프로그램이 실행되거나 동작하는 것을 미리 예측해야 하고 이런 상황에 맞게 적절한 예외처리를 해야만 합니다.

1. 예외상황

예외처리를 잘하기 위해서는 많은 경험적 생각이 필요한데 그 경험이 부족하기 때문에 프로그래밍을 처음 배우는 입장에서 예외처리는 사실 쉽게 생각할 수 있는 부분은 아닙니다. 그래서 이번 예외처리에 대한 이야기는 예제를 기준으로 어떤 예외상황이 생길지에 대한 이야기와 이를 어떻게 대처할지를 한번 알아보도록 하겠습니다.

만약 사용자에게 나이를 입력받아 성인인지 아닌지를 확인하는 코드를 작성했다고 가정해보도록 하겠습니다. 그러면 우리는 쉽게 사용자에게 나이를 입력해달라는 메세지를 input( ) 함수를 통해 출력하고 입력받은 값은 조건문을 사용하여 작성하면 되는 간단한 상황입니다. 코드로 표현하면 다음과 같습니다. 비주얼 스튜디오 코드에 11 폴더를 생성하고 01-input.py 파일에 다음의 코드를 작성하도록 하겠습니다.

```
01   age = int(input("나이를 입력하세요: "))
02   if age > 18:
03       print("성인입니다.")
```

〈코드 1-1〉

01 사용자에게 "나이를 입력하세요: "라는 문자열을 출력하고 입력을 받은 값을 정수 형태로 int 형변환하여 age 변수에 저장합니다.

02~03 age 변수 값이 18보다 크면 "성인입니다"를 화면에 출력합니다.

나이를 입력 받아 조건문으로 처리하는 내용은 〈코드 1-1〉에서처럼 아주 간단하게 작성할 수 있습니다. 그런데 문제는 만약 사용자가 숫자가 아닌 "abcd"처럼 문자열을 입력했다면 어떻게 될까요?

```
터미널   AZURE   JUPYTER   SQL CONSOLE   문제   출력   디버그 콘솔          + ∨  🖵 Python  ⬚  🗑  ^  ✕
Microsoft Windows [Version 10.0.22000.1098]
(c) Microsoft Corporation. All rights reserved.

C:\PythonStudy>C:/Python310/python.exe c:/PythonStudy/11/01-input.py
나이를 입력하세요: abcd
Traceback (most recent call last):
  File "c:\PythonStudy\11\01-input.py", line 1, in <module>
    age = int(input("나이를 입력하세요: "))
ValueError: invalid literal for int() with base 10: 'abcd'
```

〈그림 1-1〉 사용자가 정수형이 아닌 문자열 형태의 값을 입력했을 때 오류

그러면 〈그림 1-1〉에서처럼 프로그램은 ValueError를 발생하고 종료하게 됩니다. 프로그램을 만드는 사람은 항상 이렇게 의도하지 않은 상황에 대한 모든 경우의 수를 생각해야 하고 그 모든 상황을 대처할 수 있게 프로그램을 작성해야 합니다.

2. try except문

물론 〈코드 1-1〉과 같은 상황에서 사용자가 입력한 값에 대해 숫자에 해당하는 문자열인지 아닌지를 확인해서 처리하는 방법도 있겠습니다만 try except문을 사용하면 더 간단하게 처리할 수 있습니다. 그럼 먼저 파이썬에서 어떻게 문법적으로 표현되는지 알아보도록 하겠습니다.

try:

오류 발생 여지가 있는 코드

except:

예외가 발생했을 때 수행할 코드

〈그림 2-1〉 파이썬 try except문의 문법적 표현 방법

파이썬의 try except문은 〈그림 2-1〉에서처럼 에러가 발생할 것 같은 코드 블록을 try 밑에 작성하고 except에는 예외가 발생했을 때 수행할 코드를 작성해서 오류를 처리할 수 있게 됩니다. 그러면 〈코드 1-1〉의 내용에 try except문을 적용해서 수정해보도록 하겠습니다.

```
01  try:
02      age = int(input("나이를 입력하세요: "))
03      if age > 18:
04          print("성인입니다.")
05  except:
06      print("입력 값에 문제가 있습니다.")
```

〈코드 2-1〉

01~05 try와 except 사이에 오류가 발생할 여지가 있는 코드를 작성합니다.

06 예외가 발생하면 화면에 안내 문구를 출력합니다.

〈코드 1-1〉에서처럼 사용자가 숫자 형태의 값을 입력하지 않는 상황을 미리 예상하고 해당 코드를 try와 except 사이에 작성합니다. 그리고 except문 이후에 만약 오류가 발생하면 어떻게 처리할지에 대한 코드를 작성하면 되는데 여기서는 그냥 입력한 값에 문제가 있다는 사실을 알려주는 내용을 화면에 출력하고 있습니다. 물론 사용자가 정상적으로 숫자 형태를 입력해서 프로그램 동작에 문제가 없으면 except문에 작성한 내용은 실행되지 않습니다.

파일을 저장하고 문제없이 동작을 하는지 직접 확인해보도록 하겠습니다.

〈그림 2-2〉 01-input.py 파일 실행 결과

코드를 실행하고 오류를 발생시키기 위해서 〈그림 2-2〉와 같이 "abcd"라는 문자 형태의 값을 입력해보았습니다. 그러면 try except문에 의해서 프로그램은 오류를 발생시키지 않고 예외 상황으로 처리가 되어 사용자에게 입력 값에 문제가 있다는 안내 문구가 출력됩니다.

3. 특정 오류 감지

파이썬의 try except문은 다른 언어에 비해서 굉장히 강력한 기능으로 동작합니다. 그래서 거의 대부분의 오류를 try except로 처리가 가능합니다. 그런데 문제는 이런 강력함이 장점일 수도 있지만 때로는 개발자가 인지하지 못한 오류까지 예외처리를 하게 되므로 프로그램에서 오류는 발생하지 않지만 의도하지 않은 상태로 동작을 하게 되는 경우도 있습니다.

그래서 try except문을 사용할 때, 특정 오류에 대해서만 처리하도록 작성하기도 하는데 일단 비주얼 스튜디오 코드에서 03-except.py 파일을 생성하고 다음 코드를 작성해보며 어떤 상황에 대한 이야기인지 한 번 알아보도록 하겠습니다.

```
01  try:
02      age = int(input("나이를 입력하세요: "))
03      ename = input("영문 이름을 입력하세요: ").encode("ascii")
04  except UnicodeEncodeError:
05      print("이름은 영문으로 작성해야 합니다.")
06  except ValueError:
07      print("나이를 정수 형태로 입력하세요!")
```

〈코드 3-1〉

01~03 사용자에게 나이를 입력받아 정수 형태인 int로 형변환하여 변수 age에 저장합니다. 사용자가 입력한 데이터가 숫자 형태가 아니면 형변환할 때 오류가 발생할 수 있습니다. 그리고 영문 이름을 입력받아 이를 ascii 형태로 인코딩하여 변수 ename에 저장합니다. 여기서 영문이 아닌 문자가 입력될 경우 encode( ) 함수는 오류를 발생하게 됩니다.

04~05 만약 03행에서 사용자가 입력한 값을 ascii 형태로 인코딩을 할 수 없어서 오류가 발생하는 경우 영문 입력이 아니라고 판단할 수 있습니다. 그러면 UnicodeEncodeError가 발생하는데 이 오류가 발생하는 경우에 대해서 예외처리를 합니다.

06~07 만약 02행에서 사용자가 입력한 값을 정수 형태로 형변환할 수 없는 경우 발생하는 오류에 대한 예외처리를 합니다.

〈코드 3-1〉을 보면 try문은 하나인데 두 개의 except문을 사용했습니다. 그리고 각각의 except문은 예상이 가능한 오류를 직접 명시하여 어떤 오류에 어떻게 대처를 할지 분류되어 있습니다.

일단 03-except.py 파일을 저장한 뒤 실행해서 실제 프로그램이 제대로 예외처리를 하는지 확인해보도록 하겠습니다.

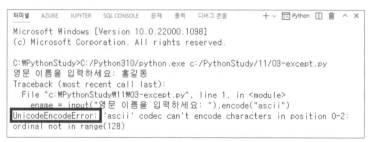

Microsoft Windows [Version 10.0.22000.1098]
(c) Microsoft Corporation. All rights reserved.

C:\PythonStudy>C:/Python310/python.exe c:/PythonStudy/11/03-except.py
나이를 입력하세요: a
나이를 정수 형태로 입력하세요!

C:\PythonStudy>C:/Python310/python.exe c:/PythonStudy/11/03-except.py
나이를 입력하세요: 12
영문 이름을 입력하세요: 홍
이름은 영문으로 작성해야 합니다.

C:\PythonStudy>C:/Python310/python.exe c:/PythonStudy/11/03-except.py
나이를 입력하세요: 12
영문 이름을 입력하세요: nam

〈그림 3-1〉 03-except.py 파일 실행 결과

입력 값을 바꿔가면서 프로그램을 〈그림 3-1〉과 같이 테스트를 해보시기 바랍니다. 그러면 나이에는 숫자를 입력하지 않거나 영문 이름을 입력하지 않았을 경우 그에 따른 예외처리가 문제없이 동작하는 것을 확인할 수 있습니다.

물론 파이썬에는 수많은 오류 메세지가 있기 때문에 이를 모두 암기하고 있을 수는 없습니다.

Microsoft Windows [Version 10.0.22000.1098]
(c) Microsoft Corporation. All rights reserved.

C:\PythonStudy>C:/Python310/python.exe c:/PythonStudy/11/03-except.py
영문 이름을 입력하세요: 홍길동
Traceback (most recent call last):
  File "c:\PythonStudy\11\03-except.py", line 1, in <module>
    ename = input("영문 이름을 입력하세요: ").encode("ascii")
UnicodeEncodeError: 'ascii' codec can't encode characters in position 0-2:
ordinal not in range(128)

〈그림 3-2〉 직접 오류를 발생시켜서 어떤 오류인지 확인해볼 수 있습니다.

그렇기 때문에 직접 〈그림 3-2〉와 같이 강제로 오류를 발생시켜보면서 어떤 상황에서 어떤 오류가 발생하는지 알 수 있으니 직접 코드를 작성해보고 테스트해보는게 좋습니다.

〈코드 3-1〉의 상황처럼 어떤 오류가 날지 예측이 가능한 경우 해당 오류 명을 작성하여 처리할 수 있지만 만약 어떤 오류가 발생할지 예측이 안되는 경우, 해당 오류에 대한 정보를 봐야할 때가 있습니다. 그런 경우에는 Exception 객체를 사용하여 현재 발생한 오류에 대한 정보를 확인할 수 있게 됩니다.

비주얼 스튜디오 코드에서 03-exception.py 파일을 생성하고 다음 코드를 작성해보도록 하겠습니다.

```
01   try:
02       age = int(input("나이를 입력하세요: "))
03       ename = input("영문 이름을 입력하세요: ").encode("ascii")
04   except Exception as e:
05       print(e)
```

〈코드 3-2〉

04~05 except문 뒤에 Exception as e를 사용하여 Exception 객체에 대한 e 이름의 별칭으로 오류 정보를 확인할 수 있습니다. e는 변수 명과 같기 때문에 사용자가 임의로 결정할 수 있는 이름입니다.

물론 〈코드 2-1〉에서처럼 try except만 사용해서도 오류에 대한 예외상황을 처리할 수 있긴 하지만 오류에 대한 정보를 얻을 수는 없습니다. 그렇기 때문에 〈코드 3-2〉에서처럼 Exception 객체를 사용하면 예측하지 못하는 오류를 처리함과 동시에 오류에 대한 정보를 얻을 수 있습니다.

03-exception.py 파일을 실행해서 어떤 결과가 나오는지를 확인해보도록 하겠습니다.

〈그림 3-3〉 03-exception.py 파일 실행 결과

Exception 객체를 사용하여 오류의 내용을 화면에 출력해보면 〈그림 3-3〉에서처럼 발생한 오류에 대한 최소 정보를 얻을 수 있습니다. 물론 직접 오류에 대한 처리를 한 것처럼 안내가 친절하진 않지만 이런 방식은 사용자를 위해서 출력한다는 것보다 개발자가 프로그램을 디버깅할 목적으로 사용되는 방법이기도 합니다.

또한 프로그램을 작성하다 보면 때에 따라 프로그램이 오류를 직접 발생시켜야 하는 경우도 있습니다. 강제로 오류를 발생시키기 위해서는 raise문을 사용하는데 문법적인 얘기보다는 실제 코드를 한번 작성하면서 어떻게 사용하는지를 알아보도록 하겠습니다.

만약 사용자가 입력한 값이 1부터 10사이의 값이어야만 할 때 강제로 오류를 발생시키는 코드를 작성한다면 다음과 같이 작성할 수 있습니다. 03-user.py 파일을 생성하고 다음 코드를 확인해보겠습니다.

```
01   try:
02       u = int(input("1부터 10사이의 정수를 입력하세요: "))
03       if 0 >= u or u > 10:
04           raise Exception
05       print(f"사용자는 {u}를 입력했습니다.")
06   except Exception as e:
07       print("입력 범위 오류!")
```

〈코드 3-3〉

02 사용자로부터 1부터 10 사이의 정수 값을 입력받습니다.

03~04 입력한 값이 0보다 작거나 같거나 10보다 큰 경우 raise문을 사용하여 강제로 오류를 발생시킵니다. 그러면 프로그램은 실제 에러가 난 것처럼 동작합니다. 그러나 코드는 try문 안에 작성했기 때문에 except문의 내용이 실행됩니다.

05 오류가 발생하지 않았다면 화면에 사용자가 입력한 값을 출력합니다.

06 사용자가 정수 형태의 값을 입력하지 않았거나 **03**행의 조건문에 의해 raise Exception이 발생하는 경우 수행됩니다.

07 오류에 대한 안내 메세지를 출력합니다.

〈코드 3-3〉을 보면 사용자의 입력 범위 값이 0보다 작거나 같고 10보다 큰 경우 raise문을 사용하여 강제로 오류를 발생시키고 있습니다. 물론 실제 위와 같은 내용의 코드를 작성한다면 강제로 오류를 발생시키기 보다는 좀 더 논리적으로 코드 구현이 가능하겠지만 여기서는 강제 오류 발생에 대한 예시를 들고 있는 것을 참고하셔서 봐주시기 바랍니다.

실제 프로그램을 작성하거나 혹은 타인이 작성한 코드를 보다 보면 raise문을 생각보다 자주 사용하는 경우가 있습니다. 그렇기 때문에 내가 자주 사용하지 않는다 하더라도 raise문이 어떤 역할을 하는지 알고 있는 게 좋습니다.

4. try except의 여러 가지 문법

try except문은 단독으로 try와 except문이 사용되기도 하지만 좀 더 복합적인 구조로 else문과 finally문을 포함할 수도 있습니다.

```
try:
    오류 발생 여지가 있는 코드
except:
    예외가 발생했을 때 수행할 코드
else:
    에러가 발생하지 않았다면 수행할 코드
```

〈그림 4-1〉 파이썬 try except문과 else문 구조

try except문에는 else문을 사용할 수 있는데 이는 만약 예외가 발생할 것 같은 곳에 작성한 try문에서 예외가 발생하지 않아 except문을 실행하지 않았을 때 else문의 내용이 수행됩니다. 결론적으로 try except문이 에러없이 무사히 수행되지 않았다면 else문이 수행되는 내용이라고 보면 됩니다.

```
try:
    오류 발생 여지가 있는 코드
except:
    예외가 발생했을 때 수행할 코드
finally:
    에러가 발생했던 안했던 무조건 수행
```

〈그림 4-2〉 파이썬 try except문과 finally문 구조

finally문은 try문에서 예외가 발생했든, 안 했든 상관없이 무조건 수행되는 구조입니다. try문에 작성한 코드에서 어떤 자원을 할당했든 아니면 객체를 닫아야 하는 경우, 혹은 어떤 내용을 기록해야 하는 상황처럼 오류에 상관없이 무조건 수행해야 하는 내용을 작성할 수 있습니다.

```
try:
    오류 발생 여지가 있는 코드
except:
    예외가 발생했을 때 수행할 코드
else:
    에러가 발생하지 않았다면 수행할 코드
finally:
    에러가 발생했던 안했던 무조건 수행할 코드
```

〈그림 4-3〉 파이썬 try except문과 else문, finally문 구조

〈그림 4-3〉에서처럼 위에서 열거한 else문과 finally문을 복합적으로 사용할 수도 있습니다.

5. 사용자 정의 오류

〈코드 3-1〉에서 우리는 ValueError나 UnicodeEncodeError처럼 이미 파이썬에서 정해진 오류를 발생시켜보았습니다. 만약 이렇게 정해진 오류가 아닌 사용자가 직접 정의한 오류를 발생시키려면 어떻게 해야할까요?

우리는 이미 이전 장에서 클래스를 배웠기 때문에 우리만의 오류를 처리할 클래스를 작성할 수 있습니다. 비주얼 스튜디오 코드에서 05-usererror.py 파일을 생성하고 다음 코드를 작성해보도록 하겠습니다.

```
01  class NumberCheckError(Exception):
02      def _ _init_ _(self, msg="Error"):
03          self.msg = msg
04      def _ _str_ _(self):
05          return self.msg

07  try:
08      num = int(input("숫자를 입력하세요: "))
09      if num < 0:
10          raise NumberCheckError("0보다 작습니다.")
```

```
11    except NumberCheckError as e:
12        print(e)
```

<코드 5-1>

01 오류를 출력할 사용자 클래스를 작성합니다. 여기서는 NumberCheckError라는 이름의 클래스를 정의했고 이 클래스는 Exception 클래스를 상속받아 만들었습니다.

02 클래스 생성 시 msg 값에 출력할 오류 메세지를 초기화합니다.

03 오류 메세지에 해당하는 값을 클래스의 멤버 변수 self.msg에 저장합니다.

04~05 오류를 화면에 출력할 문자열 값을 반환합니다. 이는 외부에서 클래스에 문자열 데이터를 요청하는 경우에 해당하는 사항이므로 특수 메서드를 오버라이딩해서 처리할 수 있습니다.

07~10 사용자에게 정수형 값을 입력 받습니다. 입력받은 값이 0보다 작은 음수인 경우 raise문을 사용하여 강제 오류를 발생시키는데 이때 오류의 형태를 **01**행에서 작성한 NumberCheckError 형태로 발생시킵니다.

11 NumberCheckError 형태의 예외상황이 발생한 경우 처리합니다.

12 오류 내용을 화면에 출력합니다. 여기서의 e는 NumberCheckError 객체의 별칭이고 print( ) 함수에 의해 문자열 데이터를 요청해서 NumberCheckError 클래스 내부에 구현한 특수 메서드 __str__( )가 호출되어 문자열이 출력됩니다.

<코드 5-1>은 사용자가 입력한 정수의 값이 0보다 작은 음수 값인 경우, 사용자 정의 오류를 발생시키는 예제 코드입니다. 이를 구현하기 위해서는 사용자 정의 오류에 해당하는 클래스를 생성하고 클래스 내부에 오류 메세지를 처리할 수 있는 특수 메서드를 오버라이딩해주고 있습니다.

이런 사용자 정의 오류 메세지는 간단한 프로그램을 작성하는 경우는 사실 사용될 일은 없지만 규모가 큰 프로젝트나 프로토콜을 꼭 지켜야 하는 업무에서 메세지의 통일성을 위해서 사용되기도 합니다.

지금까지 파이썬의 예외처리에 대해서 공부를 했습니다만 이렇게 어떤 오류에 대한 예외처리를 하기 이전에 오류가 발생하지 않는 프로그램을 작성하는 게 훨씬 더 중요한 일이라는 사실을 잊지 말아야 합니다.

연습 문제

다음의 조건을 만족하는 프로그램을 작성해보세요.

- 프로그램은 여러 가지 자료형에 대한 값을 입력받아 다시 출력을 하는 프로그램입니다.
- 자료의 입력은 입력 함수를 따로 작성하고 프로그램은 이 함수에 어떤 내용을 출력하고 어떤 형태의 자료형을 입력받아야 하는지 매개변수를 통해 전달합니다.
- 입력 함수는 인자 값으로 넘어온 메세지를 출력하고 사용자에게 값을 입력 받습니다.
- 입력 함수는 사용자에게 입력받은 값을 인자 값으로 넘어온 자료형으로 형변환하여 값을 반환합니다. 형 변환에 실패하면 함수는 "잘못된 입력입니다."를 출력하고 제대로 된 값이 입력될 때까지 입력을 재시도 합니다.
- 함수의 인자 값으로 넘어온 자료형이 없으면 기본값을 문자 형태로 설정합니다.

프로그램을 실행한 예시는 다음의 그림과 같습니다.

```
터미널    JUPYTER   문제   출력   디버그 콘솔                            + ∨  ▣ Python  □  🗑  ∧  ×

Microsoft Windows [Version 10.0.22000.1219]
(c) Microsoft Corporation. All rights reserved.

C:₩PythonStudy>C:/Python310/python.exe c:/PythonStudy/11/06-1.py
숫자를 입력하세요: a
잘못된 입력입니다.
숫자를 입력하세요: 10
입력된 숫자는 10 입니다.
실수를 입력하세요: b
잘못된 입력입니다.
실수를 입력하세요: 10.323
입력된 실수는 10.323 입니다.
리스트 요소를 입력하세요: abcdefad
입력된 리스트는 ['a', 'b', 'c', 'd', 'e', 'f', 'a', 'd'] 입니다.
```

〈그림 6-1〉 연습 문제 프로그램 실행 예시 모습

PART

12

파이썬 프로젝트

이 장의 내용

12 파이썬 프로젝트

우리는 지금까지 파이썬의 전반적인 문법과 기초적인 이론에 대해서 알아보았습니다. 사실 프로그래밍에 있어서 기초적인 문법은 어떤 언어를 공부하든 비슷한 내용들이 많고 사실 양적인 면에서도 그리 많은 양은 아닙니다. 물론 지금까지 다룬 내용이 파이썬의 전부라고 할 수 없지만 어쨌든 모든 것을 이론적으로 배운다 하더라도 실제 코딩을 해서 프로그램을 만드는 것은 다른 관점의 이야기입니다.

1. 실습 프로젝트 개요

사람의 성향에 따라 다르겠지만 보통 프로그래밍을 공부할 때 가장 어려워하는 것이 이론적으로 문법은 어느정도 이해하겠는데 이걸 대체 어디에 어떻게 써먹어야 하는지, 무엇을 만들어봐야 하는지에 대해 막연한 두려움을 갖고 계시는 분들이 많이 있습니다.

보통 아이디어, 창의력은 수많은 경험과 정보를 기반으로 그것이 어떤 융화 과정을 거쳤을 때 나타나는 현상이자 결과라고 생각합니다. 좀 더 쉽게 설명하자면 경험과 지식이 많은 사람에게 더 좋은 아이디어가 나온다는 이야기입니다.

우리가 주변에서 사용하고 있는 혁신적인 대부분의 것들은 0에서부터 창조되지 않았습니다. 물건이 만들어진 역사를 살펴보면 이전 세대의 정보를 활용하고 가공하여 조금 더 편리하게 진화시켰을 뿐입니다.

그렇기 때문에 프로그래머는 컴퓨터에서 일어나는 모든 것들에 관심을 갖을 필요가 있습니다. 여기서 관심은 궁금증으로부터 시작이 되고 궁금증을 해결하면 그것이 내 지식이 됩니다.

1-1. 공부방법

어떤 코드가 완성되어 있다면 그것은 어떤 논리의 흐름이 완성된 결과물입니다. 프로그래밍에 경험이 많다면 완성된 코드를 봤을 때 그 논리의 흐름을 자기만의 방식대로 유추할 수 있지만 그렇지 않은 경우에는 어떤 과정을 거쳐서 그런 코드가 완성되게 되었는지를 알 수 없습니다.

프로그래밍을 처음 접하는 분들의 입장에서는 어떻게 완성되었는지도 중요하지만 그보다 중요한 건 어떻게 생각했기 때문에 그런 결과가 나왔는지에 대해서 더 중요하게 봐야 합니다.

공부할 때 다른 사람들이 만들어 놓은 코드를 볼 때가 많습니다. 지금 이 책에 작성된 프로그램 역시 타인의 코드를 보고 있는 것입니다. 공부하는 입장에서는 절대 타인의 코드를 눈으로만 보고 눈으로만 이해하는 식의 공부는 절대 하지 말아야 합니다. 내가 아무것도 없는 New 파일 상태에서 어떤 기능을 능숙하게 구현할 수 없다면 무조건 한 글자, 한 글자 모두 타이핑해보면서 공부를 하는 게 좋습니다.

한글을 배우는 것과 한글을 배워서 한국 사람과 말을 하는 것이 다르듯 프로그래밍의 언어 역시 이런 언어적 특징을 갖고 있습니다. 언어를 잘하기 위해선 많이 말하고 듣고 써보는 것처럼 프로그래밍 언어 역시 많이 작성해보고 다른 사람들이 만들어 놓은 프로그램의 코드를 많이 보고 연습하는 것이 가장 크게 도움이 됩니다.

1-2. 오류와 친해지기

보통 초보의 관점에서 프로그램은 기획하고 설계하고 작성하고 완성하는 것을 프로그래밍한다라고 생각을 하는 경우가 많습니다. 실제 프로그래밍의 세계에서는 기획하고 설계하고 작성하고 완성하는 것도 중요하지만 다양한 환경에서 테스트를 해보며 오류를 수정하는 것이 전체의 반 이상을 차지하는 영역이라고 해도 과언이 아닐 정도로 중요한 부분입니다. 그렇기 때문에 오류와 빨리 친해질수록 발전하는 속도도 빠릅니다. 오류는 걱정하거나 두려워할 대상이 아니라 내가 해결해야 할 문제라고 생각해야 합니다. 그런 오류를 만났을 때 구글링을 통해 오류를 해결하는 습관을 들이는 게 프로그래밍 공부에서 가장 중요한 능력입니다.

1-3. 실습 위주의 코딩 연습

우리가 파이썬 전부를 모두 다 공부한 것은 아니지만 기본적으로 필요한 내용은 거의 다 공부했으니 이제 그걸 써먹어야 할 차례입니다. 프로그래밍을 공부한다는 것은 어떤 목적에 의해 컴퓨터상에서 구동되는 프로그램을 만드는 것이 목적이지 우리가 수능 시험처럼 내가 얼마나 많이 알고 있는가를 테스트하기 위함이 아님을 알아야 합니다.

우리가 파이썬을 공부하는 것은 파이썬으로 어떤 프로그램을 만드는 게 목적이지 파이썬 그 자체가 공부의 목적이 아니라는 사실을 꼭 명심해야 합니다. 그래서 이번 장에서는 우리가 배운 여러 가지 문법들을 활용하여 실제 하나의 목적과 주제를 정해 단순하지만 실제 동작할 수 있는 프로그램을 만들어 보는 연습을 해보도록 하겠습니다.

2. 숫자 맞추기 게임

실습 프로젝트는 단순히 완성된 코드를 작성하고 설명하는 방식이 아니라 실제 코드가 어떻게 완성되는지에 대한 과정을 보여주는 게 주된 목표입니다. 아무것도 없는 상태에서 어떤 논리로 프로그램이 완성되어 가는지가 사실 프로그래밍에서 가장 중요한 부분이기 때문에 그 부분을 생각하시면서 공부하시길 바랍니다.

실제 프로그램을 작성할 때는 처음에 작성한 코드 사이에 새로운 코드가 추가되고 기존의 코드가 수정되기도 합니다. 그렇기 때문에 전체 코드를 보면서 진행을 계속할 수 없으므로 여기서는 코드를 부분적으로 작성하고 설명하는 방식으로 진행할 예정입니다. 따라서 코드를 보고 작성할 때 해당 코드의 줄 번호를 주의하면서 보시기 바랍니다.

2-1. 게임의 룰

실습 프로그램 첫 번째로 숫자 맞추기 게임을 작성해보겠습니다. 숫자 맞추기 게임은 컴퓨터가 생성한 특정 난수를 사용자가 입력하여 맞추는 단순한 게임입니다.

2-2. 코드 작성

일단 비주얼 스튜디오 코드에서 실습을 위해 폴더를 생성하는 것부터 시작하겠습니다. 12장에 해당하는 12라는 폴더를 만들고 하위에 01-guess-number.py 파일을 생성하도록 합니다. 그리고 다음의 코드를 작성하겠습니다.

```
01    import random

03    number = random.randint(1, 99)
```

〈코드 2-2-1〉

01 난수를 생성하기 위해 random 라이브러리를 불러옵니다.

03 random 라이브러리의 randint(시작 값, 끝 값) 함수는 random 라이브러리에 구현되어 있는 함수로써 시작 값부터 끝 값 범위에서 무작위 숫자 값(난수)을 만들어주는 함수입니다. 여기서는 1에서부터 99사이에서 임의의 숫자를 만드는 역할을 하고 있습니다. 이렇게 생성된 숫자를 number라는 변수에 저장합니다. 사용자는 1부터 99사이에서 랜덤하게 생성되어 저장된 number 변수의 값이 무엇인지 맞추면 됩니다.

이렇게 난수를 생성했으니 이제 사용자는 이 난수를 맞추기 위해 사용자에게 값을 입력받아야 합니다.

```
04   user_input = input("1부터 99사이의 숫자를 맞추세요: ")
```

<코드 2-2-2>

04 사용자의 키보드 입력을 받기 위해서 input( ) 함수를 사용합니다. input("출력 문자열") 함수는 "출력 문자열" 값을 화면에 출력하고 사용자의 입력을 받는데 이때 입력의 종료는 사용자가 "엔터" 키를 입력했을 때 까지고 "엔터"가 입력되기 전까지 프로그램은 무한정 대기 상태가 됩니다. 그렇게 사용자에게 받은 값은 user_input 변수에 저장합니다. 이때 user_input 변수의 내용은 문자열 상태로 저장됩니다.

다음으로 사용자가 입력한 값과 랜덤 함수를 이용해 무작위로 생성한 값이 서로 일치하는지를 확인해야 하는데 if ~ else문을 이용하면 이런 조건을 확인할 수 있습니다.

```
05   if number == int(user_input):
06       print("정답")
07   else:
08       print("아닙니다!")
```

<코드 2-2-3>

05~08 if문의 조건식 number == int(user_input)에서 랜덤하게 생성한 숫자와 사용자가 입력한 값이 일치하는지를 확인하고 있습니다. 일치한다면 "정답"을 출력하고 그렇지 않은 경우에는 "아닙니다!" 라는 메세지를 출력합니다. 여기서 주의할 점은 사용자에게 입력받은 user_input 값은 문자열의 자료 형태이고 난수로 생성한 number의 자료 형태는 int 정수형입니다. 그래서 문자열과 정수형을 비교하게 되면 오류가 발생하니 반드시 자료의 형태를 일치시켜주는 캐스팅(형변환)을 해야 합니다. 여기서는 int(user_input)으로 입력받은 user_input 값을 정수 형태로 캐스팅하고 있지만 str(number) == user_input처럼 정수형인 number 값을 문자열로 캐스팅해도 상관없습니다.

이제 비주얼 스튜디오 코드에서 작성한 코드를 저장하고 실행해보도록 하겠습니다.

<그림 2-2-1> 01-guess-number.py 파일 실행

01-guess-number.py를 실행하면 input("1부터 99사이의 숫자를 맞추세요: ") 함수에 의해 화면에 〈그림 2-2-1〉처럼 문자열이 출력되고 커서는 사용자의 입력을 대기 중 상태로 멈춰있게 됩니다. 이제 임의의

숫자를 입력해 프로그램이 제대로 동작하는지 테스트해봅니다. 정답을 맞추면 "정답", 틀리면 "아닙니다."라는 메세지가 출력됩니다.

```
터미널   AZURE   JUPYTER   SQL CONSOLE   문제   출력   디버그 콘솔        + ∨  ▣ Python  ⯐ 🗑  ∧ ✕
Microsoft Windows [Version 10.0.22000.1098]
(c) Microsoft Corporation. All rights reserved.

C:\PythonStudy>C:/Python310/python.exe c:/PythonStudy/12/01-guess-number.py

1부터 99사이의 숫자를 맞추세요: 12
아닙니다!
```

〈그림 2-2-2〉 01-guess-number.py 파일 실행

임의의 숫자 12를 입력해보니 "아닙니다." 라는 문자열이 출력된 것으로 보아 랜덤으로 생성한 숫자와 일치하지 않는가 봅니다.

2-3. 기회 기능 추가

지금 테스트한 프로그램은 한번 입력하면 정답을 맞추든지 틀리든지 프로그램이 종료하게 되어있습니다. 이렇게 한 번에 1~99사이의 숫자를 맞추는 게 쉽지 않기 때문에 기회를 10번 정도 주어서 좀 더 게임다운 로직으로 프로그램을 수정해보도록 하겠습니다.

사용자의 입력 기회를 10번으로 주기 위해서는 반복문을 사용해야 합니다. 앞에서 만든 코드에서 반복문을 사용하여 수정해보도록 하겠습니다.

```
03    chance = 10
04    number = random.randint(1, 99)
05    while chance > 0:
06        chance -= 1
07        user_input = input("1부터 99사이의 숫자를 맞추세요: ")
08        if number == int(user_input):
09            print("정답")
10            break
11        else:
12            print("아닙니다!")
```

〈코드 2-3-1〉

03 chance 변수를 선언하고 초기화 합니다. chance 변수는 게임의 횟수를 제한하기 위해서 사용될 변수인데 여기서는 10번의 기회를 주기로 했으니 10이란 값으로 초기화 했습니다.

05 while 반복문입니다. while문에는 chance > 0이라는 조건을 주어 chance 값이 0보다 크면 참(True)이 되어 반복하게 되어있는데 **07**행에서 사용자의 입력을 받기 직전 **06**행에서 chance 값은 계속 1씩 감소하게 되어있습니다.

07 사용자의 입력을 받는 input( )문은 while문 안쪽으로 이동되었습니다. 그래야 사용자의 입력을 chance 기회만큼 반복하여 받을 수 있게 됩니다.

10 사용자가 입력한 user_input 값이 number 값과 일치하는 경우 더 이상 while문을 수행할 필요가 없기 때문에 break문을 사용하여 **05**행의 while문을 빠져나와야 합니다.

다시 코드를 수정하여 저장한 후 실행해서 결과를 테스트해보도록 하겠습니다.

〈그림 2-3-1〉 기능이 보강된 01-guess-number.py 파일 실행

코드에 에러가 없다면 10번을 시행하는 반복문이 제대로 실행됩니다. 그런데 10번을 시도해봤지만 결국 맞추지는 못했습니다. 아직도 이 게임의 난이도가 높아 보입니다.

2-4. 힌트 기능 추가

프로그램에서 적절한 힌트를 주어 사용자가 숫자를 맞출 수 있도록 난이도를 조절하겠습니다. 방법은 사용자가 입력한 값이 컴퓨터가 생성한 숫자보다 크거나 작을 때 적절한 안내를 해주면서 숫자 값의 입력 범위를 좁혀가도록 하는 것입니다.

기존 코드를 다음과 같이 변경해보겠습니다.

```
03    chance = 10
04    number = random.randint(1, 99)
05    while chance > 0:
06        chance -= 1
```

```
07        user _ input = int(input("1부터 99사이의 숫자를 맞추세요: "))
08        if number == int(user _ input):
09            break
10        elif user _ input < number:
11            print(f"{user _ input} 보다 큰 숫자 입니다.")
12        elif user _ input > number:
13            print(f"{user _ input} 보다 작은 숫자 입니다.")

15    if user _ input == number:
16        print(f"성공!! {user _ input}이 맞습니다.")
17    else:
18        print(f"실패!! 정답은 {number} 입니다.")
```

〈코드 2-4-1〉

09 정답을 맞춘 경우 while문을 탈출합니다. 이때 정답을 맞췄다는 메세지를 출력하지 않습니다. 왜냐하면 while문은 정답을 맞춘 경우와, 맞추지 못해 열 번의 기회를 모두 소진한 경우 두 가지의 경우에 모두 빠져나가게 되어있기 때문에, **15**행에서 일괄적으로 메세지 처리를 할 수 있게 만들었습니다.

10~11 elif문을 사용하여 조건문을 수정합니다. 사용자가 입력한 user_input 값이 생성한 number 값보다 작으면 정답이 사용자가 입력한 값보다 큰 숫자라고 힌트 메세지를 출력합니다.

12~13 역시 elif문을 사용하여 사용자가 입력한 user_input 값이 생성한 number 값보다 크면 그보다 작은 숫자라는 힌트 메세지를 출력합니다.

15~18 while문을 빠져나왔을 때 정답을 맞히거나 혹은 기회를 모두 소진한 경우, 각각의 상황에 맞게 안내 문구를 출력합니다.

기존의 〈코드 2-3-1〉에서는 사용자가 정답을 입력한 경우 "정답!"이라는 메세지를 출력한 후 break문으로 while문을 빠져나왔지만 여기서는 정답을 맞혀서 while문을 빠져나오는 경우와 10번의 기회를 모두 소진해서 while문을 빠져나오는 경우 2가지의 경우가 있기 때문에 기존에 정답을 맞힌 경우 "정답!"을 출력했던 내용은 삭제하고 **09**행에서처럼 그냥 break문만 작성하였습니다. while문 밖의 **15~18**행에서 정답을 다시 확인하고 그에 적절한 안내 문구를 출력해주는 형태로 변경되었습니다.

수정된 내용을 저장하고 다시 실행해 결과를 확인하겠습니다.

〈그림 2-4-1〉 힌트 기능 추가

힌트를 받으니 좀 더 게임에 집중할 수 있게 되었고 이제 정답을 이전보다 쉽게 맞힐 수 있었습니다.

2-5. 완성도 보강

이제 숫자 맞추기 게임의 핵심 로직은 모두 구현하였고 이대로 마무리를 해도 상관없습니다. 하지만 개발자는 항상 조금 더 완성도 있는 프로그램을 만들기 위해 노력해야 하고 무엇이 부족한지 끝없이 고민하고 생각해보는 습관을 들이는게 좋습니다.

먼저 while문 전에 우리는 이 게임이 무엇을 목적으로 하는지 안내 문구를 출력하도록 하겠습니다.

```
03    chance = 10
04    number = random.randint(1, 99)
05    print(f"1 부터 99 까지의 숫자를 {chance}번 안에 맞춰보세요.")
... 생략 ...
```

〈코드 2-5-1〉

05 사용자에게 간단하게 게임의 정보를 제공하게 화면에 안내 문구를 출력합니다.

프로그램을 만드는 개발자는 항상 여러 가지 경우의 수에 대비하고 내가 의도하지 않은 상황에 대한 대비를 해야 합니다. 특히 지금 작성한 숫자 맞추기처럼 사용자의 입력을 받는 경우 개발자는 항상 사용자의 입력을 100% 신뢰하면 안됩니다. 사용자가 만약 숫자가 아닌 a같은 문자를 입력하면 어떻게 될까요?

```
터미널   AZURE   JUPYTER   SQL CONSOLE   문제   출력   디버그 콘솔          + ∨  🗔 Python  ⊓  🗑  ∧  ×

Microsoft Windows [Version 10.0.22000.1098]
(c) Microsoft Corporation. All rights reserved.

C:₩PythonStudy>C:/Python310/python.exe c:/PythonStudy/12/01-guess-number.py

1 부터 99 까지의 숫자를 10번 안에 맞춰보세요.
1부터 99사이의 숫자를 맞추세요: a
Traceback (most recent call last):
  File "c:₩PythonStudy₩12₩01-guess-number.py", line 8, in <module>
    user_input = int(input("1부터 99사이의 숫자를 맞추세요: "))
ValueError: invalid literal for int() with base 10: 'a'
```

〈그림 2-5-1〉 입력 오류 발생

"a" 문자를 입력해보면 input( ) 함수로 전달받은 a라는 값을 int( )형으로 캐스팅을 시도하면서 오류가 발생하게 되고 〈그림 2-5-1〉에서처럼 프로그램은 의도치 않게 강제 종료됩니다.

우리는 이미 예외처리를 공부했기 때문에 항상 이런 여러 가지 상황을 상상해보고 미리 오류를 예측할 수 있어야 합니다. 여기서는 사용자 함수를 활용하여 이런 입력 오류에 대한 상황을 어떻게 대처하는지 알아보도록 하겠습니다.

```
03    def input _ check(msg):
04        while True:
05            try:
06                user _ input = int(input(msg))
07                return user _ input
08            except:
09                continue

11    chance = 10
...  생략  ...
```

〈코드 2-5-2〉

03 사용자의 입력 내용을 체크하는 input_check이라는 이름의 사용자 함수를 하나 만들었습니다. 이 함수는 msg라는 매개변수를 갖는데 msg에는 **06**행에서 input(msg) 함수 호출 시 화면에 출력할 내용을 전달 받는 목적으로 사용됩니다.

04 while문은 **07**행에서 return문에 의해 함수가 종료될 때까지 무한으로 동작하는 반복문입니다.

05~09 try ~ except문을 사용하여 사용자의 입력 데이터를 받고 형변환을 진행합니다. 만약 여기서 형변환 시도 시 오류가 발생하면 **08**행의 except에 의해 **09**행의 continue문이 수행되게 되는데 continue문은 **04**행의 while문을 다시 진행시키는 역할을 하게 되므로 프로그램은 while문을 빠져나가지 않고 다시 **06**행의 입력을 받는 상태로 동작하게 됩니다.

그럼 이제 기존의 코드에서 사용자의 입력을 받는 부분을 이 함수로 대체해야 합니다.

```
... 생략 ...
14  while chance > 0:
15      chance -= 1
16      user_input = input_check("숫자를 입력하세요: ")
17      if number == int(user_input):
18          break
... 생략 ...
```

〈코드 2-5-3〉

16 기존의 input( ) 함수를 호출하는 내용을 우리가 작성한 input_check( ) 함수로 대체합니다. 안내 메세지도 간략하게 변경했습니다. 그럼 이제 프로그램이 어떻게 동작하게 되는지 확인을 해보도록 하겠습니다.

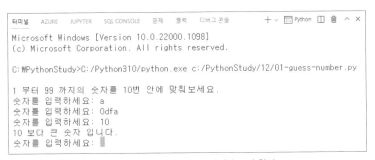

〈그림 2-5-2〉 입력 오류 예외처리 동작 확인

〈그림 2-5-2〉에서처럼 이제 어떤 문자를 입력해도 프로그램은 오류를 발생하여 중지되지 않고 문제없이 동작하는 것을 확인할 수 있습니다.

이렇게 실전 프로그래밍의 첫 번째 과제를 수행해봤습니다. 아주 간단한 프로그램이지만 이 작은 프로그램에서도 우리는 if문 elif문, try ~ except, input( ) 등 여러 가지 파이썬의 기능을 사용해서 하나의 로직을 구현했습니다. 이론적으로 if문, while문이 무엇인지 아는 것도 중요하지만 결국 프로그래밍은 이런 여러 가지 요소를 어떻게 적절히 사용하여 동작 가능한 로직을 만드는 것이라 볼 수 있습니다.

3. 숫자 야구 게임 만들기

숫자 야구 게임은 일반적으로 두 명이서 종이에 연필로 서로 모르는 세 자리 숫자를 맞추는 일종의 보드 게임입니다. 한국에서는 야구 게임이라고 많이 이야기하지만 외국에서는 Bulls and Cows라고 하며, 상업적 보드 게임도 존재합니다. 이 챕터에서는 이 오프라인 보드게임을 파이썬을 활용하여 구현해보도록 하겠습니다.

3-1. 게임의 룰

이 장에서 만들 숫자 야구 게임은 컴퓨터가 생성한 서로 중복되지 않는 3개의 무작위 숫자를 사용자가 3개의 숫자와 그 순서까지 모두 맞추면 승리하는 게임입니다. 예를 들어 컴퓨터가 4, 5, 6이라는 숫자를 생성했다고 가정해 봅시다. 만약 사용자가 1, 5, 0을 입력했다면 1과 0은 컴퓨터가 생성한 값에는 없습니다. 그런데 5는 생성한 숫자 4, 5, 6에 있고, 순서도 일치하니 1스트라이크가 됩니다. 또 사용자가 1, 4, 0을 입력했다면, 1과 0은 4, 5, 6에 있지 않고, 4는 존재하지만 순서가 다르니 1볼이 됩니다. 사용자가 4, 5, 6을 입력했다면 숫자와 순서가 모두 같으니 게임에서 이기게 됩니다.

횟수	제시된 숫자	아웃
1	1 2 3	아웃
2	0 3 4	0스트라이크, 1볼
3	**4** 1 5	1스트라이크, 1볼
4	**4** 6 5	1스트라이크, 2볼
5	**4 5** 1	2스트라이크, 0볼
6	**4 5 6**	3스트라이크, 0볼

〈표 3-1-1〉 컴퓨터가 4, 5, 6에 해당하는 숫자를 생성했을 경우

게임은 사용자가 컴퓨터에 의해 생성한 숫자를 맞출 때까지 여러 번 반복해서 입력할 기회를 줍니다. 이때 컴퓨터는 1스트라이크 1볼과 같은 힌트를 출력해 주는데, 사용자는 이 힌트를 참고해 컴퓨터가 생성한 값을 추측하여 맞추면 됩니다.

3-2. 중복되지 않는 세 개의 무작위 난수 생성

일단 프로그램이 실행되면 프로그램은 사용자에게 문제를 제시하기 위해서 가장 먼저 중복되지 않은 세 개의 숫자를 생성해야 합니다.

세 자리의 숫자는 123처럼 연속된 숫자가 아닌 1, 2, 3처럼 각각의 숫자를 의미 합니다. 따라서 random 라이브러리의 랜덤 함수를 세 번 수행하여, 0부터 9사이의 숫자 세 개를 생성해야 합니다.

먼저 비주얼 스튜디오 코드에서 03-baseball.py 파일을 만들어 다음의 코드를 작성해보겠습니다.

```
01   import random

03   for i in range(3):
04       rand_num = random.randint(0, 9)
```

〈코드 3-2-1〉

01 난수를 생성하기 위해 random 라이브러리를 불러옵니다.

03 세 개의 숫자를 무작위로 생성하기 위해서 for문을 사용하여 range(3)만큼 반복합니다.

04 for문 안에서 random 라이브러리의 randint(0, 9) 함수를 사용하여 0부터 9사이의 랜덤 값을 생성하고 변수 rand_num에 저장합니다.

〈코드 3-2-1〉만으로는 세 개의 랜덤 숫자를 만드는 게 어렵습니다. 왜냐하면 변수 rand_num에 저장된한 자리 숫자는 반복할 때마다 또 다른 숫자로 변경되기 때문입니다. 따라서 변경되지 않도록 리스트를 이용해서 저장해야 합니다. 또한 중복되지 않는 숫자여야 한다는 게임의 규칙이 있으므로, 새로운 값을 리스트에 추가하기 전에 중복 검사를 해야 합니다.

그렇다면 〈코드 3-2-1〉을 다음과 같이 수정해보겠습니다.

```
01   import random

03   numbers = []

05   for i in range(3):
06       rand_num = random.randint(0, 9)
07       if rand_num in numbers:
08           print("중복된 숫자입니다.")
09       else:
10           numbers.append(rand_num)
11   print(numbers)
```

〈코드 3-2-2〉

03 중복되지 않는 3개의 숫자를 저장할 numbers라는 리스트형 변수를 for문 바깥에 선언합니다. 그래야 for문 안에서만 존재하는 rand_num 변수의 값을 for문 밖에 기억시킬 수 있게 됩니다.

07~10 0에서 9사이의 숫자를 무작위로 생성한 다음, 해당 숫자가 중복 숫자인지 판단해야 하는데, 여기서는 if문을 사용해 생성한 변수 rand_num의 값이 리스트 numbers에 있는지 확인합니다. 있으면 "중

복된 숫자입니다"라는 메세지를 출력하고, 없으면 리스트에 생성한 값을 추가합니다. 여기서 numbers는 리스트형 변수이기 때문에 in문을 사용하여 해당 요소가 리스트에 있는지 확인할 수 있습니다. **08**행에서처럼 append 메서드를 이용하여 리스트에 요소를 추가할 수 있습니다.

11 테스트를 위해 리스트 numbers를 출력합니다. print( )문은 테스트를 위해서만 사용되고 테스트 후에 삭제될 내용입니다.

비주얼 스튜디오 코드에서 03- baseball.py를 실행해보도록 하겠습니다.

```
터미널  AZURE  JUPYTER  SQL CONSOLE  문제  출력  디버그 콘솔          + ∨  Python

Microsoft Windows [Version 10.0.19043.2130]
(c) Microsoft Corporation. All rights reserved.

C:₩PythonStudy>C:/Python310/python.exe c:/PythonStudy/12/03-baseball.py
[5, 6, 8]

C:₩PythonStudy>C:/Python310/python.exe c:/PythonStudy/12/03-baseball.py
[0, 8, 2]

C:₩PythonStudy>C:/Python310/python.exe c:/PythonStudy/12/03-baseball.py
[7, 0, 6]

C:₩PythonStudy>C:/Python310/python.exe c:/PythonStudy/12/03-baseball.py
중복된 숫자입니다.
[3, 5]
```

〈그림 3-2-1〉 03-baseball.py 파일 테스트 모습

〈코드 3-2-2〉를 여러 번 실행해 결과를 확인해보면 〈그림 3-2-1〉과 같이 세 자리의 난수가 생성되는 것을 확인할 수 있습니다. 그런데 가만 보면 한 가지 문제점이 보이는데 과연 무슨 문제일까요?

〈그림 3-2-1〉 의 마지막 결과에서처럼 숫자가 중복되어 생성된 경우에는 리스트에 숫자가 추가되지 않습니다. 〈코드 3-2-2〉에서 for문은 range(3)에 의해 세 번만 수행되는데, 중복된 숫자가 있으면 리스트에 추가하는 내용이 없으니 세 자리 숫자를 생성한다는 보장을 할 수가 없습니다.

3-3. while을 이용한 중복처리

그럼 어떻게 하면 중복되지 않도록 하면서 세 개의 숫자를 저장할 수 있을까요? 〈코드 3-2-2〉의 for문을 다음과 같이 수정해야 합니다.

```
import random

numbers = []

rand _ num = random.randint(0, 9)
for i in range(3):
    while rand _ num in numbers:
```

```
08          rand _ num = random.randint(0, 9)
09       numbers.append(rand _ num)
10   print(numbers)
```

〈코드 3-3-1〉

05 for문 밖에서 최초의 난수 값을 rand_num에 저장합니다. rand_num 변수가 **06**행의 for 문 밖에서 최초 등장을 하지 않게 되면 **07**행의 while문의 조건에 rand_num은 존재하지 않게 되기 때문에 오류가 발생합니다.

07~08 이전 〈코드 3-2-2〉의 코드 **07~10**행을 if문 대신에 while문으로 바꿔주었습니다. 그리고 while문을 실행하는 조건식에서 중복 여부를 판별합니다. 만일 새롭게 생성한 값이 기존 리스트에 있는 값이라면 이 조건은 참이 되므로 while문을 수행하고 새로운 무작위 값을 생성합니다. while문은 조건을 만족해야 실행되는 반복문입니다. 여기서 새롭게 생성한 무작위 값이 중복된 값이면 while문의 조건이 참이 되고 그러면 다시 무작위 값을 새롭게 생성하게 됩니다. 중복 값은 여러 번 나올 수 있습니다.

09 생성된 변수 rand_num의 값이 리스트 numbers에 포함되지 않는, 즉 중복 값이 아니라면 while문을 빠져 나옵니다. 그리고 append 메서드로 리스트 numbers에 요소를 추가합니다. 전체적으로 for문은 세 번 반복하게 되어있습니다. 따라서 리스트 numbers에는 중복되지 않는 숫자 세 개가 저장되는 구조로 동작하게 됩니다.

10 테스트를 위해 리스트 numbers의 값을 출력합니다.

코드의 내용을 수정하여 파일에 저장하고 다시 실행하여 결과를 확인해보도록 하겠습니다.

〈그림 3-3-1〉 수정된 03-baseball.py 파일 실행 결과

실행 결과를 보면 이제 리스트 numbers에는 중복되지 않는 세 개의 수가 정상적으로 생성되고 있습니다.

3-4. 문자열 입력과 인덱스

야구 게임의 문제인 세 자리 난수는 준비가 되었습니다. 이제 사용자는 이 문제를 맞히기만 하면 됩니다.

지금까지 생성한 numbers에 저장된 세 자리 숫자 값을 사용자가 맞히기 위해서 우리는 사용자로부터 세 자리 숫자에 대한 값을 입력받아야 합니다. 파이썬 터미널에서 사용자에게 입력을 받을 수 있는 방법은 input( ) 명령을 사용하는 방법뿐인데, 여기서 생각해볼 문제가 하나 있습니다. 즉, 사용자에게 1, 2, 3처럼 세 번에 나눠서 입력받게 할 것인지 아니면 123처럼 연속된 숫자로 입력을 받게 할 것인지 하는 문제입니다.

프로그램을 만드는 입장에서는 1, 2, 3처럼 각각 숫자를 입력받는 게 프로그래밍하기 편하지만, 사용자의 입장에선 불필요한 작업을 반복하는 것 같아 불친절합니다. 그래서 우리는 사용자에게 123처럼 연속된 숫자를 입력받도록 하겠습니다.

```
... 생략 ...
11    num = input("숫자 세 자리를 입력하세요: ")
```

〈코드 3-4-1〉

11 세 자리 숫자를 입력하라는 안내 문구를 출력하면서 사용자로부터 입력을 받습니다. input 함수는 입력된 값을 무조건 문자열로 처리하므로, 변수 num에 저장된 값은 문자열입니다.

사용자로부터 연속된 세 개의 숫자를 입력받아 변수 num에 저장하였습니다. 이제 변수 num에 저장한 값과 무작위로 생성한 리스트 numbers에 저장한 값을 비교해야 합니다.

사용자가 '123'이란 숫자를 입력하고 numbers에는 [6, 1, 3]이라는 무작위 값이 저장되어 있다고 가정해 봅시다. 변수 num에 저장된 "123"을 '1', '2', '3'처럼 별개의 숫자처럼 접근해야 리스트에 저장한 [6, 1, 3]과 비교할 수 있습니다. 그런데 다행스럽게 변수 num의 값이 문자열입니다. 이전 4장 변수와 자료형에서 배운 것처럼 문자열은 인덱스를 이용해 요소에 접근할 수 있습니다. 따라서 문자열 num을 인덱스를 이용해 num[0], num[1], num[2]처럼 접근하면, 연속된 숫자를 별개의 숫자 '1', '2', '3'처럼 가져올 수 있습니다. 그러면 우리는 for 문을 사용하여 num에 저장된 문자열에서 각각 "1", "2", "3"을 구해 numbers의 값과 비교할 수 있습니다.

그렇다면 문자열 인덱스에 대해 복습도 할 겸 실제로 구현해보도록 하겠습니다.

```
... 생략 ...
11    num = input("숫자 세 자리를 입력하세요: ")
12    for i in range(3):
13        print(num[i])
```

〈코드 3-4-2〉

비주얼 스튜디오 코드 터미널에서 사용자로부터 숫자를 입력받고 출력하면 다음과 같습니다. 일단 코드를 저장한 후 실행하여 여러분 임의대로 아무 숫자나 입력해보고 출력해보길 바랍니다.

〈그림 3-4-1〉 사용자가 입력한 문자열 데이터에 각 인덱스로 접근

이제 본격적으로 사용자가 입력한 값과 컴퓨터가 생성한 값을 비교할 때가 되었습니다. 사용자가 입력한 값과 컴퓨터가 생성한 값, 변수 두 개의 요소 전체를 서로 비교해야 하는 이런 경우 이중 for문을 사용합니다.

3-5. 이중 for문

아직 감이 오지 않는다면 아래의 코드를 먼저 입력하고 나서 다시 확인해 봅시다. 앞에서 작성한 for 문을 다음과 같이 수정하겠습니다.

```
 ... 생략 ...
11   num = input("숫자 세 자리를 입력하세요: ")
12   for i in range(3):
13       for j in range(3):
14           if num[i] == str(numbers[j]):
15               print(f"사용자입력: {num[i]}, 컴퓨터: {numbers[j]} 일치")
```

〈코드 3-5-1〉

12~13 6장 조건문과 반복문에서 배운 다중 for문을 사용하여 첫 번째 for 문에서는 i라는 변수를 사용했고, 두 번째 for문에서는 j를 변수로 사용했습니다. 여기서 변수 i와 j는 실제 리스트와 문자열에 들어있는 값이 아니라 for문이 반복하고 있는 횟수 0~2 값이 저장되는 인덱스 값이라는 것이 중요합니다. 결국 이중 for문은 인덱스 번호를 이용해 각각의 문자열과 리스트에 접근한 다음, 해당 인덱스 번호에 위치한 값을 서로 비교하게 됩니다.

그래도 이중 for문이 잘 이해가 되지 않나요? 프로그래밍을 할 때 이중 for문을 이용하면 매우 간결한 코드를 작성할 수 있지만, 입문자에게는 그 구현 과정을 이해하는 것이 제법 어렵습니다. 다시 한 번 천천히 설명하겠습니다.

다음 그림을 보면 이중 for문이 어떻게 동작하는지 알 수 있습니다.

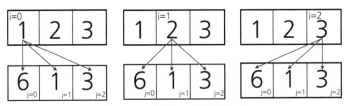

〈그림 3-5-1〉 이중 for문 실행 순서

〈그림 3-5-1〉을 보면 먼저 바깥쪽 for문을 실행합니다. 인덱스 번호는 0부터 시작하므로 이때 i 값에는 0이 저장됩니다. 그리고 나서 다음 코드, 즉 안쪽 for문을 실행합니다. 안쪽 for문 역시 처음에는 j에 인덱스 번호 0이 저장됩니다. 그런 다음 코드를 실행하면 문자열 num[0]와 리스트 numbers[0]에 있는 값을 서로 비교하게 됩니다. 두 값이 서로 일치하면 "사용자가 입력한 (num[0]) 숫자와 랜덤 값(numbers[0])이 일치합니다."라는 메세지를 출력하고, 일치하지 않으면 아무런 출력없이 다음 과정을 진행합니다.

안쪽 for문이 인덱스 번호 0~2를 순회하는 동안 각각의 인덱스 번호에 위치한 문자열과 리스트 값을 비교합니다. 바깥쪽 for문에서 저장한 i가 0인 상황에서 안쪽 for문의 순회가 모두 완료되면, 다시 바깥쪽 for문으로 이동하며, 인덱스 번호 i는 다음 값인 1을 저장하고 다시 안쪽 for문으로 내려옵니다. 이 과정은 바깥쪽 for문에서 i가 0~2를 순회하는 동안 반복하게 됩니다. 이것이 이중 for문의 동작 방식입니다. 이 과정에서 〈코드 3-5-1〉의 **14**행 if문은 두 값을 총 9번에 걸쳐 비교합니다.

그리고 또 한가지 주의해야 할 점은 〈코드 3-5-1〉 **14**행에서처럼 정수 리스트는 문자열로 변환한다는 점입니다.

```
14              if num[i] == str(numbers[j]):
```

컴퓨터가 생성한 리스트 numbers의 값은 정수 형태의 값인 반면, 사용자가 입력한 값은 문자열 형태입니다. 따라서 두 값을 비교하려면 두 값의 자료형을 서로 일치시켜야 합니다. 이 프로그램에서는 numbers[j]의 값을 str로 형변환해서 자료형을 일치시켰습니다. 물론 numbers[j]의 값은 문자 형태로 두고 반대로 num[i]의 값을 int(num[i])처럼 정수 형태로 형변환하여 비교해도 상관없습니다. 여기서 중요한 점은 두 변수의 자료형을 일치시켜야만 값이 서로 같은지 다른지를 비교할 수 있다는 점입니다.

이제 지금까지의 내용을 저장하고 실행해서 결과를 확인해보면 다음과 같습니다.

〈그림 3-5-2〉 이중 for문 동작 결과 확인

현재로서는 사용자가 입력한 값이 컴퓨터가 생성한 값에 존재하는 경우에만 출력이 되고 그렇지 않은 경우에는 아예 출력되지 않습니다. 그럼, 다음 단계로 넘어가도록 하겠습니다.

3-6. 스트라이크와 볼 판별하기

지금까지 0~9 사이의 랜덤 값을 만들고, 사용자로부터 입력을 받았습니다. 그리고 이중 for 문을 이용해 두 값을 비교하는 데까지 진행하였습니다. 이제는 게임의 규칙대로 이 두 값이 스트라이크인지 볼인지 판정을 내려야 할 때가 되었습니다.

스트라이크의 조건이 무엇이고 볼의 조건이 무엇인지 다시 확인을 해볼까요? 두 값이 일치하고 순서까지 같다면 스트라이크, 두 값이 일치하지만 순서가 다르다면 볼이라고 했습니다.

그런데 이미 문자열의 값과 컴퓨터가 생성한 값이 일치하는지 아닌지는 앞에서 구현하였습니다. 이제는 순서에 따라 스트라이크와 볼을 판별하는 일만 남았습니다. 〈코드 3-5-1〉를 다음과 같이 수정하겠습니다.

```
    ... 생략 ...
11   num = input("숫자 세 자리를 입력하세요: ")
12   for i in range(3):
13       for j in range(3):
14           if num[i] == str(numbers[j]) and i == j:
15               print("스트라이크!")
16           elif num[i] == str(numbers[j]) and i != j:
17               print("볼")
```

〈코드 3-6-1〉

14~17 if ~ elif문과 논리 연산자 and를 이용해 두 값의 인덱스 번호를 비교하는 코드를 추가하였습니다. **14**행에서는 사용자로부터 입력받은 값과 생성 값이 일치하고, 순서도 일치하면 스트라이크를 출력합니다. 여기서 순서는 숫자의 위치를 의미하게 되는데 이 숫자의 위치 값이 같은지, 다른지는 i와 j값으로 판단할 수 있습니다. **16**행에서는 두 값은 일치하는데 순서가 다르면 볼이라고 출력합니다.

지금까지 작성한 내용을 저장 후 실행해봅니다.

```
터미널  AZURE  JUPYTER  SQL CONSOLE  문제  출력  디버그 콘솔        + ∨  Python

Microsoft Windows [Version 10.0.19043.2130]
(c) Microsoft Corporation. All rights reserved.

C:₩PythonStudy>C:/Python310/python.exe c:/PythonStudy/12/03-baseball.py
숫자 세자리를 입력하세요: 123
볼

C:₩PythonStudy>C:/Python310/python.exe c:/PythonStudy/12/03-baseball.py
숫자 세자리를 입력하세요: 321
스트라이크!

C:₩PythonStudy>C:/Python310/python.exe c:/PythonStudy/12/03-baseball.py
숫자 세자리를 입력하세요: 456
볼
```

〈그림 3-6-1〉 스트라이크와 볼에 대한 메세지 출력

이제 두 변수를 비교해 스트라이크와 볼을 판정하는 데까지 성공합니다.

3-7. 프로그램의 종료 조건 작성

앞의 구현 과정을 거치면서 이 게임의 핵심적인 코드를 작성했습니다. 이제는 이 프로그램의 완성도를 높이기 위해 다양한 조건들을 검토할 단계입니다.

이 프로그램은 생성된 세 자리의 난수를 사용자가 모두 맞췄을 때, 즉 스트라이크가 세 개가 나오면 종료되도록 만들어야 합니다. 반대로 스트라이크가 세 개가 나오지 않았다면 프로그램은 계속해서 사용자에게 입력을 받고, 현재 상황이 어떤지 사용자에게 알려주어야 합니다.

프로그램을 종료하는 조건을 구현하겠습니다.

```
03  cnt_strike = 0
... 생략 ...
12  while cnt_strike < 3:
13      cnt_strike = 0
14      cnt_ball = 0
15      num = input("숫자 세 자리를 입력하세요: ")
16      if len(num) == 3:
```

```
17          for i in range(3):
18              for j in range(3):
19                  if num[i] == str(numbers[j]) and i == j:
20                      cnt _ strike += 1
21                  elif num[i] == str(numbers[j]) and i != j:
22                      cnt _ ball += 1
```

〈코드 3-7-1〉

03 사용자가 입력한 숫자가 스트라이크를 몇 개 맞췄는지 확인하기 위해서 변수 cnt_strike를 선언하고 0으로 초기화합니다.

12 이 프로그램에서는 변수 cnt_strike가 3이 되면 게임을 종료합니다. while문은 변수 cnt_strike가 3이 될 때(세 개의 숫자를 모두 맞출 때)까지 반복하며, 3미만이면 계속 사용자에게 입력을 받아 입력된 값과 컴퓨터가 생성한 값을 비교하게 됩니다.

13~14 cnt_strike를 0으로 다시 초기화하고, 변수 cnt_ball을 선언하고 초기화 합니다. 코드 **03**행에서 처럼 while문 밖에 cnt_strike를 선언하고 0으로 초기화되어야 **12**행에서 while문이 문제없이 수행됩니다. 그리고 while문 안에서 다시 이 변수를 초기화한 까닭은 매번 사용자가 입력할 때마다 다시 스트라이크 와 볼의 개수를 확인해야 합니다. 만약 사용자가 123을 입력해 1스트라이크의 결과가 나왔다고 하면 다 음 번 입력에는 1스트라이크를 유지한다는 보장은 없기 때문입니다. 다음 번 입력에는 3스트라이크를 위 해 다른 수를 입력하게 되므로 결과도 달라지게 될 수 있습니다.

16 len 함수를 사용하여 사용자로부터 입력받은 값의 길이가 3일 때에만 동작하도록 프로그램을 개선했 습니다. len 함수는 객체의 길이를 알려주는 함수인데 여기서는 문자열의 길이를 구하는데 사용하였습니 다. 물론 이렇게 처리하지 않고 while문을 사용해 input 함수에서 입력한 값이 3이 아닐 때까지 입력을 무 한 반복하게 작성할 수도 있지만, 프로그램의 완성도보다 프로그램의 로직을 이해하는 데 초점을 맞추고 자 더 단순하게 처리했습니다.

19~22 스트라이크나 볼일 때 변수 cnt_strike와 cnt_ball을 1씩 증가시킵니다. 여기서 for문은 3×3 횟 수만큼 총 9번 반복되기 때문에 반드시 복합 연산자 +=를 사용해서 값을 누적해야 합니다.

3-8. 힌트와 시행 횟수 출력

사용자가 입력한 값에서 스트라이크와 볼을 확인했으면 이제 현재 상태를 화면에 출력하여 사용자가 다음에 어떤 숫자를 입력하게 할지를 유도해야 합니다. 힌트를 출력하지 않으면 사용자가 입력한 값이 어떤 상태에 있는지 알 수 없습니다. 따라서 그때그때 맞힌 상황을 출력해주어야 점차 정답에 근접할 수 있습니다.

```
03   cnt_strike = 0
04   cnt_total = 0
... 생략...
17       if len(num) == 3:
18           for i in range(3):
19               for j in range(3):
20                   if num[i] == str(numbers[j]) and i == j:
21                       cnt_strike += 1
22                   elif num[i] == str(numbers[j]) and i != j:
23                       cnt_ball += 1
24           if cnt_strike == 0 and cnt_ball == 0:
25               print("아웃!!")
26           else:
27               output = ""
28               if cnt_strike > 0:
29                   output += f"{cnt_strike}스트라이크"
30               if cnt_ball > 0:
31                   output += f" {cnt_ball}볼"
32               print(output)
33           cnt_total += 1
34   print(f"{cnt_total}회 만에 성공!!")
```

〈코드 3-8-1〉

04 변수 cnt_total은 사실 이 게임에서 크게 중요한 요소는 아닙니다. 만약 게임의 최대 횟수를 제한할 경우 이 변수를 선언해서 제어할 수 있습니다. 하지만 이 프로그램에서는 코드 **33~34**행에서처럼 최종 게임이 끝났을 때 총 몇 번 만에 성공했는지 알게 할 용도로 사용합니다.

24~25 변수 cnt_strike와 cnt_ball이 모두 0인 경우에는 맞힌 숫자가 하나도 없기 때문에 "아웃!!"이라는 문자열을 출력합니다.

27~32 사용자에게 현재 상황을 알려주는 코드입니다. 보통 1스트라이크 2볼처럼 스트라이크를 먼저 표기하고 볼을 뒤에 표기하기 위해서 **28**행에서 먼저 cnt_strike 값이 0보다 큰 경우 스트라이크에 대한 안내 문자열을 출력하게 하고, **30**행에서 cnt_ball이 0보다 큰 경우 안내 문자열을 출력하도록 하였습니다. 이때 주의할 점은 if~elif문으로 작성하지 않고 각각의 if문으로 작성했습니다. 스트라이크와 볼 문자열의 출력은 각각 독립적으로 작동한다는 것을 의미합니다. 안내 문구를 한 줄로 보여줄 수 있도록 **27**행에서 output이란 빈 문자열 변수를 선언한 다음, 변수 output에 문자열 값을 복합 대입 연산자 +=를 사용해 누적합니다.

32~34 결과를 화면에 출력하고, 게임이 종료되면 몇 번 만에 성공했는지 출력합니다.

이제 파일을 저장하고 실행하여 프로그램이 어떻게 작동하나 확인해보도록 합니다.

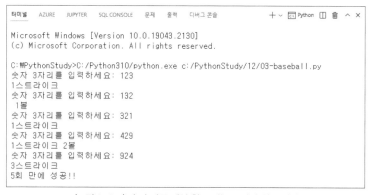

〈그림 3-8-1〉 숫자 야구 게임 힌트 기능 보강된 최종 결과

숫자를 입력하면 현재의 상황을 알려줍니다. 사용자는 이 값을 보면서 현재 맞힌 숫자가 무엇인지 추측하면서 다음 수를 생각할 수 있습니다. 〈그림 3-8-1〉을 보면 이 게임에서 사용자는 5회 만에 정답을 맞혔다는 것을 알 수 있습니다.

프로그램의 완성도를 높이려면 2챕터에서 배운 것처럼 입력 전에 안내 문구를 입력하거나, os 라이브러리를 사용하여 화면을 깨끗하게 초기화하거나, 사용자의 입력 횟수에 제한을 가하는 함수를 작성하는 게 좋습니다. 여기서는 지면상의 이유로 생략하지만 이 책의 독자들은 배운 것을 복습도 할 겸 작성해볼 것을 권합니다.

4. 영어 단어 맞추기 게임

영어 단어 맞추기 게임은 두 명 중에 한 사람이 뜻을 이야기해주면 다른 사람이 뜻에 해당하는 영어 단어를 맞추는 단순한 게임입니다. 여기서 문제를 내는 역할은 컴퓨터가 해주고 정답을 맞추는 역할은 사용자가 하면 됩니다.

4-1. 게임의 룰

프로그램을 작성하기 전에 먼저 기본적인 로직을 생각해보면 프로그램은 문제를 화면에 출력하고 사용자의 입력을 받아야 합니다. 그리고 입력 받은 값이 정답인지 아닌지 판별하여 그 결과에 맞는 안내 문구를 화면에 출력하겠습니다.

4-2. 영어 단어 설정

그렇다면 프로그램은 문제와 답을 모두 갖고 있어야 하고 문제와 답은 서로 쌍으로 이루어져 있어야 합니다. 그렇다면 문제와 답을 쌍으로 저장하기 위해서 어떤 형태의 자료형을 써야 할까요?

우리는 이미 키와 값으로 구성된 딕셔너리 자료형을 배운 적이 있습니다. 그래서 질문을 키로 정답을 값으로 해서 딕셔너리 형태의 변수로 저장을 할 수 있습니다.

새로운 프로그램을 작성해야 하니 먼저 비주얼 스튜디오 코드에서 04-english-game.py 파일을 생성하고 시작하도록 하겠습니다.

```
01   words_dict = {
02       "사자": "lion", "호랑이": "tiger", "고양이": "cat", "사과": "apple",
03       "비행기": "airplane", "동물원": "zoo", "태양": "sun", "함수": "function"
04   }
```

〈코드 4-2-1〉

01~04 적절한 단어와 뜻을 딕셔너리형 변수에 저장을 합니다.

딕셔너리 자료형은 키와 값, 쌍으로 이루어지는데 영어 단어 맞추기 게임에서 문제로 제출되는 것은 영어 단어의 뜻이고 사용자는 그 뜻에 해당하는 영어 단어를 맞추는 형태로 동작합니다. 그렇기 때문에 키에는 영어 단어의 뜻을, 값에는 영어 단어를 저장합니다.

그럼 이제 words_dict 변수에 담긴 키(영어 단어 뜻)와 값(영어 단어)을 화면에 출력해보도록 하겠습니다.

```
06   for k, v in words_dict.items( ):
07       print(k, v)
```

〈코드 4-2-2〉

06 딕셔너리 형태의 변수를 반복하기 위해서 for문을 사용할 때 "items( )" 메서드를 사용하면 키와 값을 모두 구할 수 있습니다. 여기서는 k에는 키, v에는 값이 들어가게 됩니다. 만약 items( ) 메서드를 사용하지 않고 **for k in words_dict**를 하면 딕셔너리의 키에 해당하는 요소만 반복하게 됩니다.

07 테스트의 목적으로 키와 값을 화면에 출력해봅니다.

비주얼 스튜디오 코드에서 04-english-game.py 파일을 실행합니다.

```
터미널   AZURE   JUPYTER   SQL CONSOLE   문제   출력   디버그 콘솔         + ∨  Python  ⊞  🗑  ∧ ✕

Microsoft Windows [Version 10.0.19043.2130]
(c) Microsoft Corporation. All rights reserved.

C:\PythonStudy>C:/Python310/python.exe c:/PythonStudy/12/04-english-game.py
사자 lion
호랑이 tiger
고양이 cat
사과 apple
비행기 airplane
동물원 zoo
태양 sun
함수 function
```

〈그림 4-2-1〉 for 반복문을 사용해 딕셔너리의 키와 값을 출력한 모습

〈그림 4-2-1〉에서처럼 words_dict 변수에 저장된 영어 단어와 뜻이 출력되는 것을 확인할 수 있습니다. 그런데 여기서 한 가지 아쉬운 점은 영어 단어가 words_dict 변수에 저장된 순서대로 나온다는 점입니다. 매번 실행할 때 정해진 순서대로 단어가 출력되면 프로그램이 너무 정적으로 느껴지고 재미가 떨어지니 이왕이면 이 순서가 랜덤하게 나왔으면 좋겠습니다.

random 라이브러리에는 리스트의 순서를 섞을 수 있는 shuffle( )이라는 메서드를 제공합니다. 그러나 words_dict는 리스트가 아닌 딕셔너리 형태의 변수이기 때문에 바로 사용을 할 수 없습니다. shuffle( ) 메서드를 쓰기 위해서 먼저 딕셔너리를 리스트 형태로 형변환을 해야 합니다. 코드를 다음과 같이 수정합니다.

```
01   import random

02   words_dict = {
...  생략 ...
06   }

08   words = list(words_dict)
```

```
09    random.shuffle(words)
10    for q in words:
11        print(q)
```

〈코드 4-2-3〉

01 shuffle( ) 함수를 사용하기 위해 random 라이브러리를 불러옵니다.

08 딕셔너리 변수인 words_dict를 list로 형변환하여 words에 저장합니다. 이때 words에는 words_dict의 키만 저장이 됩니다.

09 리스트의 순서를 섞습니다.

10~11 words에 저장된 요소를 반복하여 화면에 출력합니다.

지금까지 작성한 내용을 실행해 어떻게 출력되는지 확인해봅니다.

〈그림 4-2-2〉 주어진 단어가 랜덤한 순서로 출력되는지 확인

04-english-game.py를 여러 번 실행해보면 실행할 때마다 리스트의 순서가 랜덤하게 출력되는 것을 확인할 수 있습니다.

4-3. 문제 출력 및 사용자 입력

이제 이 words 변수에 저장된 단어의 뜻을 for문을 사용해서 순서대로 출력하면서 문제를 제출하고 사용자의 입력을 받습니다.

```
... 생략 ...
10    for q in words:
11        answer = input(f"{q}에 해당하는 영어 단어를 입력하세요> ")
```

〈코드 4-3-1〉

11 사용자에게 문제를 제출하고 답을 입력받습니다. 이때 문제는 변수 q에 담긴 영어 단어의 뜻이 출력될 테고 사용자는 이 뜻에 해당하는 영어 단어를 입력하여 answer 변수에 저장합니다.

일단 코드가 제대로 동작하는지 실행하여 확인을 해보고 넘어가도록 하겠습니다.

〈그림 4-3-1〉 문제 출력 후 사용자 입력 대기 중

파일을 실행해보면 〈그림 4-3-1〉처럼 사용자에게 단어를 입력하라는 안내 문구가 출력되면서 입력 대기 상태가 됩니다.

4-4. 정답 확인

사용자가 어떤 값을 입력하면 그 값은 변수인 answer에 저장되는데 이제 이 값이 정답인지 아닌지를 확인해야 합니다.

```
... 생략 ...
10   for q in words:
11       answer = input(f"{q}에 해당하는 영어 단어를 입력하세요> ")
12       english = words _ dict[q]
13       if answer.strip( ).lower( ) == english.lower( ):
14           print("정답입니다!!")
15       else:
16           print("틀렸습니다.")
```

〈코드 4-4-1〉

12 리스트형 words에는 영어 단어만 저장되어있기 때문에 사용자가 입력한 영어 단어의 뜻을 확인하기 위해서는 최초에 선언된 words_dict 변수에서 값을 가져와야 합니다. 딕셔너리 자료형의 특징으로 words_dict[q]처럼 키를 조회하면 값을 구할 수 있습니다.

13~16 사용자가 입력한 영어 단어와 정답의 값을 비교하는데 이때 사용자가 입력한 값은 strip( ) 메서드로 앞뒤의 공백을 제거하고 대소문자 구분을 없애기 위해서 lower( ) 메서드로 소문자로 변경한 후 값을 비교합니다. 이렇게 사용자가 입력한 값은 대소문자를 구분하지 않을 것을 미리 예측해서 코드를 작성하는 것이 좋습니다. 단어가 일치하면 "정답입니다!!"를 출력하고 그렇지 않으면 "틀렸습니다"라는 메세지를 출력합니다.

파일을 수정하고 저장한 뒤 실행하여 중간 결과를 확인해보도록 하겠습니다.

```
터미널   AZURE   JUPYTER   SQL CONSOLE   문제   출력   디버그 콘솔

Microsoft Windows [Version 10.0.19043.2130]
(c) Microsoft Corporation. All rights reserved.

C:₩PythonStudy>C:/Python310/python.exe c:/PythonStudy/12/04-english-game.py
태양에 해당하는 영어 단어를 입력하세요> abcd
틀렸습니다.
호랑이에 해당하는 영어 단어를 입력하세요> tiger
정답입니다!!
함수에 해당하는 영어 단어를 입력하세요> function
정답입니다!!
비행기에 해당하는 영어 단어를 입력하세요> airjordan
틀렸습니다.
동물원에 해당하는 영어 단어를 입력하세요>
```

〈그림 4-4-1〉 중간 결과 확인

지금까지의 내용을 저장한 후 실행해보면 〈그림 4-4-1〉처럼 큰 문제없이 프로그램이 구동되는 것을 확인할 수 있습니다.

4-5. 추가 기회 제공

영어 단어 맞추기 게임은 게임의 목적도 있지만 아무래도 영어 단어를 암기하는 교육적 목적도 있기 때문에 사용자가 단어를 못 맞췄을 때 바로 다음 문제가 출제되는 것보다 다섯 번 정도의 기회를 더 주는 것이 좋을 것 같습니다.

코드를 다음과 같이 수정합니다.

```
... 생략 ...
random.shuffle(words)
chance = 5
for q in words:
    for j in range(chance):
        answer = input(f"{q}에 해당하는 영어 단어를 입력하세요> ")
        english = words_dict[q]
        if answer.strip( ).lower( ) == english.lower( ):
            print("정답입니다!!")
            break
        else:
            print(f"틀렸습니다. {chance-(j+1)}의 기회가 남았습니다.")
    if answer != english:
```

```
21          print(f"정답은 {english} 입니다.")
22    print("더이상 문제가 없습니다.")
```

〈코드 4-5-1〉

10 사용자가 영어 단어를 맞출 수 있는 기회를 제공하기 위해 chance 변수를 5로 초기화했습니다.

12 사용자의 재시도 입력 기회는 각 단어마다 제공되는 기회이기 때문에 chance번만큼 반복되는 for 문은 **11**행의 문제 출력 for문 밑으로 들어가야 합니다.

17 정답을 맞춘 경우에는 **12**행의 입력 재시도 반복 for문을 탈출해야 합니다.

19 정답을 틀린 경우에는 현재 남은 재시도 횟수를 출력해주는데 "전체 기회 - 현재 for문의 인덱스 + 1"이 남은 횟수가 됩니다. j값이 0부터 시작하기 때문에 j+1을 해야 합니다.

20~21 **12**행의 for문을 빠져나온 시점에서 사용자 입력값과 정답이 일치하지 않는다면 이는 기회를 모두 소진하고 나온 것이기 때문에 교육의 목적상 정답을 알려줍니다.

22 **11**행의 for문을 빠져나온 경우는 모든 문제를 출력하고 난 시점이기 때문에 적절한 안내 문구를 출력하고 프로그램이 종료됩니다.

지금까지 작성한 내용을 저장하고 실행하여 결과를 확인해보도록 하겠습니다.

〈그림 4-5-1〉 입력한 단어가 틀렸을 때, 5회의 기회 제공과 최종 실패 시 정답 알림

이제 단어를 틀리면 몇 번의 기회가 남았는지 출력되고 제공된 기회를 모두 소진하면 정답이 뭐였는지 알려주는 기능이 추가되었습니다.

이 챕터의 영어 단어 맞추기 게임은 조건문, 반복문, 이중 for문, 딕셔너리와 리스트 자료형 등 아주 기초적인 내용들만 활용하여 프로그램을 작성해 보았습니다. 이렇게 간단한 프로그램이라도 여기에 화면을 지우는 기능을 추가하고 print문에 출력되는 내용을 좀 더 깔끔하게 정리하는 등 무슨 기능을 추가해볼지 스스로 고민하며 조금 더 완성도 높은 프로그램으로 업그레이드해보는 것도 좋은 공부 방법입니다.

5. 콘솔 계산기 만들기

계산기는 우리가 현실에서도 그리고 컴퓨팅 환경에서도 아주 흔하게 사용되는 프로그램 중에 하나입니다. 이 챕터에서는 우리가 너무나도 익숙하게 사용하고 있는 계산기 프로그램을 만들어보도록 하겠습니다.

참고로 이 장의 내용은 파이썬의 함수나 문법적인 내용이 중심이 아닌 좀 더 복잡한 논리적 사고를 해야 하는 내용이 있습니다. 그래서 보통 프로그램을 처음 접하는 사람 입장에서는 한번도 생각해보지 않은 영역의 생각을 해야 하므로 다소 어렵게 느껴지기도 합니다. 그런 부분을 감안해서 연습하는 셈치고, 잘 모르겠더라도 따라해보면서 알아가는 과정이 중요합니다.

5-1. 컴퓨터에서의 계산

컴퓨터는 인간에게 어려운 계산을 보다 편리하게 하기 위한 목적으로 개발되었으며 컴퓨터 자체를 하나의 복잡한 계산기로 볼 수 있습니다. 모든 연산의 기초는 결국 더하고 빼고 곱하고 나누는 것입니다. 먼저 비주얼 스튜디오 코드 상단의 햄버거 메뉴에서 [터미널] – [새 터미널]을 열고 "python"을 입력합니다. 그러면 비주얼 스튜디오 코드 터미널 창에서 바로 파이썬 인터프리터 모드가 실행되는데, 파이썬 인터프리터 상태에서 단순한 수식을 한번 입력해보도록 하겠습니다.

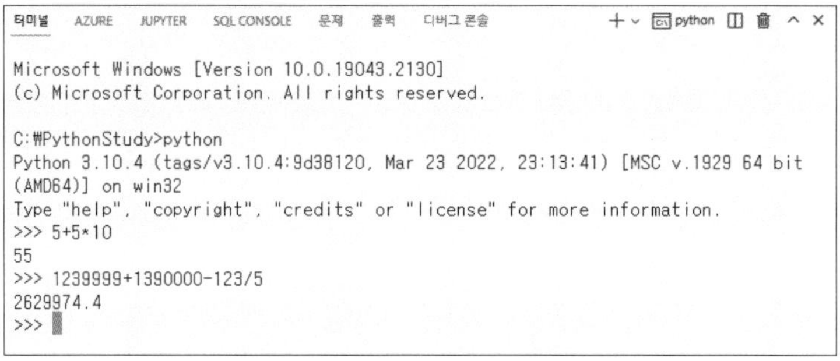

〈그림 5-1-1〉 파이썬 인터프리터 상에서의 수식 계산

〈그림 5-1-1〉처럼 "5 + 5 * 10"같이 일반적인 계산식을 입력하면 별다른 처리를 하지 않더라도 해당 수식에 대한 결과를 즉시 확인할 수 있습니다. 이렇게 인터프리터 모드가 아닌 파이썬 코드상에서 이와 같은 계산에 대한 결과를 얻기 위해선 eval( ) 함수를 사용해서 얻을 수 있습니다.

새로운 05-calculator.py 파일을 만들고 파이썬 파일 안에서 다음과 같은 내용을 입력해봅니다.

```
01  data = input("계산식 입력> ")
02  print(f"결과는 {eval(data)} 입니다.")
```

〈코드 5-1-1〉

eval("표현식") 함수는 인자로 넘어온 표현식에 대한 결과를 연산하여 리턴해주는 파이썬 내장 함수인데 **01**행에서처럼 사용자에게 입력 받은 문자열 데이터를 **02**행에서 eval( ) 함수를 통해 알아서 연산하여 결과를 얻을 수 있습니다.

이렇게 작성된 05-calculator.py 파일을 비주얼 스튜디오 코드를 통해 실행해봅니다.

〈그림 5-1-2〉 eval( ) 함수를 통한 계산 결과

〈코드 5-1-1〉을 실행해보면 〈그림 5-1-2〉와 같이 사용자가 입력한 계산식의 결과를 볼 수 있습니다.

코드를 작성하는 개발자는 수식 5+5와 문자열 "5+5"는 다른 형태라는 것을 항상 잊지 않아야 합니다. 사람은 보이는 것을 판단하고 의미를 부여할 수 있는 능력이 있기 때문에 input( ) 함수로 사용자에게 입력 받은 값인 "5*10+1233455555/10-10"이 계산식이라는 것을 알 수 있지만 컴퓨터의 입장에서는 그냥 단순한 문자열 값일 뿐입니다. 수식은 바로 계산할 수 있지만 원칙적으로 문자열은 계산할 수 없습니다. 그러나 이 값을 eval( ) 함수로 넘겨주면 eval( ) 함수는 문자열 값에 특별한 문제가 없다면 해당 문자열 데이터를 알아서 계산하고 그 결과를 리턴해줍니다.

그러면 만약에 eval( ) 함수에 계산할 수 없는 문자열을 넘겨주면 어떻게 될까요? 궁금한 것은 바로바로 테스트해보는게 좋습니다. 다시 터미널에서 05-calculator.py를 실행해보고 계산할 수 없는 임의의 문자를 입력해보도록 합시다.

```
터미널   AZURE   JUPYTER   SQL CONSOLE   문제   출력   디버그 콘솔                    + ∨  ⊟ Python  ⊡  🗑  ∧  ×

Microsoft Windows [Version 10.0.19043.2130]
(c) Microsoft Corporation. All rights reserved.

C:\PythonStudy>C:/Python310/python.exe c:/PythonStudy/12/05-calculator.py
계산식 입력> a+10*123
Traceback (most recent call last):
  File "c:\PythonStudy\12\05-calculator.py", line 2, in <module>
    print(f"결과는 {eval(data)} 입니다.")
  File "<string>", line 1, in <module>
NameError: name 'a' is not defined
```

〈그림 5-1-3〉 계산할 수 없는 임의의 문자열 값을 실행했을 때

다시 파일을 실행해서 계산 식을 입력하라는 상태가 되었을 때 a+10*123처럼 임의의 a라는 문자가 포함된 값을 입력해보았습니다. 그랬더니 〈그림 5-1-3〉과 같이 a라는 이름이 정의되지 않아서 처리할 수 없으니 NameError가 발생하는 것을 확인할 수 있습니다.

eval( ) 함수는 인자로 받은 문자열 값을 "계산"해서 결과를 리턴해준다고 표현을 하고는 있습니다만 조금 더 정확하게 이야기하자면 "계산"의 개념보다는 "실행"의 개념이 더 정확한 표현이기도 합니다.

5-2. eval()함수 사용 시 주의점

7장의 내장 함수 편에서 eval("표현식") 함수의 "표현식"에는 어떤 내용이든 실행 가능하다면 문제없이 동작하는 강력한 함수라는 사실을 알아본 적이 있습니다. 그렇기에 특별히 사용에 주의를 해야 하는데 그런 의미에서 다음의 내용을 보면서 한 번 더 복습해보도록 하겠습니다.

05-calculator.py에 작성된 코드에 맨 윗줄에 다음의 내용을 추가해보도록 하겠습니다.

```
01    password = "1234"
02    data = input("계산식 입력> ")
03    print(f"결과는 {eval(data)} 입니다.")
```

〈코드 5-2-1〉

만약 〈코드 5-2-1〉처럼 eval( ) 함수를 사용하고 있는 프로그램에서 **01**행의 password처럼 어떤 변수가 선언 되어있다고 가정해보도록 하겠습니다.

이때 input( ) 함수에 의해 사용자가 입력한 문자열 값에 "password"라는 문자열 값이 존재한다면 이 값은 eval( ) 함수의 인자로 전달되고 이 때 "password"라는 단어는 eval( ) 함수에 의해 단순한 문자열 값이 아닌 현재 코드의 password 변수를 의미하게 됩니다.

일단 어렵게 느껴지는 설명이니 코드를 저장하고 05-calculator.py를 실행해서 직접 password라는 문자열을 입력해보도록 하겠습니다.

```
Microsoft Windows [Version 10.0.19043.2130]
(c) Microsoft Corporation. All rights reserved.

C:\PythonStudy>C:/Python310/python.exe c:/PythonStudy/12/05-calculator.py
계산식 입력> password
결과는 1234 입니다.
```

〈그림 5-2-1〉 eval( ) 함수 사용 시 주의점

〈그림 5-2-1〉에서처럼 사용자가 "password"라는 문자열을 입력하면 프로그램 내부적으로는 eval("password")를 실행하게 됩니다. 이는 원칙적으로 오류를 발생해야 하겠지만 〈코드 5-2-1〉 내부에 password라는 변수가 존재하기 때문에 오류를 발생하지 않고 변수의 값 "1234"가 출력되는 결과를 볼 수 있게 됩니다.

결론적으로 eval( ) 함수에 의해서 프로그램은 의도치 않은 형태로 동작을 하게 될 수 있기 때문에 항상 사용에 주의해야 합니다.

5-3. 컴퓨터의 계산기 프로그램과 현실의 계산기 동작 방식

우리는 5+5*10을 하면 결과를 55라고 계산합니다. 이는 사칙연산시의 연산자 우선순위에 의해서 곱하기가 더하기보다 우선한다는 사실을 알고 5+(5*10)에서 괄호 안에 있는 연산을 먼저 하는 것과 같이 계산을 합니다. eval( ) 함수를 사용하거나 파이썬 인터프리터 상태에서 수식을 입력해도 마찬가지로 연산자 우선순위에 의해 계산이 됩니다.

그러나 우리가 익숙하게 사용하고 있는 현실에서의 실제 계산기나 컴퓨터 운영체제에서 제공하고 있는 기본 계산기 프로그램은 이처럼 연산자 우선순위에 의해 계산이 되지 않는다는 사실을 알고 계셨나요?

컴퓨터의 계산기 프로그램이나 실제 계산기는 연산자 우선순위를 고려하지 않고 입력된 순서에 의해 계산이 됩니다. 그러면 정말 그렇게 계산이 되는지 한번 확인을 해보도록 하겠습니다.

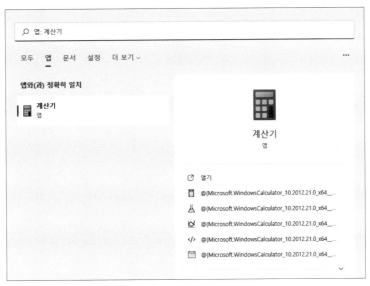

〈그림 5-3-1〉 윈도우의 계산기 검색

윈도우의 [시작] - [계산기]를 실행하거나 윈도우 좌측 하단의 돋보기 모양의 검색 버튼을 클릭하고 "계산기"를 검색하여 윈도우에서 기본적으로 제공하는 계산기 앱을 실행해보도록 하겠습니다.

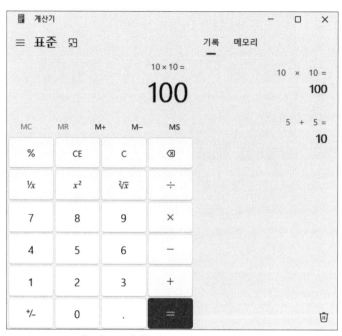
〈그림 5-3-2〉 윈도우의 계산기 앱에서의 계산

윈도우의 계산기 앱이 실행되면 5+5*10을 입력하고 우측 기록 탭을 보면 5+5를 먼저 계산하고 그 결과에 10을 곱하기 때문에 최종 결과는 100이 출력되는 것을 확인할 수 있습니다.

이런 컴퓨터 프로그램 계산기가 아닌 현실에서 사용하고 있는 계산기 역시 같은 계산 방식을 사용합니다. 주변에 계산기가 있으신 분들은 한번 계산을 직접 해보시기 바랍니다.

어쨌든 우리가 〈코드 5-2-1〉에서 사용한 eval( ) 함수로는 이런 방식으로는 계산을 할 수 없습니다. 그러면 어떻게 해야 이처럼 입력된 순서대로 계산을 할 수 있을까요?

5-4. 입력된 값에서 연산자와 숫자 분리

우리가 윈도우 계산기나 물리적 계산기처럼 계산을 하기 위해서는 "입력된 순서대로 가장 가까운 숫자와 연산자를 먼저 계산"하면 됩니다.

그렇게 하기 위해서는 입력된 문자열 값을 숫자와 연산자로 분리하는 작업을 먼저 해야 하는데 예를 들어 사용자가 5 + 5 * 10을 입력했다면 우리는 이 값을 ['5', '+', '5', '*', '10']처럼 분리를 해야 합니다.

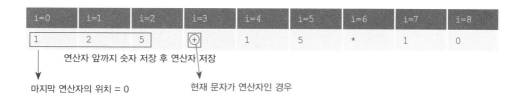

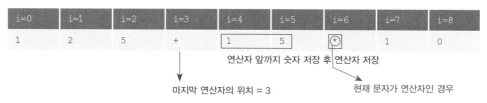

〈그림 5-4-1〉 계산식에서 숫자와 연산자 분리 과정

〈그림 5-3-2〉에서처럼 만약 사용자가 125+15*10을 입력했다고 가정해보도록 하겠습니다. 숫자와 연산자를 분리하기 위해선 이 문자열 값 전체를 for문으로 반복하며 연산자를 찾고, 찾은 연산자 앞까지를 숫자로 가정하고 분리합니다. 그리고 다시 for문을 반복하여 다음 연산자를 찾고 다음 연산자를 찾게 되면 이전 연산자의 위치부터 현재 연산자까지를 또 다른 수로 판단하고 분리합니다.

이 과정을 반복하게 되면 여러 개의 수식이 포함된 하나의 문자열에서 숫자와 연산자를 분리해 낼 수 있습니다. 설명으로만 봐서는 정리가 안되니 이 내용을 파이썬 코드로 구현해보도록 하겠습니다.

지금까지 테스트했던 05-calculator.py의 내용을 모두 지우고 아래의 코드를 작성해봅니다.

```
01  last_operator_pos = 0
02  operator = ["+", "-", "*", "/", "="]
03  data = input("계산식을 입력하세요> ")
04  for i, s in enumerate(data):
05      if s in operator:
06          num = data[last_operator_pos : i]
07          last_operator_pos = i + 1
08          print(num, s)
```

〈코드 5-4-1〉

01 마지막 연산자의 위치를 기억할 변수를 선언하고 0으로 초기화합니다.

02 사칙연산에 필요한 연산자 종류를 저장할 리스트형 변수입니다. **05**행에서 if s in operator처럼 현재 문자 s가 리스트형 operator 변수에 존재하는 문자인지 아닌지를 쉽게 판단하기 위해서 리스트 형태로 선언하였습니다.

04 사용자에게 입력받은 문자열 data 값 전체를 대상으로 반복하는데 각각의 문자에 대해서는 s라는 변수로 처리하고 있지만 **06**행에서처럼 문자열 슬라이싱을 하기 위해서는 for문이 몇 번째 반복 중인지에 대한 인덱스 번호도 필요하기 때문에 enumerate( )를 사용하여 for문의 인덱스 i 값도 사용합니다.

05~06 현재 반복중인 문자가 연산자인 경우 만약 사용자가 125 + 10을 입력했다고 가정하면 연산자 + 앞 자리까지, 그러니까 125까지가 숫자라고 판단할 수 있는데 프로그램 최초 실행 시 마지막 연산자의 위치 초깃값은 0이기 때문에 **06**행에서처럼 마지막 연산자의 위치부터 현재 연산자의 위치인 for문의 인덱스 위치까지를 숫자로 판단하여 변수에 저장 합니다.

07 for문이 연산자를 만나게 되면 마지막 연산자 위치 값을 갱신합니다. for문의 인덱스 값은 0부터 시작하기 때문에 문자의 실제 위치 값은 인덱스+1을 해야 합니다.

〈코드 5-4-1〉을 저장하고 비주얼 스튜디오 코드에서 05-calculator.py를 실행해보도록 하겠습니다.

```
Microsoft Windows [Version 10.0.19043.2130]
(c) Microsoft Corporation. All rights reserved.

C:\PythonStudy>C:/Python310/python.exe c:/PythonStudy/12/05-calculator.py
계산식을 입력하세요> 123+10+5
123 +
10 +
```

〈그림 5-4-2〉 숫자와 연산자가 분리된 모습

〈코드 5-4-1〉의 숫자 분리 로직은 연산자 앞자리까지를 숫자로 인식하게 작성했기 때문에 〈그림 5-4-2〉처럼 123+10+5를 입력하면 123, +와 10, +까지만 분리되고 마지막 숫자 5뒤에는 연산자가 없기 때문에 분리되지 않는 것을 확인할 수 있습니다. 만약 123+10+5=처럼 마지막에 연산자를 입력했다면 아무런 문제없이 숫자와 연산자가 분리되었을 것입니다.

이처럼 사용자에게 무조건 문자열 끝에는 등호 "="같은 연산자를 입력해달라고 안내를 출력을 할 수도 있겠지만 프로그램의 사용 방법을 강제하는 것은 불친절한 프로그램처럼 보입니다. 프로그래머는 이런 상황을 미리 예상하고 대응할 수 있게 프로그램을 작성해야 합니다.

그러면 마지막 자리를 인식하게 하기 위해서 연산자를 추가하는 내용으로 코드를 수정해보겠습니다.

```
01  last_operator_pos = 0
02  operator = ["+", "-", "*", "/", "="]
03  data = input("계산식을 입력하세요> ")
04  if data[-1] not in operator:
05      data += "="
06  for i, s in enumerate(data):
07      if s in operator:
08          num = data[last_operator_pos : i]
```

```
09        last_operator_pos = i + 1
10    print(num, s)
```

〈코드 5-4-2〉

04~05 사용자가 입력한 문자열의 마지막 문자가 연산자가 아닌 경우 문자열에 등호 "="를 추가합니다. 사용자에 따라 등호를 넣을 수도, 안 넣을 수도 있기 때문에 프로그램은 무조건 등호를 추가하지 않고 이런 식으로 연산자 여부를 판단해서 상황에 맞게 대처할 수 있어야 합니다.

수정된 코드를 저장하고 실행해봅니다.

```
Microsoft Windows [Version 10.0.19043.2130]
(c) Microsoft Corporation. All rights reserved.

C:\PythonStudy>C:/Python310/python.exe c:/PythonStudy/12/05-calculator.py
계산식을 입력하세요> 123+10+5
123 +
10 +
5 =
```

〈그림 5-4-3〉 사용자의 입력 마지막에 등호를 추가하여 숫자와 연산자를 분리한 모습

다시 123+10+5를 입력해보니 이제 마지막 5까지 정상적으로 인식하여 분리되는 것을 확인할 수 있습니다.

이렇게 문자열에서 숫자와 연산자를 분리했으니 이제 계산을 하면 될 것 같습니다. 계산을 하기 위해 분리된 숫자와 연산자를 리스트형 변수에 담아 놓도록 하겠습니다. 코드를 다음과 같이 수정하겠습니다.

```
01    input_list = []
... 생략 ...
07    for i, s in enumerate(data):
08        if s in operator:
09            input_list.append(data[last_operator_pos : i])
10            input_list.append(s)
11            last_operator_pos = i + 1
12    print(input_list)
```

〈코드 5-4-3〉

01 사용자에 입력된 문자열에서 숫자와 연산자를 분리한 후 이를 저장할 리스트형 변수입니다.

09~10 숫자와 연산자를 분리하여 append( ) 메서드를 사용해 input_list에 추가합니다. 이때 숫자를 먼저 저장한 후 연산자를 저장합니다.

12 input_list에 결과가 잘 저장되었는지 확인하기 위한 테스트 코드입니다. 출력해보고 삭제할 예정의 코드입니다.

코드를 수정하였으면 저장한 후 실행해 결과를 확인해봅니다.

```
터미널   AZURE   JUPYTER   SQL CONSOLE   문제   출력   디버그 콘솔          + ∨  ⊡ Python  ⫿  🗑  ∧  ✕

Microsoft Windows [Version 10.0.19043.2130]
(c) Microsoft Corporation. All rights reserved.

C:\PythonStudy>C:/Python310/python.exe c:/PythonStudy/12/05-calculator.py
계산식을 입력하세요> 123+10+5
['123', '+', '10', '+', '5', '=']
```

〈그림 5-4-4〉 숫자와 연산자를 분리하여 리스트 저장한 모습

입력한 문자열에서 숫자와 연산자가 잘 분리되어 input_list 변수에 저장된 것을 확인할 수 있습니다.

5-5. 숫자와 연산자로 분리된 리스트 계산하기

이제 input_list 변수에 숫자와 연산자로 분리된 상태에서 계산을 해야 합니다. 아직 구현하지도 않았지만 머리 속에서 쉽게 정리가 되지 않을 수도 있습니다. 그런 경우에는 하나의 예를 들어 생각해보거나 노트에 직접 적어보는 것도 도움이 될 수 있습니다.

예를 들어 리스트에 ['10', '+', '20', '*', '2', '-', '5', '+', '30', '=']가 저장되었다고 가정을 해보면 우리는 순차적인 계산을 위해서 10 + 20을 먼저 계산하고 그 결과에 * 2를 해야 합니다. 그러면 리스트의 형태는 ['**10**', '**+**', '**20**', '*', '2', '-', '5', '+', '30', '=']에서 ['**30**', '*', '2', '-', '5', '+', '30', '=']가 되야 하고 그 다음 30 * 2를 계산하여 리스트의 값을 ['**60**', '-', '5', '+', '30', '=']로 만들어야 합니다. 이런 방식으로 계속 계산하다 보면 리스트에는 ['85', '=']만 남게 되고 계산이 끝나게 됩니다.

프로그램을 처음 시작하는 입장에서 이런 식으로 리스트의 요소가 왔다갔다하는 상상은 정말 머리 속이 복잡하고 어렵게만 느껴질 수 있는데 실제 실무 개발자들도 이런 복잡한 내용을 정리하기 위해 종이와 펜을 사용합니다. 그래서 여러분도 어떤 복잡한 내용이나 구조를 막연히 상상하기 보다는 직접 종이에 그려보면서 로직을 완성해 보는 것이 더 쉽게 이해할 수 있으니 이런 습관을 들이시는 게 좋습니다.

['10', '+', '20',	'*', '2', '-', '5', '+', '30', '=']	10 + 20 계산
['30', '*', '2',	'-', '5', '+', '30', '=']	30 * 2 계산
['60', '-', '5',	'+', '30', '=']	60 - 5 계산
['55', '+', '30',	'=']	55 + 30 계산
['85', '=']		85 결과

〈그림 5-5-1〉 리스트의 계산식 정리

방금 이야기한 내용을 조금 정리해보면 〈그림 5-5-1〉처럼 정리할 수 있습니다. 막연하게 생각하는 것보다는 조금 더 보기 편해졌습니다.

결론적으로 우리는 리스트에 얼마나 많은 숫자와 연산자가 포함될지 모르지만 어쨌든 리스트에는 ['숫자', '연산자', '숫자', ……, '숫자', '=']의 형태로 저장이 되어 있습니다.

〈그림 5-5-1〉에서처럼 리스트의 맨 앞 세 자리, 0번째(숫자), 첫 번째(연산자), 두 번째(숫자)를 계산하여 이 세 자리 요소를 계산된 결과로 교체하면 됩니다. 그리고 최종적으로 리스트의 개수가 두 개가 될 때까지 반복하는 형태로 프로그램을 작성하면 됩니다.

그럼 코드를 수정해보도록 하겠습니다.

```
... 생략 ...
12   while True:
13       if len(input_list) == 2:
14           break
15       if len(input_list) > 2 and input_list[1] in operator:
16           temp = input_list[0] + input_list[1] + input_list[2]
17           del input_list[0:3]
18           input_list.insert(0, str(eval(temp)))
19           print(input_list)
```

〈코드 5-5-1〉

12 숫자와 연산자가 저장된 리스트형의 input_list 요소를 모두 계산할 때까지 무한루프로 동작합니다.

13~14 input_list의 요소 개수가 ['85', '=']처럼 두 개인 경우 더이상 계산할 요소가 없기 때문에 while문을 탈출합니다.

15 요소의 개수가 세 개 이상이고 첫 번째 요소가 연산자인 경우 1+1처럼 안전한 계산식인지 확인합니다.

16 input_list의 0번째 요소(숫자), 첫 번째 요소(연산자), 두 번째 요소(숫자)를 변수에 문자열로 저장합니다.

17 input_list의 요소에서 **16**행의 계산식에서 사용한 0~두 번째 요소를 리스트에서 삭제합니다.

18 **16**행에서 저장한 계산식을 eval( ) 함수를 사용해 계산 후 문자열 형태로 리스트의 0번째 자리에 insert( ) 메서드를 사용하여 삽입합니다. insert( ) 메서드는 리스트에 요소를 삽입하는 기능이기 때문에 0번째에 temp의 결과를 삽입하게 되면 나머지 요소들은 자동적으로 뒤로 밀려서 저장됩니다.

19 input_list의 요소들이 정상적으로 계산되는지를 확인하기 위한 테스트 코드이며 확인 후 삭제합니다.

그럼 이제 지금까지 작성한 내용을 저장하고 비주얼 스튜디오 코드에서 05-calculator.py를 실행하여 결과를 확인해보겠습니다.

```
터미널  AZURE  JUPYTER  SQL CONSOLE  문제  출력  디버그 콘솔

Microsoft Windows [Version 10.0.19043.2130]
(c) Microsoft Corporation. All rights reserved.

C:₩PythonStudy>C:/Python310/python.exe c:/PythonStudy/12/05-calculator.py
계산식을 입력하세요> 1234*1234-1000/20+10
['1522756', '-', '1000', '/', '20', '+', '10', '=']
['1521756', '/', '20', '+', '10', '=']
['76087.8', '+', '10', '=']
['76097.8', '=']
```

〈그림 5-5-2〉 리스트 요소 계산 결과

〈그림 5-5-2〉처럼 숫자와 연산자가 분리되어 어떻게 계산되는지를 확인할 수 있습니다. 결국 input_list에는 최종적으로 숫자와 등호만 남게되고 이 값이 최종 계산 결괏값이라고 볼 수 있습니다.

우리가 계산하고 있는 방식이 제대로 되고 있는지 윈도우 계산기를 실행해서 직접 비교해보겠습니다.

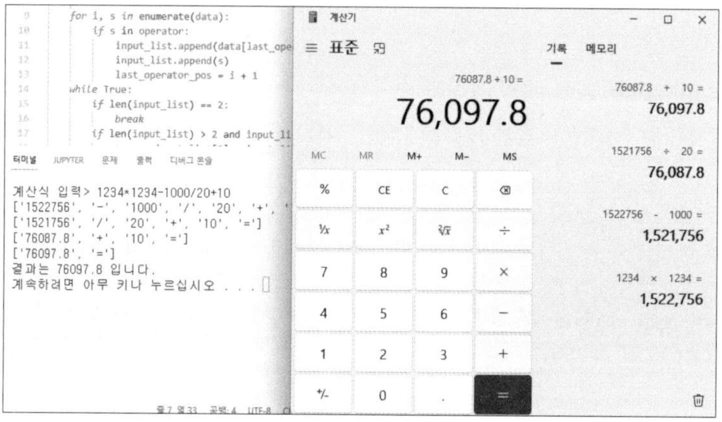

〈그림 5-5-3〉 윈도우 계산기로 같은 계산식을 테스트 해본 결과

〈그림 5-5-3〉에서 테스트로 입력한 계산식 1234 * 1234 - 1000 / 20 + 10을 윈도우 계산기로 똑같은 순서대로 입력하여 계산해보면 같은 결괏값이 나온다는 것을 확인할 수 있습니다.

5-6. 함수화 및 프로그램 완성

지금처럼 계산을 한번하고 프로그램이 종료되면 다른 계산을 하기 위해 매번 05-calculator.py를 실행하는 것은 불편한 일입니다. 그래서 프로그램은 사용자가 임의의 종료 메세지를 입력하기 전까지 종료되지 않는 것을 원칙으로 하고 종료되기 전까지 사용자 입력 상태를 유지하는 것이 조금 더 완성도가 높아 보입니다. 그리고 하나의 계산이 끝나면 다음 입력을 받기 전에 화면을 깨끗하게 지우는 것도 좋을 것 같습니다.

일단 연속적으로 계산을 하기 위해선 지금까지 작성한 계산 로직을 반복하여 사용해야 하기 때문에 함수로 만들어야 합니다. 그럼 이제 코드를 전체적으로 수정해 프로그램을 완성해보도록 하겠습니다.

```python
01    import os

03    def calculator(data):
04        input_list = []
05        last_operator_pos = 0
06        operator = ["+", "-", "*", "/", "="]
07        if data[-1] not in operator:
08            data += "="
09        for i, s in enumerate(data):
10            if s in operator:
11                input_list.append(data[last_operator_pos : i])
12                input_list.append(s)
13                last_operator_pos = i + 1
14        while True:
15            if len(input_list) == 2:
16                break
17            if len(input_list) > 2 and input_list[1] in operator:
18                temp = input_list[0] + input_list[1] + input_list[2]
19                del input_list[0:3]
20                input_list.insert(0, str(eval(temp)))
21                print(input_list)
22        return float(input_list[0])

24    while True:
25        os.system("cls")
26        data = input("계산식 입력> ")
27        if data == "/exit":
28            break
29        result = calculator(data)
30        print(f"결과는 {result} 입니다.")
31        os.system("pause")
```

〈코드 5-6-1〉

01 os 라이브러리는 **25**행에서 화면을 지우고 **31**행에서 프로그램을 일시 멈추기 위해서 사용됩니다.

03 기존에 작성한 코드는 calculator(data)라는 이름의 함수 밑으로 작성되었으며 사용자가 입력한 계산식 데이터는 함수의 data라는 이름의 매개변수로 받아서 처리하게 수정되었습니다. 그래서 기존의 코드에서 사용자에게 입력 받던 부분은 **26**행으로 이동되었습니다. 함수에서 계산된 최종 결과는 **22**행에서 float( ) 형태로 형변환되어 리턴합니다.

24 기본적으로 프로그램은 종료하지 않기 위해 while문으로 동작하게 작성되었으며 **27**행에서 사용자가 입력한 내용이 /exit인 경우 **28**행에서 break문으로 **24**행의 메인 while문을 탈출하여 프로그램은 종료됩니다.

25 현재 화면을 지우는 도스 명령어인 cls를 실행합니다.

26 사용자로부터 계산식을 입력을 받습니다.

27~28 사용자가 입력한 내용이 "/exit"문자열인 경우 프로그램을 종료합니다.

29 입력된 내용이 종료 문구가 아닌 경우에는 **03**행에서 선언한 calculator(data) 함수에 전달하여 계산 후 결과를 받아 result라는 이름의 변수에 저장합니다.

30 계산의 결괏값을 출력합니다.

31 os.system("pause")를 사용하여 프로그램을 잠깐 멈추지 않으면 바로 **25**행이 실행되어 화면이 바로 지워지므로 계산 결과를 확인할 수 없습니다. 그래서 프로그램은 도스 명령어 pause를 수행하게 하여 사용자가 결과를 확인하고 키를 입력할 때까지 잠깐 대기합니다.

완성된 코드를 실행해 보면 다음과 같습니다.

〈그림 5-6-1〉 완성된 프로그램의 최종 동작 확인

사용자가 입력한 내용을 연산자 우선순위가 아닌 입력한 순서대로 계산을 하는 계산기 프로그램을 완성했습니다. 참고로 중간의 리스트에 저장된 계산 과정이 보기 싫을 때는 **21**행의 print( )문을 제거하면 됩니다.

물론 이 프로그램은 완벽하다고 할 수 없습니다. 사용자가 숫자가 아닌 알파벳 문자를 입력하거나 공백을 띄웠을 때 오류가 발생할 수 있습니다. 이런 오류 사항들은 이전 11장 예외처리에서 배운 부분이므로 여러분들이 직접 코드를 수정하면서 업그레이드해보시는 것을 추천합니다.

사실 이런 계산기 프로그램을 만들어본 진짜 목적은 우리가 평소에 별생각 없이 익숙하게 사용하던 것들을 활용하여 좀 더 개발자다운 시각을 키우는 게 목적이었습니다. 이런 프로그램을 만들어보면서 변수, 리스트, 반복문, 조건문 등을 다양한 목적과 환경에서 사용해보며 프로그램의 흐름을 고민해보는 게 결국 프로그래밍에 익숙해지는 지름길이라 생각합니다.

6. 타자 게임 만들기

타자 게임은 컴퓨터가 제공한 단어 혹은 문장을 최대한 빠른 시간 내에 똑같이 입력하여 내 타이핑 속도를 측정하는 게임입니다. 물론 속도 측정뿐 아니라 자판 연습을 제공하기 때문에 컴퓨터를 처음 접하는 많은 사람들이 한 번쯤은 접해보는 게임이기도 합니다.

6-1. 게임의 룰

이 장에서는 사용자에게 임의의 문장을 제시하고 사용자가 그 문장을 따라서 입력하는 타자 게임을 만들어 보도록 하겠습니다.

6-2. 파이썬에서 시간 측정

타자 게임에서 가장 중요한 로직은 입력한 시간에 대한 타이핑 속도, 정확도, 오타율을 구하는 방법이라고 생각됩니다.

〈시작 시간 측정〉

[문제 출제] **타이핑 연습 문장입니다.**

[사용자 입력] **타이핑 연습** _
〈종료 시간 측정〉

〈종료 시간〉 - 〈시작 시간〉 = 〈걸린 시간〉
〈그림 6-2-1〉 문장 입력의 시간 측정

그 중 먼저 타이핑 시간을 측정하기 위해서는 〈그림 6-2-1〉처럼 사용자가 입력을 하기 전 시간을 측정하고, 입력이 끝난 후의 시간을 측정해서 차를 구하면 입력에 걸린 시간을 구할 수 있게 됩니다.

그럼 이제 입력 시간을 측정하는 내용을 코드로 작성해보도록 하겠습니다. 비주얼 스튜디오 코드에서 06-typing.py 파일을 생성하고 다음 코드를 작성합니다.

```
01    import time

03    msg = "타이핑 게임 연습 문장입니다."
04    start_time = time.time( )
05    user_input = input(f"{msg}\n")
06    end_time = time.time( )
07    duration = end_time - start_time
08    print(f"걸린시간: {duration}")
```

〈코드 6-2-1〉

01 시간 관련 기능을 사용하기 time 라이브러리를 import합니다.

03 사용자가 타이핑할 샘플 문장을 변수에 저장합니다.

04 현재 시간을 측정해서 변수에 저장합니다.

05 input( ) 함수에 인자로 msg 변수 내용을 출력하고 사용자의 입력을 받습니다. 사용자의 입력은 다른 타자 게임처럼 문장 다음 줄에서 입력을 받기 위해 개행 문자 "\n"을 추가합니다.

06 사용자의 입력이 끝난 후 현재 시간을 측정하여 변수에 저장합니다.

07 입력 전 측정한 시간 값에서 입력 후 측정한 시간 값을 뺀 후 입력에 걸린 시간을 구해 변수에 저장합니다.

08 입력에 소요된 시간을 출력합니다.

파이썬의 time 라이브러리에 대해 잠깐 먼저 이야기하자면, time 라이브러리의 time( ) 함수는 epoch 이후의 초를 나타내는 값인데 여기서 epoch란 시간이 시작되는 시점의 기준을 말하며 그 값은 운영체제마다 다릅니다.

epoch의 기준을 알아보기 위해서는 time.gmtime(0) 함수를 호출하면 알 수 있는데 일반적으로 윈도우나 유닉스 시스템같은 경우는 1970년 1월 1일 0시 0분 0초가 기준 입니다. time.time( ) 함수를 실행해서 나온 결과는 1970년 1월 1일 0시 0분 0초에서부터 얼마나 시간이 지났는지에 대한 값이며 단위는 "초"입니다.

파일 저장 후 실행하여 테스트 문장을 입력하고 결과를 확인해보겠습니다.

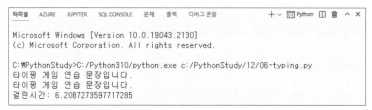

〈그림 6-2-2〉 테스트 연습 문장 입력

코드를 실행해서 샘플 문장을 따라서 입력해보면 〈그림 6-2-2〉에서처럼 문장 입력에 걸린 시간이 계산되어 출력되는 것을 확인할 수 있습니다. 그런데 타자 게임을 직접 해본 경험이 있다면 무언가 다른 것 같다는 생각이 드실 수도 있습니다.

보통 타자 게임은 지금처럼 문장을 입력하는데 걸린 시간을 출력하지 않고 보통 몇 타를 치는지에 대한 "속도"를 표기합니다.

그럼 "속도"는 어떻게 계산해야 할까요? 〈그림 6-2-2〉의 결과로 예를 들어보면 입력에 걸린 시간은 약 6.2초 정도라고 표기되었는데 이 내용을 속도로 계산하려면 "걸린 시간 / 전체 글자의 수 = 속도"라고 계산식에 대입해야 합니다.

이를 실제 계산해보면 걸린 시간 6.2초를 공백과 마침표를 포함한 전체 글자 수 17로 나누면 약 0.3초가 나오는데 보통 속도는 분당 몇 타처럼 분을 기준으로 계산하는 게 일반적이니 0.3×60을 하면 대략 18이라는 결과가 나옵니다. 물론 소수점 단위의 계산이니 어림잡은 결과로 봐야 합니다.

그럼 코드를 약간 수정해보도록 하겠습니다.

```
    ... 생략 ...
08  speed = duration / len(user _ input) * 60
09  print(f"걸린시간: {duration} 속도: {speed}")
```

〈코드 6-2-2〉

08 입력에 걸린 시간을 입력된 문자 수로 나누고 분을 기준으로 하기 위해 60을 곱합니다.

09 입력에 걸린 시간과 **08**행에서 구한 속도를 출력합니다.

수정한 코드를 저장하고 다시 실행을 해보겠습니다.

```
터미널   AZURE   JUPYTER   SQL CONSOLE   문제   출력   디버그 콘솔              + ∨  ⌨ Python  ▯ 🗑 ∧ ✕

Microsoft Windows [Version 10.0.19043.2130]
(c) Microsoft Corporation. All rights reserved.

C:\PythonStudy>C:/Python310/python.exe c:/PythonStudy/12/06-typing.py
타이핑 게임 연습 문장입니다.
타이핑 게임 연습 문장입니다.
걸린시간: 6.239173412322998 속도: 23.396900296211243
```

〈그림 6-2-3〉 타이핑 속도 계산 후 표기

이제 걸린 시간과 속도가 같이 출력되는 것을 확인할 수 있습니다. 그러나 아직도 우리가 알고 있는 타자 게임에 비해서는 너무 부족해 보입니다. 무엇이 더 필요한지 한번 알아보겠습니다.

6-3. 정확도, 오타율, 타수 계산

타자 게임에는 얼마나 빠르게 타이핑을 했는지에 대한 속도만큼 문장을 얼마나 정확하게 입력했는지, 그리고 얼마나 오타를 쳤는지를 확인하는 것도 중요합니다.

타자 게임에선 보통 정확도와 오타율이라고 표현하는데 예를 들어 열 글자중 아홉 글자를 정확하게 입력했고 한 글자를 틀렸으면 정확도는 90%, 오타율은 10%가 됩니다.

그리고 속도를 계산할 때도 정확하게 입력한 글자를 기준으로 합니다. 만약 "대한민국"이라는 네 글자의 문장이 나왔다고 가정했을 때 사용자가 "가가가가"처럼 글자 수 네 자리만 맞춰 아무 의미 없는 글자를 빠르게 입력했다고 해서 그것이 속도로 인정된다면 프로그램의 신용도가 떨어질 수밖에 없습니다.

그렇다면 정확도와 오타율을 어떻게 계산해야 할지 그림으로 간단하게 알아보겠습니다.

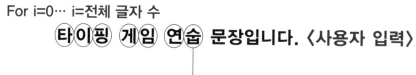

〈그림 6-3-1〉 정확도 계산

정확도를 측정하기 위해서는 [그림 6-3-1]처럼 사용자가 입력한 문자열을 for문으로 반복하며 원본 문자열과 한 글자씩 비교를 하며 몇 글자가 일치하는지를 카운팅합니다.

> 정확도 = 정확히 입력한 글자 수 / 전체 글자 수 × 100
>
> 오타율 = (전체 문자 수 – 정확히 입력된 글자 수) / 전체 문자 수 × 100

〈표 6-3-1〉

정확도는 〈표 6-3-1〉에서처럼 정확히 입력한 글자 수를 전체 글자 수로 나누면 구할 수 있습니다. 100을 곱한 이유는 백분율 표기를 위해 곱해준 값입니다.

오타율은 만약 열 글자 중에 여덟 글자를 정확하게 입력했다고 가정하면 우리는 10 − 8을 계산하여 두 글자가 틀렸다는 사실을 알 수 있습니다. 이렇게 틀린 글자 수를 구하고 이 값을 전체 문자 수로 나누면 오타율을 구할 수 있습니다.

그럼 이제 이 내용들을 정리해 정확도, 오타율, 정확도에 따른 속도 측정을 하기 위해 코드를 수정해보도록 하겠습니다.

```
 ...  생략  ...
07   duration = end_time - start_time
08   correct = 0
09   for i, c in enumerate(user_input):
10       if i >= len(msg):
11           break
12       if c == msg[i]:
13           correct += 1
14   src_len = len(msg)
15   per_correct = correct / src_len * 100
16   per_error = (src_len - correct) / src_len * 100
17   speed = (correct / duration) * 60
18   print(f"속도: {speed:.2f} 정확도: {per_correct:.2f}%", end=" ")
19   print(f"오타율: {per_error:.2f}%")
```

〈코드 6-3-1〉

08 correct 변수는 정확하게 입력된 글자를 카운팅하기 위해 사용되는 변수입니다.

09 사용자는 안내된 문구보다 입력을 덜할 수도 있고 더할 수도 있기 때문에 for문은 사용자가 입력한 내용을 기준으로 합니다.

10~11 사용자의 입력을 기준으로 for문을 반복했을 때 제시된 글자의 수보다 입력을 덜했을 때는 아무 문제가 없지만 만약 사용자가 제시된 글자 수보다 더 많은 글자를 입력했을 때는 오류가 발생할 수도 있습니다. 그렇기 때문에 오류를 방지하기 위해서 **10**행에서 제시된 문장보다 for문이 더 반복되고 있다면 **11**행에서 break문을 사용해 for문으로부터 탈출하게 했습니다.

12~13 변수 c는 현재 for문에 의해 반복되고 있는 사용자가 입력한 글자 중 i 번째에 해당하는 글자입니다. 타이핑 문장으로 제시된 변수 msg 위치의 i 번째와 똑같아야 정확하게 입력된 것이라 볼 수 있기 때문에 두 글자를 비교하며 같은 경우에는 correct 변수를 증가하여 몇 글자가 정확하게 입력되었는지를 카운팅하게 됩니다.

14 타이핑 문장으로 제시된 원본 문자열의 길이를 구합니다.

15 정확도는 **정확한 글자 수 / 문장의 전체 길이**를 하면 구할 수 있는데 백분율로 표기하기 위해 100을 곱합니다.

16 오타율은 **(전체 길이 - 정확한 글자 수) / 전체 길이×100**을 하면 구할 수 있습니다.

17 타자의 속도는 정확하게 입력된 글자 수에 대해서만 인정해야하기 때문에 **정확한 글자 수 / 측정 시간**을 하면 구할 수 있고 이를 "분당 타수"로 출력하기 위해 60을 곱합니다.

18~19 소수점 자릿수 제한을 두 자리로 정확도, 오타율, 속도를 화면에 출력합니다. 원래 print( ) 함수는 문자열 데이터를 화면에 출력하고 나면 기본적으로 줄 내림을 하는데 이 값은 기본적으로 end 매개변수의 기본 값이 "\n"으로 되어있어서 그렇게 동작하는 것입니다. 여기서는 그 값을 공백(" ")으로 설정해서 줄 내림 대신 공백으로 두 개의 print( ) 함수 내용을 한 줄로 출력하고 있습니다.

코드를 수정했으면 비주얼 스튜디오 코드 터미널에서 06-typing.py를 실행해 결과를 확인해봅니다.

```
터미널   AZURE   JUPYTER   SQL CONSOLE   문제   출력   디버그 콘솔              + ∨   🖾 Python  🗓 🗑  ∧ ✕

Microsoft Windows [Version 10.0.19043.2130]
(c) Microsoft Corporation. All rights reserved.

C:\PythonStudy>C:/Python310/python.exe c:/PythonStudy/12/06-typing.py
타이핑 게임 연습 문장입니다.
타이핑 게임 연습 문장입니다.
속도: 125.27 정확도: 100.00% 오타율: 0.00%
```

〈그림 6-3-2〉 속도, 정확도, 오타율 출력

〈그림 6-3-2〉과 같이 속도, 정확도, 오타율이 출력되는 결과를 확인해 볼 수 있습니다. 그런데 과연 이렇게 출력되는 속도가 정확한 값일까요? 우리는 한 가지 사실을 잊고 있습니다.

좀 더 정확한 타수의 개념을 생각해보면 글자를 입력할 때 타이핑한 수를 타수라고 봐야 하는데 우리가 지금까지 작성한 코드에서는 입력된 글자와 제시된 글자를 비교하고 있기 때문에 이는 타수라고 하기보다 글자 수라고 봐야 합니다.

6-4. 타자 게임의 타수

영어를 사용하는 경우에는 예를 들어 "hello"라는 단어를 입력한다고 가정하면 "h", "e", "l", "l", "o"의 5글자로 글자와 타수가 1:1로 매칭이 되어 단어가 완성됩니다.

그러나 한글의 경우에는 이런 공식이 성립하지 않습니다. 만약 우리가 "한"이라는 글자를 키보드로 입력한다고 생각해보면 실제 "ㅎ", "ㅏ", "ㄴ"처럼 초성, 중성, 종성 이렇게 세 번의 키보드 자판을 입력해야 합니다.

그럼 결론적으로 좀 더 정확한 타자 게임을 만들기 위해선 "한"을 "ㅎ", "ㅏ", "ㄴ"으로 분리해서 세 타를 모두 비교해서 정확도, 오타율, 속도를 구해야 한다는 결론을 얻을 수 있습니다.

그렇다면 어떻게 해야 한글을 "초성", "중성", "종성"으로 분리할 수 있을까요?

6-5. 한글 유니코드

우리는 이미 우리는 이미 10장 파일 입출력을 공부하면서 잠깐이나마 유니코드에 대해서 이야기를 했던 적이 있습니다만 이번에는 이전 내용보다는 좀 더 유니코드에 대해서 알아야 할 필요성이 있습니다.

초창기 컴퓨터는 영어권을 중심으로 발전해왔기 때문에 모든 기본적인 출력이 알파벳을 기준으로 만들어졌었습니다. 그래서 비영어권 문자들은 각국에서 자체적으로 개발하여 사용해 왔으나 이런 문자 집합이 발전하여 현재는 전세계의 모든 문자를 컴퓨터에서 일관되게 표현할 수 있는 유니코드라는 표준이 생기게 되었습니다.

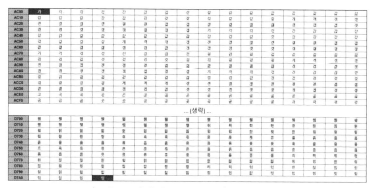

〈그림 6-5-1〉 유니코드상의 한글 (출처: 위키백과)

유니코드는 거대한 표에 전세계의 모든 문자를 표기하여 정리해 놓은 것이라고 보면 됩니다. 한글은 19자의 초성과 21자의 중성, 28자의 종성으로 이루어져 있으며 이를 조합하여 11,172의 글자를 표현할 수 있습니다.

〈그림 6-5-1〉에서처럼 한글은 유니코드 AC00의 0번째의 "가"부터 시작하고 D7A0의 4번째 "힣"이라는 글자로 끝납니다. 그렇기 때문에 코드에서처럼 어떤 문자가 "가"~"힣" 사이에 있다면 그 글자는 한글이라고 판단할 수 있습니다.

비주얼 스튜디오 코드 상단의 [터미널]-[새 터미널] 후 python을 실행하여 인터프리터 모드 상태로 다음의 코드를 한번 입력해보도록 하겠습니다.

```
>>> c = "꿀"
>>> "가" <= c <= "힣"
```

앞의 코드를 차례대로 입력하면 다음과 같은 결과를 볼 수 있습니다.

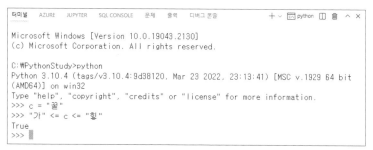

〈그림 6-5-2〉 변수의 글자가 한글인지 확인

〈그림 6-5-2〉에서처럼 변수 c에 있는 문자는 한글이기 때문에 "가" 〈= "꿀" 〈= "힣" 조건에 성립하여 True라는 결과가 출력되는 것을 확인할 수 있습니다.

AC00	가	각	갂	갃	간	갅	갆	갇	갈	갉	갊	갋	갌	갍	갎	갏
AC10	감	갑	값	갓	갔	강	갖	갗	갘	같	갚	갛	개	객	갞	갟
AC20	갠	갡	갢	갣	갤	갥	갦	갧	갨	갩	갪	갫	갬	갭	갮	갯
AC30	갰	갱	갲	갳	갴	갵	갶	갷	갸	갹	갺	갻	갼	갽	갾	갿
AC40	걀	걁	걂	걃	걄	걅	걆	걇	걈	걉	걊	걋	걌	걍	걎	걏
AC50	걐	걑	걒	걓	걔	걕	걖	걗	걘	걙	걚	걛	걜	걝	걞	걟
AC60	걠	걡	걢	걣	걤	걥	걦	걧	걨	걩	걪	걫	걬	걭	걮	걯
AC70	거	걱	걲	걳	건	걵	걶	걷	걸	걹	걺	걻	걼	걽	걾	걿
AC80	검	겁	겂	것	겄	겅	겆	겇	겈	겉	겊	겋	게	겍	겎	겏
AC90	겐	겑	겒	겓	겔	겕	겖	겗	겘	겙	겚	겛	겜	겝	겞	겟
ACA0	겠	겡	겢	겣	겤	겥	겦	겧	겨	격	겪	겫	견	겭	겮	겯
ACB0	결	겱	겲	겳	겴	겵	겶	겷	겸	겹	겺	겻	겼	경	겾	겿
ACC0	곀	곁	곂	곃	계	곅	곆	곇	곈	곉	곊	곋	곌	곍	곎	곏
ACD0	곐	곑	곒	곓	곔	곕	곖	곗	곘	곙	곚	곛	곜	곝	곞	곟
ACE0	고	곡	곢	곣	곤	곥	곦	곧	골	곩	곪	곫	곬	곭	곮	곯
ACF0	곰	곱	곲	곳	곴	공	곶	곷	곸	곹	곺	곻	과	곽	곾	곿

〈그림 6-5-3〉 유니코드 표의 규칙성은 중성과 종성의 수

한글의 한 글자는 문자 한 개로는 의미가 없고 최소 두 개의 초성, 중성으로 조합이 돼야만 글자의 의미가 생기는 문자입니다. 〈그림 6-5-3〉에서 검정색 배경에 흰색 글자는 중성의 순서를 표시한 부분이고, 표시된 박스 안의 글자는 종성의 순서를 표시한 부분입니다.

이처럼 유니코드 표에서 각각의 초성, 중성, 종성의 순서를 살펴보면 아래와 같은 규칙으로 표기 되어있는 것을 알 수 있습니다.

초성 19자	ㄱ, ㄲ, ㄴ, ㄷ, ㄸ, ㄹ, ㅁ, ㅂ, ㅃ, ㅅ, ㅆ, ㅇ, ㅈ, ㅉ, ㅊ, ㅋ, ㅌ, ㅍ, ㅎ
중성 21자	ㅏ, ㅐ, ㅑ, ㅒ, ㅓ, ㅔ, ㅕ, ㅖ, ㅗ, ㅘ, ㅙ, ㅚ, ㅛ, ㅜ, ㅝ, ㅞ, ㅟ, ㅠ, ㅡ, ㅢ, ㅣ
종성 28자	없음, ㄱ, ㄲ, ㄳ, ㄴ, ㄵ, ㄶ, ㄷ, ㄸ, ㄹ, ㄺ, ㄻ, ㄼ, ㄽ, ㄾ, ㄿ, ㅀ, ㅁ, ㅂ, ㅄ, ㅅ, ㅆ, ㅇ, ㅈ, ㅊ, ㅋ, ㅌ, ㅍ, ㅎ

〈표 6-5-1〉

유니코드상 첫 번째 초성의 글자인 "가"에서부터 바로 다음 초성의 글자는 "까"가 됩니다. 그럼 "가" ~ "까" 사이에는 몇 글자가 있을까요?

물론 유니코드 표에서 직접 세어볼 수도 있겠지만 조금 더 쉽게 알아보도록 하겠습니다.

```
ord("까") - ord("가")
```

위의 코드에서처럼 "까"의 유니코드 값에서 "가"의 유니코드 값을 빼면 두 글자 사이에 몇 개의 글자가 존재하는지를 확인 할 수 있습니다. ord("문자") 함수는 파이썬 내장 함수로써 인자로 받은 "문자"에 대한 유니코드 값을 10진수 정수 형태로 반환합니다.

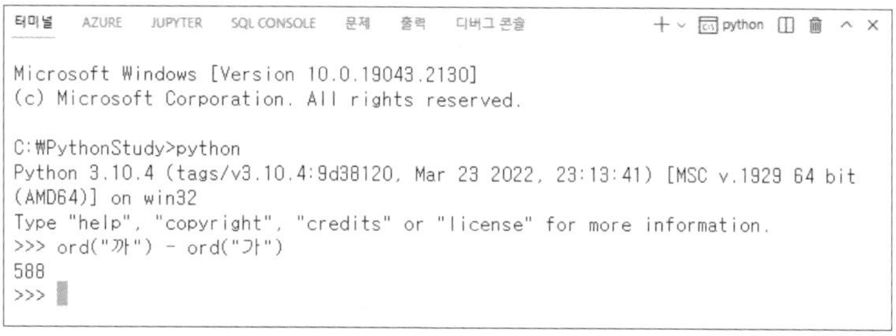

〈그림 6-5-4〉 python 인터프리터 모드에서 계산

비주얼 스튜디오 코드의 터미널에서 python을 실행하여 인터프리터 모드 상태에서 코드를 직접 입력해 보면 588이란 결과가 나오는 것을 확인했습니다. 그 말은 "가" ~ "까" 사이에는 588개의 글자가 존재한다는 사실입니다.

그럼 만약에 "까" 다음의 초성인 "나"를 코드로 구하려면 어떻게 해야 할까요? "가"를 기준으로 "까"다음이 "나"니까 588번을 2번 반복하면 되겠죠?

```
v = ord("가") + (588 * 2)
print(chr(v))
```

앞의 코드에서 사용된 chr(정수 값) 함수는 파이썬 내장 함수로써 ord( ) 함수의 반대 되는 기능으로 인자로 넘어온 "정수 값"에 해당하는 유니코드 문자를 반환합니다.

앞의 코드를 터미널 인터프리터 상태에서 한번 입력해봅니다.

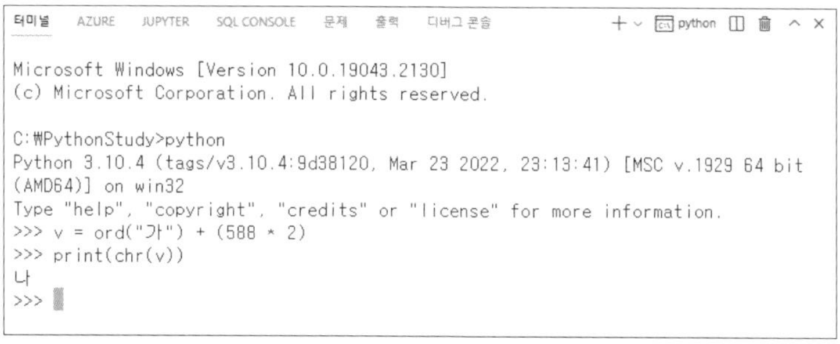

〈그림 6-5-5〉 유니코드상에서 '나'를 코드로 구하는 모습

유니코드 "가"의 값에 588을 2번 곱한 값을 더하면 〈그림 6-5-5〉처럼 "나"가 출력되는 것을 확인할 수 있습니다. 여기서 588이란 수는 〈표 6-5-1〉에서 정리한 중성의 개수 28과 종성의 개수 21개를 곱한 값입니다.

유니코드에서 중성은 종성 28개를 모두 지나고 나야 바뀜

↑

(종성 인덱스) + (중성 인덱스*28)+(초성 인덱스 *(21*28))

↓   ↓

종성은 그냥 인덱스만 더해주면 됨   초성은 유니코드상
                                     종성 28개와 중성 21개가 모두 지나고 난 뒤에 바뀜

〈그림 6-5-6〉 유니코드상 초성, 중성, 종성의 규칙성

유니코드 표를 자세히 살펴보면 한글은 종성이 모두 반복되고 나서 중성이 바뀌고 중성이 모두 바뀌고 나서 초성이 바뀌는 구조로 작성되어있습니다.

〈그림 6-5-6〉을 참고하여 한글을 표현하는 이 내용을 계산식으로 정리해보면 다음과 같습니다.

```
((초성 인덱스 * 21) + 중성 인덱스) * 28 + 종성 인덱스 + AC00
```

계산식에서 마지막 AC00은 유니코드상 한글의 시작이 "가"이기 때문에 "가"를 의미하는 유니코드 표의 시작값이라고 보면 됩니다.

이 계산식을 어느정도 이해했다면(완벽하게 이해할 필요는 없습니다), 이제 이 공식에서 "인덱스" 값을 대입하여 내가 원하는 글자를 조합할 수 있게 됩니다.

이 공식이 정상적으로 동작하는지를 확인해보기 위해 비주얼 스튜디오 코드에 [터미널] – [새 터미널]을 열고 python을 입력하여 인터프리터 상태에서 다음 코드를 입력해봅니다.

```
>>> value = ((0 * 21) + 0) * 28 + 0 + 0xAC00
>>> print(value, hex(value), chr(value))
```

위에서 설명한 공식을 그대로 대입하여 0번째 초성, 0번째 중성, 0번째 종성 + 유니코드의 한글 시작점인 AC00 위치를 계산합니다. 이때 AC00은 16진수 값이기 때문에 앞에 0x를 붙여서 16진수 값임을 알게 해야 합니다.

계산된 결과 value 값을 print( )문을 사용하여 출력하는데 하나는 10진수의 value 값, 하나는 16진수의 hex(value) 값, 나머지 하나는 value 값에 대한 문자를 chr(value)로 출력합니다.

```
Microsoft Windows [Version 10.0.19043.2130]
(c) Microsoft Corporation. All rights reserved.

C:₩PythonStudy>python
Python 3.10.4 (tags/v3.10.4:9d38120, Mar 23 2022, 23:13:41) [MSC v.1929 64 bit
(AMD64)] on win32
Type "help", "copyright", "credits" or "license" for more information.
>>> value = ((0 * 21) + 0) * 28 + 0 + 0xAC00
>>> print(value, hex(value), chr(value))
44032 0xac00 가
>>>
```

〈그림 6-5-7〉 파이썬 계산식 만으로 한글 구하기

코드를 입력해보면 〈그림 6-5-7〉의 결과를 볼 수 있습니다. 결국 0번째 초성, 0번째 중성, 0번째 종성에 계산식에서 모두 0을 곱했으니 최종 결과는 0이 될테고 마지막에 더해준 0xAC00 값만 남을테니 유니코드 표에서 한글의 시작 문자인 "가"가 됩니다.

그럼 인덱스 값을 수정하여 만약 "간"이란 글자를 출력하려면 어떻게 해야 할까요?

"간"은 "가의 받침에 "ㄴ"이 추가되게 되는 구조입니다. 〈표 6-5-1〉을 참조해보면 중성의 "ㄴ"은 네 번째 인덱스의 값이기 때문에 ((0 * 21) * 28) + 4 + 0xAC00를 계산하면 될 것 같습니다. 예상이 맞는지 직접 한번 입력해보도록 하겠습니다.

```
Microsoft Windows [Version 10.0.19043.2130]
(c) Microsoft Corporation. All rights reserved.

C:₩PythonStudy>python
Python 3.10.4 (tags/v3.10.4:9d38120, Mar 23 2022, 23:13:41) [MSC v.1929 64 bit
(AMD64)] on win32
Type "help", "copyright", "credits" or "license" for more information.
>>> chr(((0 * 21) * 28) + 4 + 0xAC00)
'간'
>>>
```

〈그림 6-5-8〉 코드를 통해 원하는 글자 출력

〈그림 6-5-8〉처럼 파이썬 인터프리터 모드에서 위의 식을 계산해서 chr( ) 함수로 해당 값에 대한 문자를 구해보면 우리가 예상했던 "간"이라는 글자가 출력되는 것을 확인할 수 있습니다.

지금까지 한글을 조합하는 방법에 대해서 알아본 이유는 사실 분해를 하기 위한 목적도 있습니다. 파이썬 코드로 유니코드 한글을 조합하여 출력할 수 있다면 반대로 분해도 할 수 있게 되기 때문입니다.

6-6. 유니코드 한글 초성, 중성, 종성 분해

한글을 분해하기 위해서는 우리가 사용했던 조립에 대한 계산식을 반대로 하여 초성, 중성, 종성 단위로 분리해야 합니다.

초성 = ((문자 코드 − 0xAC00) / 28) / 21

중성 = ((문자 코드 − 0xAC00) / 28) % 21

종성 = (문자 코드 − 0xAC00) % 28

〈표 6-6-1〉 초성, 중성, 종성 분리 공식

유니코드에서 초성은 588(중성 개수 * 종성 개수) 글자마다 반복된다는 사실은 이미 알고 있습니다. 그 사실을 적용하여 어떤 문자의 유니코드상의 글자 순서를 구하고 그 값을 588(종성 개수 * 중성 개수)로 나누면 초성의 인덱스를 구할 수 있습니다.

중성은 총 21개의 문자로 구성 되어있는데 종성이 모두 반복되고 난 뒤에 바뀌는 글자입니다. 그렇기 때문에 중성이 하나 바뀌려면 먼저 종성이 모두 바뀌어야 바뀔 수 있으니 이를 계산식으로 만들려면 먼저 종성의 개수마다 반복한 값인 28을 나누고 21번마다 반복되는 중성의 인덱스를 구하기 위해서 중성의 개수 21로 나눈 나머지 값을 구하면 중성의 인덱스를 알 수 있습니다.

종성은 총 28개의 문자로 유니코드에서 28번마다 반복되는 문자이기 때문에 유니코드 상에서의 글자의 순서를 구하고 그 값을 종성의 개수 28로 나눈 나머지 값을 알면 종성의 인덱스를 구할 수 있게 됩니다.

〈표 6-6-1〉의 계산식이 제대로 동작하는지 비주얼 스튜디오 코드의 터미널에서 python을 실행하여 인터프리터 모드 상태가 되면 아래 코드를 입력해봅니다.

```
>>> c = "한"
>>> ((ord(c) - 0xAC00) / 28) / 21
>>> ((ord(c) - 0xAC00) / 28) % 21
>>> (ord(c) - 0xAC00) % 28
```

변수 c에 "한"이라는 글자를 초성, 중성, 종성으로 분해하여 각각의 인덱스를 구하는 내용입니다.

〈그림 6-6-1〉 "한"이란 글자를 초성, 중성, 종성으로 분리

코드를 실행한 결과에서 소수점을 무시하고 보면 초성의 인덱스 값은 18, 중성은 0, 종성은 4의 값을 얻을 수 있었습니다. 〈표 6-5-1〉의 내용을 참고해 인덱스를 맞춰보면 문제없이 동작했다는 결론을 얻을 수 있습니다.

그럼 지금까지 배운 내용을 정리하여 파이썬 코드로 구현을 해보도록 하겠습니다. 이번에는 06-typing2. py 파일을 생성하고 아래의 코드를 작성합니다. 지금까지 작성 중이던 06-typing.py 파일에 작성해도 되지만 기존의 코드를 보관하여 나중에 어떻게 변화가 되었는지를 비교해 보는 것도 좋기 때문에 새로운 파일에 작성을 합니다.

```
01  CHO = ['ㄱ', 'ㄲ', 'ㄴ', 'ㄷ', 'ㄸ', 'ㄹ', 'ㅁ', 'ㅂ', 'ㅃ', 'ㅅ', 'ㅆ',
02        'ㅇ', 'ㅈ', 'ㅉ', 'ㅊ', 'ㅋ', 'ㅌ', 'ㅍ', 'ㅎ']
03  JUNG = ['ㅏ', 'ㅐ', 'ㅑ', 'ㅒ', 'ㅓ', 'ㅔ', 'ㅕ', 'ㅖ', 'ㅗ', 'ㅘ', 'ㅙ',
04        'ㅚ', 'ㅛ', 'ㅜ', 'ㅝ', 'ㅞ', 'ㅟ', 'ㅠ', 'ㅡ', 'ㅢ', 'ㅣ']
05  JONG = ['', 'ㄱ', 'ㄲ','ㄳ', 'ㄴ', 'ㄵ', 'ㄶ', 'ㄷ', 'ㄹ', 'ㄺ', 'ㄻ', 'ㄼ',
06        'ㄽ', 'ㄾ', 'ㄿ', 'ㅀ', 'ㅁ', 'ㅂ', 'ㅄ', 'ㅅ', 'ㅆ', 'ㅇ', 'ㅈ',
07        'ㅊ', 'ㅋ', 'ㅌ', 'ㅍ', 'ㅎ']
08  input _ data = input("입력> ")
09  for c in input _ data:
10    if "가" <= c <= "힣":
11      c _ index = ord(c) - ord("가")
12      c _ cho = int((c _ index / 28) / 21)
13      c _ jung = int((c _ index / 28) % 21)
14      c _ jong = int(c _ index % 28)
15      print(f"{CHO[c _ cho]}, {JUNG[c _ jung]}, {JONG[c _ jong]}")
```

〈코드 6-6-1〉

01~06 한글의 초성, 중성, 종성을 유니코드의 순서에 맞게 정리한 내용입니다. 여기서 주의해 할 점은 글자에는 받침이 없는 경우도 있기 때문에 **05**행의 JONG의 0번째 요소는 ' ' 빈 문자부터 시작해야 합니다. 공백이 아닌 빈 문자입니다.

08 사용자에게 문자열 데이터를 입력을 받습니다.

09 for문을 사용해 입력받은 문자열 데이터를 반복합니다.

10 한글이 아닌 문자는 분해할 수 없기 때문에 for문에 의해 반복되고 있는 현재 문자가 한글인지를 먼저 판별합니다.

11 현재 문자에 대한 유니코드 인덱스를 구합니다.

12~14 유니코드 인덱스로 현재 문자를 초성, 중성, 종성으로 분리합니다.

15 분해된 결과를 화면에 출력합니다.

작성된 코드를 저장하고 06-typing2.py 파일을 실행하고 적절한 단어를 입력해보도록 하겠습니다.

〈그림 6-6-2〉 06-typing2.py 파일 실행 결과

"한글연습"이라는 단어를 입력해보니 〈그림 6-6-2〉에서처럼 각 글자마다 초성, 중성, 종성으로 문제없이 분해가 되는 것을 확인했습니다.

이제 이렇게 분해된 데이터를 변수에 저장하고 한글을 분해하는 기능을 함수로 분리하여 코드를 좀 더 정리를 해보도록 하겠습니다.

```
... 생략 ...
09   def break_korean(input_data):
10       break_words = []
11       for c in input_data:
12           if "가" <= c <= "힣":
13               c_index = ord(c) - ord("가")
14               c_cho = int((c_index / 28) / 21)
15               c_jung = int((c_index / 28) % 21)
16               c_jong = int(c_index % 28)
```

```
17              break _ words.append(CHO[c _ cho])
18              break _ words.append(JUNG[c _ jung])
19              if c _ jong > 0:
20                  break _ words.append(JONG[c _ jong])
21          else:
22              break _ words.append(c)
23      return break _ words

25  input _ data = input("입력> ")
26  break _ data = break _ korean(input _ data)
27  print(f"입력데이터: {input _ data}")
28  print(f"분해데이터: {break _ data}")
```

〈코드 6-6-2〉

09 한글을 분해하는 로직은 계속 재사용될 테니 기존의 코드는 break_korean이라는 이름의 함수를 만들고 그 안에 구현되었습니다.

10 한글이 초성, 중성, 종성으로 분해된 최종 결과를 저장할 변수입니다.

17~20 초성, 중성, 종성으로 분해된 한글은 **10**행의 break_words 리스트형 변수에 추가되는데 이때 **19**행에서처럼 종성의 인덱스가 0인 경우 그러니까 글자의 받침이 없는 경우에는 추가하지 않습니다.

21~22 타자 게임에서 반드시 한글만 나오는 것은 아니기 때문에 한글이 아닌 영문 알파벳이나 특수 문자 같은 경우는 분해하지 않고 그냥 break_words 변수에 추가합니다.

23 함수는 분해된 최종 결과를 반환합니다.

26 입력받은 문자열 데이터를 함수로 전달하고 분해된 결괏값을 받습니다.

27~28 입력된 문자열과 분해된 결과를 화면에 출력합니다.

이렇게 수정된 코드를 저장하고 06-typing2.py을 실행해서 적절한 문장을 입력해봅니다.

〈그림 6-6-3〉 한글 문장 전체 분해 테스트

입력 창에 "한글 분해 테스트!"를 입력해보니 〈그림 6-6-3〉처럼 분해가 되는 모습을 확인할 수 있습니다.

6-7. 코드 완성

이 챕터의 목적은 타자 게임이었습니다. 우리는 이제 한글의 초성, 중성, 종성을 분해할 수 있게 되었으니 이제 06-typing.py에서 작성했던 〈코드 6-3-1〉의 내용을 참고하여 타자 게임을 완성해보도록 하겠습니다.

```python
01  import random
02  import time
03  import os

05  CHO = ['ㄱ', 'ㄲ', 'ㄴ', 'ㄷ', 'ㄸ', 'ㄹ', 'ㅁ', 'ㅂ', 'ㅃ', 'ㅅ', 'ㅆ',
06         'ㅇ', 'ㅈ', 'ㅉ', 'ㅊ', 'ㅋ', 'ㅌ', 'ㅍ', 'ㅎ']
07  JUNG = ['ㅏ', 'ㅐ', 'ㅑ', 'ㅒ', 'ㅓ', 'ㅔ', 'ㅕ', 'ㅖ', 'ㅗ', 'ㅘ', 'ㅙ',
08          'ㅚ', 'ㅛ', 'ㅜ', 'ㅝ', 'ㅞ', 'ㅟ', 'ㅠ', 'ㅡ', 'ㅢ', 'ㅣ']
09  JONG = ['', 'ㄱ', 'ㄲ','ㄳ', 'ㄴ', 'ㄵ', 'ㄶ', 'ㄷ', 'ㄹ', 'ㄺ', 'ㄻ', 'ㄼ',
10          'ㄽ', 'ㄾ', 'ㄿ', 'ㅀ', 'ㅁ', 'ㅂ', 'ㅄ', 'ㅅ', 'ㅆ', 'ㅇ', 'ㅈ',
11          'ㅊ', 'ㅋ', 'ㅌ', 'ㅍ', 'ㅎ']

13  WORDS_LIST = [
14      "한글 타자 연습 게임 만들기",
15      "독도는 우리땅",
16      "ord( )함수는 문자의 유니코드 값을 10진수로 반환합니다.",
17      "chr( )함수는 십진수에 해당하는 유니코드 문자를 반환합니다."
18  ]

20  def break_korean(input_data):
21      break_words = []
22      for c in input_data:
23          if "가" <= c <= "힣":
24              c_index = ord(c) - ord("가")
25              c_cho = int((c_index / 28) / 21)
26              c_jung = int((c_index / 28) % 21)
27              c_jong = int(c_index % 28)
28              break_words.append(CHO[c_cho])
29              break_words.append(JUNG[c_jung])
30              if c_jong > 0:
31                  break_words.append(JONG[c_jong])
```

```
32          else:
33              break _ words.append(c)
34      return break _ words

36  random.shuffle(WORDS _ LIST)
37  for q in WORDS _ LIST:
38      os.system("cls")
39      start _ time = time.time( )
40      input _ data = input(f"{q}\n")
41      duration = time.time( ) - start _ time
42      src = break _ korean(q)
43      tar = break _ korean(input _ data)
44      correct = 0
45      for i, c in enumerate(tar):
46          if i >= len(src):
47              break
48          if src[i] == c:
49              correct += 1
50      src _ len = len(src)
51      per _ correct = correct / src _ len * 100
52      per _ error = (src _ len - correct) / src _ len * 100
53      speed = (correct / duration) * 60

55      print(f"총 글자 수:{len(q)}, 타수:{src _ len}, 입력타수:{len(tar)}")
56      print(f"속도: {speed:.2f} 정확도: {per _ correct:.2f}%", end=" ")
57      print(f"오타율: {per _ error:.2f}%")
58      os.system("pause")
```

〈코드 6-7-1〉

01~03 타자 게임에 필요한 라이브러리들을 불러옵니다.

13~18 타자 게임에 출제될 문장들을 미리 저장해 놓은 리스트 변수 입니다. 문장에는 한글, 영문, 특수 문자가 포함되어도 문제없이 동작합니다.

36 타자 게임의 문제 순서를 랜덤하게 섞습니다.

37 문제 수만큼 for문을 사용하여 반복합니다.

38 타자 게임의 문장을 출력하기 전에 화면을 깨끗하게 지웁니다.

39 사용자가 입력을 시작하기 전 시간을 측정하여 저장합니다.

40 타자 게임의 문제를 출력하고 사용자의 입력을 받습니다.

41 입력 후 시간 – 입력 전 시간을 계산하여 사용자가 입력에 사용한 시간을 구합니다.

42 문제로 출제된 문장을 초성, 중성, 종성으로 분해하여 저장합니다.

43 사용자가 입력한 문장을 초성, 중성, 종성으로 분해하여 저장합니다.

44 일치하는 문자의 개수를 저장할 변수입니다.

45~49 사용자가 입력한 문장의 문자와 출제된 문제의 문자들을 비교하여 일치하는 개수를 셉니다.

50~53 초성, 중성, 종성으로 분리된 데이터를 기준으로 정확도, 오타율, 속도 등을 계산합니다.

55~57 결과를 출력합니다.

58 다음 문제를 출제하기 전 프로그램을 임시 멈춥니다.

코드를 수정하고 저장한 뒤 파일을 실행하여 최종 테스트를 해봅니다.

〈그림 6-7-1〉 완성된 타이핑 게임 최종 실행 결과 확인

제시된 문장을 〈그림 6-7-1〉에서처럼 입력해보면 일곱 글자의 "독도는 우리땅"은 초성, 중성, 종성 분해를 거쳐 16개의 문자로 분해 되었고 사용자는 오타를 쳐서 15타를 입력했고 정확도는 75%에 오타율은 25%, 속도는 분당 291.51타의 결과를 확인할 수 있습니다.

이렇게 타자 게임을 만들어보며 컴퓨터가 한글을 표기하기 위해 유니코드를 사용한다는 사실을 알았고 이를 활용하여 파이썬에서 한글을 초성, 중성, 종성으로 분해하는 방법에 대해서도 알아보았습니다.

처음 작성했던 타자 게임보다는 훨씬 더 발전한 프로그램은 맞습니다만 진짜 타자 게임에 비하면 부족한 기능이 많은 것도 사실입니다.

실제 타자 게임에서는 글자를 지우기 위해 백스페이스를 누르면 페널티 점수가 차감되기도 하고 오타를 치면 소리로 알려주기도 합니다. 내가 작성한 프로그램과 비슷한 종류의 다른 프로그램들을 비교해 보며 "그런 기능들은 어떻게 구현했을까?" 하는 고민을 해보는 것도 좋은 공부가 됩니다.

7. 로또 번호 생성기

로또는 1부터 45까지의 숫자 중 6개의 숫자를 맞추면 인생이 바뀌는 복권 시스템의 한 종류입니다. 45개의 숫자 중 6자리를 맞출 확률은 1/8,145,060로 0.0000122774%입니다.

사실 로또 번호를 맞추는 데는 특별한 노하우나 기술이 존재하지 않는 단순 확률 게임입니다만 인터넷에 로또 번호를 검색해보면 사람의 심리를 이용하여 다양한 서비스를 제공하는 곳들이 많이 있습니다.

이번에는 우리가 중복되지 않는 난수 6자리를 생성해주는 프로그램을 만들어보고 난수 생성에 몇 가지 조건을 추가할 수 있는 기능을 구현하여 로또 번호 생성기 프로그램을 만들어 보겠습니다.

7-1. 미리보기

```
터미널   AZURE   JUPYTER   SQL CONSOLE   문제  1   출력   디버그 콘솔        + ∨   ▦ Python   ▯   🗑   ∧  ✕

Microsoft Windows [Version 10.0.22000.1098]
(c) Microsoft Corporation. All rights reserved.

C:\PythonStudy>C:/Python310/python.exe c:/PythonStudy/12/07-lotto.py
로또번호 기본: [12, 17, 28, 29, 31, 39]
로또번호 포함(2, 4, 6): [2, 4, 6, 8, 20, 39]
로또번호 제외(1~10): [16, 22, 32, 34, 43, 46]
로또번호 연속(3): [27, 28, 29, 34, 43, 45]
```

〈그림 7-1-1〉 로또 번호 생성기 기능 미리보기

이 챕터에서 만들 로또 번호 생성기는 〈그림 7-1-1〉에서처럼 무작위의 6자리의 난수를 생성하는 기능과 특정 숫자를 포함하는 기능, 특정 숫자를 제외하는 기능, 연속된 숫자를 포함하여 로또 번호를 생성하는 프로그램을 목표로 진행할 예정입니다.

그럼 시작해 볼까요?

7-2. 6자리 중복되지 않는 난수 생성

난수를 생성하는 여러 가지 방법 중에 가장 쉽고 간단하게 사용할 수 있는 방법은 이전 챕터에서 사용했던 random 라이브러리를 사용하는 방법입니다.

이전 야구게임 만들기에서 중복되지 않는 난수를 생성하는 방법에 대해서 다루어 봤었으니 복습할 겸 6자리의 중복되지 않는 난수를 생성하는 코드를 구현해보도록 하겠습니다.

비주얼 스튜디오 코드에서 07-lotto.py 파일을 생성하고 다음 코드를 작성해봅니다.

```
01    import random

03    lotto = []
04    rand_num = random.randint(1, 45)
05    for i in range(6):
06        while rand_num in lotto:
07            rand_num = random.randint(1, 45)
08        lotto.append(rand_num)
09    lotto.sort( )
10    print(f"로또 번호 생성: {lotto}")
```

〈코드 7-2-1〉

〈코드 7-2-1〉은 1부터 45까지의 숫자 중 중복되지 않는 6자리의 숫자를 만들어주는 내용의 코드입니다. 야구 게임을 만들면서 작성한 코드와 유사한 코드이므로 자세한 설명은 생략하도록 하겠습니다. **09**행의 sort( ) 메서드는 리스트의 요소를 정렬해주는 기능을 합니다.

파일을 저장하고 실행하여 결과를 확인해보도록 하겠습니다.

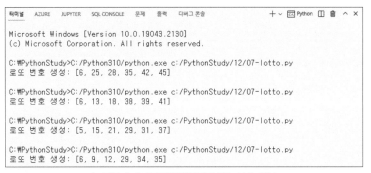

〈그림 7-2-1〉 6자리의 중복되지 않는 난수 생성

코드를 실행해 보면 〈그림 7-2-1〉처럼 실행할 때마다 중복되지 않는 6개의 난수가 출력되는 것을 확인할 수 있습니다.

로또 번호 생성기에서는 여기에 기능을 조금 더 추가해, 특정한 조건을 포함하는 난수 생성을 목표로 삼고 있습니다. 사실 이런 기능은 기능을 구현하는 게 목적이라기보다 프로그래밍 공부를 조금 더 재미나게, 흥미롭게 하기 위해 이런 기능을 구현해 본다고 생각하는 게 좋을 것 같습니다.

그럼 우리가 추가해야 할 기능은 무엇인지 한번 정리해보도록 하겠습니다.

〈표 7-2-1〉 로또 번호 생성기에 구현할 기능 정리

이런 기능을 구현하려면 코드를 작성하기 전에 로직의 구조를 먼저 생각해봅니다. 물론 처음부터 그런 생각이 잘 되진 않겠지만 자꾸 연습을 해보는 습관을 들이는게 좋습니다.

가장 기초적으로 생각해봐야 하는 부분은 어떤 동작이 반복되는지, 어떤 코드들이 자주 사용되는지부터 파악하고 작은 부분부터 함수로 작성해보는 것이 좋습니다.

일단 로또 번호 생성기는 6자리의 난수를 생성하는 기능이 주 기능이므로 어떤 리스트를 인자로 받고 이 리스트를 무조건 6자리 난수로 채워주는 역할을 하는 함수를 구현해보겠습니다.

```python
01   import random

03   def random_number(numbers):
04       rand_num = random.randint(1, 45)
05       for i in range(len(numbers), 6):
06           while rand_num in numbers:
07               rand_num = random.randint(1, 45)
08           numbers.append(rand_num)
09       numbers.sort( )

11   lotto1 = []
12   lotto2 = [1, 10, 30]
13   random_number(lotto1)
14   random_number(lotto2)
15   print(f"로또 번호1: {lotto1}")
16   print(f"로또 번호2: {lotto2}")
```

〈코드 7-2-2〉

03 〈코드 7-2-1〉에서 작성한 내용을 함수로 작성합니다. 이때 함수는 numbers라는 이름의 리스트형 매개변수를 갖습니다.

05 함수의 매개변수로 넘어온 리스트에서 빈 자리를 난수로 채우기 위해 for문의 시작은 리스트의 개수를 시작으로 6까지 반복합니다. 예를 들어 리스트가 [1, 10]처럼 두 자리가 채워져 있다면 남은 네 자리를 더 채우게 됩니다.

11~12 함수가 정상적으로 동작하는지를 테스트하기 위해 두 가지의 다른 경우의 리스트 변수를 선언합니다. **11**행의 리스트는 요소가 없는 빈 리스트이고 **12**행의 리스트는 요소가 세 개 존재하는 리스트 변수입니다.

13~14 빈 리스트와 요소가 있는 리스트를 각각 함수의 인자로 넘겨 여섯 개의 난수를 생성합니다.

15~16 결과를 화면에 출력합니다. 이는 결과를 확인해보기 위한 임시 코드이므로 테스트 후에 삭제합니다.

⟨코드 7-2-2⟩는 **11**행의 리스트와, 요소가 세 개 저장된 **12**행의 리스트를 모두 여섯 개로 채워줘야 합니다. 그럼 제대로 동작하는지 확인해봅시다.

⟨그림 7-2-2⟩ 두 개의 리스트를 모두 여섯 자리 난수로 채워주는지 테스트

결과를 보니 요소의 개수가 다른 두 가지 리스트형 변수 모두가 여섯 개의 난수로 채워진 것을 확인할 수 있습니다. 여러 번 반복 실행을 해보면 결과가 잘 나오는 것 같습니다.

그럼 이제 ⟨표 7-2-1⟩에서 얘기했던 로또 번호 생성기에 세 가지 추가해보겠습니다. 먼저 세 가지 기능 중에 특정 숫자를 포함하여 로또 번호를 생성하는 기능에 대해 생각해 봅시다.

7-3. 특정 번호를 포함하는 로또 번호

특정 숫자를 포함한다는 의미는 여섯 자리의 난수 중에 내가 원하는 숫자를 포함하도록 하는 내용인데 예를 들어 나는 여섯 자리의 로또 번호 중에 1, 15, 30이 꼭 있었으면 좋겠다 할 때 사용할 수 있는 기능이라고 볼 수 있습니다.

이해를 돕기 위해 그림으로 한번 살펴보겠습니다.

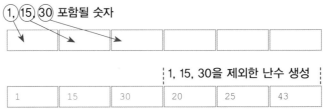

⟨그림 7-3-1⟩ 로또 번호 생성기에 특정 숫자를 포함하는 기능

〈그림 7-3-1〉에서처럼 특정 숫자를 포함하는 방식은 빈 리스트에 먼저 포함될 숫자를 추가합니다. 그리고 남은 공간에 중복되지 않는 난수를 채워주면 됩니다.

기능을 구현하기에 앞서 먼저 생각해봐야 할 것이 있습니다. 함수에 특정 숫자를 포함할 때 이 포함될 숫자 값을 인자로 넘겨줘야 합니다. 그런데 프로그램은 항상 포함된 숫자를 받아야만 동작하게끔 작성할 수는 없으니 이런 기능은 사용자가 사용할 수도 있고 안 할 수도 있어야 합니다. 이런 경우에 우리는 7장 함수에서 배운 **kwargs 키워드형 아규먼트 형태로 함수의 매개변수를 선언할 수 있습니다.

일단 세 가지의 기능을 처리할 함수를 하나 작성하면서 알아보도록 하겠습니다.

```
... 생략 ...
11   def make _ lotto(**kwargs):
12       lotto = []
13       if kwargs.get("include"):
14           include = kwargs.get("include")
15           lotto.extend(include)
16           random _ number(lotto)
17       lotto.sort( )
18       return lotto
19   print(f"로또 번호: {make _ lotto(include=[1, 5, 30])}")
```

〈코드 7-3-1〉

11 로또 번호 생성 시 세 가지의 기능을 처리할 함수를 선언합니다. 이때 함수의 매개변수로 키워드형 아규먼트인 **kwargs를 사용합니다.

12 생성된 로또 번호를 저장할 빈 리스트형 변수를 선언합니다.

13 함수의 키워드형 아규먼트로 넘어온 값에서 include라는 키의 값을 구합니다. include라는 키 이름은 포함 숫자의 옵션을 처리하기 위해 임의로 정한 단어입니다. 만약 사용자가 이 기능을 사용하지 않기 위해 함수 호출 시 include 키를 매개변수로 전달하지 않았다면 kwargs.get("include")는 None을 반환하게 되며 if의 조건문은 False가 되어 수행되지 않습니다.

14 include 키가 존재하는 경우 값을 구해 변수에 저장합니다.

15 include 키는 리스트 형태로 값을 받기 때문에 extend( ) 메서드를 사용하여 lotto 변수에 추가합니다. 여기서 include 변수에 담긴 데이터는 [1, 5, 30]처럼 "리스트" 형태를 전제로 하기 때문에 리스트에 리스트를 풀어서 저장하기 위해선 extend( ) 메서드를 사용해야 [1, 5, 30]처럼 데이터가 저장됩니다. 그렇지 않고 append( ) 메서드를 사용하게 되면 [[1, 5, 30]]처럼 리스트 안에 리스트가 들어가는 이중 리스트 형태로 저장되기 때문에 문제가 발생할 수 있습니다.

16 포함될 숫자가 추가된 lotto 변수의 나머지 빈 자리를 난수로 채웁니다.

17 리스트형 lotto 변수의 요소들을 정렬합니다.

18 생성된 로또 번호를 반환합니다.

19 make_lotto( ) 함수를 호출하고 결과를 화면에 출력합니다. 이때 포함될 숫자 옵션을 사용하기 위해 함수 호출 시에 include=[1, 5, 30]처럼 include 키에 값을 리스트 형태로 전달합니다.

〈코드 7-3-1〉에서 중요한 부분은 함수의 매개변수로 **kwargs의 키워드형 아규먼트를 사용했다는 사실과 이 함수를 호출할 때 include=[1, 5, 30]처럼 키와 값으로 인자를 넘겨서 옵션을 사용했다는 점입니다. 이렇게 키워드형 아규먼트를 사용하면 다양한 형태의 옵션을 사용할 수도, 안 할 수도 있게 처리할 수 있어서 다양한 상황을 처리할 때 유용하게 사용될 수 있습니다.

이제 코드를 07-lotto.py에 저장하고 실행하여 결과를 확인해보도록 하겠습니다.

〈그림 7-3-2〉 로또 번호 생성시 특정 번호를 포함하여 난수 생성

코드를 여러 번 실행하여 테스트를 해보니 1, 5, 30이 계속 포함되는 것으로 보아 include=[1, 5, 30] 옵션이 문제없이 동작하는 것을 확인할 수 있습니다.

7-4. 특정 번호를 포함하지 않는 로또 번호

이번엔 특정 숫자를 포함하지 않는 로또 번호를 생성하는 기능을 추가해보겠습니다. 이 기능은 특성 숫자를 포함하는 기능과 반대로 난수를 먼저 생성하고 생성된 난수에서 특정 숫자를 제거하는 방식으로 동작하면 됩니다.

이 내용을 간단하게 그림으로 알아보면 다음과 같습니다.

while 리스트가 여섯 자리가 아니면:

| 1 | 9 | 15 | 24 | 33 | 41 |

난수 생성

포함되지 않을 숫자 1, 2, 3, 4, 5, 6, 7, 8, 9

| 1 | 9 | 15 | 24 | 33 | 41 |

〈그림 7-4-1〉 특정 숫자가 포함되지 않는 로또 번호

최초 생성된 난수에서 먼저 제외시킬 숫자를 모두 제거한 뒤에 빈 자리만큼을 다시 난수를 생성해서 채워주면 되는데 이때 새로 생성한 난수가 제외시킬 숫자 목록에 존재하면 다시 난수를 생성하는 방식으로 동작해야 합니다. 이렇게 while문으로 더 이상 제거될 숫자가 없을 때까지 반복하면 됩니다.

그런데 여기서 조금 복잡한 문제가 있습니다. 우리는 최초 생성된 난수도 리스트의 형태로 갖고 있고 제외시킬 숫자 목록 역시 리스트 형태로 전달받을 예정입니다. 그러면 리스트에서 리스트를 제거해야 하는데 문제는 리스트끼리 빼기(−)같은 연산자를 사용할 수 없다는 사실입니다. 그럼 이 문제를 어떻게 해결해야 할까요?

여기서 만약 이중 for문이 딱! 떠오르신 분이라면 공부를 열심히 하신 분이라고 생각합니다. 이런 경우 이중 for문을 사용해서 리스트와 리스트의 요소를 서로 탐색하여 조건에 맞는 숫자를 제거하는 방법이 일반적인 방법이긴 합니다.

그러나 우리는 공부를 재미있게 하기 위해서 이런 기능을 만들고 있는 것이니까 이번에는 조금 더 새로운 방법인 집합(set)을 사용해 리스트에서 리스트의 요소를 제거하는 방법을 사용해보겠습니다.

일단 다음 코드를 추가하여 특정 숫자를 포함하지 않는 기능을 작성해보도록 하겠습니다.

```
... 생략 ...
17        if kwargs.get("exclude"):
18            exclude = kwargs.get("exclude")
19            while len(lotto) != 6:
20                random _ number(lotto)
21                lotto = list(set(lotto) - set(exclude))
22        lotto.sort( )
23        return lotto
24  print(f"로또 번호: {make _ lotto(exclude=[1, 2, 3, 4, 5, 6, 7, 8, 9])}")
```

〈코드 7-4-1〉

17 포함되지 않을 숫자는 exclude라는 이름의 키워드형 인자로 받아서 처리합니다.

18 포함되지 않을 숫자의 목록을 변수에 저장합니다.

19 while문을 사용하여 리스트형 변수 lotto의 길이가 6이 아니면 반복하게 합니다. 이 말을 좀 더 풀어서 이해해 보자면, 최초 while문이 동작하는 시점에서 lotto 변수는 빈 리스트로 넘어왔기 때문에 len(lotto)는 0인 상태가 됩니다. 그러면 while문의 조건인 len(lotto) != 6은 True가 되기 때문에 while 문이 동작하게 됩니다. while문 안에서 로또 번호를 생성하고 중복을 제거하는 과정을 거쳐 최종적으로 lotto의 길이인 6이 될 때까지 반복하게 됩니다.

20 lotto 리스트를 여섯 자리 난수로 채웁니다.

21 리스트에서 리스트는 빼기 연산자를 사용해서 뺄 수 없습니다. 그러나 집합 자료형은 빼기 연산자를 사용해 차집합을 구할 수 있으므로 리스트를 집합으로 형변환하면 결론적으로 "리스트 - 리스트"를 사용한 것과 같은 결과를 얻을 수 있게 됩니다. 이렇게 나온 결과를 다시 list로 형변환하여 lotto에 저장하면 포함되지 않을 숫자 목록이 제거된 결과가 리스트 형태로 저장됩니다.

24 기능이 정상 동작 하는지를 테스트하기 위해 함수를 호출해 결과를 화면에 출력합니다. 이때 함수 호출 시 exclude 옵션을 인자로 전달하는데 값으로 1~9사이의 숫자는 포함되지 않게 설정했습니다.

〈코드 7-4-1〉는 리스트에서 리스트를 직접 뺄 수 없기 때문에 먼저 리스트를 집합으로 형변환하여 집합의 성질 중 차집합을 이용하여 결과를 구했다는 사실을 기억하시면 좋습니다.

이렇게 리스트에서 포함되지 않을 숫자를 제거하고 길이가 6이 아니라면 다시 난수를 채우고 다시 포함되지 않을 숫자를 또 확인하고를 반복하여 여섯 자리의 난수를 만들어내는 내용입니다.

코드를 수정했으면 저장하고 실행해보도록 하겠습니다.

〈그림 7-4-2〉 특정 숫자를 포함하지 않는 로또 번호 생성

〈그림 7-4-2〉의 결과를 보면 여러 번 실행을 해도 최종 로또 번호에 1~9 사이의 숫자는 포함되지 않는 것을 확인할 수 있습니다.

7-5. 연속된 숫자 기능 추가

이번에는 로또 번호를 생성할 때 연속된 특정 자릿수를 보장받고 싶은 경우를 위한 기능을 구현해보도록 하겠습니다. 특정 자릿수를 보장받는다는 것을 예로 들어, 만약 세 개의 연속된 수를 보장받는다 하면 [1, 2, 3, 20, 32, 45]처럼 여섯 자리 난수 중 연속된 숫자가 세 개를 차지하는 것을 말합니다. 이 기능을 구현하려면 어떻게 해야 할까요?

일단 연속된 숫자를 시작할 시작 값이 필요하니 임의의 시작점을 만들고 그 시작점에서 연속된 자리 수 만큼 1씩 증가시키면 될 것 같습니다. 그렇게 연속된 숫자를 먼저 설정했다면 나머지 자리를 난수로 채워주면 됩니다.

글보다 그림이 이해가 빠를 수 있으니 다음 그림을 살펴보겠습니다.

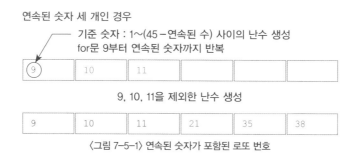

〈그림 7-5-1〉 연속된 숫자가 포함된 로또 번호

여기서 주의할 점은 연속된 숫자의 시작 숫자에 대한 난수를 생성할 때 난수의 범위가 45 - 연속된 숫자의 개수 사이에서 생성되어야 한다는 점입니다. 코드로 표현하면 다음과 같습니다.

```
start_num = random.randint(1, 45 - 연속된 숫자의 개수)
```

왜냐하면 예를 들어 연속된 숫자의 개수가 세 개 인 경우 연속된 숫자의 시작 숫자가 45가 나왔다고 가정하면 45부터 연속된 숫자 세 개를 설정할 경우 45, 46, 47이 돼서 로또 번호의 범위를 벗어날 수 있기 때문입니다.

이렇게 난수의 시작점에 대한 안전한 범위내의 수를 정했으면 for문을 사용하여 연속된 숫자를 개수만큼 설정하고 나머지 빈 공간에 대해서 난수를 생성해서 채워주면 됩니다.

이제 이 내용들을 코드로 한번 구현해보도록 하겠습니다.

```
 ... 생략 ...
22      if kwargs.get("continuty"):
23          count = kwargs.get("continuty")
24          start _ num = random.randint(1, 45 - count)
25          for i in range(start _ num, start _ num + count):
26              lotto.append(i)
27          random _ number(lotto)
28      lotto.sort( )
29      return lotto
30  print(f"로또 번호: {make _ lotto(continuty=3)}")
```

〈코드 7-5-1〉

22 연속된 숫자의 옵션은 **kwargs에 continuty 이름으로 사용합니다.

23 연속된 숫자의 개수를 받아 count 변수에 저장합니다.

24 연속된 숫자의 시작 수를 1~(45-연속된 수의 개수) 사이에서 난수를 생성해 변수에 저장합니다.

25~26 생성한 연속된 숫자의 시작점부터 연속된 숫자의 자릿수만큼 for문을 돌아 연속된 숫자를 lotto 변수에 저장합니다.

27 연속된 번호만 저장 되어있는 lotto 변수의 빈 자리에 새로운 난수를 생성하여 추가합니다.

30 기능 확인을 위해 함수를 호출하여 결과를 화면에 출력합니다. 이때 연속된 수의 기능을 사용하기 위해 함수의 인자로 continuty=3이라는 키워드와 값을 전달합니다.

이렇게 연속된 숫자 기능이 추가된 내용이 정상적으로 작동하는지 확인을 해보겠습니다. 코드를 저장하고 실행하여 결과를 확인해보겠습니다.

〈그림 7-5-2〉 연속된 숫자가 포함된 로또 번호

실행 결과를 보면 〈그림 7-5-2〉에서처럼 여러 번 실행을 해도 연속된 숫자 세 개가 포함되는 것을 확인할 수 있습니다.

그런데 현재 〈코드 7-5-1〉은 만약에 사용자가 포함 숫자, 제외 숫자, 연속 숫자 기능을 하나도 사용하지 않고 코드를 실행하면 lotto 변수에는 아무런 값이 저장되지 않습니다. 그렇기 때문에 이런 경우를 처리하기 위해서 모든 조건문을 판단하고 함수가 값을 반환하기 전 마지막에 무조건 빈 자리를 난수로 채울 수 있도록 random_number( ) 함수를 한번 더 호출을 해줘야 합니다.

그럼 이제 로또 번호 생성기 프로그램을 완성해보도록 하겠습니다. 07-lotto.py를 다음과 같이 수정합니다.

```python
01  import random

03  def random _ number(numbers):
04      rand _ num = random.randint(1, 45)
05      for i in range(len(numbers), 6):
06          while rand _ num in numbers:
07              rand _ num = random.randint(1, 45)
08          numbers.append(rand _ num)
09      numbers.sort( )

11  def make _ lotto(**kwargs):
12      lotto = []
13      if kwargs.get("include"):
14          include = kwargs.get("include")
15          lotto.extend(include)
16      if kwargs.get("exclude"):
17          exclude = kwargs.get("exclude")
18          while len(lotto) != 6:
19              random _ number(lotto)
20              lotto = list(set(lotto) - set(exclude))
21      if kwargs.get("continuty"):
22          count = kwargs.get("continuty")
23          start _ num = random.randint(1, 45 - count)
24          for i in range(start _ num, start _ num + count):
25              lotto.append(i)
26      random _ number(lotto)
27      lotto.sort( )
28      return lotto
29  print(f"로또번호 기본: {make _ lotto( )}")
```

```
30    print(f"로또번호 포함(2, 4, 6): {make _ lotto(include=[2, 4, 6])}")
31    print(f"로또번호 제외(1~10): {make _ lotto(exclude=[1, 2, 3, 4, 5, 6, 7, 8,
9, 10])}")
32    print(f"로또번호 연속(3): {make _ lotto(continuty=3)}")
```

〈코드 7-5-2〉

26 사용자가 아무런 옵션을 사용하지 않을 경우 lotto 변수가 비어 있기 때문에 함수 반환 전 lotto 변수의 빈 자리를 난수로 채워 줍니다. 그렇기 때문에 기존의 〈코드 7-3-1〉에서 **16**행, 〈코드 7-5-1〉에서 **27**행의 random_number( ) 함수를 사용하는 구간이 삭제 되었습니다.

29~32 여러 가지 기능을 모두 테스트하기 위해 함수를 각각 다른 옵션으로 호출해 결과를 출력합니다.

〈코드 7-5-2〉은 지금까지 작성한 07-lotto.py 파일의 최종 코드입니다. 실행하여 최종 결과를 확인해보도록 하겠습니다.

```
터미널   AZURE   JUPYTER   SQL CONSOLE   문제   출력   디버그 콘솔              + ∨   ▣ Python   ▯ 🗑  ∧ ×

Microsoft Windows [Version 10.0.19043.2130]
(c) Microsoft Corporation. All rights reserved.

C:₩PythonStudy>C:/Python310/python.exe c:/PythonStudy/12/07-lotto.py
로또번호 기본: [15, 19, 27, 28, 32, 43]
로또번호 포함(2, 4, 6): [2, 4, 6, 32, 37, 44]
로또번호 제외(1~10): [12, 19, 20, 27, 28, 37]
로또번호 연속(3): [16, 17, 18, 28, 35, 38]
```

〈그림 7-5-3〉 로또 생성기 최종 실행 결과

최종 코드를 실행해보면 〈그림 7-5-3〉에서처럼 기능이 모두 정상적으로 작동하는 것을 확인할 수 있습니다.

이렇게 로또 번호 생성기 프로그램을 재미로 작성해보았습니다만 사실 초반에 얘기했듯이 이 장에서의 목적은 프로그램을 완성시키는 목적보다는 다양한 로직을 작성해보면서 여러 가지 상황에서의 난수를 생성해보고, 리스트, 딕셔너리, 집합과 같이 당연하게 알고 있다고 생각하는 자료형들을 상황에 맞게 사용해 보는 것이 목적이었습니다.

이 로또 번호 생성기 프로그램은 사용자가 숫자가 아닌 문자의 입력이나, 옵션을 중복해서 사용할 때, 그리고 그 밖에 여러 가지 상황에 대한 예외처리를 하지 않았기 때문에 코드의 완성도가 높다고 볼 수는 없습니다.

부족한 부분은 직접 코드의 상황을 생각해보면서 어떤 부분이 부족한지, 부족한 부분을 스스로 보완해가며 공부를 해보는 것도 좋은 방법입니다.

8. 파일 인코딩 변경 프로그램

유니코드 문자를 저장할 때 인코딩을 하고 저장된 데이터를 불러올 때 디코딩이 된다고 지난 10장에서 배운 적이 있습니다. 이번에는 배운 내용을 활용하여 특정 폴더 내의 모든 파일의 인코딩을 일괄적으로 변경해주는 프로그램을 만들어 보겠습니다.

```
터미널  JUPYTER  문제  출력  디버그 콘솔                              + ∨ 囗 cmd 凵 圇 ∧ ✕

(c) Microsoft Corporation. All rights reserved.

C:\PythonStudy>cd 12

C:\PythonStudy\12>python 08-encoder.py -f c:\PythonStudy\12\Samples -e .txt
c:\PythonStudy\12\Samples\ansi.txt의 인코딩을 변경하였습니다.
c:\PythonStudy\12\Samples\folder1\ansi - 복사본 (2).txt의 인코딩을 변경하였습니다.
c:\PythonStudy\12\Samples\folder1\ansi - 복사본 (3).txt의 인코딩을 변경하였습니다.
c:\PythonStudy\12\Samples\folder1\ansi - 복사본 (4).txt의 인코딩을 변경하였습니다.
c:\PythonStudy\12\Samples\folder1\ansi - 복사본 (5).txt의 인코딩을 변경하였습니다.
c:\PythonStudy\12\Samples\folder1\ansi - 복사본.txt의 인코딩을 변경하였습니다.
c:\PythonStudy\12\Samples\folder1\ansi.txt의 인코딩을 변경하였습니다.
```

〈그림 8-1〉 파일 인코딩 변경 프로그램

프로그램의 동작 방식은 〈그림 8-1〉처럼 실행 옵션으로 인코딩을 변경할 대상 폴더와 대상 확장자를 전달해 실행하고 대상으로 설정된 폴더 하위에 있는 서브 폴더까지 탐색하는 방식으로 동작합니다.

먼저 프로그램을 작성하기 전 프로그램 동작을 테스트할 수 있는 환경을 먼저 만들고 시작하도록 하겠습니다. 윈도우 탐색기를 열어 12 폴더 밑에 Samples라는 폴더를 생성합니다. 그리고 이제 테스트에 필요한 샘플 파일이 필요한데 먼저 윈도우의 메모장을 실행하도록 합니다.

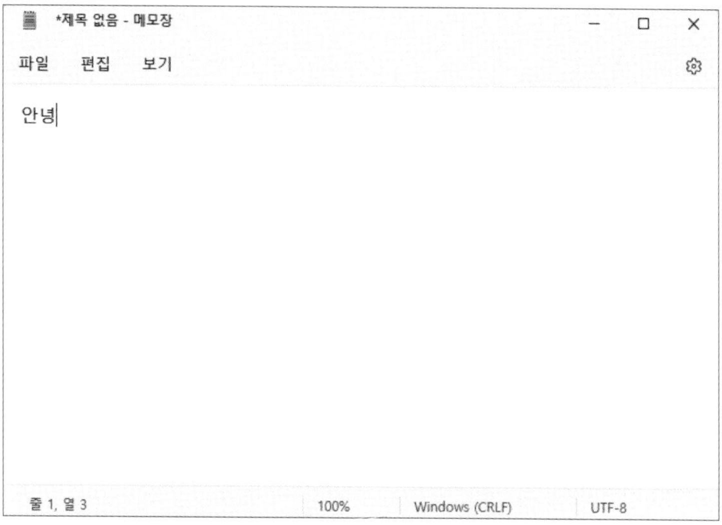

〈그림 8-2〉 윈도우 메모장에 "안녕"이란 내용을 입력합니다.

메모장이 실행되면 "안녕"이라는 한글 텍스트를 입력합니다.

〈그림 8-3〉 텍스트 파일의 인코딩 방식을 ANSI로 저장

메모장의 메뉴에서 [파일] – [다른 이름으로 저장] 혹은 단축키 Ctrl + Shift + S 를 눌러 ansi.txt 파일로 저장합니다. 이때 인코딩 방식을 〈그림 8-3〉과 같이 ANSI 형태로 저장합니다. 그럼 ansi.txt 파일의 전체 경로는 다음과 같습니다.

```
C:₩PythonStudy₩12₩Samples₩ansi.txt
```

지금 저장한 ansi.txt 파일을 윈도우 메모장으로 다시 열어 봅니다.

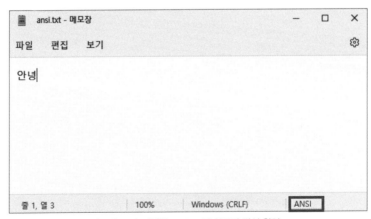

〈그림 8-4〉 저장된 ansi.txt의 인코딩 방식 확인

테스트를 위해 ANSI 포맷으로 저장한 ansi.txt 파일을 윈도우의 메모장에서 열어보면 〈그림 8-4〉처럼 아무런 문제없이 "안녕"이라는 한글이 표기됩니다. 이 파일을 비주얼 스튜디오 코드에서 한번 열어보도록 하겠습니다.

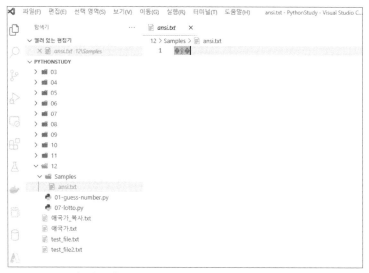

〈그림 8-5〉 비주얼 스튜디오 코드에서 ansi.txt 파일 열기

윈도우 메모장에서 열었을 때는 문제없던 파일을 비주얼 스튜디오 코드에서 열었더니 〈그림 8-5〉처럼 "안녕"이라는 한글이 깨져서 보여집니다. 물론 이 내용은 이미 10장 파일 입출력에서 어떠한 이유로 글자가 깨지는지에 대해 다뤘습니다.

윈도우 메모장에서만 사용한다면 운영체제가 알아서 인코딩 변경을 해주기 때문에 문제가 사용에 불편함이 없지만 만약 이 파일을 비주얼 스튜디오 코드처럼 다른 프로그램 혹은 다른 운영체제에서 불러올 경우에는 한글이 모두 깨져서 출력되는 현상을 보게 됩니다.

결론적으로 이번 프로젝트는 특정 경로를 인자로 넘겨주면 해당 폴더 하위의 모든 파일을 대상으로 인코딩 방식이 UTF-8이 아닌 경우 UTF-8로 자동 변경해주는 프로그램을 만들어 보려 합니다. 그 전에 프로그램을 작성하면서 테스트할 수 있는 환경을 먼저 구성해보겠습니다.

〈그림 8-6〉 Samples 폴더 하위에 folder1 서브 폴더 생성

서브 폴더 탐색을 위한 테스트 환경을 구성하기 위해 〈그림 8-6〉처럼 Samples 폴더 하위에 폴더 folder1을 또 생성하고 방금 생성한 asni.txt를 folder1로 복사합니다.

이렇게 폴더에 하위 폴더를 만들고 파일을 여기저기 복사하는 이유는 파일의 목록을 불러올 때 대상 폴더 하위에 서브 폴더가 존재하는 경우 서브 폴더 내의 파일 목록까지 불러오는 기능을 구현하고 테스트하기 위해서입니다.

결론적으로 ansi.txt 파일은 "Samples\ansi.txt"와 "Samples\folder1\ansi.txt"에 존재하면 됩니다.

그럼 이제 방금 생성한 폴더에서 파일 목록을 구하는 방법에 대해 알아보도록 하겠습니다. 08-encoder.py 파일을 생성하고 다음과 같은 코드를 작성합니다.

```
01    import os

03    tar_path = "C:/PythonStudy/12/Samples"
04    file_list = os.listdir(tar_path)
05    for file in file_list:
06        print(file)
```

〈코드 8-1〉

01 파일, 폴더에 관한 기능을 사용하기 위해 os 라이브러리를 불러옵니다.

03 대상 폴더 명을 변수에 저장합니다. 파이썬에서 경로를 작성할 때 "C:/"처럼 슬래시를 사용하거나 "C:\\"처럼 역 슬래시 2개를 사용해야 합니다. 만약 "C:\test"에서처럼 역 슬래시 1개 사용 시 "\t"는 탭을 나타내는 이스케이프 문자이기 때문에 오류가 발생할 수 있습니다.

04 os 라이브러리의 listdir( ) 메서드를 사용하여 tar_path 폴더 내의 파일, 폴더 목록을 구하여 변수에 저장합니다. 이때 결과는 리스트 형태로 반환되는데 여기서 주의해야 할 부분은 "C:/PythonStudy/12/Samples"의 경로를 제외한 파일 명과 폴더 명만 반환된다는 점입니다. 그렇기 때문에 파일이나 폴더의 전체 경로가 필요한 경우 **03**행에서 사용한 tar_path 변수와 결합을 해서 사용해야 합니다.

05 for문을 사용하여 **04**행에서 구한 파일, 폴더 리스트의 요소를 반복합니다.

06 현재 반복 중인 파일 혹은 폴더 명을 화면에 출력합니다.

〈코드 8-1〉은 파일, 폴더 목록을 구하는 아주 간단한 방법 중에 하나입니다. 일단 결과를 확인하기 위해 파일을 저장 후 실행해보도록 하겠습니다.

〈그림 8-7〉 os.listdir( ) 함수로 대상 경로의 목록 구하기

실행 결과를 확인해 보면 〈그림 8-7〉처럼 samples 폴더 하위의 1개의 파일 명과 1개의 폴더 명이 출력되는 것을 확인할 수 있습니다.

그런데 만약 여기서 서브 폴더인 folder1 내의 목록을 또 구하려면 어떻게 해야 할까요? 아마도 다음과 같은 코드를 생각해 볼 수 있습니다.

```
... 생략 ...
04   file_list = os.listdir(tar_path)
05   for file in file_list:
06       full_path = f"{tar_path}/{file}"
07       if os.path.isdir(full_path):
08           file_list2 = os.listdir(full_path)
09           for file2 in file_list2:
10               full_path = f"{full_path}/{file2}"
11               print(full_path)
12       else:
13           print(full_path)
```

〈코드 8-2〉

06 현재의 폴더 명 혹은 파일 명을 결합하여 전체 경로를 구합니다.

07 os.path.isdir("경로") 메서드는 인자로 주어진 "경로"가 폴더인 경우에 True를 반환합니다. 이와 비슷한 현재 대상이 파일인지를 확인하는 os.path.isfile( )이라는 메서드도 있습니다. 참고로 "경로"는 파일이나 폴더에 대한 전체 경로를 전달해야 합니다.

08 현재 full_path가 폴더인 경우 다시 listdir( ) 메서드를 사용하여 파일 폴더의 목록을 구합니다.

09 for문을 사용하여 파일 폴더 목록을 반복합니다. 이는 **05**행의 내용과 같습니다.

10 현재 반복 중인 파일 명 혹은 폴더 명에 대한 전체 경로를 구합니다. **06**행의 내용과 같습니다.

11 전체 경로를 화면에 출력합니다.

12~13 폴더가 아닌 경우일 때 전체 경로를 화면에 출력합니다.

서브 폴더의 목록을 구하려면 현재 경로가 폴더인지 파일인지를 구분해서 폴더인 경우 기존의 **04~05**행의 코드처럼 다시 listdir( ) 메서드를 사용해서 폴더의 목록을 구하게 됩니다.

작성된 내용을 저장하고 실행 후 결과를 확인해보겠습니다.

〈그림 8-8〉 2개의 for문을 사용하여 서브 폴더 목록 구하기

결과를 확인해보면 〈그림 8-8〉에서처럼 Samples 폴더 내의 ansi.txt와 folder1 폴더 내의 ansi.txt 파일 목록이 정상적으로 출력되는 것을 확인할 수 있습니다.

그런데 여기서 만약에 folder1 하위에 folder2라는 서브 폴더가 존재한다면 어떻게 해야 할까요? folder2 폴더 하위에 또 folder3 서브 폴더가 있고 그 하위에 또 folder4 서브 폴더가 있을 수 있습니다. 몇 개의 서브 폴더가 존재할지도 모르고 설사 안다고 해도 지금 작성한 〈코드 8-2〉처럼 **07~11**행을 서브 폴더의 개수만큼 반복할 수는 없습니다.

그래서 서브 폴더를 탐색하는 기능처럼 동일한 동작은 하지만 어떤 깊이 같은 조건이 달라지는 동작을 할 때 이전 7장에서 배운 재귀 함수라는 것을 이용해서 작성하면 됩니다.

그런데 재귀 함수에서도 한 가지 주의 사항이 있습니다. 어떤 내용인지 다음의 샘플 코드를 한번 살펴보도록 하겠습니다. 다음의 코드는 임시로 08-recursion.py 파일을 생성하여 작성해보도록 하겠습니다.

```
def test(depth):
  depth += 1
  print(depth)
  test(depth)
test(0)
```

〈재귀 함수 샘플 코드〉 08-recursion.py

이 샘플 코드는 재귀 함수의 설명을 위해 아주 단순하게 작성한 코드입니다. 특별한 내용은 없고 단지 함수의 형태만 참고하시면 됩니다. 코드를 한번 실행해보겠습니다.

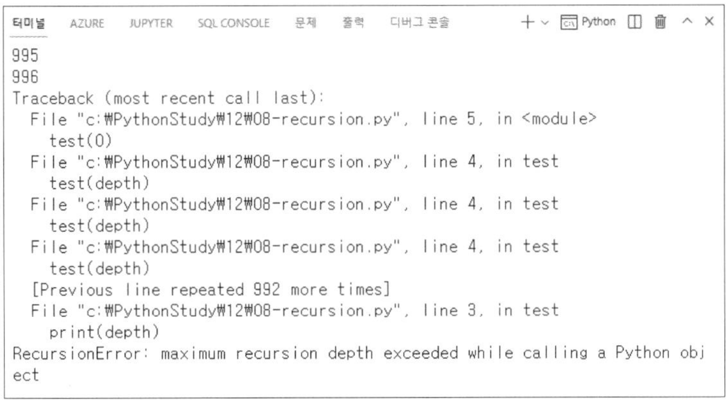

〈그림 8-9〉 08-recursion.py 파일 실행 결과

앞의 코드는 문법적으로 문제가 없는 코드이기 때문에 정상적으로 실행은 됩니다. 다만 종료 조건이 없기 때문에 무한 재귀 상태에 빠지게 됩니다. 그러다가 〈그림 8-9〉처럼 화면에 depth 값을 출력하다가 996정도 출력했을 때 즈음 재귀오류(RecursionError)가 발생하게 되며 프로그램은 강제 종료됩니다.

이런 증상이 나타나는 이유는 파이썬의 기본적 재귀 한도가 1,000번으로 설정되어있기 때문입니다. 여기서는 다루지 않지만 만약 수학과 관련된 프로그램에서 재귀 함수를 작성하다 보면 종종 재귀의 깊이가 1,000번 이상으로 동작해야 하는 경우도 있습니다. 그런 경우 재귀 한도를 변경해야 하는데 다음 코드를 실행하여 변경할 수 있습니다.

```
import sys
sys.setrecursionlimit(1000)
```

앞의 코드처럼 sys 라이브러리의 setrecrusionlimit ( ) 함수를 사용하여 적절한 재귀의 깊이를 설정할 수 있으니 참고하시기 바랍니다. 반대로 현재 시스템에 설정된 재귀의 깊이를 알아보기 위해서는 sys 라이브러리의 getrecursionlimit ( ) 함수를 다음과 같이 사용하여 알아볼 수 있습니다.

```
import sys
print(sys.getrecursionlimit( ))
```

어쨌든 우리는 이전 7장 함수편에서 서브 폴더를 구해오는 함수를 작성해본 적이 있습니다. 그 내용을 복습할 겸 다음 코드를 08-encoder.py 파일에 작성해보도록 하겠습니다.

```
01    import os

03    def search_dir(dirname):
04        results = []
05        file_list = os.listdir(dirname)
06        for file in file_list:
07            full_path = os.path.join(dirname, file)
08            if os.path.isdir(full_path):
09                sub_lists = search_dir(full_path)
10                results.extend(sub_lists)
11            else:
12                results.append(full_path)
13        return results

15    tar_path = "C:/PythonStudy/12/Samples"
16    file_list = search_dir(tar_path)
17    for file in file_list:
18        print(file)
```

〈코드 8-3〉

03 search_dir 이름의 함수를 작성합니다. 함수는 str 형태의 대상 폴더를 dirname 이름의 매개변수를 사용하고 최종 파일 목록 결과는 list 형태로 반환합니다.

04 대상 폴더를 탐색하여 파일 목록을 저장할 리스트형 변수입니다.

07 현재 대상 폴더 명 혹은 파일 명의 전체 경로를 구합니다. 이전 〈코드 8-2〉 **06**행처럼 문자열 결합을 하여 사용해도 되지만 os.path.join("A", "B") 메서드를 사용하여 A와 B를 결합한 결과를 얻을 수도 있습니다. os.path.join("A", "B")를 실행하면 A\\B처럼 역 슬래시가 자동으로 결합된 결과를 얻을 수 있습니다.

08 full_path가 폴더인지를 판단합니다.

09 폴더인 경우 full_path 변수에 담긴 서브 폴더 경로를 넘겨 스스로를 다시 호출합니다. search_dir( ) 함수는 대상 경로가 폴더인 경우에는 계속 재귀 모드로 동작하며 파일 목록을 results에 담는데 이때 주의할 점은 search_dir( )을 내부에서 호출하기 전의 results와 search_dir( )이 재귀 상태로 호출된 후의 results는 서로 다르다는 사실입니다. 결국 스스로를 호출하여 얻어진 결과는 함수의 반환에 의해서만 구할 수 있게 되니 이 값을 받아서 현재의 results 변수에 저장을 해야 합니다.

10 재귀 함수는 **13**행처럼 리스트 형태를 반환하기 때문에 재귀를 통해 구한 리스트 결괏값을 리스트형 results 변수에 extend( ) 메서드를 사용하여 추가합니다.

11~12 현재 대상이 파일인 경우 현재 파일의 전체 경로를 results에 추가합니다.

16 대상 폴더를 인자로 search_dir( ) 함수를 호출합니다. 함수가 반환한 결과는 file_list 변수에 저장합니다.

17~18 재귀 함수에 의해 구해진 파일 목록을 반복하며 화면에 출력합니다.

재귀 함수를 이해할 때 중요한 부분은 **09**행에서처럼 함수가 호출되고 반환되는 값에 대한 이해가 필요합니다. 일단 그림으로 한번 살펴보도록 하겠습니다.

〈그림 8-10〉 재귀 함수 매개변수 전달과 반환

만약 〈그림 8-10〉의 A의 예제처럼 C:\test라는 폴더를 인자로 넘겨서 폴더를 탐색하다가 folder1이란 서브 폴더를 만났다고 가정했을 때 재귀 함수는 스스로를 호출하여 B처럼 동작하게 됩니다. 이때 A에서의 results 변수와 B에서의 results 변수는 서로 다른 변수라는 사실을 잊지 않아야 합니다.

만약 C:\test 하위에 5개의 서브 폴더가 있다면 〈그림 8-10〉은 A, B, C, D, E, F까지 서브 폴더의 깊이만큼 진행을 하게 될 것입니다. 그러면 F의 함수가 동작을 완료하고 반환을 해야 E가 처리를 해서 반환을 하고 D, C, B, A 순으로 함수가 종료됩니다.

물론 이런 경우에 results 변수를 함수 외부에 두어 전역 변수처럼 동작하게 해도 되지만 좀 더 구조적인 프로그래밍을 하기 위해서는 함수에 관련된 변수나 내용은 함수 내에서 처리할 수 있게 작성하는 습관을 들이는게 좋습니다.

그럼 이제 〈코드 8-3〉을 저장하고 실행 결과를 확인해보도록 하겠습니다.

〈그림 8-11〉 재귀 함수로 수정된 03-encoder.py 파일 실행 결과

〈그림 8-11〉에서처럼 Samples 폴더 하위의 folder1 서브 폴더 안의 파일 목록까지 구해오는 것을 확인할 수 있습니다. 이 재귀 함수는 대상 폴더 내의 모든 서브 폴더 목록을 탐색할 수 있습니다.

그럼 이제 파일들의 목록을 구해 인코딩을 변경해야 하는데 모든 파일들을 대상으로 할 수 없으니 파일의 확장자를 구해 특정 포맷의 파일 확장자만을 대상으로 작업할 수 있게 코드를 추가합니다. 여기서는 일반 텍스트 파일과 영화 자막 파일을 대상으로 하겠습니다.

```
03   TARGET _ EXTS = [".txt", ".smi"]
... 생략 ...
19   for file in file _ list:
20       filename, ext = os.path.splitext(file)
21       if ext.lower( ) in TARGET _ EXTS:
22           print(f"{filename} {ext}는 대상 파일입니다.")
```

〈코드 8-4〉

03 확장자가 "txt", "smi"인 텍스트 파일을 대상으로 인코딩을 변경합니다.

20 os.path.splitext("경로") 메서드를 사용하여 현재 전체파일 경로에서 확장자를 분리합니다. 예

를 들어 "경로" 매개변수에 "C:₩PythonStudy₩12₩Samples₩ansi.txt"를 전달하면 "C:₩PythonStudy
₩09₩Samples₩ansi"와 ".txt"를 분리하여 반환합니다.

21 분리된 확장자 값이 인코딩 변경 대상 포맷인지 확인합니다. 이렇게 알파벳 문자열 값을 비교할 때
는 항상 대소문자를 신경써야 합니다.

22 테스트를 위해 대상 파일인 경우 경로와 확장자를 화면에 출력해봅니다.

> **추가 TIP**
>
> os.path.splitext("전체 경로") 메서드를 사용하면 파일의 확장자와 확장자를 제외한 경로 값, 2개의
> 값을 반환합니다. 그런데 만약 경로 값은 필요없고 확장자 값만이 필요할 때는 "전체 경로".split(".")
> 메서드를 사용하여 다음 코드처럼 구하는 경우도 많습니다.
>
> ```
> full_path = "C:/
> file_path, file_ext = os.path.splitext(full_path)
> file_ext = full_path.split(".")[-1]
> ```

〈코드 8-4〉를 저장하고 실행하여 결과를 확인해보도록 하겠습니다.

〈그림 8-12〉 자동 인코딩 대상 파일 확인

〈그림 8-7〉에서처럼 대상 확장자를 포함하는 파일을 탐색할 수 있습니다. 그러면 이제 대상 확장자인
파일의 인코딩 정보를 확인하여 UTF-8이 아닌 경우를 체크하고 인코딩을 변경할 준비가 끝났습니다.

파일의 인코딩 정보를 확인하려면 "chardet"이라는 외부 라이브러리를 사용합니다. 비주얼 스튜디오 코
드에서 [터미널] - [새 터미널]을 열고 다음 코드를 입력합니다.

```
pip install chardet
```

pip 명령으로 chardet 라이브러리를 설치합니다.

```
터미널  AZURE  JUPYTER  SQL CONSOLE  문제 5  출력  디버그 콘솔                + ∨  cmd
Microsoft Windows [Version 10.0.22000.1098]
(c) Microsoft Corporation. All rights reserved.

C:\PythonStudy>pip install chardet
Collecting chardet
  Downloading chardet-5.0.0-py3-none-any.whl (193 kB)
     ━━━━━━━━━━━━━━━━━━━━━━━━━━━━━━━━━━━━━━━━ 193.6/193.6 kB 11.5 MB/s eta 0:00:00
Installing collected packages: chardet
Successfully installed chardet-5.0.0
```

〈그림 8-13〉 pip 명령으로 chardet 라이브러리 설치

설치가 완료되면 이제 파일의 인코딩 정보를 구하는 코드를 추가해보겠습니다.

```
02  import chardet
... 생략 ...
20  for file in file_list:
21      filename, ext = os.path.splitext(file)
22      if ext.lower( ) in TARGET_EXTS:
23          encode = {}
24          with open(file, "rb") as f:
25              encode = chardet.detect(f.read( ))
26              print(encode)
```

〈코드 8-5〉

02 파일의 인코딩 정보를 얻기 위해 필요한 chardet 라이브러리를 불러옵니다.

23 인코딩 정보를 저장할 딕셔너리형 변수를 선언합니다.

24 open( ) 함수를 사용하여 파일을 엽니다. 이때 모드 설정은 "r"이 아닌 "rb"로 텍스트 형태가 아닌 바이너리 형태로 읽습니다.

25 chardet.detect( ) 메서드를 사용하여 파일의 내용의 인코딩을 확인합니다. 결과는 encode 변수에 딕셔너리 형태로 저장됩니다.

26 반환된 인코딩 정보를 화면에 출력합니다.

일단 기존의 코드를 〈코드 8-5〉와 같이 수정하고 실행하여 결과를 먼저 살펴보겠습니다.

```
터미널  AZURE  JUPYTER  SQL CONSOLE  문제  출력  디버그 콘솔                + ∨  Python
Microsoft Windows [Version 10.0.22000.1098]
(c) Microsoft Corporation. All rights reserved.

C:\PythonStudy>C:/Python310/python.exe c:/PythonStudy/12/08-encoder.py
{'encoding': 'ISO-8859-1', 'confidence': 0.73, 'language': ''}
{'encoding': 'ISO-8859-1', 'confidence': 0.73, 'language': ''}
```

〈그림 8-14〉 파일의 현재 인코딩 정보 출력

chardet 라이브러리의 detect( ) 메서드는 {'encoding': '인코딩 정보', 'confidence': 신뢰도, 'language': '언어'}처럼 파일의 인코딩 정보가 디셔너리 형태로 반환됩니다. 현재 테스트 중인 파일은 두 개의 동일한 ANSI 인코딩 방식의 파일이었기 때문에 〈그림 8-15〉처럼 두 개의 동일한 결과가 출력되는 것을 확인할 수 있습니다. ANSI 포맷으로 저장한 두 개의 파일은 ISO-8859-1 인코딩 방식에 신뢰도 73%의 결과를 얻을 수 있었습니다.

이제 encoding 키에 해당하는 값을 확인하여 UTF 인코딩 방식이 아닌 경우 파일을 UTF-8로 변경하여 저장하면 됩니다.

따라서 코드를 다음과 같이 수정합니다.

```
... 생략 ...
20   for file in file_list:
21       filename, ext = os.path.splitext(file)
22       if ext.lower( ) in TARGET_EXTS:
23           tempfile = file + "_tmp" + ext
24           encode = {}
25           with open(file, "rb") as f:
26               encode = chardet.detect(f.read( ))
27               if encode.get("encoding").lower( ).find("utf") < 0:
28                   with open(file, "r") as rfile, \
29                       open(tempfile, "w", encoding="utf-8") as wfile:
30                       wfile.write(rfile.read( ))
```

〈코드 8-6〉

23 인코딩 정보를 변경 후 새로운 파일로 저장하기 위해 **21**행에서 경로와 확장자로 분리된 문자열 사이에 "_tmp"를 결합하여 "C:₩PythonStudy₩12₩Samples₩ansi_tmp.txt"처럼 임시 파일 명을 생성 합니다.

27 chardet 라이브러리의 detect( ) 함수를 사용하여 얻은 결과에서 encoding 정보를 구해 lower( ) 함수로 소문자로 바꾸고, 그 문자열에 "utf"라는 글자가 포함되어있는지를 확인합니다. 특정 문자열에 문자열이 포함되어있는지를 확인하기 위해선 문자열 객체의 find( ) 함수를 사용할 수 있습니다. find( ) 함수는 문자열에 대상 문자열이 포함되었다면 문자열의 인덱스 정보를 반환해주고 그렇지 않다면 -1을 반환해줍니다. 결론적으로 현재 대상 파일의 인코딩 정보에 "utf"라는 글자가 포함되지 않은 상태만 대상으로 수행합니다.

28~29 인코딩 변경 대상 파일인 경우 with문과 open( ) 함수를 사용하여 파일을 읽기 모드로 열고 **23**행에서 작성한 임시 파일 명 이름으로 쓰기 모드로 엽니다. 이때 쓰기 모드로 연 파일에는 encoding=utf-8 매개변수 값을 설정하여 "UTF-8" 형태로 저장해야 합니다.

30 읽기 파일에서 파일 내용을 읽고 쓰기 모드로 실행합니다.

수정된 〈코드 8-6〉을 저장하고 실행해봅니다. 별다른 오류없이 프로그램이 동작했다면 터미널 창에는 아무런 내용도 표시되지 않고 종료되어야 합니다. 그러면 이제 새롭게 생성된 ansi.txt_tmp.txt 파일을 비주얼 스튜디오 코드에서 열어보도록 하겠습니다.

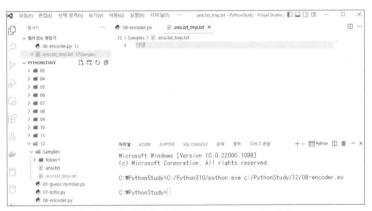

〈그림 8-15〉 새롭게 저장된 ansi.txt_tmp.txt 파일 열기

코드 실행 후 새롭게 생성된 임시 파일인 "ansi_tmp.txt"을 비주얼 스튜디오에서 열어보면 〈그림 8-5〉에서 깨져서 보이던 한글이 〈그림 8-15〉처럼 정상적으로 출력되는 것을 확인할 수 있습니다.

이 임시 파일을 윈도우 메모장에서 열어봅니다.

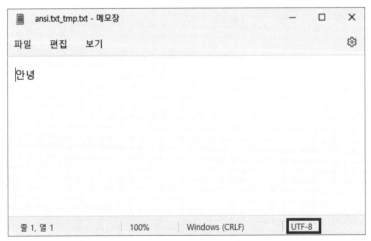

〈그림 8-16〉 ansi.txt_tmp.txt 파일을 윈도우 메모장으로 연 모습

메모장에서도 문제없이 출력되며 메모장 우측 하단에 인코딩 정보가 "UTF-8"로 표기되는 것을 확인할 수 있습니다.

이제 이렇게 생성된 임시 파일을 원본 파일 명으로 변경해야 하는데 보통 한 개의 파일을 읽고 쓰기를 동시에 할 수 없으므로 원본 파일의 임시 파일을 생성하고, 원본 파일을 삭제한 후 임시 파일 명을 원본 파일 명으로 교체하는 것이 보통 어떤 파일을 수정하는 일반적인 방식입니다. 이 내용을 코드에 적용하고 기존의 메인 로직을 함수로 구현하도록 하겠습니다.

```
     ... 생략 ...
18   def change_encode(tar_path):
19       file_list = search_dir(tar_path)
20       for file in file_list:
21           filename, ext = os.path.splitext(file)
22           if ext.lower() in TARGET_EXTS:
23               tempfile = filename + "_tmp" + ext
24               encode = {}
25               with open(file, "rb") as f:
26                   encode = chardet.detect(f.read())
27               if encode.get("encoding").lower().find("utf") < 0:
28                   with open(file, "r") as rfile, \
29                       open(tempfile, "w", encoding="utf-8") as wfile:
30                       wfile.write(rfile.read())
31                   os.unlink(file)
32                   os.rename(tempfile, file)
33                   print(f"{file}의 인코딩을 변경하였습니다.")

35   tar_path = "C:/PythonStudy/12/Samples"
36   change_encode(tar_path)
```

〈코드 8-7〉

18 기존의 로직을 change_encode( )라는 이름의 함수로 작성합니다.

31 os 라이브러리의 unlink( ) 메서드를 사용하여 원본 파일 "ansi.txt"를 삭제합니다.

32 os 라이브러리의 rename( ) 메서드를 사용하여 임시 파일 명 "ansi_tmp.txt"를 원본 파일 명 "ansi.txt"로 교체합니다.

33 파일의 인코딩 정보를 변경 저장하고 화면에 변경된 사실을 출력합니다.

36 대상 폴더를 함수의 매개변수에 전달하여 실행합니다.

이제 최종 코드가 정상적으로 동작하는지를 확인하기 위해 08-encoder.py를 비주얼 스튜디오 코드에서 실행하겠습니다.

```
터미널   AZURE   JUPYTER   SQL CONSOLE   문제   출력   디버그 콘솔        Python
Microsoft Windows [Version 10.0.22000.1098]
(c) Microsoft Corporation. All rights reserved.

C:₩PythonStudy>C:/Python310/python.exe c:/PythonStudy/12/08-encoder.py
C:/PythonStudy/12/Samples₩ansi.txt의 인코딩을 변경하였습니다.
C:/PythonStudy/12/Samples₩folder1₩ansi.txt의 인코딩을 변경하였습니다.
```

〈그림 8-17〉 인코딩 자동 변경

〈코드 8-7〉을 실행해보면 이제 "C:₩PythonStudy₩12₩Samples" 하위에 있는 모든 텍스트 파일의 인코딩을 확인하여 UTF 형식이 아닌 경우 UTF-8로 변경되는 것을 확인할 수 있습니다. 이렇게 파일 인코딩 변경 프로그램의 핵심 기능은 모두 구현하였습니다.

그런데 실제 프로그램을 사용하려면 매번 대상 폴더를 변경해야 하니 tar_path 변수의 값을 수정해야 하는 번거로움이 있습니다. 그래서 이런 번거로움을 없애고 프로그램 사용을 좀 더 편하게 하기 위해 터미널에서 파이썬을 실행할 때 실행 인자를 넘기는 방법에 대해서 알아보도록 하겠습니다.

파이썬 실행 시 실행 인자를 쉽게 처리하기 위해서는 argparse라는 라이브러리를 사용하면 되는데 이 라이브러리는 파이썬에서 기본적으로 제공되는 라이브러리이므로 따로 설치하지 않고 사용할 수 있습니다.

argparse 라이브러리를 어떻게 사용해야 하는지 코드를 보며 알아보겠습니다.

```
03  import argparse
... 생략 ...
36  if __name__ == "__main__":
37      parser = argparse.ArgumentParser( )
38      parser.add_argument("-f", type=str, required=True, help="[대상
폴더 명]")
39      parser.add_argument("-e", nargs="+", help="[대상 확장자]")
40      args = parser.parse_args( )
41      print(args)
42      # tar_path = "C:/PythonStudy/12/Samples"
43      # change_encode(tar_path)
```

〈코드 8-8〉

03 argparse 라이브러리를 불러옵니다.

36 현재 08-encoder.py가 최상위 코드 환경으로 실행되는지를 판단하는 로직입니다. 자세하게 설명하자면 현재 파이썬 파일 08-encoder.py가 직접 실행된 상태라면 **36**행의 __name__ 변수에 "__main__"이라는 값이 들어가게 됩니다. 파이썬 파일은 import문에 의해 다른 파일의 모듈로 사용될 수도 있는데 이

때는 __name__ 변수에 "__main__"이라는 값 대신 모듈 명이 저장되기도 합니다. 그래서 **36**행의 if __name__ == "__main__"은 해당 파일이 모듈로 동작하는게 아닌 독립적으로 실행되었을 때, 파이썬 파일에서 구동되어야 할 내용을 정리하여 작성할 때 주로 사용되는 표기법이라 볼 수 있습니다.

37 argparse 라이브러리에서 ArgumentParser( )객체를 생성하여 변수에 저장합니다.

38~39 add_argument( )메서드를 사용하여 필요한 실행 인자를 설정합니다. 여기서는 대상 폴더를 의미하는 −f 옵션과, 대상 확장자를 의미하는 −e 옵션, 2가지를 사용하고 있습니다. 여기서 −f, −e 옵션은 만드는 사람이 정하는 내용입니다. 변수처럼 다른 글자로 대체할 수도 있습니다. type은 옵션의 자료 형태를 설정하고 help는 도움말 출력 시 출력되는 설명 문자열 값입니다. required=True는 해당 옵션이 설정되지 않았다면 오류를 발생하게 됩니다. nargs="+"는 옵션의 연속된 값을 수용하는데 nargs=3처럼 정수 값을 사용할 수도 있고 +를 사용하면 복수 개의 인수를 처리할 수 있습니다.

40 parse_args( ) 메서드를 사용하여 실행 시 넘겨받은 인자를 파싱합니다. 이때 **38~39**행에서 설정한 내용을 적용하여 args 변수에 저장합니다.

41 실행 시 넘겨받은 인자들을 정리한 args 변수의 내용을 출력합니다.

42~43 원래 작성된 코드를 잠시 주석처리 하였습니다. 파이썬의 주석은 # 문자를 앞에 붙여주면 되는데 주석은 코드에 어떤 설명이나 내용을 기록하는 용도로 사용되며 실제 동작에는 아무런 영향을 주지 않는 내용을 말합니다. 비주얼 스튜디오 코드에서 여러 줄을 동시에 주석처리하기 위해서는 [Shift] + 방향키로 영역을 먼저 설정한 다음 [Ctrl] + [/] 키를 눌러 일괄 주석을 적용할 수 있습니다.

argparse 라이브러리는 파이썬 콘솔용 프로그램을 작성하는 경우 아주 유용하게 자주 사용되는 라이브러리 중 한 가지입니다. 어떤 프로그램의 설정을 코드상에서 매번 수정할 수 없기 때문에 [터미널]에서 python 명령으로 .py 파일을 실행할 때 실행 인자로 어떤 옵션 값을 넘겨줄 때 사용됩니다.

여기서는 대상 폴더의 값과, 대상 확장자에 대한 값을 프로그램을 실행할 때 넘겨주기 위해서 사용하고 있는데 add_argument( ) 메서드로 원하는 옵션을 등록하여 사용합니다. 〈코드 8-8〉처럼 실행 인자를 처리했을 경우 실제 어떻게 실행을 시켜야 하는지 비주얼 스튜디오 코드의 [터미널] 창에서 다음과 같이 입력을 합니다.

```
python 08-encoder.py -f C:\PythonStudy\12\Samples -e .txt .smi
```

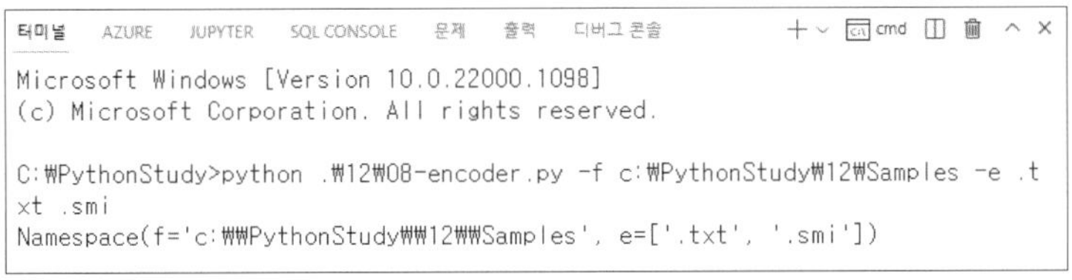

〈그림 8−18〉 argparse 라이브러리를 사용한 실행 인자 처리

실행을 해보면 args 변수에 〈그림 8-18〉처럼 실행 시에 넘긴 값이 f에는 경로가 e에는 확장자 값이 저장되어 출력된 것을 확인할 수 있습니다.

그럼, 이제 이렇게 .py 파일을 실행할 때 옵션을 넘겨받아 처리하고 적절한 예외처리를 하여 프로그램을 완성해보도록 하겠습니다.

```
01    import os
02    import chardet
03    import argparse

05    TARGET _ EXTS = []

07    def search _ dir(dirname):
08        results = []
09        file _ list = os.listdir(dirname)
10        for file in file _ list:
11            full _ path = os.path.join(dirname, file)
12            if os.path.isdir(full _ path):
13                sub _ lists = search _ dir(full _ path)
14                results.extend(sub _ lists)
15            else:
16                results.append(full _ path)
17        return results

19    def change _ encode(tar _ path):
20        file _ list = search _ dir(tar _ path)
21        for file in file _ list:
22            filename, ext = os.path.splitext(file)
23            if ext.lower( ) in TARGET _ EXTS:
24                tempfile = filename + "_tmp" + ext
25                encode = {}
26                with open(file, "rb") as f:
27                    encode = chardet.detect(f.read( ))
28                if encode.get("encoding").lower( ).find("utf") < 0:
29                    with open(file, "r") as rfile, \
30                        open(tempfile, "w", encoding="utf-8") as wfile:
31                        wfile.write(rfile.read( ))
```

```
32                        os.unlink(file)
33                        os.rename(tempfile, file)
34                        print(f"{file}의 인코딩을 변경하였습니다.")

36   if _ _name_ _ == "_ _main_ _":
37       parser = argparse.ArgumentParser( )
38       parser.add_argument("-f", type=str, required=True, help="[대상
폴더 명]")
39       parser.add_argument("-e", nargs="+", help="[대상 확장자]")
40       args = parser.parse_args( )

42       if not os.path.exists(args.f):
43           print("대상 폴더가 존재하지 않습니다.")
44       else:
45           for e in args.e:
46               if e[0:1] == ".":
47                   TARGET_EXTS.append(e.lower( ))
48               else:
49                   TARGET_EXTS.append(f".{e.lower( )}")
50       change_encode(args.f)
```

<코드 8-9>

05 이제 대상 확장자는 사용자가 프로그램 실행 시 인자 값으로 전달하기 때문에 기존의 대상 확장자를 저장했던 리스트를 빈 리스트로 설정했습니다.

42 os.path.exists( ) 메서드를 사용하여 사용자가 실행 시 넘겨준 대상 폴더가 실제 하드 디스크에 존재하는지를 확인합니다.

43 대상 폴더가 존재하지 않는 경우 사용자에게 안내문을 출력합니다.

44 대상 폴더가 존재하는 경우를 처리합니다.

45 사용자에게 전달받은 대상 확장자 목록을 반복합니다.

46~49 os.path.splitext(file) 메서드에 의해 분해된 확장자 값은 ".txt"처럼 점을 포함하고 이 값으로 인코딩 변경 대상 파일을 체크 하고 있기 때문에 사용자가 입력한 대상 확장자 목록에서 ".txt"처럼 점이 포함된 경우 TARGET_EXTS 리스트 변수에 그냥 추가하고 점이 빠진 경우에는 "."을 추가하여 리스트에 추가합니다.

50 사용자가 옵션으로 입력한 폴더를 대상으로 함수를 수행합니다.

코드를 수정했으면 저장하고 이제 테스트를 해봐야 하는데 이전에 테스트를 하면서 "ansi.txt" 파일이 이미 UTF-8로 모두 변경되었기 때문에 기존의 파일을 삭제하고 새로운 ANSI 형태의 파일을 몇 개 생성해야 합니다.

ANSI 형태의 파일을 생성했으면 이제 비주얼 스튜디오 코드 [터미널]에서 python .₩12₩08-encoder.py -f C:₩PythonStudy₩12₩Samples -e .txt를 입력하여 프로그램을 실행합니다.

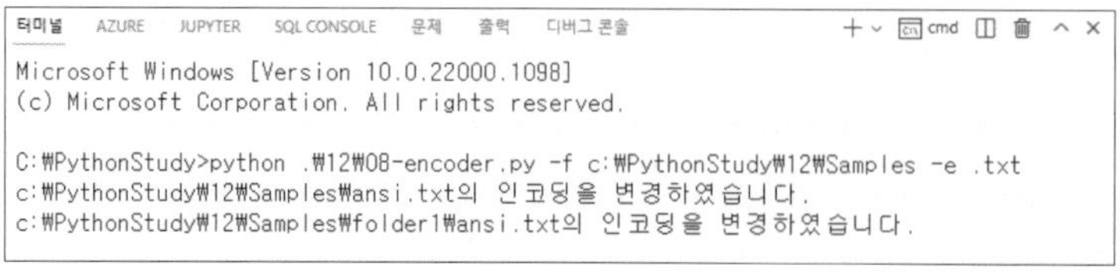

〈그림 8-19〉 argparse를 이용해 실행 인자를 사용한 08-encoder.py 파일 실행

결과를 확인해보면 〈그림 8-19〉처럼 실행 옵션으로 전달한 대상 폴더의 대상 확장자를 모두 UTF-8로 변경한 것을 확인할 수 있습니다.

실제 프로그래밍은 로직을 작성하는 일보다 완성하고 나서 생각하지 못한 예외처리를 하고 오류를 수정하는데 더 많은 시간을 투자하기도 합니다. 지금 작성한 파일 인코딩 변경 프로그램 역시 로직만 작성했을 뿐 실제 프로그램이 운영되며 발생할 수 있는 여러 가지 예외에 대한 처리는 미흡한 프로그램입니다.

직접 프로그램을 작성해보고 예제와 다른 환경을 조성해서 테스트해보며 어떤 부분을 생각하지 못했는지, 어디에서 어떤 오류가 왜 발생했는지를 찾아보고 보완해보는 것이 내공을 쌓는데 가장 빠른 길입니다.

9. 파이썬으로 엑셀 파일 불러오고 저장하기

엑셀은 각종 회계나 데이터 저장의 목적 외에도 아주 다양한 용도로 사용되기도 하는데 엑셀은 마이크로소프트사에서 개발하여 판매하는 마이크로소프트 오피스에 속한 스프레드시트 프로그램으로 현존하는 스프레드시트 프로그램 중에서 압도적으로 시장을 점유하고 있는 프로그램입니다. 이번 챕터에서는 파이썬 코드로 엑셀 파일을 불러오거나 저장하는 방법에 대해서 한번 알아보도록 하겠습니다.

9-1. 샘플 엑셀 파일 준비

일단 코드를 작성하기 이전에 프로그램 예제로 사용할 샘플 엑셀 파일을 준비해보도록 하겠습니다.

〈그림 9-1-1〉 샘플로 사용할 엑셀 데이터를 준비

〈그림 9-1-1〉과 같이 엑셀에 임의의 데이터를 입력하고 폴더 12에 excel_sample.xlsx 파일 명으로 저장합니다. 여기서는 6명의 학생에 대한 각각의 과목 점수를 가정하여 임의의 데이터로 작성하고 저장하였습니다.

9-2. 라이브러리 설치하기

모든 파일은 각 파일마다의 목적에 맞는 포맷이 있습니다. 그러므로 단순 바이너리 형태의 파일은 그냥 알 수 없는 문자들의 집합의 형태일 뿐이고 이를 어떻게 해석하느냐에 따라 그 파일의 가치가 결정된다고 볼 수 있습니다. 파이썬에서 엑셀 파일을 불러오려면 엑셀 파일의 포맷을 해석할 수 있는 라이브러리가 필요합니다.

파이썬에서 엑셀 파일을 불러올 수 있는 라이브러리에는 여러 가지가 있습니다. 그 중 여기서는 openpyxl[1] 이라는 라이브러리를 사용해보도록 하겠습니다.

일단 비주얼 스튜디오 코드 상단 메뉴에서 [터미널]-[새 터미널]을 클릭하거나 단축키 Ctrl + Shift + `키를 눌러 터미널 창을 엽니다. 그리고 다음의 패키지 설치 명령을 입력합니다.

```
C:\PythonStudy>pip install openpyxl
```

그러면 openpyxl 라이브러리가 현재 실행 중인 파이썬 버전에 맞게 알아서 설치가 됩니다.

---

1   공식 문서는 https://openpyxl.readthedocs.io/en/stable/ 에서 확인할 수 있습니다.

```
터미널  JUPYTER  문제  출력  디버그 콘솔
Microsoft Windows [Version 10.0.22000.1219]
(c) Microsoft Corporation. All rights reserved.

C:₩PythonStudy>pip install openpyxl
Collecting openpyxl
  Downloading openpyxl-3.0.10-py2.py3-none-any.whl (242 kB)
     ━━━━━━━━━━━━━━━━━━━━━━━━━━━━━━━━━━━━━━━━ 242.1/242.1 kB 15.5 MB/s eta 0:00:00
Collecting et-xmlfile
  Downloading et_xmlfile-1.1.0-py3-none-any.whl (4.7 kB)
Installing collected packages: et-xmlfile, openpyxl
Successfully installed et-xmlfile-1.1.0 openpyxl-3.0.10
```

〈그림 9-2-1〉 pip install openpyxl 라이브러리 설치 모습

9-3. 파이썬에서 엑셀 파일 불러오기

일단 가장 기본적으로 파이썬 코드를 이용하여 〈그림 9-1-1〉에서 생성한 엑셀 파일을 불러와 내용을 화면에 출력하는 코드를 작성해보도록 하겠습니다. 12 폴더 하위에 09-excel-load.py 파일을 생성하고 다음의 코드를 작성해보도록 합니다.

```
01  import openpyxl

03  filename = "./12/excel_sample.xlsx"
04  workbook = openpyxl.load_workbook(filename)
05  sheet = workbook.active
06  for row in range(1, sheet.max_row):
07      for col in range(1, sheet.max_column):
08          data = sheet.cell(row, col).value
09          print(data, end=" ")
10      print( )
```

〈코드 9-3-1〉

01 설치한 openpyxl 라이브러리를 불러옵니다.

03 샘플로 사용할 엑셀 파일 경로를 변수에 저장합니다. 여기서 비주얼 스튜디오 코드의 현재 작업 경로는 C:₩PythonStudy이기 때문에 12 폴더 하위에 엑셀 파일 명을 기입해야 합니다.

04 openpyxl 라이브러리의 load_workbook( ) 함수를 사용하여 filename 변수에 저장된 엑셀 파일을 불러옵니다. 여기서 load_workbook( ) 함수는 엑셀 워크북을 반환합니다. 워크북의 개념은 여러 개의 시트를 포함하는 시트의 상위 개념입니다.

05 현재 불러온 워크북에서 활성화된 시트를 불러옵니다. 직접 특정 시트를 지정하려면 workbook["시트 명"]을 통해서 가져올 수도 있습니다.

06 for문을 사용하여 현재 불러온 시트의 전체 행 수만큼 반복합니다. 변수 row에는 현재 행 전체가 담겨 있습니다.

07 for문을 사용하여 현재 행에 포함된 전체 컬럼 수만큼 반복합니다. 변수 col에는 각 컬럼의 데이터가 담겨 있습니다.

08 for문에 의해 반복 중인 현재 행(row)과 컬럼(col)에 저장된 데이터를 구해 변수 data에 저장합니다.

09 print( ) 함수를 사용하여 변수 data에 저장된 내용을 출력합니다. 이때 print( ) 함수의 end 매개변수 값을 공백(" ")으로 설정해서 줄 내림이 되지 않게 출력합니다.

10 print( ) 함수를 호출하여 현재 화면의 커서를 줄 내림합니다. 기본적으로 print( ) 함수에 아무런 값을 주지 않았기 때문에 기본 값인 end="₩n"만 수행되고 그로 인해 엔터를 입력한 것과 같은 효과를 얻기 위함입니다.

〈코드 9-3-1〉을 보면 excel_sample.xlsx 파일을 openpyxl 라이브러리의 load_workbook( ) 함수를 통해 불러와 workbook 변수에 저장합니다. workbook은 엑셀 문서 자체를 얘기한다고 보시면 됩니다. 실제 데이터는 엑셀의 시트에 저장되어있기 때문에 workbook.active를 통해 활성화된 시트를 변수 sheet에 저장합니다. 그러면 이제 이 sheet 객체를 통해서 현재 엑셀 파일의 활성화된 시트의 데이터에 접근을 할 수 있게 됩니다.

파이썬으로 엑셀 파일의 전체 내용을 출력해보기 위해서 for문을 사용해 엑셀의 전체 행인 sheet.max_row만큼 반복하고, 행을 모두 출력하기 위해서 sheet.max_column을 통해 엑셀 데이터의 행 값을 출력하고 있습니다. 실제 엑셀 데이터는 sheet.cell(행, 열) 함수를 통해 value로 접근 할 수 있습니다. 여기서 주의할 점은 for 반복문의 range( )를 통해 0이 아닌 1부터 시작한다는 점입니다.

이렇게 작성한 09-excel-load.py 파일을 저장하고 비주얼 스튜디오 코드를 통해 실행하여 결과를 확인해보도록 하겠습니다.

〈그림 9-3-1〉 09-excel-load.py 파일 실행 결과

코드를 실행해보면 〈그림 9-3-1〉과 같이 excel_sample.xlsx 파일에 저장된 데이터가 모두 출력되는 것을 확인할 수 있습니다.

9-4. 파이썬에서 엑셀 저장하기

그럼 이번에는 반대로 파이썬 코드를 사용해서 어떤 데이터를 엑셀 파일로 저장하는 방법에 대해서 알아보도록 하겠습니다. 먼저 저장할 데이터가 다음과 같은 형태로 있다고 가정해보도록 하겠습니다.

홍길동	100	99	88	77	66	77	44
김길동	95	93	85	67	86	63	84
최길동	77	46	78	89	93	78	98
박길동	96	94	96	95	91	91	85
차길동	87	91	89	99	95	94	92
구길동	78	83	88	65	58	72	68

〈표 9-4-1〉 샘플로 사용할 데이터의 형태

〈표 9-4-1〉과 같은 데이터가 있다면 과연 이 데이터를 파이썬 코드로 어떻게 정리하는 게 좋을까요? 물론 정해진 정답은 없습니다. 다만 위의 표를 보았을 때, 실제 데이터를 반복시키려면 for문 같은 반복문을 사용할 상황이 먼저 예상이 되어야 합니다. 그러면 어떤 형식으로 데이터를 저장해야 반복문을 사용하기 용이한지 판단할 수 있습니다.

일단 09-excel-save.py 파일을 새롭게 생성하고 다음 코드를 작성해보도록 하겠습니다.

```
01    import openpyxl

03    datas = [
04        ["홍길동", 100, 99, 88, 77, 66, 77, 44],
05        ["김길동", 95, 93, 85, 67, 86, 63, 84],
06        ["최길동", 77, 46, 78, 89, 93, 78, 98],
07        ["박길동", 96, 94, 96, 95, 91, 91, 85],
08        ["차길동", 87, 91, 89, 99, 95, 94, 92],
09        ["구길동", 78, 83, 88, 65, 58, 72, 68],
10    ]

12    filename = "save _ excel.xlsx"
13    workbook = openpyxl.Workbook( )
14    sheet = workbook.active
15    sheet.title = "파이썬데이터"
16    for r, row in enumerate(datas):
```

```
17        for c, data in enumerate(row):
18            sheet.cell(r+1, c+1).value = data
19    workbook.save(filename)
```

<코드 9-4-1>

01 파이썬에서 엑셀을 사용하기 위해 openpyxl 라이브러리를 불러옵니다.

03~10 엑셀에 저장할 데이터를 2중 리스트 형태로 선언합니다. 여기서 데이터의 형태는 정해진바가 없습니다. 이렇게 2중 리스트 형태를 취할 수도 있고 딕셔너리, 튜플 등 다양한 형태로 저장이 가능합니다.

12 저장될 엑셀 파일 명을 filename 변수에 저장합니다.

13 빈 워크북 객체를 생성합니다.

14 빈 워크북의 활성화된 시트를 반환 받습니다. 이 경우 0번째 시트가 반환됩니다.

15 현재 시트의 이름을 지정해줄 수도 있습니다. 물론 생략하면 기본 값인 "Sheet1"로 설정됩니다.

16 for문을 사용하여 변수 datas를 반복하는데 인덱스 번호가 필요하므로 enumerate( )를 사용하여 객체와 인덱스를 모두 반환 받습니다. 이때 변수 r에는 반복중인 인덱스 번호가 저장되고 변수 row에는 2중 리스트인 datas의 안쪽 리스트 ["홍길동", 100, 99, 88, 77, 66, 77, 44]....가 반환됩니다.

17 for문을 사용해 **16**행에서 반환된 리스트의 각 요소를 반복합니다. 여기서 c에는 각 리스트의 요소 인덱스 번호가 저장되고 data에는 각 요소 "홍길동", 100, 99, 88....이 반복되어 저장됩니다.

18 이중 for문을 통해 변수 r과 c에는 결국 현재 데이터의 행과 열에 대한 정보가 저장되게 되는 셈인데 이 값을 통해 현재 시트의 셀 값을 설정하게 됩니다. 여기서 주의할 점은 enumerate( ) 함수에 의해 반환되는 인덱스 값은 0부터 시작하지만 sheet.cell( )에서 행, 열 값은 1부터 시작하기 때문에 변수 r과 c의 값에 +1을 해주고 있다는 사실입니다.

19 워크북 객체를 filename 변수에 저장된 내용으로 저장합니다.

엑셀 파일을 저장하는 방법은 엑셀 파일을 불러오는 방법과 사실 크게 다르진 않습니다. 엑셀 파일을 불러올 때는 load_workbook( ) 함수를 사용해 파일 경로를 넘겨주어 워크북 객체를 생성했고, 엑셀 파일을 저장하기 위해서는 openpyxl 라이브러리의 Workbook 객체를 생성하고 있습니다. 그리고 sheet.cell(행, 열).value를 통해 값을 읽어올 수 있고 반대로 값을 설정할 수도 있다는 사실도 알게 되었습니다.

위에서 작성한 <코드 9-4-1>을 09-excel-save.py에 저장하고 실행하여 문제없이 실행되는지 확인해보도록 하겠습니다.

〈그림 9-4-1〉 09-excel-save.py 파일을 실행하여 생성된 save_excel.xlsx 파일

실행 결과에는 별다른 출력 메세지가 없으니 생략하고 그렇게 저장된 save_excel.xlsx 파일을 엑셀로 열어 보면 〈그림 9-4-1〉처럼 문제없이 데이터가 저장된 것을 확인할 수 있습니다. 참고로 save_excel.xlsx 파일을 저장할 때, 우리는 전체 경로를 설정하지 않았으므로 C:\PythonStudy\save_excel.xlsx에 저장될 것입니다.

9-5. 파이썬 코드를 통해 폴더 정보를 엑셀 파일로 저장

프로그래밍에서 내가 얼마나 많은 것을 알고 있는지는 참 중요한 내용입니다. 그런데 그보다 더 중요한 것은 그 알고 있는 것을 다양한 방법으로 잘 활용해서 적용하는게 더 중요합니다. 그런 의미로 이번엔 이전 7장에서 배운 함수 내용 중 재귀 함수를 통해 폴더 목록을 구하는 내용을 활용하여 내 컴퓨터의 폴더 목록을 엑셀 파일로 저장하는 방법에 대해 알아보도록 하겠습니다.

09-excel-folder.py 파일을 생성하고 다음 코드를 작성해보도록 하겠습니다.

```
01  import os
02  from datetime import datetime

04  def recursive_search(dir):
05      results = []
06      filenames = os.listdir(dir)
07      for filename in filenames:
08          full_path = os.path.join(dir, filename)
```

```
09            if os.path.isdir(full_path):
10                results.extend(recursive_search(full_path))
11            else:
12                access_time = os.path.getatime(full_path)
13                modified_time = os.path.getmtime(full_path)
14                a_time = datetime.fromtimestamp(access_time)
15                m_time = datetime.fromtimestamp(modified_time)
16                a_str = f"{a_time:%Y-%m-%d %H:%M:%S}"
17                m_str = f"{m_time:%Y-%m-%d %H:%M:%S}"
18                file_size = os.stat(full_path).st_size
19                results.append((f"{full_path}", file_size, a_str, m_str))
20      return results
21  print(recursive_search("c:\\PythonStudy"))
```

〈코드 9-5-1〉

01 os 라이브러리를 불러옵니다. os 라이브러리는 폴더 목록을 구하고 폴더 및 파일의 속성 등을 구하기 위해서 사용됩니다.

02 시간 변환을 위해 datetime 라이브러리를 불러옵니다.

04 recursive_search( ) 함수는 특정 폴더의 하위 목록을 구하기 위해 사용되는 재귀 함수입니다.

05 폴더 및 파일 목록을 저장하여 반환할 리스트형 변수입니다.

06 os 라이브러리의 listdir( ) 함수를 사용하여 변수 dir에 저장된 경로에서 폴더 및 파일 목록을 구합니다.

07 for 반복문을 사용하여 구해진 폴더 및 파일 목록을 반복합니다.

08 for문에 의해 반복 중인 현재 파일 혹은 폴더 명은 전체 경로가 아니기 때문에 이를 전체 경로로 만들기 위해 os 라이브러리 하위의 여러 기능 중 path 모듈의 join( ) 함수를 사용합니다.

09~10 현재 for문에 의해 반복중인 파일 혹은 폴더가 폴더인 경우 수행할 조건문입니다. 여기서는 폴더인 경우 함수 자신인 recursive_search( )를 재귀적으로 호출하고 결과를 변수 results에 확장합니다.

11 현재 for문에 의해 반복 중인 파일 혹은 폴더가 파일인 경우 수행합니다.

12 현재 파일의 최종 접근시간을 구합니다. 여기서 os.path.getatime( ) 함수는 최종 접근 시간을 1575142526.500323 이런 형태로 반환하는데 이는 epoch time(Unix time) 형식입니다.

13 현재 파일의 최종 수정 시간을 구합니다. 역시 **13**행과 마찬가지로 epoch 형식으로 반환됩니다.

14~15 파일에 대한 epoch 형태의 최종 접근 시간과 마지막 수정 시간을 원하는 형태로 출력하기 위해 먼저 datetime 객체로 변환합니다.

16~17 f-string을 사용하여 datetime 형태로 변환된 파일에 대한 시간 정보를 원하는 형태의 문자열로 변환합니다. 여기서는 "년-월-일 시:분:초" 형태로 변환하고 있습니다.

18 현재 파일의 파일 사이즈를 구합니다.

19 현재 파일의 전체 경로, 파일 크기, 접근 시간, 수정 시간에 대한 정보를 리스트형으로 선언된 변수 results에 추가합니다.

20 최종적으로 함수는 results에 저장된 값을 반환합니다.

21 테스트를 위해 임의의 폴더를 대상으로 함수를 실행해봅니다. 테스트 후 삭제합니다.

〈코드 9-5-1〉은 이전 7장의 4. 재귀 함수 챕터에서 배운 폴더 목록을 구하는 재귀 함수에 파일의 수정 시간과 최종 접근 시간, 파일 크기를 구하는 기능을 추가한 코드입니다.

일단 〈코드 9-5-1〉의 내용을 09-excel-folder.py 파일에 저장하고 실행하여 〈코드 9-5-1〉의 재귀 함수가 제대로 특정 폴더의 목록을 구해오는지 확인해보도록 하겠습니다.

〈그림 9-5-1〉 09-excel-folder.py 파일 실행 결과

파일을 실행해보면 〈그림 9-5-1〉와 같이 대상 폴더의 파일 명, 접근 시간, 수정 시간, 파일 크기 정보가 정상적으로 출력되는 것을 확인할 수 있습니다.

이제 이렇게 구한 내용을 엑셀 파일에 저장하는 기능을 추가해주면 됩니다. 09-excel-folder.py 파일에 다음의 코드를 추가합니다.

```
01  import openpyxl
02  import os
03  from datetime import datetime

05  def recursive_search(dir):
06      results = []
```

```
07          filenames = os.listdir(dir)

08          for filename in filenames:

09              full_path = os.path.join(dir, filename)

10              if os.path.isdir(full_path):

11                  results.extend(recursive_search(full_path))

12              else:

13                  access_time = os.path.getatime(full_path)

14                  modified_time = os.path.getmtime(full_path)

15                  a_time = datetime.fromtimestamp(access_time)

16                  m_time = datetime.fromtimestamp(modified_time)

17                  a_str = f"{a_time:%Y-%m-%d %H:%M:%S}"

18                  m_str = f"{m_time:%Y-%m-%d %H:%M:%S}"

19                  file_size = os.stat(full_path).st_size

20                  results.append((f"{full_path}", file_size, a_str, m_str))

21          return results


23  filename = "save_excel_folder.xlsx"

24  target_dir = "C:\\PythonStudy"

25  wb = openpyxl.Workbook( )

26  sheet = wb.active

27  sheet.title = "폴더목록"

28  results = recursive_search(target_dir)

29  for r, d in enumerate(results):

30      for c, col in enumerate(d):

31          sheet.cell(r+1, c+1).value = col

32  wb.save(filename)
```

〈코드 9-5-2〉

01 엑셀 관련 기능을 사용하기 위해 openpyxl 라이브러리를 불러옵니다.

23 최종적으로 저장될 엑셀 파일 명을 filename 변수에 저장합니다.

24 목록을 구할 대상 폴더 명을 변수 target_dir에 저장합니다.

25 openpyxl 라이브러리의 Workbook 객체를 생성하여 변수 wb에 저장합니다.

26 생성된 워크북에서 활성화된 시트를 구해 변수 sheet에 저장합니다.

27 현재 시트에 시트 명을 설정합니다.

28 target_dir에 저장된 경로에서 파일 명, 크기, 접근 날짜, 수정 날짜 정보를 구해 변수 results에 저장합니다.

29~31 2중 for문을 사용해 results에 저장된 값을 행과 열 형태로 시트에 저장합니다.

32 최종 워크북을 filename에 저장된 경로와 파일 명으로 저장합니다.

〈코드 9-5-2〉는 지금까지 배운 내용을 활용하여 작성된 대상 폴더 목록에서 파일 명과 접근 시간, 수정 시간, 크기 정보를 구해, 이 데이터를 엑셀 파일로 저장하는 최종 코드입니다. 코드 내용을 모두 09-excel-folder.py에 저장했으면 이를 실행하여 생성된 엑셀 파일을 한번 확인해보도록 하겠습니다.

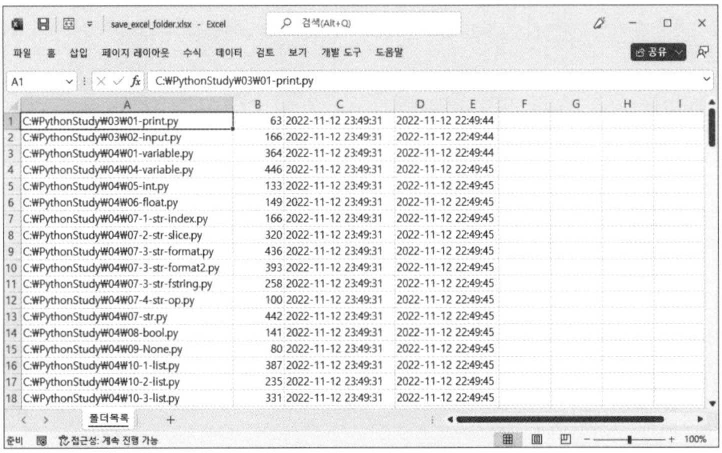

〈그림 9-5-2〉 09-excel-folder.py 파일로 생성된 save_excel_folder.xlsx 파일

최종 파일을 실행하면 save_excel_folder.py 파일이 생성되는데 이를 엑셀로 열어보면 〈그림 9-5-2〉에서처럼 대상 폴더에 대한 파일 목록과 정보가 문제없이 엑셀에 기록이 되어있는 것을 확인할 수 있습니다.

파이썬을 활용하여 무언가 만드는 일은 사실 무궁무진합니다. 파이썬을 배우는데 꼭 프로그래밍을 전공한 전공자일 필요도 없고 컴퓨터 앞에서 일하는 직종일 필요도 없습니다. 사람들이 스마트폰을 들고 매일 무언가를 보고 듣고 검색해보듯 그냥 일상 생활 속에 접목한다면 가장 강력한 생산적인 툴이 될 수 있는 무기입니다. 앞에서 작성한 간단한 코드를 활용하여 개인적으로 궁금한 어떤 데이터를 한번 엑셀로 저장해보는 것도 좋은 공부가 될 것입니다.

10. 파이썬으로 MS WORD 파일 작성하기

MS-WORD는 마이크로소프트 사에서 개발하여 제공하는 워드 프로그램으로 전세계에서 가장 많은 사용자를 보유하고 있는 프로그램입니다. 이번 챕터에서는 파이썬으로 MS-WORD의 docx 파일을 생성하고 작성하는 방법에 대해서 알아보도록 하겠습니다.

10-1. 라이브러리 설치

파이썬에서 MS WORD의 docx 파일을 생성하기 위해서는 라이브러리가 필요한데 여기서는 여러 라이브러리 중 가장 많이 사용되는 python-docx[2] 라이브러리를 사용해보도록 하겠습니다. 먼저 비주얼 스튜디오 코드 상단의 [터미널]–[새 터미널]을 클릭하거나 단축키 [Ctrl] + [Shift] + [̀]키를 눌러 터미널 창을 엽니다. 그리고 다음의 패키지 설치 명령을 입력합니다.

```
C:\PythonStudy>pip install python-docx
```

비주얼 스튜디오 코드 터미널 창에서 pip 명령어를 통해 python-docx 라이브러리를 설치할 수 있습니다.

〈그림 10-1-1〉 pip 명령을 통해 python-docx 설치

그런데 어떤 컴퓨터에서는 〈그림 10-1-1〉과 같이 DEPRECATION(지원중단) 메세지가 뜨는 경우도 있을 것입니다. 이는 pip 버전이 업그레이드되면서 생기는 문제인데, 이런 경우 pip 명령 옵션으로 --use-pep517을 사용하여 설치하시면 관련 경고 메세지가 뜨지 않습니다.

```
C:\PythonStudy>pip install --use-pep517 python-docx
```

물론 지원중단 경고 메세지는 무시해도 동작할 때 지장이 없으니 참고만 해주시기 바랍니다.

2　공식 문서는 https://python-docx.readthedocs.io/en/latest/에서 확인할 수 있습니다.

10-2. 파이썬에서 MS-WORD 문서 생성

일단 파이썬에서 MS-WORD 문서 파일인 확장자가 docx 파일을 생성하는 방법은 아주 간단합니다. 비주얼 스튜디오 코드에서 10-word-save.py 파일을 생성하고 다음 코드를 작성해보도록 하겠습니다.

```
01   from docx import Document

03   doc = Document( )
04   doc.save("docx _ sample.docx")
```

〈코드 10-2-1〉

01 설치된 python-docx 라이브러리는 docx라는 이름으로 사용됩니다. WORD 문서 파일을 생성하기 위해서는 docx 라이브러의 Document 객체를 불러와 사용하면 됩니다.

03 docx 라이브러리의 Document 객체를 생성하여 doc에 저장합니다.

04 doc의 save( ) 함수를 사용하여 docx_sample.docx 파일을 저장합니다.

파이썬 코드를 사용해서 MS-WORD 파일을 생성하는 데는 〈코드 10-2-1〉에서처럼 전체 세 줄의 코드면 생성할 수 있습니다. 물론 아직은 아무런 내용이 없는 빈 문서의 파일이겠지만 그래도 MS-WORD가 인식할 수 있는 docx 포맷 형태의 파일입니다.

위의 〈코드 10-2-1〉이 저장된 10-word-save.py 파일을 실행하고 문제없이 docx_sample.docx 파일이 Pythonstudy 폴더 안에 생성되었다면 이를 MS-WORD에서 한번 열어보도록 합니다.

〈그림 10-2-1〉 생성된 docx_sample.docx 파일을 MS-WORD로 연 모습

10-3. 워드 파일에 내용 작성

python-docx 라이브러리는 정말 많은 기능을 제공하고 있습니다만 여기서 그 내용을 모두 다룰 수는 없고 기본적으로 워드 작성 시 자주 사용되는 몇 가지 기능에 대해서만 다뤄볼 예정입니다. 여기서 다루지 않는 내용에 대해서는 공식 문서를 참고해보시면 많은 정보를 얻을 수 있습니다.

워드 문서에서 가장 기본적인 내용은 문장을 입력하는 기능입니다. 문장을 작성하기 위해 10-word-save.py 파일에 다음 코드를 추가해보도록 하겠습니다.

```
01    from docx import Document

03    doc = Document( )
04    doc.add _ heading("파이썬으로 워드파일 생성하기", level=1)
05    doc.add _ paragraph("파이썬으로 작성하는 워드의 문장입니다.")
06    doc.add _ paragraph("python-docx라이브러리를 사용합니다.")
07    doc.add _ paragraph("라이브러리에는 수많은 기능이 구현되어 있습니다.")
08    doc.save("docx _ sample.docx")
```

〈코드 10-3-1〉

04 add_heading( ) 함수는 문서의 제목을 작성할 때 사용합니다. 제목의 스타일은 level 값에 따라 결정되는데 level 값은 0부터 9사이로 설정할 수 있습니다.

05~07 add_paragraph( ) 함수는 문서에 문단을 추가하는 함수입니다. 텍스트 데이터는 기본적으로 유니코드를 지원하고 "Wn"과 같은 몇 가지 이스케이프 문자를 지원합니다.

〈코드 10-3-1〉에서처럼 add_heading( ) 함수와 add_ paragraph( ) 함수를 사용하여 기본적으로 문서에 제목이나 내용을 작성할 수 있습니다. 일단 10-word-save.py의 코드를 〈코드 10-3-1〉처럼 수정했으면 저장하고 실행하여 생성된 docx_sample.docx 파일을 워드에서 열어보도록 하겠습니다. 참고로 만약 docx_sample.docx 파일을 워드에서 열어놓은 상태에서 10-word-save.py 파일을 실행하면 오류가 발생하니 현재 열린 파일을 모두 닫고 실행하시기 바랍니다.

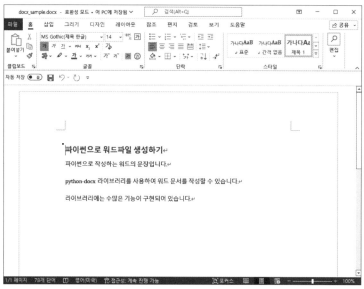

〈그림 10-3-1〉 수정된 10-word-save.py 파일을 실행하여 생성된 docx_sample.docx

10-word-save.py 파일을 실행해 생성된 docx_sample.docx 파일을 워드로 열어보면 〈그림 10-3-1〉에서처럼 add_heading( ), add_paragraph( ) 함수에 의해 작성된 내용들이 적용된 것을 확인할 수 있습니다.

10-4. 워드 파일에 이미지 추가

이번에는 문장이 아닌 이미지를 추가하는 방법에 대해서 알아보도록 하겠습니다. 일단 10-word-save.py 파일에 다음의 코드를 추가하는 내용을 작성하도록 하겠습니다.

```
01    from docx import Document
02    from docx.shared import Inches

... 생략 ...
10    doc.add _ picture("./12/sample.jpg", width=Inches(5.0))
11    doc.save("docx _ sample.docx")
```

〈코드 10-4-1〉

02 docx 라이브러리에서 Inches 객체를 사용하기 위해 불러옵니다.

10 docx 라이브러리의 Document 객체에 미리 구현된 add_picture( ) 함수를 사용하여 12 폴더 하위의 sample.jpg 파일을 읽어 워드 문서에 추가합니다. 이때 그림의 크기는 5.0인치로 설정합니다.

python-docx 라이브러리를 통하여 MS 워드 문서에 이미지를 추가하기 위해서는 〈코드 10-4-1〉에서처럼 add_picture( ) 함수를 사용하면 됩니다. 기본적으로는 원본 이미지 크기로 이미지를 삽입하지만 width 나 height 매개변수를 사용하여 이미지의 크기를 조절할 수도 있습니다. 〈코드 10-4-1〉에서는 docx. shared의 Inches를 사용하여 5.0 인치로 이미지의 width 값을 설정한 예제입니다.

기존에 워드 파일이 열려 있지 않은지 확인하고 파일을 저장한 후 실행하여 생성된 docx_sample.docx 파일을 워드로 다시 열어보도록 합니다.

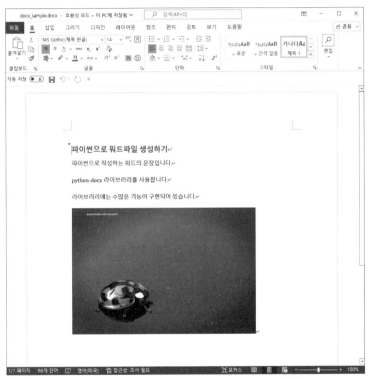

〈그림 10-4-1〉 이미지가 추가된 docx_sample.docx 파일

그러면 〈그림 10-4-1〉에서처럼 sample.jpg 이미지가 워드 문서 본문에 추가된 것을 확인할 수 있습니다.

10-5. 워드 파일에 테이블 추가

워드를 작성하다 보면 지금까지 다룬 제목, 문장, 이미지 외에 많이 사용되는 기능을 한 가지 꼽자면 아마 테이블 기능이 아닐까 생각합니다. python-docx 라이브러리에는 이런 테이블을 추가하는 기능도 이미 구현이 되어있습니다.

만약 우리가 12장 9-4. 파이썬에서 엑셀 저장하기에서 사용한 〈표 9-4-1〉의 데이터를 워드로 저장한다면 어떻게 해야 할까요? 다음 코드를 작성해서 구현해 볼 수 있습니다.

```
01   from docx import Document
02   from docx.shared import Inches

04   headers = ["이름", "국어", "영어", "수학", "음악", "미술", "체육", "컴퓨터"]
05   datas = [
06       ["홍길동", 100, 99, 88, 77, 66, 77, 44],
07       ["김길동", 95, 93, 85, 67, 86, 63, 84],
08       ["최길동", 77, 46, 78, 89, 93, 78, 98],
09       ["박길동", 96, 94, 96, 95, 91, 91, 85],
10       ["차길동", 87, 91, 89, 99, 95, 94, 92],
11       ["구길동", 78, 83, 88, 65, 58, 72, 68],
12   ]

13   doc = Document( )
... 생략 ...
20   doc.add_picture("./12/sample.jpg", width=Inches(5.0))

22   table = doc.add_table(rows=1, cols=8)
23   table.style = "Table Grid"
24   header = table.rows[0].cells
25   for i, h in enumerate(headers):
26       header[i].text = h
27   for data in datas:
28       row = table.add_row( ).cells
29       for i, d in enumerate(data):
30           row[i].text = str(d)
31   doc.save("docx_sample.docx")
```

〈코드 10-5-1〉

04 테이블에 사용할 헤더 정보를 먼저 정의합니다. 여기서는 리스트 형태로 사용했지만 자료형이 중요한 것은 아닙니다.

05 테이블에 작성할 데이터를 정리합니다. 여기서 사용한 코드는 이전에 사용한 12장 9-4에서 사용한 데이터와 동일한 데이터를 사용했습니다.

22 add_table( ) 함수를 사용하여 rows가 1개, cols가 8개인 테이블을 추가합니다. 이때 rows는 행이고 cols는 열을 의미합니다. 이렇게 생성된 테이블 객체를 table 변수에 저장하고 이를 통해 테이블에 내용을 작성할 수 있습니다.

23 table의 속성은 "Table Grid"를 주는데 이 값은 python-docx의 공식 문서를 보면 "Table Normal", "Light Grid", "Dark List" 등등 미리 정해 놓은 여러 가지 속성 값 중 한 가지입니다.

24 생성된 table 객체의 row에서 [0]번째 cells를 구합니다. 헤더로 사용하기 위해 0번째 행을 선택했다고 보시면 됩니다.

25~26 미리 **04**행에서 정의한 헤더 값을 반복하여 현재 header에 저장된 테이블의 0번째 셀의 text 속성 값을 변경합니다. 이때 테이블의 몇 번째 컬럼에 값을 입력할지를 설정해야 하기 때문에 for문을 반복할 때 enumerate( )를 사용해 인덱스 값을 구해 적용하는 것을 주의 깊게 보셔야 합니다.

27 미리 정의된 데이터를 for문을 사용해서 반복합니다.

28 현재 테이블은 **22**행에서 rows를 1로 설정했기 때문에 행이 1개뿐인 테이블입니다. 그렇기 때문에 데이터를 추가적으로 작성하기 위해서는 add_row( ) 함수를 사용해 현재 테이블에 행을 추가해야 합니다. 이렇게 추가된 테이블 행의 cells 속성 값을 row 변수에 저장합니다.

29 현재 반복 중인 for문은 2중 리스트 형태로 작성 되어있기 때문에 첫 번째 for문인 **27**행에서의 for문은 리스트를 반복하고 **29**행의 for문은 리스트 안의 각 요소를 다시 반복하고 있습니다.

30 새로 추가된 테이블의 행에서 for문에 의해 반복 중인 현재 컬럼의 text 속성에 현재 반복 중인 리스트의 요소 값을 저장합니다. 이때 워드의 테이블에 작성되는 내용은 모두 문자열 형태여야 함을 주의하시기를 바랍니다.

워드 파일에 테이블을 추가하는 방법은 〈코드 10-5-1〉에서처럼 먼저 한 행과 열을 갖는 테이블을 생성하고 그리고 데이터에 맞게 반복문을 돌며 행을 추가하는 형태로 작성합니다.

10-word-save.py 파일을 〈코드 10-5-1〉와 같이 수정하고 저장한 뒤 실행하여 워드 파일이 제대로 생성되는지 확인해보도록 합니다.

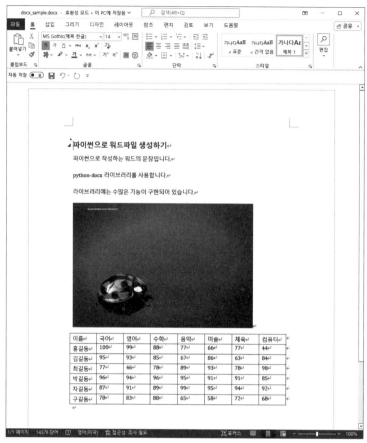

이름	국어	영어	수학	음악	미술	체육	컴퓨터
홍길동	100	99	88	77	66	77	44
김길동	95	93	85	67	86	63	84
최길동	77	46	78	89	93	78	98
박길동	96	94	96	95	91	91	85
차길동	87	91	89	99	95	94	92
구길동	78	83	88	65	58	72	68

〈그림 10-5-1〉 테이블이 추가된 docx_sample.docx 파일

워드 파일을 확인해보면 〈그림 10-5-1〉과 같이 테이블이 추가된 것을 확인할 수 있습니다.

10-6. 워드에 문장 추가

우리는 앞의 10-3. 워드 파일에 내용 작성에서 python-docx 라이브러리의 add_paragraph( ) 함수를 사용하여 파이썬으로 워드에 문단을 추가하는 방법을 알아보았습니다. 그런데 만약 이렇게 추가된 문단에 어떤 문장을 더 추가해야 하거나 혹은 문장에 부분적인 효과를 넣어야 한다면 어떻게 해야 할까요?

이런 경우에는 add_paragraph( ) 함수가 반환해주는 객체를 저장하고 이렇게 저장된 객체에서 지원하는 add_run( ) 함수를 사용해서 처리가 가능한데 일단 다음의 코드를 보면서 확인해보도록 하겠습니다. 기존의 10-word-save.py 파일은 그대로 두고 10-word-add.py 파일을 새롭게 생성해서 다음 코드를 작성하겠습니다.

```
01    from docx import Document
02    from docx.shared import RGBColor

04    doc = Document( )
05    doc.add _ heading("파이썬으로 워드파일 생성하기", level=1)
06    p = doc.add _ paragraph("파이썬으로 작성하는 워드의 문장입니다.")
07    p.add _ run("add _ paragraph( )가 반환한 객체를 통해 ")
08    p.add _ run("추가 문장을 삽입할 수 있습니다.")
09    p.add _ run("글자의 색을 변경하거나").font.color.rgb = RGBColor(255, 0, 255)
10    p.add _ run("굵게 표기하거나, ").bold=True
11    p.add _ run("이탤릭 효과도 줍니다.").italic = True
12    doc.add _ paragraph("python-docx라이브러리를 사용합니다.")
13    doc.add _ paragraph("라이브러리에는 수많은 기능이 구현되어 있습니다.")
14    doc.save("docx _ sample2.docx")
```

〈코드 10-6-1〉

02 글자 색을 변경하기 위해 docx.shared의 RGBColor 객체를 불러옵니다.

06 add_paragraph( ) 함수를 통해 문단을 삽입합니다. 이때 add_paragraph( ) 함수가 반환하는 값을 변수에 저장합니다.

07~08 06행에서 반환된 객체의 add_run( ) 함수를 사용해서 문장을 추가할 수 있습니다.

09~11 add_run( ) 함수로 문장을 추가할 때는 글자의 색상, 굵기 속성, 이탤릭 속성 등 다양한 효과를 적용시킬 수 있습니다.

〈코드 10-6-1〉에서처럼 add_paragraph( ) 함수는 새로운 단락 객체를 반환하는데, 이 객체를 통해 추가된 문장의 끝에 add_run( ) 함수를 사용하여 내용을 추가할 수 있습니다. 또한 이렇게 추가되는 문장의 글자의 폰트를 변경하거나 특정 색상을 적용할 수도 있고 글자에 굵기나 이탤릭 등의 효과를 적용할 수도 있습니다. 다만, 현재 폰트 변경 기능은 영문 폰트만 가능하며 한글은 지원하지 않는 게 아쉬운 점이기도 합니다.

그럼 이제 10-word-add.py 파일에 〈코드 10-6-1〉를 작성했으면 실행하여 결과를 확인해보도록 하겠습니다.

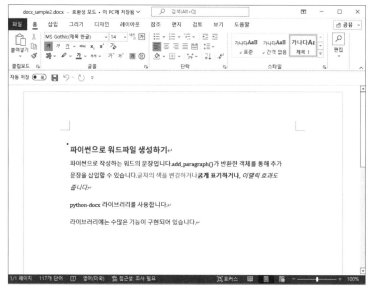

〈그림 10-6-1〉 새로 생성된 docx_sample2.docx 파일

10-word-add.py 파일에 의해 생성된 docx_sample2.docx 파일을 워드에서 열어보면 〈그림 10-6-1〉에서처럼 문단 사이에 문장이 추가되었고 각 문장에 글자 색, 굵기, 이탤릭 등 파이썬 코드로 구현한 효과가 적용된 것을 확인할 수 있습니다.

10-7. 워드 스타일

물론 문장을 입력할 때, 문장마다 속성 값을 직접 설정하는 방법도 있지만 실제 MS-WORD에서 사용하는 것처럼 스타일을 생성해놓고 문장을 추가할 때 스타일을 적용하는 방법도 있습니다. 이번에는 10-word-style.py 파일을 생성하고 다음의 코드를 작성해보도록 하겠습니다.

```
01  from docx import Document
02  from docx.enum.style import WD _ STYLE _ TYPE
03  from docx.shared import Pt

05  doc = Document( )
06  my _ style = doc.styles
07  font _ style = my _ style.add _ style("st", WD _ STYLE _ TYPE.CHARACTER)
08  font = font _ style.font
09  font.size = Pt(15)

11  p2 = doc.add _ paragraph("파이썬으로 워드 문서를 작성!! ")
12  p2.add _ run("스타일을 적용하는 방법도 있습니다. ", style="st")
```

```
13    p2.add _ run("스타일과 속성을 혼합 사용", style="st").bold = True
14    doc.save("docx _ sample3.docx")
```

〈코드 10-7-1〉

02 python-docx 라이브러리의 스타일이 정의 되어있는 WD_STYLE_TYPE을 불러옵니다.

03 글자의 포인트를 설정하기 위해 Pt 객체를 불러옵니다.

05 새 워드 문서를 생성합니다.

06 현재 문서의 스타일을 가져옵니다.

07 현재 문서의 스타일에 add_style( ) 함수를 사용하여 "st"라는 이름의 문자 형태의 스타일을 추가하고 이를 font_style 변수에 저장합니다. WD_STYLE_TYPE에는 CHARACTER, LIST, PARAGRAPH, TABLE 등의 속성이 있습니다.

08 현재 추가된 스타일이 저장된 font_style 변수에서 font 속성을 가져옵니다.

09 현재 추가된 스타일에서 폰트 속성 중 크기를 15포인트로 설정합니다.

11 워드 문서에 문단을 추가하고 반환된 객체를 p2 변수에 저장합니다.

12 추가된 문단에 문장을 추가하는데 이때 문장은 "st"이름의 스타일을 적용합니다. "st"이름의 스타일은 **07**행에서 새롭게 현재 문서에 추가된 스타일입니다.

13 문단에 문장을 또 추가하는데 이때는 "st"이름의 스타일도 적용하고 bold 속성을 True로 설정해 속성 값을 동시에 적용할 수도 있습니다.

14 현재 작성된 문서를 docx_sample3.docx 파일 명으로 저장합니다.

워드 문서에 스타일을 적용하기 위해서는 일반적인 순서와는 조금 다른 면이 있는데 먼저 현재 문서의 스타일 객체를 가져와서 이 스타일 객체에 새로운 스타일 항목을 추가해야 합니다. 그리고 나서 추가된 스타일 항목의 속성 값을 설정하면 실제 스타일에 추가된 내용이 적용되는데 새로 작성된 문서는 헷갈리지 않도록 새 파일 명으로 저장합니다. 문장을 작성할 때 적용시키면 됩니다.

10-word-style.py 파일에 〈코드 10-7-1〉의 내용을 작성했으면 이제 실행하여 생성된 docx_sample3.docx 파일을 워드로 한번 열어보도록 하겠습니다.

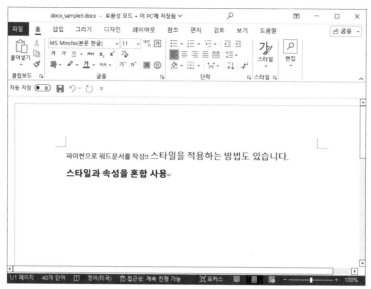

〈그림 10-7-1〉 파이썬 코드로 작성한 워드 문서 파일

워드를 실행하여 docx_sample3.docx 파일을 열어보면 〈그림 10-7-1〉에서처럼 스타일이 적용된 것을 확인할 수 있습니다.

이렇게 파이썬 코드를 통해 MS-WORD의 워드 파일을 생성하는 아주 기본적인 방법에 대해서 알아보았습니다. 물론 여기서 설명한 몇 가지 기능 외에도 python-docx 라이브러리에는 수많은 기능이 있습니다. 이런 기능들은 단지 MS 워드를 작성하는 독립적인 기능으로 사용되기보다는 어떤 기능에 복합적인 기능으로 동작하는 경우가 많습니다.

예를 들어 자동 계약서를 출력하는 프로그램을 만든다든지, 일일 업무를 작성하는 일이 있으면 이를 모두 사무자동화 시스템으로 만들어 적용할 수 있습니다. 결국 어떻게 활용해서 사용할지는 사용자의 재량에 따라 달라질 수 있습니다.

찾아보기

코딩은 처음이라
with
파이썬

1판 1쇄 발행 2023년 4월 05일

저   자 | 남규진
발 행 인 | 김길수
발 행 처 | (주)영진닷컴
주   소 | (우)08507 서울특별시 금천구 가산디지털1로 128
         STX-V 타워 4층 401호
등   록 | 2007. 4. 27. 제16-4189

©2023. (주)영진닷컴

ISBN | 978-89-314-6799-4

YoungJin.com Y.
영진닷컴

영진닷컴 프로그래밍 카페 개설!

개프로 ✪ 개발자 되기 프로젝트

https://cafe.naver.com/codingbeginner/

☑ 스텝들이 올려주는 다양한 코딩 꿀팁을 얻을 수 있어요! 엄청 유용할 거예요.

☑ 코생아, 코린이들의 코딩 일상을 공유해 보세요. 서로 응원하며 힘을 내기도 하고, 자극을 받고, 꾸준히 자기계발을 할 수 있어요.

☑ 궁금한 점이 있으면 편하게 물어보고 빠르게 해결할 수 있어요! 스텝뿐 아니라 회원분들이 함께 여러분의 가려운 곳을 긁어드릴 거예요.

☑ 같은 책을 구입하신 분들끼리 모여 스터디를 진행할 수 있어요. 끈기 있게 마무리할 수 있도록 진행은 스텝들이 도와드릴테니, 포기하지 말고 끝까지 참여해주세요.

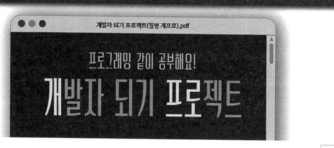

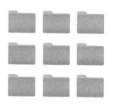

검색

★ **카페정보**
나의활동

매니저: 다코미
since 2022.02.23.
카페소개

📖 **코딩은 처음이라**
┗ 입문자 필독!
┗ 자바 Java
┗ 딥러닝 Deeplearning

📖 **그림으로 배우는**
┗ 프로그래밍 구조
┗ 알고리즘 Algorithm
┗ 파이썬 Python ◉
┗ C programming
┗ C# programming ◉
┗ C++ programming ◉
┗ Java programming ◉

☑ 개발자 정보

전체글보기   더보기

C# programmin...
다코미
14:24

파이썬(Python) ...
개프로 스텝
13:40

C++ 장점 단점 ⊗
부매니저
13:29

파이썬(Python) ...
부매니저
08:37

자바(Java)는 어디... ⊗
부매니저
22.03.28.

파이썬(Python) 어...
개프로 스텝
22.03.28.

컴파일 + 프로그램 ...
다코미
22.03.28.

C++ 코드 입력 방법
부매니저
22.03.25.

C언어 C++ C# 자이점
부매니저
22.03.25.

IT 개발자 직무 종류...
부매니저
22.03.25.

자바(Java) 바로 알기
부매니저
22.03.24.

C언어 바로알기[1]
다코미
22.03.24.